三联·哈佛燕京学术丛书
学术委员会：

季羡林（主任） 李学勤

李慎之 苏国勋

厉以宁 陈 来

刘世德 赵一凡（常务）

王 蒙

———————

责任编辑：冯金红

三联·哈佛燕京学术丛书

魏 斌 著

"山中"的六朝史

History of the Six
Dynasties
"in Mountains"

生活·讀書·新知 三联书店

This Academic Book
is subsidized by
the Harvard-Yenching Institute,
and we hereby express
our special thanks.

Copyright © 2019 by SDX Joint Publishing Company.
All Rights Reserved.
本作品版权由生活·读书·新知三联书店所有。
未经许可，不得翻印。

图书在版编目（CIP）数据

"山中"的六朝史／魏斌著．—北京：生活·读书·
新知三联书店，2019.8（2024.11 重印）
（三联·哈佛燕京学术丛书）
ISBN 978-7-108-06667-1

Ⅰ.①山… Ⅱ.①魏… Ⅲ.①山-文化史-研究-中国-六朝时代
Ⅳ.① K928.3

中国版本图书馆 CIP 数据核字（2019）第 156810 号

特约编辑	孙晓林
责任编辑	曾　诚
装帧设计	蔡立国
责任印制	董　欢

出版发行　**生活·讀書·新知** 三联书店
　　　　　（北京市东城区美术馆东街 22 号 100010）
网　　址　www.sdxjpc.com
排　　版　北京金舵手世纪图文设计有限公司
经　　销　新华书店
印　　刷　河北鹏润印刷有限公司
版　　次　2019 年 8 月北京第 1 版
　　　　　2024 年 11 月北京第 7 次印刷
开　　本　880 毫米×1230 毫米　1/32　印张 14.5
字　　数　348 千字　图 26 幅
印　　数　20,001-23,000 册
定　　价　52.00 元
（印装查询：01064002715；邮购查询：01084010542）

本丛书系人文与社会科学研究丛书，
面向海内外学界，
专诚征集中国中青年学人的
优秀学术专著（含海外留学生）。

·

本丛书意在推动中华人文科学与
社会科学的发展进步，
奖掖新进人才，鼓励刻苦治学，
倡导基础扎实而又适合国情的
学术创新精神，
以弘扬光大我民族知识传统，
迎接中华文明新的腾飞。

·

本丛书由哈佛大学哈佛－燕京学社
（Harvard-Yenching Institute）
和生活·读书·新知三联书店共同负担出版资金，
保障作者版权权益。

·

本丛书邀请国内资深教授和研究员
在北京组成丛书学术委员会，
并依照严格的专业标准
按年度评审遴选，
决出每辑书目，保证学术品质，
力求建立有益的学术规范与评奖制度。

目 录

前　言 ……………………………………………………………… 001

I　山岳祭祀

国山禅礼前夜 ……………………………………………………… 017
　一　"吴真皇帝"与"太平之主" ………………………………… 020
　二　孙吴政治中的符瑞传统 ……………………………………… 031
　三　阳羡国山的地理背景 ………………………………………… 040
　四　结语 …………………………………………………………… 051

宫亭庙传说 ………………………………………………………… 055
　一　宫亭庙与庐山庙 ……………………………………………… 057
　二　庙主：山神与蟒蛇 …………………………………………… 063
　三　庙神传说及其传承者 ………………………………………… 070
　四　信仰接触与山林空间 ………………………………………… 080

II　神仙、洞天与道馆

句容茅山的兴起与南朝社会 ……………………………………… 095
　一　普通三年茅山立碑事件 ……………………………………… 097

001

二 "神仙侨民"与江南新乡土 …………………… *111*
　　三 茅山道馆的兴起及其信仰图景 ……………… *122*
　　四 结语 …………………………………………… *135*

"不死之福庭"：天台山的信仰想象与寺馆起源 …… *138*
　　一 神仙洞府的想象与误读 ……………………… *140*
　　二 山中道馆的分布与神仙洞府的关系 ………… *150*
　　三 佛教的早期开拓及其空间特征 ……………… *164*
　　四 结语 …………………………………………… *175*

六朝会稽海岛的信仰意义 …………………………… *177*
　　一 "青徐之东海"与"会稽之东海" …………… *179*
　　二 方诸、句曲与桐柏
　　　　——神仙"州郡"的空间构成 ……………… *189*
　　三 生籍、死籍的运作与仙府、鬼府的关系 …… *199*
　　四 结语 …………………………………………… *208*

Ⅲ 山寺及其周边

南朝佛教与乌伤地方
　　——从四通梁陈碑刻谈起 ……………………… *213*
　　一 问题与史料 …………………………………… *213*
　　二 佛教影响乌伤的早期线索 …………………… *224*
　　三 头陀、山寺与村邑佛教信仰 ………………… *234*
　　四 "影响人王"始末 …………………………… *247*

五　法会与苦行
　　　　——村邑佛教团体的运作问题 ·················· 259
　　六　结语 ································· 271

钟山与建康东郊 ································· 274
　　一　建康的都城空间与"郊外" ···················· 276
　　二　"东田"释义
　　　　——建康东郊的园宅化问题 ···················· 285
　　三　钟山的建筑累积与"疆界"整理 ··············· 294
　　四　结语 ································· 304

Ⅳ　山居与记述

山居与生活世界
　　——读刘孝标《东阳金华山栖志》 ················ 311
　　一　《山栖志》所见金华山的文化景观 ············· 313
　　二　石室·精舍·寺馆·田园
　　　　——"山中"生活场所的拓展 ·················· 322
　　三　"山中"生活与山外世界 ···················· 332
　　四　结语 ································· 341

山岳记述的形成
　　——以"南岳"衡山的早期文献为例 ··············· 344
　　一　山岳记与真形图 ·························· 346
　　二　山中道馆与碑铭 ·························· 358

三　本来的历史和写的历史 ················· 369

后论 ····························· 380
　　一　"土地所在"与江南地方性 ················ 380
　　二　信仰景观的变化及其空间表现 ·············· 387
　　三　山林与周边区域的互动关系 ················ 395
　　四　"山中"文化场与山林记述 ················ 402
　　五　山岳历史中的六朝遗产 ·················· 410

参考文献 ·························· 417

出版后记 ·························· 445

地图目录

地图1　本书涉及主要山岳地点示意图（葛少旗绘）············ 007
　　资料来源：总参谋部测绘局编《中华人民共和国地图集》
　　（第3版，北京：星球出版社，2006年），"中国政区"第6—7页

地图2　国山地理位置示意图（葛少旗绘）················ 046
　　资料来源：谭其骧《中国历史地图集》第三册《三国西晋
　　时期》"扬州"，第26—27页

地图3　宫亭庙与中古早期庐山示意图（林昌丈绘）··········· 084
　　资料来源：《中国分省系列地图集·江西省地图集》（北京：
　　星球出版社，2009年），"江西地势"，第4页

地图4　三茅君碑与梁代茅山示意图（林昌丈绘）············ 108
　　资料来源：谭其骧《中国历史地图集》第四册《东晋十六国
　　南北朝时期》"南朝齐"，第27—28页

地图 5　天台山信仰地点示意图（林昌丈绘）················ *173*
　　资料来源：谭其骧《中国历史地图集》第四册《东晋十六国南北朝时期》"南朝齐"，第 27—28 页

地图 6　六朝东海示意图（葛少旗绘）······················· *183*
　　资料来源：谭其骧《中国历史地图集》第四册《东晋十六国南北朝时期》"宋魏时期全图"，第 17—18 页

地图 7　乌伤周边早期山寺示意图（林昌丈绘）············· *240*
　　资料来源：谭其骧《中国历史地图集》第四册《东晋十六国南北朝时期》"南朝齐"，第 27—28 页

地图 8　南朝梁代建康城布局示意图 ························ *282*

地图 9　《山栖志》与金华山文化景观示意图（林昌丈绘）····· *321*
　　资料来源：谭其骧《中国历史地图集》第四册《东晋十六国南北朝时期》"南朝齐"，第 27—28 页

地图 10　唐宋时期的朱陵洞天与周边道观示意图（林昌丈绘）··· *367*
　　资料来源：谭其骧《中国历史地图集》第五册《隋唐五代十国时期》"江南西道"，第 57—58 页

地图 11　《天地宫府图》十大洞天示意图（葛少旗绘）········· *387*
　　资料来源：总参谋部测绘局编《中华人民共和国地图集》（第 3 版，北京：星球出版社，2006 年），"中国政区"，第 6—7 页

地图 12　《唐六典》江南道名山示意图（葛少旗绘）··········· *412*
　　资料来源：谭其骧《中国历史地图集》第五册《隋唐五代十国时期》"江南东道""江南西道"，第 55—56、57—58 页

插图目录

图1　国山碑（陈寿春摄，蔡述亮提供）··················· 021
图2　国山碑图（吴骞《国山碑考》）····················· 043
图3　麻头湾令公庙（笔者摄）························· 062
图4　《茅山志·采真游》书影·························· 103
图5　大茅峰南坡（笔者摄）··························· 109
图6　《上清侍帝晨桐柏真人真图赞》第九幅·············· 144
图7　天台石梁（笔者摄）····························· 164
图8　《善慧大士录》卷3徐陵碑文（《续藏经》本）·········· 219
图9　《双林善慧大士小录并心王论》石印本书影··········· 220
图10　云黄山双林寺遗址（笔者摄）···················· 260
图11　钟山六朝建筑遗址（笔者摄）···················· 302
图12　金华山双龙洞，洞口左侧为金华观（笔者摄）······· 324
图13　南岳真形图（《洞玄灵宝五岳古本真形图》）········· 353

表格目录

表1　三茅君碑题名统计······························· 103
表2　《善慧大士录》所记傅大士在建康的活动············· 253
表3　傅大士所设法会································· 262
表4　"始建"于六朝的衡山道观······················· 361

History of the Six Dynasties "in Mountains"

Contents

Preface

Part I

Chapter 1　The Eve of the Shan Sacrifice on Mount Guo

　　　1. "Authentic Emperor of Wu" and "Sovereign of Great Peace"

　　　2. Tradition of Semiotic Omens in Sun-Wu

　　　3. Geographical Context of the Mount Guo in Yangxian County

　　　4. Conclusion

Chapter 2　Legends of Gongting Shrine of Mount Lu

　　　1. Gongting Shrine and Lushan Shrine

　　　2. Lords of the Shrine: Mount Deities and Python

　　　3. Legends of the Shrine Lords and Their Inheritors

　　　4. Interaction of Beliefs and Its Relationship with Mountain Space

Part II

Chapter 3　The Rise of Mount Mao in Jurong County and Southern Dynasties Society

　　　1. An Event of a Stele Setting up in the Third Year of Putong

　　　2. "Immigrants of Transcendents" and Their New Homelands in

Regions South of Yangtze River

3. Thriving of Daoist Abbeys in Mount Mao and Its Religious Landscape

4. Conclusion

Chapter 4 "A Blessed Site of Immortality": Religious Imagination of Mount Tiantai and the Emergence of its Buddhist Temples and Daoist Abbeys

1. Image and Misreading for the Transcendental Abodes

2. Distribution of Mountain Abbeys and Its Relationship with the Transcendental Abodes

3. Early Reclamation by Buddhists and Its Spatial Features

4. Conclusion

Chapter 5 The Significance of Beliefs Relating to Kuaiji Islands in the Six Dynasties

1. "The East Sea of Qing-Xu States "and "the East Sea of Kuaiji Prefecture"

2. Fangzhu, Juqu and Tongbai: the Spatial Structure of the "Transcendential States and Prefectures"

3. Operation of the Registration for Livings and Deads and Its Correlation with Abodes for Transcendents and Ghosts

4. Conclusion

Part III

Chapter 6 Buddhism of the Southern Dynasties and the Wushang Region: Beginning with Four Steles in the Liang and Chen Dynasties

1. Issues and Sources

2. Early Clues of Buddhism Impact on Wushang

              3. Dhuta, Mountain Temples and Buddhism in a Rural Parish

              4. The Whole Story of the "Influence over the Sovereign"

              5. Dharma Assemblies and Ascesis: Issues Concerning Running a Rural Buddhist Community

              6. Conclusion

Chapter 7   Mount Zhong and the Eastern Suburb of the Capital Jiankang

              1. The Capital Space of Jiankang and Its "Outskirts"

              2. Interpretation for the "Eastern Fields": Issues Concerning Manorialism in the Eastern Suburb of Jiankang

              3. The Accumulation of Buildings in Mountain Zhong and the Reorganization of Their "Borders"

              4. Conclusion

Part IV

Chapter 8   Mountain Living and Its Life World: Notes on the *Dong-Yang-Jin-Hua-Shan-Qi-Zhi* by Liu Xiaobiao

              1. The Cultural Landscape of Mount Jinhua in *the Shan-Qi-Zhi*

              2. Grottoes, Viharas, Temples, and Gardens: the Extension of Living Sites "in Mountains"

              3. Living "in Mountains" and the World Outside

              4. Conclusion

Chapter 9   The Emergence of the Narration of Mountains: A Case Study of the Early Literatures of Mount Heng ("Nanyue")

              1. Mountain Chorographies and the *Diagrams of True Forms*

              2. Mountain Abbeys and Epigraphs

3. The Real History and the Written One

Conclusion

1. "Where Our Lands Are " and the Provinciality in Regions South of Yangtze River
2. Transition of Beliefs-Landscape and Its Spatial Manifestations
3. Mountains and Their Interactions with Surrounding Areas
4. The Cultural Field of "in Mountains" and Its Narrations
5. Heritages of the Six Dynasties from the History of Mountains

Bibliography

前　言

　　　　　　　　　　　　　　　山中何所有？

　　　　　　　　　　　　　　　岭上多白云。

　　　　　　　　　　　　　　　只可自怡悦，

　　　　　　　　　　　　　　　不堪持寄君。

　　如何理解汉唐之间的历史变动？在近百年来的学术史上，关于这个问题的观察和解释可谓纷繁多元。历史譬如道路两侧的风景，是一个延续不断的过程，内在的差异或变化往往逐渐积累而生，远距离看来差异顿觉明显。如果把3世纪初作为一段历史道路的入口，6世纪末为其出口，会发现出口和入口处的历史景观，有诸多不同。胡汉人群的混融和文化变动，佛教寺院、石窟和村邑造像的大量出现与道教的宫观化，均为其例。

　　山中修道和山林佛教导致的山岳文化景观变化，亦是其中一个显著现象。陶弘景应答可能是齐明帝诏问"山中何所有"[1]所赋的

---

[1] 此诗所答诏问之帝，旧有齐高祖（帝）、齐武帝、梁武帝等异说，结合相关史实来看，齐明帝的可能性更大一些。参看王家葵：《陶弘景丛考》，济南：齐鲁书社，2003年，第70页；王京州：《陶弘景集校注》，上海古籍出版社，2009年，第300—302页。

这首小诗，以岭上白云隐喻山居的闲远高旷之意，机智隽永，令人回味。不过，如果把"山中何所有"作为一个历史学的提问，这一回答就显得过于简单。"山中"是一种特殊的地理空间。山民聚落和生计设施以及相应的山神祭祀，是迄今为止不少地方依然延续的社会文化景观。在这种"原风景"的基础上，至迟到两汉时期，方士、逸民等文化性山居者已经颇为常见。而4世纪以降，随着佛教山寺的兴起和山中修道的宫观化，山岳文化景观发生了根本性的变化，一些山岳成为寺馆集中的宗教圣地。陶弘景的这首小诗写作于齐梁之际，正是山中寺馆臻于兴盛的时期。"山中何所有"之问，蕴含着理解这种山岳文化景观变化的重要线索。

具体来说，4世纪以降，山岳如何逐渐演变为寺馆集中之地？山中寺院和道馆的兴起有没有地点选择性？山岳文化、信仰空间的构成和内部图景如何？不同文化、信仰力量在同一座山体内交汇，相互之间的关系如何？地理空间上有无具体表现？山岳作为一类特殊的文化、信仰中心，与国家权力、周边区域社会之间的关系如何？山居者如何记述这种变化？对中古知识世界又产生了怎样的影响？

呈现在读者面前的这本小书，是我近年来尝试回答上述问题所做的一些很粗浅的工作。现在回想起来，最开始关注六朝时期的山岳历史，问题导向要简单得多。2006年前后，由于想寻找更多观察汉唐间江南区域历史变化的线索，《唐六典》卷3《尚书户部》记载的江南道名山十三所引起我很大的兴趣。为何会在唐代典制文献中出现这样一个体系化的区域山岳名单？是否可以作为一个文化指标，探讨汉唐间江南地区的历史变化？带着这样的疑问和期待，2007年秋冬之际尝试着起草了《汉唐间江南名山的兴起》一文，[1] 希望以

---

[1] 拙撰：《汉唐间江南名山的兴起》，《唐代史研究》12，2009年。

此为线索，概要探讨江南名山体系的兴起过程及其历史意义。按照最初的设想，"名山"只是作为探讨汉唐间江南区域历史变化的一个补充视角，并未打算投入太多精力。未曾想，以此文为开端，竟蹉跎"山中"，转眼已是十年。

之所以会如此，是因为在起草此文的过程中，发现学界关于六朝山岳人文历史的研究相当薄弱。《唐六典》所载江南道名山十三所，庐山由于慧远的影响、茅山作为道教上清系圣地、天台山作为佛教天台宗圣地受到关注，但相关讨论集中于宗教层面，对于山岳历史本身的探讨不多。❶ 罗柏松（James Robson）关于中古南岳衡山信仰景观的专著于稍后出版，重心亦集中于唐代。❷ 其他大部分名山更是缺乏基础性的分析。由于这一原因，同时也由于个人学养的不足，《汉唐间江南名山的兴起》所做的概要性探讨，显得浮光掠影，很不深入。很显然，要想真正理解江南名山的兴起过程，需要深入"山中"，做更加具体细致的观察。基于这一想法，2008年秋，遂决定以庐山作为个案，尝试做更进一步的分析，收获就是《宫亭庙传说》。

这篇小文的入手点，是六朝文献中记载的一些关于庐山宫亭庙神的传说，分析方法则受到日本山岳信仰研究的影响，也得益于在日本旅行的观察和体悟。但在具体写作中遇到不少困难。经过

---

❶ 相关探讨，如宫川尚志：《晋代およびそれ以降の廬山》，《六朝史研究·宗教篇》，京都：平樂寺書店，1964年，第242—254页；Michel Strickmann, "The Mao Shan Revelations: Taoism and the Aristocracy", *T'oung Pao*, 63.1（1977），pp.1-64；都築晶子：《南人寒門·寒人の宗教的想像力について》，《東洋史研究》47-2，1988年；井上以智爲：《天台山に於ける道教と佛教》，《桑原博士還曆記念東洋史論叢》，京都：弘文堂書房，1931年，第595—649页。

❷ James Robson, *Power of Place: The Religious Landscape of the Southern Sacred Peak*（*Nanyue* 南嶽）*in Medieval China*, Cambridge (Mass.): Harvard University Press, 2009.

一千五六百年的演变，山中祠庙、寺院和道馆等信仰景观的位置关系，变得颇为复杂，仅仅依靠散佚六朝地记和唐宋地志的零散记载，很难具体落实。为了解决一些文献考证上的难题，2009年盛夏，我对文中涉及的庐山早期信仰遗迹进行了一次实地考察。酷暑中的庐山之行澄清了几个关键性的困惑，切实体会到山岳历史研究中亲践的重要性。同年冬季，又得到一个机会随队考察霍山、钟山、金庭、兰亭、石城山、天台山、舟山等地的文化遗迹，获得许多实地体悟。两次考察经历，促使我进一步思考如何在山岳历史研究中将文献考证、地图分析和实地考察相结合，拓展论证方式。

南朝时期留下了不少山居者和游观者的景观记述，诗歌数量最多，赋文方面最著名的是谢灵运的《山居赋》，此外还可以举出刘孝标的《东阳金华山栖志》、萧詧的《游七山寺赋》等。其中，梁武帝时期刘孝标隐居金华山期间所撰《东阳金华山栖志》，对山中多元文化景观和生活图景有细致记述。2009年底我又尝试以此文为线索，勾勒六朝时期山岳文化景观的累积过程和山中文化信仰生活的日常状态。也正是在写作此文的过程中，开始考虑山岳历史研究自身的问题脉络和学术意义。

这种想法已经偏离了开始山岳历史研究的初衷。如果朝向山岳历史自身的问题脉络，需要在相应的学术逻辑下继续选择有价值的山岳扩展分析，最终构建一个内在关联的历史整体。从问题脉络来说，从山岳祭祀和早期形态的山林修道，到4世纪以降山中寺院、道馆的兴起，以及由此塑造的新的山岳文化景观形态和信仰运作机制，是六朝山岳最重要的历史变化。这一点开始时已经提到。

在这一问题脉络下，首先需要说明的，是山中寺院、道馆兴起之前江南山岳的文化形态。山神和祠庙祭祀是其中的重要内容，《宫亭庙传说》一文对此已经有所讨论。而通过进一步梳理相关资料,又有两个问题浮现出来:一个是秦汉以来延续的虞舜(九嶷山、湘山、衡山等)、大禹祭祀(会稽山等);一个是孙皓时期的山岳祭祀,特别是内容丰富的禅国山碑。2010年冬至2011年春,先后起草了《国山禅礼前夜》《洞庭古祠考——中古湘水下游的祠庙景观》两文,前者探讨了孙皓天玺元年国山禅礼事件背后的政治逻辑,后者尝试分析洞庭湖、湘江—岭南通道上圣王传说与地方信仰景观之间的关系。

山中寺院、道馆的兴起,背后是4、5世纪山林佛教的形成和山中修道方式的变化。这些问题自上世纪初以来不断有学者论及,❶近年来则在"神圣地理学"(Sacred Geography)或"神圣空间"(Sacred Space)的观照下,受到国内外不少学者的重视。❷前面提到的罗柏松关于中古南岳衡山信仰景观的研究,就是其中有代表性的著作。正如罗柏松所说,从地理空间的角度观察中古宗教史,会发现很多

---

❶ 相关成果很多,如宫川尚志:《山岳仏教の成立》,《六朝史研究·宗教篇》,第279—288页;严耕望:《魏晋南北朝佛教地理稿》第五章《东晋南北朝佛教城市与山林》,台北:"中央研究院"历史语言研究所,2005年,第83—193页;都築晶子:《六朝後半期における道館の成立——山中修道》,《小田義久博士還暦記念東洋史論集》,京都:龍谷大学東洋史学研究会,1995年,第317—352页;孙齐:《唐前道观研究》,山东大学历史文化学院博士学位论文,2014年,第30—75页。

❷ 苏远鸣(Michel Soymié)很早就讨论过罗浮山宗教地理,"Le Lo-feou chan, étude de géographie religieuse", *Bulletin de l'École française d'Extrême-Orient*, 48.1 (1956), pp.1-139。近年关于佛教和道教地理的概括性论述,参看 James Robson, "Buddhist Sacred Geography"和 Gil Raz, "Daoist Sacred Geography", John Lagerwey and Lü Pengzhi ed., *Early Chinese Religion*, *Part Two: The Period of Division*(220-589 AD), Leiden: Brill, 2010, pp.1353-1442。其中的两个重要问题,是道教洞天福地体系和佛教山岳菩萨道场的形成,参看三浦國雄:《洞天福地小論》,《中国人のトポス》,東京:平凡社,1988年,第71—112页;张广保:《唐以前道教洞天福地思想研究》,郭武主编:《道教教义与现代社会国际学术研讨会论文集》,上海古籍出版社,2003年,第285—321页;陈金华:《东亚佛教中的"边地情结":论圣地及祖谱的建构》,《佛教与中外交流》,杨增等译,上海:中西书局,2016年,第1—26页。

不同于以往的内容。按照我自己粗浅的认识，从访问性的山岳祭祀和早期零散性的山中修道者，到更具生活性、团体性的山中寺院、道馆，可以理解为一种新的山中文化性社会组织或者说文化共同体的兴起，也可以说是一种依存于山岳空间之中的新型文化社区，而文化生态学和社区研究揭示的很多现象，诸如入侵、冲突、优势、占据、协调、共存、借鉴等等，❶亦均存在于其中。

这也是本书着力较多的部分。这个问题涉及国内外学界研究积累丰厚的佛教史和道教史，我原本在这些领域缺乏必要的学术修养，一直有畏难情绪。2011年冬至2012年春夏，通过反复研读相关道教史料，对洞天体系的形成和句容茅山的圣地化过程有了一些初步的粗浅认识，起草了《句容茅山的兴起与南朝社会》《六朝会稽海岛的信仰意义》两文，尝试将茅山等修道圣地与侨民问题相联系，从政治社会史的角度重新理解相关道教史料。2012年冬到2013年春夏，又在研读相关佛教史料的基础上，起草了《钟山与建康东郊》《南朝佛教与乌伤地方》两文。前者原本想探讨东晋南朝时期钟山寺院的发展过程，但后来感到钟山的意义在于和都城权力的密切关系，反复考虑之后，最终将钟山纳入都城郊区的一个环节，探讨了建康东郊的区域过程；后者以梁陈时期出现于东阳郡乌伤县的佛教碑刻群和唐代楼颖编、南宋楼炤删定的《善慧大士录》及相关文本为线索，尝试以乌伤县作为个案，探讨佛教在江南腹地的早期传布及其对民间社会的影响。

山中寺馆兴起之后，留下不少碑刻。但存世的六朝山中寺馆碑刻实物和拓片极少，部分碑铭残文摘要著录于《艺文类聚》等类书

---

❶ 罗伯特·E.帕克（Robert E. Park）等：《城市：有关城市环境中人类行为研究的建议》，杭苏红译、张国旺校，北京：商务印书馆，2016年，第76—92页。

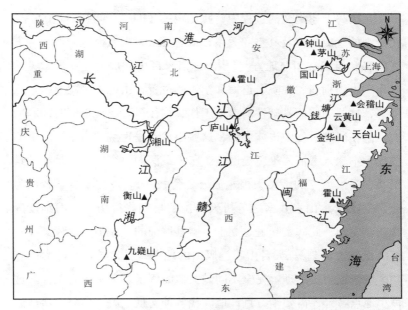

地图 1　本书涉及主要山岳地点示意图（葛少旗绘）

之中，利用难度较大。唐宋地志和文集中保存了少量碑铭的全文，颇为珍贵。尽量搜集和利用存世的碑铭全文，并寻找方法"激活"类书著录的碑铭残文的史料价值，一直让我很感兴趣。2013 年冬至 2014 年秋，为此投入较多精力，陆续起草了几篇寺馆碑铭研读札记，部分改写为《山岳记述的形成——以"南岳"衡山的早期文献为例》《"不死之福庭"：天台山的信仰想象与寺馆起源》两文。前者从梁元帝《南岳衡山九真馆碑》入手，分析了衡山早期信仰景观与文献记述之间的关系；后者则结合天台山的南朝寺馆碑刻，讨论了从东晋至南朝，天台山从信仰想象到建立寺院、道馆的过程及其空间关系。就个人的粗浅体会来说，寻找多元角度和方法激活数量可观的六朝碑铭残文的史料价值，可能会有助于今后六朝史研究的深入，值得学界重视。

在撰写上述论文的过程中，我比较关注的一个问题，是山岳文化景观的生成过程及其空间关系，或者说，入山者究竟"以何种方式阐释和组织空间与地方"？❶ 小地点考证由此成为一项最常见的工作。山中祠庙、寺院、道馆和学馆的位置，山中碑刻建立的地点等等，这些琐碎而基础性的考证工作，往往需要花费很多时间和精力。但在研究过程中也体会到，这些小地点是理解"山中"历史的前提，不深入考证，难免会误读。印象最深的一个例子，是陶弘景撰文、潘洪所立的《吴太极左仙公葛公之碑》。以往不少学者认为此碑立于天台山，并据之分析天台山的早期修道历史。而细读碑文就会发现，此碑实际上是立于上虞县城南的兰风山（唐代又在葛玄故里句容重刻）。天台山、兰风山的地点差异，导致对碑文内容和区域修道历史的理解完全不同。类似的例子本书中还有不少。这种小地点考证，需要千方百计地寻找各种文献记载，参照卫星地形图反复比对，有时还需要实地踏察，很费精力。不过，其中蕴含着的历史现场感，让人仿佛能够触碰到六朝时期一个个具体而鲜活的"山中"场景，是这些年颇感愉悦的学术体验。

自2008年秋起草《宫亭庙传说》至今，山岳个案研究一直是我致力的重点。这些个案研究，最开始只是为了解答撰写《汉唐间江南名山的兴起》一文产生的困惑。而当确定朝向山岳历史自身的问题脉络之后，也越来越多地考虑个案研究之间的关系和学术整体性。哪些山岳被选择作为个案研究的对象，从哪些角度进行分析，希望说明哪些问题，往往反复考虑。一座山岳的史料遗存中，蕴含的研究线索非常丰富，可以从多个角度切入写作，而最终选定的论

---

❶ 段义孚：《空间与地方：经验的视角》，王志标译，北京：中国人民大学出版社，2017年，第3页。

述方向，首先是尊重史料遗存自身呈现的历史脉络，其次也考虑到整体框架下的研究布局。在相关个案研究告一段落、准备整合成书之际，为了进一步说明全书意旨，又尝试起草了一篇总结性的后论——《"山中"的六朝史》。这篇后论也是经过多年的个案研究积累之后，对本书最初的"种子"——《汉唐间江南名山的兴起》一文的重写。只不过时隔多年之后再回过头去思考，发现问题意识已经有了很大的不同。

如前所述，本书最初的出发点，是想从名山体系的角度探讨汉唐间江南地区的历史变化，因此关注重点集中于南方，特别是长江中下游的江南地区。而随着个案研究的积累和认识的深入，山岳自身的文化过程，特别是山岳神圣性的构建和山中寺院、道馆兴起的文化意义，吸引了我更多的注意力。在这些问题的观照下，中古早期南北山岳文化过程的异同，或者说山岳历史中的"南北朝差异"，也越来越成为一个需要说明的问题。❶ 后论中对此做了一些初步的说明，而进一步的深入比较，坦率地说，仍有待于对北方山岳进行相应的研究积累之后才能真正进行。这是我未来几年希望进行的工作。

本书在结构安排上，除前言、后论外，正文九章，分为四个部

---

❶ 扩大到东亚地区来说，4、5世纪在中国形成和成熟化的山中寺院和道馆体系，对于古代朝鲜半岛和日本的山岳信仰景观以何种途径产生影响？是否又有相应的地方适应和变化？这些问题也很值得注意。相关的概要论述，参看宫家准：《靈山と日本人》，東京：日本放送出版協会，2004年，第35—50页；末木文美士：《日本佛教史——思想史的探索》，涂玉盏译，上海古籍出版社，2016年，第139—158页。如果把视野进一步放宽，可以发现4、5世纪在西方也正好是基督教隐修主义（包括个体苦修和教团）的形成和发展时期，参看玛里琳·邓恩（Marilyn Dunn）：《修道主义的兴起：从沙漠教父到中世纪早期》，石敏敏译，北京：中国社会科学出版社，2010年，第1—51页；许列民：《沙漠教父的苦修主义：基督教隐修制度起源研究》，上海人民出版社，2009年，第117—202页。为何在4世纪前后的古代帝国结束期，东西方都出现这种新的山林隐修现象，也是一个令人很感兴趣的问题。

分。第一部分以阳羡国山禅礼、庐山宫亭庙为例，讨论江南山岳的祭祀和信仰传说；第二部分以句容茅山、天台山和会稽海岛神仙地理为例，讨论江南山岳的神圣想象、洞天系统和道馆的兴起过程及其空间影响；第三部分以乌伤云黄山双林寺、建康东郊的钟山为例，讨论了山林（特别是山寺）与周边地区的互动关系；第四部分以刘孝标《东阳金华山栖志》和南岳衡山的早期文献为例，讨论山居者的文献记述及其知识来源等问题。需要说明的是，四个部分的安排，只是根据各章主旨大概区分，实际上内容不限于此，而是互有涉及。如前所述，各章原本是以个案研究论文形式写成，讨论方向多元，论证各成体系。这次修订成书，曾犹豫过是否统一改写，整合为章节体例，以强化书稿的逻辑结构，而反复斟酌考虑之后，最终还是决定保留原来的形式。与本书相关的《洞庭古祠考》一文，❶ 最初是想探讨汉晋江南名山的圣王祭祀，但在写作过程中，讨论重点改为洞庭湖、湘水下游的祠庙景观，偏离了"山中"主旨，时段也侧重于唐宋，收入本书已不太合适，故而放弃。

    书题《"山中"的六朝史》，原本是后论的标题。"山中"加了引号，一方面表明是取自"山中何所有"一诗，另一方面也是对本书讨论范围的界定。山中历史可以分为生计和文化信仰两个层面，前者是指包括山民聚落、山地农业、狩猎采集等在内的山地民众生计系统，后者是包括祭祀、寺院、道馆、学馆、隐舍等在内的文化信仰系统。❷ 本书讨论的是后者，而齐明帝"山中何所有"之问，用意主要也是后者。当然，生计系统与文化信仰系统之间并非决然

---

❶ 拙撰：《洞庭古祠考——中古湘水下游的祠庙景观》，《历史人类学学刊》第 10 卷第 2 期，2012 年。
❷ 時枝務曾将山岳遗迹分为山地利用、山岳宗教两个层面，见氏著《山岳考古学——山岳遺跡研究の動向と課題》，東京：New Science 社，2012 年，第 43—94 页。

可以分开。山神祭祀原本是山民生活的一项内容，而山林修行有时候也是山中聚落形成的推动力之一，特别是山中寺馆兴起后往往附属有田地，与山民之间形成密切的生计联系。这些本书没有涉及，希望在今后的研究中续有探讨。

在不少学者的心目中，山岳研究可能并不属于历史研究的主流。我自研究生阶段开始，一直偏重于中古政治社会史的学习和研究，原本也持有类似的看法。不过，当十年前无心插柳进入这一领域以来，很意外地接触到一扇观察汉唐历史进程的有趣窗口，窗景中呈现着六朝历史的各种要素：正统与边缘、士庶与寒人、侨民与旧民、都城与地方、信仰与生活、知识与身份等等。"山中"作为一个特别的文化地理空间，交汇着相当多元化和层次丰富的历史场景。而且，"山中"世界有别于正史等文献勾勒的官方历史，从中可以更切实地感受到普通的个体生命"活着"的状态。对于我个人而言，数年来反复阅读《真诰》《周氏冥通记》《善慧大士录》等文献和多次实地踏察带来的学术感悟，就在很大程度上改变了原来根据正史等文献所建构的六朝历史想象。历史学要探讨的根本问题，终究仍是个体或人群在特定社会秩序中的生存过程。六朝山岳历史空间中的融入与逃离，神圣与世俗，主流与边缘，权力与卑微，都是对这种生存过程的生动诠释。

山岳历史研究也是一个促使我不断学习的过程。山岳的文化多元性和呈现的复杂历史面相，要求研究者具备多方面的知识素养，尤其是佛教史、道教史的相关积累。我原本对此所知甚少，贸然进入"山中"世界，知识上、理解上常常有捉襟见肘之感。这些年来虽然也一直在尽量努力，但迄今为止仍不敢自信是否已经具备山岳历史研究所需要的基本学术素养。因此，本书所能够奢望的，不过是从历史学层面提供一些观察六朝"山中"世界的视角而已，虽然由于我的不足，描述得可能也并不那么清晰。

这项研究几乎跨越了我从而立到不惑的十年，其间的学术和人生感悟良多。每个人自从出生起，就生活于权力和关系交织的多重网络中，山林提供了一种逃离这种网络的场所，从而成为避世隐居者的桃花源。谢灵运在《游名山志序》中，曾将世俗世界和山中世界分开，分别称之为"名利之场"和"清旷之域"，并议论说："夫衣食，生之所资；山水，性之所适。今滞所资之累，拥其所适之性耳。"❶ 而寺院和道馆的兴起，事实上又将山林演变为一种新的权力和关系交织的网络之场。尽管如此，寺馆所依存的山林空间，毕竟有别于世俗的"名利之场"，仍是权力体制之外一个有意义的存在。对于正在面临人文精神重建的现代中国知识界而言，六朝时期发生于"清旷之域"的文化过程，比如说洞天体系与神圣地理的建构，山中寺馆的宗教运作模式和日常性实践，以及士族知识阶层"向山水的自然中寻求内心的沉潜"，❷ 也许仍有值得思索的别样价值。❸

自开始这项研究以来，先后得到国内外诸多师友的帮助，在研究思路、学术资料、工作环境等方面惠我极多。从各章的初稿写作、会议和期刊发表，到最终修订成书，受益于诸多师友和评议人、审稿人、编辑的帮助和指正意见。本书最初的文字起草于2007—2009年德岛大学留学期间，有幸接触和学习日本民俗学、宗教史的丰厚学术积累，也有机会访问多处山林信仰遗迹，对本书思路形成起到了很关键的作用。开始考虑修订成书之际，又有幸先后

---

❶ 《初学记》卷5《地理上·总载山》，北京：中华书局，2004年，第94页。
❷ 吉川忠夫：《六朝士大夫の精神生活》，《六朝精神史研究》，京都：同朋舍，1984年，第28页。
❸ 渠敬东在一次会议发言中，强调山水传统对于现代中国人文精神重建的价值，"山水社会：一般理论及相关话题"研讨会，北京大学人文社会科学研究院，2016年12月18日。

在哈佛燕京学社、北大文研院访问学习，得以从容阅读和思考，其间曾就本书总体内容进行过几次口头报告和座谈，对于书稿整合和修订启悟尤多。谨此感谢多年来指导、帮助过我的国内外诸多师友，这是一份长长的名单，不再一一列出。

最后，感谢三联书店同意将本书列入"三联·哈佛燕京学术丛书"。都筑晶子、侯旭东两位老师拨冗撰写出版推荐意见。书中地图由林昌丈、葛少旗绘制，特别是昌丈，为此花费时间、精力尤多。张学锋老师帮忙联系获取了国山碑照片。姜虎愚英译了书稿目录。刘莹、付晨晨、蒋晓亮、唐普、刘亚光、刘芳君帮助校核全书引文。在此向诸位致以诚挚的谢意。

I

山岳祭祀

国山禅礼前夜

　　王朝衰亡是古代史研究的永恒主题之一。在王朝衰亡、崩溃的过程中，由于政治、社会动荡，常常带来历史记述的缺失或亡佚，加上继起王朝特定的历史编纂立场，使得相关研究困难很多。在这种情况下，一些王朝衰亡过程中遗存下来的重要历史遗迹，由于其亲历见证者性质，成为最直观的研究线索。位于江苏省宜兴市西南二十五公里处离墨山上的孙吴国山碑，就是一处具有这种意义的石刻遗迹。

　　国山碑是孙皓天玺元年（276）国山禅礼事件的遗物。论者多将这场禅礼视为政治闹剧，有代表性的是梁武帝时大臣许懋的意见："此朝君子，有何功德？不思古道而欲封禅，皆是主好名于上，臣阿旨于下也。"❶ 国山禅礼后不足五年而吴亡，只剩下高大古拙的纪念石碑兀立于山顶，的确颇具讽刺意味。但也正由于这种道德性评价的遮蔽，很少有人再去思考国山禅礼的深层历史逻辑。国山碑文一千余字，由于多记符瑞之兆，被认为"词多诬诞"❷ "初无可

---

❶《梁书》卷 40《许懋传》，北京：中华书局，1973 年，第 577 页。
❷《两汉金石记》卷 18 "吴禅国山碑"条翁方纲按语，《石刻史料新编》第 1 辑第 10 册，台北：新文丰出版公司，1977 年，第 7464 页。

取",❶ 除了在书法史上受到重视外，很少引起考史者的注意。❷ 直到最近几年，开始有研究者撰文讨论国山碑与孙吴正统性的关系。❸

封禅是极为重要的王朝典礼。北宋知枢密院事王钦若曾说："唯有封禅泰山，可以镇服四海，夸示外国。然自古封禅，当得天瑞希世绝伦之事，然后可尔。"❹ 国山碑文多言符瑞，正符合这一逻辑。封禅分为封、禅两个环节。天玺元年在国山举行的是"禅"，碑文明言：

> 今众瑞毕至，四表纳贡，幽荒百蛮，浮海慕化，九垓八埏，罔不被泽，率按典繇，宜先行禅礼，纪勒天命。遂于吴兴国山之阴，告祭刊石，以对扬乾命，广报坤德，副慰天下喁喁之望焉。❺

这是鉴于泰山不在孙吴境内，无法"封"，不得已采取的变通举措。据《史记》卷28《封禅书》引管仲之语，历来"封"均在泰山，"禅"则多所变更，无固定地点。❻ 这大概是天玺元年于国山"先行

---

❶ 《云麓漫钞》卷7"国山碑"条赵彦卫评论，北京：中华书局，1996年，第118页。
❷ 王鸣盛曾注意到国山封禅事件中周处的"兼太常"官职问题，《十七史商榷》卷42"封禅国山"条，黄曙辉点校，上海书店出版社，2005年，第307页。
❸ 渡邉義浩：《孫吳の正統性と國山碑》，《三国志研究》2，2007年；拙撰：《孙吴年号与符瑞问题》，《汉学研究》第27卷第1期，2009年。
❹ 《宋史》卷282《王旦传》，北京：中华书局，1985年，第9544页。
❺ 关于国山碑文的著录很多，较早的有赵彦卫《云麓漫钞》卷7"国山碑"条（第116—118页），吴骞《国山碑考》对诸家著录有细致考订（上海：商务印书馆，1936年，第11—24页）。拓片见北京图书馆金石组编：《北京图书馆藏中国历代石刻拓本汇编》第2册"禅国山碑"条，郑州：中州古籍出版社，1989年，第36页。释文及校注参看三國時代の出土文字資料班：《魏晋石刻資料選注》，京都大學人文科學研究所，2005年，第26—27、169—184页。
❻ 《史记》卷28《封禅书》，北京：中华书局，1982年，第1361页。

禅礼"的依据所在。

不过，禅礼为何选择在吴兴国山举行？仍然令人费解。首先，孙吴以前，江南地区称得上名山的只有会稽山、湘山、九嶷山等寥寥几处。其中，会稽山是东汉官方山岳祭祀中的南镇之山，❶又有大禹传说和禹庙祭祀，作为禅礼之山是比较合适的。最终选定的却是此前完全不见于文献记载、此后亦默默无闻的吴兴阳羡国山。其次，国山碑形制古拙，高 2.35 米，围长 3.3 米，为状似米囷的圆柱体巨石，因此也被称为"囷碑"，与东汉封禅仪中记载的石碑形制差别很大。❷ 再次，封禅典礼本应由皇帝亲祭，孙皓却只是派两位大臣代行，颇为草率。这些都使国山禅礼呈现出自身的独特性。

如果将国山禅礼事件放到整个孙吴历史进程中观察，就会发现有两种因素值得特别注意。其一是孙皓上台前后的王朝权力结构和南北政治局势，其二是孙吴政治中的符瑞造作传统。国山禅礼折射出的，其实是后期孙吴政权的核心问题：如何在变动局势下确认王朝的存在逻辑？如何解决王朝权力的分散与统合问题？这是国山禅礼前夜困扰孙皓的难题。遗憾的是，由于文献记述简略，加上陈寿的晋人立场，使得不少问题隐晦难明。❸ 本章希望通过重新解读相关史料，观察国山禅礼前夜的历史波折。

---

❶《周礼·大司乐》郑玄注，《十三经注疏》上册，北京：中华书局，1980 年，第 791 页。

❷ 东汉封禅碑高一丈二尺，宽三尺，厚一尺二寸（《汉官仪》卷下引马第伯《封禅仪记》，孙星衍等辑：《汉官六种》，北京：中华书局，1990 年，第 176 页；《风俗通义》卷 2《正失》，王利器：《风俗通义校注》，北京：中华书局，2010 年，第 68 页），参看邢义田：《东汉光武帝与封禅》，《天下一家：皇帝、官僚与社会》，北京：中华书局，2011 年，第 177—201 页。

❸ 由于史料缺乏，关于孙吴后期历史的研究成果不多，参看川胜义雄：《六朝贵族制社会研究》，徐谷芃、李济沧译，上海古籍出版社，2007 年，第 124—137 页；王永平：《孙吴后期皇权的运作及其与儒学士大夫之间的冲突》，《孙吴政治与文化史论》，上海古籍出版社，2005 年，第 52—84 页。

一 "吴真皇帝"与"太平之主"

国山碑文称:

> 帝出虖震,周易实著。遂受上天玉玺,文曰"吴真皇帝",玉质青黄,鳃理洞彻,拜受祇迄,夙夜惟寅。夫大德宜报,大命宜彰,乃以柔兆涒滩之岁,钦若上天,月正革元,郊天祭地,纪号天玺,用彰明命。❶

据《三国志》卷48《孙皓传》(以下省称《孙皓传》),获"上天玉玺"之事发生于吴郡南部的临平湖。有人于湖边"得石函,中有小石。青白色,长四寸,广二寸余,刻上作皇帝字",故改元天玺。❷ 不过,《孙皓传》记玺文省作"皇帝",是不太恰当的。"吴真皇帝"四字中,最重要的是"真"字,蕴含着特殊的政治意识。

"真",《说文解字》认为原义与仙人有关:"真,仙人变形而登天也。"段玉裁注:"此真之本义也。"❸ 不过已有学者指出,"真"字见于金文,从字体构形看绝非《说文》之义。❹ 不管如何,秦汉之际"真"已有与"假"相对之意,如韩信请为"假王",刘邦说:"大丈夫定诸侯,即为真王耳,何以假为!"❺ "真皇帝"的用

---

❶ "皇""迄"两字拓片漫漶不清,据赵彦卫《云麓漫钞》卷7补,第118页。
❷《三国志》卷48《吴书·孙皓传》,北京:中华书局,1982年,第1171页。
❸ 段玉裁:《说文解字注》,上海古籍出版社,1988年,第384页。
❹ 董莲池:《说文解字考正》,北京:作家出版社,2006年,第323页。
❺《史记》卷92《淮阴侯列传》,第2621页。关于"真"字用例及其演变,参顾炎武《日知录》卷18"破题用庄子"条,黄汝成:《日知录集释》(全校本),栾保群、吕宗力校点,上海古籍出版社,2006年,第1056—1058页。

图1 国山碑（陈寿春摄，蔡述亮提供）

例则首见于王莽。西汉平帝去世后，王莽立刘婴为皇太子，号孺子，自己为"摄皇帝"，改元称制，不久又"以符命自立为真皇帝"。❶ 这里的"真皇帝"，显然是相对于此前的"摄皇帝"而言。由"摄"到"真"，类似于官僚制度中的由代理到真除。《汉书》卷12《平帝纪》载元始元年正月诏书："赐天下民爵一级，吏在位二百石以上，一切满秩如真。"如淳解释说："诸官吏初除，皆试守一岁乃为真，食全奉。平帝即位故赐真。"这个解释尽管受到颜师古的批评，❷ 但汉代官制中存在"试守"到"真"的做法是确实的。

这就令人感到奇怪。孙皓本身就是大吴政权的第四位合法皇帝，并不像王莽那样有一个由摄政到皇帝的过程。他为何要强调

---

❶ 《汉书》卷98《元后传》，北京：中华书局，1962年，第4031—4032页。
❷ 颜师古认为："此说非也。时诸官有试守者，特加非常之恩，令如真耳。非凡除吏皆当试守也。一切者，权时之事，非经常也。"《汉书》卷12《平帝纪》，第349页。

"真皇帝"身份呢？陶弘景《古今刀剑录》提示了一个思考线索，云："孙皓以建衡元年铸一剑，文曰'皇帝吴王'。小篆书。"❶仔细区分起来，孙皓铸剑铭文的"皇帝吴王"四个字，包含着"皇帝"与"吴王"两层意思。"皇帝"可以理解为"天下"之"皇帝"，"吴王"则是大吴国主。这样来理解的话，"吴真皇帝"的内涵，就意味着从大吴偏霸之主上升为"天下"之君。❷

这种推测并非无据。临平湖玉玺的出现，是由于该湖汉末以来"草秽壅塞"，此时突然"开通"。《孙皓传》记当地长老传说："此湖塞，天下乱。此湖开，天下平。"所谓"天下平"，显然不是指大吴建国，而是统一天下之意。此外，天玺元年鄱阳郡历陵山石"文理成字"，云："楚九州渚，吴九州都，扬州士，作天子，四世治，太平始。"❸谶文称孙吴四世而治，为"太平"之始，也是指孙吴将统一天下，开创"太平"之世。《孙皓传》注引《江表传》对此事有更详细的记述：

> 历阳县有石山临水，高百丈，其三十丈所，有七穿骈罗，穿中色黄赤，不与本体相似，俗相传谓之石印。又云，石印封发，天下当太平。下有祠屋，巫祝言石印神有三郎。时历阳长表上言石印发，皓遣使以太牢祭历山。巫言，石印三郎说"天下方太平"。使者作高梯，上看印文，诈以朱书石作二十字，还以启皓。皓大喜曰："吴当为九州作都、渚乎！从大皇帝逮

---

❶ 《古今刀剑录》，《影印文渊阁四库全书》第840册，台北：台湾商务印书馆，1986年，第5页。

❷ 汉代文献中常见"真人"一词（如刘秀为"白水真人"），吉川忠夫认为有禅代革命意味，《真人と革命》，《六朝精神史研究》，第84—109页。但没有迹象表明"吴真皇帝"与"真人"有关。

❸ 《三国志》卷48《吴书·孙皓传》，第1171页。

孤四世矣，太平之主，非孤复谁？"重遣使，以印绶拜三郎为王，又刻石立铭，褒赞灵德，以答休祥。

历阳为历陵之误。❶ 历陵山石文中隐含的政治意识，是说大吴皇帝将成为天下一统的"太平之主"。这种意识也见于《天发神谶碑》："深甄历数，永归大吴，上天宣命，昭告太平，文字炳朖，天□在诸石上。"❷ 这些碑石中提到的"太平"，有其特殊含意，指君主德行充沛天下，瑞应纷现，"太平"降临。《太平经》中神人言："但大顺天地，不失铢分，立致太平，瑞应并兴。"❸ 而对于三国政权来说，"太平"有一个前提，即天下一统。《晋书》卷95《陈训传》记孙皓时钱塘湖开，传言说："天下当太平，青盖入洛阳。"孙皓对此深信不疑："载其母妻子及后宫数千人，从牛渚陆道西上，云青盖入洛阳，以顺天命。"❹ 对于今天的读史者而言，十余年后孙吴为司马氏灭国，孙皓此举颇觉荒唐。不过，这种后来者的"先知"立场，其实遮蔽了很多东西。《孙皓传》注引《江表传》：

> 初，丹杨刁玄使蜀，得司马徽与刘廙论运命历数事。玄诈

---

❶ 鄱阳郡无历阳县。《太平御览》卷48《地部十三·石印山》引《吴志》称："鄱阳郡言历陵山石有文理成字。"北京：中华书局，1960年，第234页。可知历阳为历陵之误。历陵石印山位于鄱阳湖东岸，《读史方舆纪要》卷85饶州府鄱阳县"鄱山"条："府西北百十五里鄱阳湖中。初名力士山，亦名石印山。"贺次君、施和金点校，北京：中华书局，2005年，第3946页。

❷ 拓片及释文参看三國時代の出土文字資料班：《魏晋石刻資料選注》，第28—29、185—188页。

❸ 王明编：《太平经合校》卷18至34《和三气兴帝王法》，北京：中华书局，1960年，第18—19页。关于"太平"含义及其政治文化影响，参看孙英刚："'太平天子'与'千年太子'：6—7世纪政治文化史的一种研究"，《复旦学报》2010年第6期。

❹ 《三国志》卷48《吴书·孙皓传》注引《江表传》，第1168页。

增其文,以诳国人曰:"黄旗紫盖见于东南,终有天下者,荆、扬之君乎。"又得中国降人,言寿春下有童谣曰"吴天子当上"。

类似的记事,又见于《三国志》卷47《吴主传》注引《吴书》,魏文帝曾问吴郎中令陈化:"吴、魏峙立,谁将平一海内者乎?"陈化答云:"《易》称帝出乎震,加闻先哲知命,旧说紫盖黄旗,运在东南。"葛洪转述左慈之语:"汉必寝耀,黄精载起,缵枢纽于太微,回紫盖于鹑首,联天理物,光宅东夏。"❶可知"黄旗紫盖见于东南"是当时广为人知的图谶。❷ 刁玄所增文字,当是"终有天下者,荆、扬之君乎"一句。这种"紫盖"后来被认为是东晋建立之兆。《晋书》卷36《张华传》:"初,吴之未灭也,斗牛之间常有紫气,道术者皆以吴方强盛,未可图也,惟华以为不然。及吴平之后,紫气愈明。"不过,从"道术者皆以吴方强盛,未可图也"一句可以感受到,西晋内部对这一图谶是广泛认同的,孙皓确实处于"大吴当有天下"的舆论环境之中。这是"吴真皇帝"的内涵,也是孙皓时期"太平"符瑞并现,最终导致国山禅礼的根据。❸

---

❶ 《抱朴子外篇》卷34《吴失》,杨明照:《抱朴子外篇校笺》下册,北京:中华书局,1997年,第156页。其中"黄精载起"一句,校释认为指曹魏,但结合上下文来看,实指孙吴。孙吴与曹魏均为土德,《吴主传》注引《江表传》:"权推五德之运,以为土行用未祖辰腊。"第1130页。

❷ 关于秦汉魏晋时期"黄旗紫盖见于东南"的内涵,参看冷鹏飞:《释"东南有天子气"——秦汉区域社会文化研究》,《北大史学》4,北京大学出版社,1997年,第16—32页。

❸ 渡邉義浩认为,孙皓有与西晋争"金德"的思想,是国山封禅的主要目的,根据是国山碑文中出现的"金册青玉符"以及白虎等白色瑞物,并认为孙皓改用金德,并以大禹之后自居(《孫吳の正統性と國山碑》,第46—50页)。但文献中未见孙皓改用金德,《宋书》卷32《五行志三》:"黄狗者,吴以土运承汉,故初有黄龙之瑞,及其季年,而有鬼目之妖,托黄狗之家,黄称不改,而贵贱大殊。"北京:中华书局,1974年,第938页。据此孙吴并未改其德运。

一统天下才是"真皇帝",才能致"太平",这是三国时代的共识。习凿齿说:"自汉末鼎沸五六十年,吴魏犯顺而强,蜀人杖正而弱,三家不能相一,万姓旷而无主。"❶《晋书》卷35《裴楷传》称平吴之后,晋武帝"方修太平之化";葛洪批评西晋平吴后"贡士见偃以不试",称"今太平已近四十年矣,犹复不试,所以使东南儒业衰于在昔也",❷所论均隐含此意。值得注意的是,曹魏也曾有过封禅动议,太和年间中护军蒋济上疏,曰"宜遵古封禅"❸明帝虽然拒绝"而实使高堂隆草封禅之仪,以天下未一,不欲便行大礼"。❹所谓"天下未一",即指蜀汉和孙吴未灭,太平之世尚未到来。

为何孙皓突然开始强调"太平"将至呢?这要从曹魏灭蜀汉之役说起。孙休永安六年(263)七月,邓艾、钟会伐蜀,蜀汉遣使告吴,孙休命丁奉等率军救援。孙吴君臣对此役本来颇为乐观,《孙皓传》注引《襄阳记》:

> 魏伐蜀,吴人问(张)悌曰:"司马氏得政以来,大难屡作,智力虽丰,而百姓未服也。今又竭其资力,远征巴蜀,兵劳民疲而不知恤,败于不暇,何以能济? 昔夫差伐齐,非不克胜,所以危亡,不忧其本也,况彼之争地乎!"

张悌对此提出了不同的看法,认为"彼强弱不同,智算亦胜,因危而伐,殆其克乎"。他的看法并没有引起重视,"吴人笑其言"。结

---

❶《晋书》卷82《习凿齿传》,北京:中华书局,1974年,第2157页。
❷《抱朴子外篇》卷15《审举》,杨明照:《抱朴子外篇校笺》上册,北京:中华书局,1991年,第413页。
❸《三国志》卷25《魏书·高堂隆传》,第717页。
❹《晋书》卷21《礼志下》,第654—655页。

果不久蜀汉降魏。孙休得知这一消息,"深忆张悌之言,不乐"。❶
吴、蜀长期以来为"掎角之援",❷从孙休"不乐"的态度中,可以
体味此役对于孙吴政权的震动。这也是不久孙休死后孙皓得立的原
因之一,《孙皓传》:"是时,蜀初亡,而交阯携叛,国内震惧,贪
得长君。"蜀汉之亡,将魏、吴关系一下推向了前台。形势已经很
明朗,二国将有一亡。

在这种局势下,孙皓刚即位就收到了司马昭派孙吴降将徐绍、
孙彧送来的恐吓、劝降信件。《孙皓传》注引《汉晋春秋》录其文
辞,内有"三方云会,未及浃辰,可使江表底平,南夏顺轨"等
语,态度凌人。同传录孙皓答书:"孤以不德,阶承统绪,思与贤
良共济世道,而以壅隔未有所缘,嘉意允著,深用依依。"这种克
制态度,正说明蜀汉速亡带来的震撼。司马昭曾对信件撰写者荀勖
说:"君前作书,使吴思顺,胜十万之众也。"❸但尽管文辞柔顺,
孙皓态度仍很明确。隋文帝诏书中提到:"尉佗之于高祖,初犹不
臣。孙皓之答晋文,书尚云'白'。或寻款服,或即灭亡。"❹此事
见于《孙皓传》注引《江表传》:"皓书两头言白,称名言而不著
姓。"孙皓在遣使后不久,召回"称美中国"的降将徐绍而杀之,
也表明了他的立场。❺

面对北方对手的咄咄逼人之势,孙皓即位次年即甘露元年
(265)有迁都武昌之举。这次迁都是接受了西陵督步阐的建议,但

---

❶ 《建康实录》卷3《吴中下·景皇帝》,张忱石点校,北京:中华书局,1986年,第84页。
❷ 《三国志》卷35《蜀书·诸葛亮传》注引《汉晋春秋》,第924页。
❸ 《晋书》卷39《荀勖传》,第1153页。
❹ 《北史》卷59《梁御附子睿传》,北京:中华书局,1974年,第2121页。
❺ 据《三国志》卷48《吴书·孙皓传》注引干宝《晋纪》,孙皓派出的使臣,"入境而问讳,入国而问俗",其意也在探查曹魏国内形势(第1165页)。此外,使臣与曹魏方面也曾就军事攻防问题,有过针锋相对的辩答。这些都可以见出双方的紧张状态。

陆凯明确反对,并有"宁饮建业水,不食武昌鱼"的名言。❶ 此次迁都虎头蛇尾,向来不为史家所重。但从步阐的建议可以知道,迁都至少代表了部分上游统军将领的意见。杜预曾说:"自秋已来,讨贼之形颇露。若今中止,孙皓怖而生计,或徙都武昌,更完修江南诸城,远其居人,城不可攻,野无所掠,积大船于夏口,则明年之计或无所及。"❷ 迁都武昌有利于上游防御,诸葛恪执政时亦曾有此意向。❸ 这次迁都应当是在北方军事压力下采取的举措。

甘露元年十一月孙皓迁都武昌,紧接着下一个月司马炎就代魏自立,建立西晋政权。次年即宝鼎元年(266)元月,孙皓遣使臣张俨、丁忠赴晋祝贺。十一月丁忠回到武昌,带回来的判断是:"北方守战之具不设,弋阳可袭而取。"这令孙皓感到振奋。他"访群臣",希望得到支持意见。针对他的这次咨询,朝臣同样分为两派,一派以镇西大将军陆凯为代表,认为"今敌形势方强,而欲侥幸求胜,未见其利也";一派则以车骑将军刘纂为代表,主张讨伐,并建议"宜遣间谍,以观其势"。孙皓虽然赞同刘纂的主张,却顾虑到陆凯的势力没有坚持。❹ 不过由此也"自绝"于晋,开始立意与司马氏争衡天下。

争衡天下要做两方面的准备。首先是整顿军备,其次是政治宣传。前者当然是关键所在,但对于上台不久的孙皓而言,并不容易。孙权时期的权力结构中,军权由孙吴宗室、淮泗旧将和吴郡大族共同掌握。由于孙权末期的二宫之争,朝臣严重对立,❺ 此后引起一系列屠杀,宗室力量大为削弱。如孙奋本来镇武昌,由于诸

---

❶ 《三国志》卷61《吴书·陆凯传》,第1401页。
❷ 《晋书》卷34《杜预传》,第1029页。
❸ 《三国志》卷48《吴书·孙亮传》注引《吴录》,第1152页。关于武昌的军事意义,参看郭黎安:《六朝建都与军事重镇的分布》,《中国史研究》1999年第4期。
❹ 本段引文均见《三国志》卷48《吴书·孙皓传》,第1165—1166页。
❺ 参看王永平:《孙权立嗣问题考论》,《孙吴政治与文化史论》,第120—142页。

葛恪"不欲诸王处江滨兵马之地",❶徙于豫章。孙皓即位时,中上游重要军镇由陆氏、步氏等掌控,他所能依赖的主要是下游军镇和绕帐、无难等中军。❷在这种格局下,孙皓执政初期权力很不稳固,据说宝鼎元年十二月陆凯曾与丁奉、丁固等谋废孙皓,立孙休之子。❸由此推想,孙皓迁都武昌或许也有强化权力的意图。《三国志》卷65《王蕃传》注引《江表传》称迁都之前,"恐群臣不从",利用大会将吏之机,杀王蕃并"使亲近将挪蕃首,作虎跳狼争咋啮之,头皆碎坏,欲以示威,使众不敢犯",就很值得注意。宝鼎元年底都城从武昌迁回建业后,又大营宫殿,正殿取名为"赤乌殿";❹次年七月"使守大匠薛珝营立寝堂,号曰清庙",十二月从吴兴迎回父亲孙和神主。❺这些举措似乎都在暗示某种政治态度。

经过几年的皇帝权力稳固期,宝鼎三年孙皓开始应对即位之际的两大问题——北方压力和交阯叛乱。他先是派交州刺史刘俊、前部督脩则等进攻交阯,但进展不顺。九月,又发动对西晋的东关之役,取得胜利。❻孙皓的这些军事举措,令西晋君臣颇感紧张。《晋

---

❶《三国志》卷59《吴书·孙奋传》,第1373页。
❷ 关于孙吴"中军",参张金龙:《孙吴禁卫武官制度考》,《南京晓庄学院学报》2001年第1期。
❸《三国志》卷61《吴书·陆凯传》,第1404页。陆凯、陆抗等不断上书批评朝政,言辞激烈,而孙皓"以计容忍",应该也是基于同样的政治背景,参看王永平:《孙吴后期皇权的运作及其与儒学士大夫之间的冲突》,《孙吴政治与文化史论》,第52—84页。
❹《建康实录》卷4《吴下·后主》,第99页。赤乌年号行用十三年,远远超过此前的黄龙、嘉禾,是孙权统治后期的政治象征,参看拙撰:《孙吴年号与符瑞问题》,《汉学研究》第27卷第1期,2009年。
❺《三国志》卷59《吴书·孙和传》,第1371页。
❻《三国志》卷55《吴书·丁奉传》:"宝鼎三年,皓命奉与诸葛靓攻合肥。奉与晋大将石苞书,构而间之,苞以征还。"(第1302页)同书卷60《全琮传》注引《吴书》:"东关之役,(全)绪与丁奉建议,引兵先出,以破魏军。"(第1383页)东关之役显然是吴军获胜。

书》卷50《秦秀传》记秦秀之语:"吴之未亡也,虽以三祖之神武,犹躬受其屈。以孙皓之虚名,足以惊动诸夏,每一小出,虽圣心知其垂亡,然中国辄怀惶怖。当尔时,有能借天子百万之众,平而有之,与国家结兄弟之交,臣恐朝野实皆甘之耳。"由此揣昧,宝鼎三年以后孙吴、西晋的军事对峙,孙吴似乎并非处于守势。

与军事行动同时进行的,是天命在吴的政治宣传。建衡三年(271)正月青盖入洛之举,看似荒诞,其实就可以理解为孙皓在"天命"鼓动下的一次亲征,《晋书》卷27《五行志上》:"其宝鼎三年后,皓出东关,遣丁奉至合肥,建衡三年皓又大举出华里,侵边境之谓也。"❶ 这次行动虽以失败告终,但据《孙皓传》,此后不久的两件事又增强了孙皓"致太平"的信念。首先是虞汜、陶璜攻破交阯,擒杀西晋所置守将,九真、日南归属,交阯局势暂时稳定。紧接着凤凰元年(272)发生了西陵督步阐之叛,上游动荡,但陆抗很快平定了这次叛乱。《孙皓传》注引干宝《晋纪》:

> 陆抗之克步阐,皓意张大,乃使尚广筮并天下,遇《同人》之《颐》,对曰:"吉。庚子岁,青盖当入洛阳。"故皓不修其政,而恒有窥上国之志。

西陵是上游重镇,具有极其重要的战略地位,《三国志》卷58《陆抗传》记陆逊之语:"西陵国之西门,虽云易守,亦复易失。若有不守,非但失一郡,则荆州非吴有也。如其有虞,当倾国争之。"步氏家族经营西陵数十年,一旦携郡叛晋,对于孙吴朝廷

---

❶ 朝臣对于这次行动分歧很大,一直支持孙皓的万彧,与丁奉、留平密谋:"此行不急,若至华里不归,社稷事重,不得不自还。"《三国志》卷48《吴书·孙皓传》注引《江表传》,第1169页。

的震动是可想而知的。因此,交阯局势的暂时稳定和陆抗迅速平定步阐之叛,让孙皓对孙吴军事力量和天命之说更加自信。❶《建康实录》卷4记吴亡后孙皓入晋,晋武帝朝会时"常指殿"对孙皓说:"朕为此殿以待公久矣!"皓答:"臣于江南亦作此座相待。"由此可见孙皓彼时的心态。凑巧的是,凤凰三年秋,一直掣肘的吴郡陆氏出现变故,最后一位强权人物陆抗去世。这样孙皓更加无所顾忌。

孙皓的天命宣传在天玺元年进入高潮。临平湖开通之谶、"吴真皇帝"玉玺、建业岩山天发神谶石刻、鄱阳历陵山石印文字、阳羡国山禅礼,均出现于这一年。❷ 如前所述,这些符瑞共同的指向就是"太平"。孙皓对山石符瑞尤为重视,如鄱阳历陵山石印文字,先是遣使"以太牢祭历山",后来再次遣使"以印绶拜三郎为王,又刻石立铭,褒赞灵德,以答休祥";建业岩山天发神谶,举措是"刻勒铭题,赞吴功德";❸ 阳羡空石之瑞则引发了国山禅礼。此外,据说孙皓也曾在会稽禹庙窆石刻字述功。❹ 其中,天发神谶碑、禹

---

❶ 交阯问题在吴晋对峙中扮演了很重要的角色,参看钟盛:《论三国后期吴、晋交州之争》,《魏晋南北朝隋唐史资料》第26辑,2010年。

❷ 天发神谶是在天玺元年七月,历陵山石印是在八月,国山禅礼的具体时间则不详。《北京图书馆藏中国历代石刻拓本汇编》第2册"禅国山碑"条解题,称碑立于天玺元年正月,大概是受到碑文"月正革元"之说的影响。但改元天玺,是由于获临平湖玉玺而"追改",必非正月元日。而且仔细分析碑文,改元一节与下述国山禅礼之间,也无必然的时间承接关系。因此,《孙皓传》记国山禅礼之事于历陵山石印一条之后,又称封禅后改明年元(天纪),"大赦,以协石文",应该是有所本的。推测国山封禅或在天玺元年秋冬之际。

❸《太平御览》卷46《地部十一·岩山》引山谦之《丹阳记》,第222页。

❹《太平寰宇记》卷96越州会稽县"禹庙"条引《舆地记》:"禹庙侧有石船,长一丈,云禹所乘也。孙皓刻其背,以述功焉。"王文楚等点校,北京:中华书局,2007年,第1930页。参看鲁迅:《会稽禹庙窆石考》,《鲁迅全集》第8卷《集外集拾遗补编》,北京:人民文学出版社,1981年,第55—58页。

庙窆石的形制与国山碑类似，或有江南地方特征。不过，前两者的刻字数量及内容意旨，均远不如国山碑。❶ 从国山碑文详列符瑞的做法来看，也带有某种"总结"意味。因此可以认为，国山禅礼是孙皓告示天下即将一统的"太平"宣言。

二　孙吴政治中的符瑞传统

封禅的前提是符瑞多现。国山碑文说："天道玄嘿，以瑞表真，今众瑞毕至，四表纳贡，幽荒百蛮，浮海慕化，九垓八埏，罔不被泽，率按典繇，宜先行禅礼，纪勒天命。"这也是"太平"之世来临的征兆。国山碑文的主要内容，就是不厌其烦地罗列"众瑞"，此点令人印象深刻。不过需要指出的是，孙吴时期重视符瑞的做法并不始于孙皓，"伪设符命"其实是孙吴建国以来一直延续的传统政治策略。那么，孙吴前期的符瑞策略究竟是如何运作和延续，并对孙皓造成影响的呢？

据《吴志》统计，孙权至孙休时期共有二十九次符瑞记录。这应该并非全部。孙权即位时的告天文称"休征嘉瑞，前后杂沓"，❷ 而《吴志》所记黄龙称帝前仅有七次。此外，国山碑记孙皓时期符瑞有千余次，《吴志》亦仅记数次。由此推测，记入史书的符瑞可

---

❶ 天发神谶碑今存二百余字，记述了天玺元年七月岩山地方发现刻字"诸石"，由于文字难解，数次派官员解读，最终认定是"天发神谶"，并刻石表彰。碑文对文字解读过程记述颇为细致，天命宣扬文字不多（三國時代的出土文字资料班：《魏晋石刻资料选注》，第28—29、185—188页）。会稽禹庙窆石孙皓刻字早已不存，徐德明根据残字处面积推算，孙皓所刻最多为三十余字，《绍兴禹庙窆石考》，《东南文化》1992年3—4期合刊。

❷ 《三国志》卷47《吴书·吴主传》注引《吴录》载孙权告天文，第1135页。

能只是其中的一小部分。究竟哪些符瑞会被有选择地记入史书呢？这个问题当然十分复杂。不过，《吴志》所本为韦昭《吴书》，后者作为国史，宣扬孙吴权力正统性的意识是很明显的。陈寿虽然颇有增删，但纪传结构和主体内容仍以承袭为主。❶考虑到这一点，再来看孙吴前期符瑞的内容和地点，饶有趣味。

《吴志》记载的第一次符瑞，是黄初二年（221）五月"建业言甘露降"。这次符瑞的背景是黄初元年十二月曹丕代汉自立，紧接着次年四月刘备称帝。《三国志》卷47《吴主传》注引《魏略》："权闻魏文帝受禅而刘备称帝，乃呼问知星者，己分野中星气何如，遂有僭意。"在曹、刘称帝的情况下，顺理成章的是孙权称帝，"定三分之计"。❷建业甘露之降正是出于这一目的而造作。尽管孙权再三考虑后，决定接受曹魏封号，但称帝之路显然已经开启，符瑞自此不断出现。

至黄龙元年（229）春孙权称帝为止，见诸史载的七次符瑞分别是，黄初二年五月建业言甘露降，黄武元年（222）三月鄱阳言黄龙见，黄武二年五月曲阿言甘露降，黄武四年六月皖口言木连理，黄武五年七月苍梧言凤凰见，黄龙元年四月夏口、武昌并言黄龙、凤凰见。❸上述符瑞之中，甘露、黄龙、凤凰均出现了两次。从地点来说，建业、武昌是孙吴政权的政治中心，鄱阳、夏口是重要的军事基地，皖口是对魏防御的军事要地，曲阿是孙氏生活过的

---

❶ 关于《吴书》佚文与《吴志》的比较研究，参看滿田剛：《韋昭『呉書』について》，《創価大学人文論集》16，2004年。韦昭对于符瑞的政治性非常清楚，曾说过一句很有名的话："此人家筐箧中物耳。"《三国志》卷65《吴书·韦曜传》，第1462页。

❷ 《建康实录》卷1《吴上·太祖上》，第20页。

❸ 《三国志》卷47《吴书·吴主传》，第1121—1134页。本节所讨论的孙吴符瑞，均见本传及同卷48《吴书·三嗣主传》，为免烦琐，不再出注。

故里,❶苍梧则象征着远夷之地。这些在主要政治、军事中心以及权力支撑地出现的符瑞,构成了一幅有趣的符瑞地图。

伴随着孙权称帝的是改年号为黄龙,并制作了黄龙大牙,使其"常在中军,诸军进退,视其所向",同时命胡综作《黄龙大牙赋》以颂之,宣扬"今也大吴,黄龙吐符""应期受命,发迹南土",❷以此显示孙吴建国的土德之运。这种借助"休征嘉瑞"以表明"历数在躬,不得不受"的做法,❸也见于曹丕和刘备称帝之际,本来并不奇怪。但孙吴却有两点与其不同。其一,连续行用符瑞年号,从黄龙到嘉禾、赤乌均是。其二,曹魏、蜀汉只是在称帝之际利用符瑞,此后较少出现,孙吴则一直不断地造作符瑞。因此,孙吴对符瑞的重视和利用,要远远超过曹魏和蜀汉。❹

从《吴志》记载来看,孙吴建国后出现符瑞的地点,与建国前相比颇有变化。先来看孙权时期。自称帝至去世,共有11次符瑞记载。武昌出现最多,嘉禾五年(236)、赤乌元年(238)、赤乌九年各有一次。不过,赤乌九年以后一直到孙吴灭亡,未见再有武昌符瑞记载,显示出武昌政治地位的某种变化。与此同时,吴郡南部与会稽郡交接地区、会稽郡南部沿海则成为符瑞密集出现之地,❺

---

❶ 据《三国志》卷46《吴书·孙策传》,孙坚葬于曲阿,孙策与母亲也在曲阿生活过一段时间。孙策渡江后攻破曲阿,获得当地支持,策传注引《江表传》:"策入曲阿劳赐将士,遣将陈宝诣阜陵迎母及弟。发恩布令,告诸县:'其刘繇、笮融等故乡部曲来降首者,一无所问;乐从军者,一身行,复除门户;不乐者,勿强也。'旬日之间,四面云集,得见兵二万余人,马千余匹,威震江东,形势转盛。"第1104—1105页。曲阿对于孙氏而言,较之富春可能更具有故里意味。

❷《三国志》卷62《吴书·胡综传》,第1414页。

❸《三国志》卷47《吴书·吴主传》注引《吴录》载孙权告天文,第1135页。

❹ 拙撰:《孙吴年号与符瑞问题》,《汉学研究》第27卷第1期,2009年。

❺ 其中,临平湖后来多次出现符瑞,孙皓时曾发现"吴真皇帝"玺印,东晋安帝时"临平湖水赤",桓玄曾"讽吴郡使言开除以以为己瑞",《晋书》卷29《五行志下》,第883页。

如由拳（黄龙三年）、会稽南始平（黄龙三年）、海盐（赤乌五年）、临平湖（赤乌十二年）、章安（赤乌十二年）。山越活动频繁的宛陵、新都，也分别在赤乌六年、七年各有一次符瑞。其次是孙亮时期，有三次符瑞记载，分别是建兴二年（253）在春申、五凤元年（254）在交阯、五凤二年在阳羡。孙休时期则有八次，最早的一次永安三年（260）出现于上游军事重镇西陵。❶ 永安三年、五年，山越活动频繁的建德、始新地区出现两次，四年（261）交州郁林郡（布山）一次，紧接着永安六年（263），长江中游的长沙、泉陵、豫章集中出现了四次符瑞。

前面提到，《吴志》的符瑞记载可能很不完全。不过，从上述统计仍然可以看出，孙权至孙休时期，符瑞造作是被一直延续下来的政治传统，而且往往与政治局势密切相关，有一定的针对性。如孙休永安六年长江中游地区连续出现符瑞，显然与蜀汉灭亡前后的政治局势有关。从符瑞出现地的统计也可以发现，孙吴建国以前及建国初期，建业、武昌等政治中心和沿江地带，是孙吴符瑞造作的重点地区。随着孙吴政权逐渐走向稳定，山越地区、吴郡南部及会稽沿海、交州等地的符瑞造作逐渐变得重要起来。❷ 有记载的符瑞出现地的变化，在某种程度上也体现出孙吴政权的"江东化"过程。❸

如果说符瑞对于孙吴政权的"天命"是一种宣传，这种宣传

---

❶ 这次符瑞是较少出现的赤乌。前面提到，赤乌是孙权统治后期的象征。经历孙亮、孙休中枢之乱后，西陵重镇出现赤乌之瑞，似乎有某种政治指向。

❷ 山越地区成为符瑞重心地之一，可能与山越成为重要军力来源有关，参看村田哲也：《孙吴政権の軍事力形成と山越討伐の一考察》，《東洋史苑》47，1996年。吴郡南部及会稽沿海则多有海贼，如嘉禾四年（235）"会稽东冶贼随春、南海贼罗厉"等反（《三国志》卷60《吴书·吕岱传》，第1385页），永安七年（264）七月"海贼破海盐，杀司盐校尉骆秀"（《三国志》卷48《吴书·孙休传》，第1161页）。

❸ 田余庆：《孙吴建国的道路——论孙吴政权的江东化》，《秦汉魏晋史探微》（重订本），北京：中华书局，2004年，第262—295页。

又是如何具体运作的呢？这个问题令人很感兴趣。《南齐书·乐志》记有一则较晚的事例，南齐永明六年（488），"赤城山云雾开朗，见石桥瀑布，从来所罕睹也。山道士朱僧标以闻，上遣主书董仲民案视，以为神瑞。太乐令郑义泰案孙兴公赋造天台山伎，作莓苔石桥道士扪翠屏之状，寻又省焉"。❶ 这次事件由赤城山发端，经山居道士传闻到皇帝，皇帝派人"案视"，太乐令又兴造伎乐歌颂表达，完成了一次从山林到朝廷的神瑞表演。在这种符瑞的上报、确认、展演过程中，对朝廷和符瑞出现地无疑都会产生相当影响。孙休永安三年，建德出现宝鼎之瑞，即告太庙，并作《宝鼎歌》，❷ 与此类似。值得注意的是，由于不少符瑞原物是无法呈现给朝廷的，需要图画其形，如西晋末年内史吕会上言："嘉征显见，生于陕东之国，斯盖四海同心之瑞，不胜喜踊，谨画图以上。"❸ 可知"画图"在符瑞制作的过程中具有重要的媒介作用。这让人想起了一类特殊文献——《瑞应图》。

崔豹《古今注》卷下《杂注》称：

孙亮作瑠璃屏风，镂作瑞应图，凡一百二十种。❹

孙亮"镂作"于琉璃屏风上的瑞应图，应当是取材于至迟东汉末期已经存在的《瑞应图》一书。《汉书》卷6《武帝纪》载元封二年（前109）六月诏书："甘泉宫内中产芝，九茎连叶。"如淳注引《瑞应图》称："王者敬事耆老，不失旧故，则芝草生。"孙吴薛综在为

---

❶ 《南齐书》卷11《乐志》，北京：中华书局，1972年，第195页。
❷ 《建康实录》卷3《吴中下·景皇帝》，第82页。
❸ 《宋书》卷34《五行志五》，第1007页。
❹ 《古今注》卷下《杂注》，焦杰点校，沈阳：辽宁教育出版社，1998年，第16页。

张衡《东京赋》作注时,也曾引用《瑞应图》的内容。❶ 由书名可以判断,《瑞应图》本来是图文并行的。❷ 敦煌出土的瑞应图卷,就提供了一个较晚的图文结合实例。❸ 依据这种《瑞应图》刻写的符瑞图像,在李翕黾池五瑞碑、武梁祠石刻、和林格尔汉画以及其他很多汉代画像砖石资料中均可以见到。❹ 根据这些资料来看,一幅完整的"瑞应图",一般由"图"和文字性的榜题两部分组成。刻写于砖石之时,榜题常常会摘要缩写。如武梁祠屋顶刻有四五十种祥瑞图像,榜题就较为简单。而且巫鸿注意到一个有趣的现象,即武梁祠刻写的祥瑞图像被排成几个平行行列,他认为这是受到了帛画形制的影响。❺ 也就是说,石匠很可能是根据《瑞应图》一书摹写上石的。

这种图文并行的文献及其衍生品,以其通俗、直观和不断地再生产,在朝野之间产生了广泛影响。《隶释》卷16《麒麟凤凰碑》跋语:

> 右麒麟凤凰碑,凡二石,其像高二尺余,图写甚有生意。所题四字颇大。……又有山阳麟凤碑,二物共一石。其像小于此碑,像下有赞云:"天有奇鸟,名曰凤凰,时下有德,民富国昌。黄龙嘉禾,皆不隐藏。汉德巍巍,分布宣扬。"又云:

---

❶《文选》卷3张衡《东京赋》,北京:中华书局,1977年,第64页。
❷《瑞应图》南朝仍有续作,如孙柔之《瑞应图》、顾野王《瑞应图》等。现存佚文均为文字内容,具体可以参见《太平御览》卷12《天部十二·露》、卷176《居住部四·堂》、卷920《羽部七·鸟》、卷812《珍宝部十一·银》等条,第62、857、4084、3608页。
❸ 松本荣一:《燉煌本瑞應圖卷》,《美術研究》184,1956年。
❹ 林巳奈夫:《刻在石头上的世界》,唐利国译,北京:商务印书馆,2010年,第215—226页。
❺ 巫鸿:《武梁祠——中国古代画像艺术的思想性》,柳扬、岑河译,北京:生活·读书·新知三联书店,2006年,第101—102页。

"天有奇兽,名曰麒麟。时下有德,安国富民。忠臣竭节,义以修身。阙兹来善,明明我君。"碑阴有记云:"永建元年,山阳太守河内孙君新刻瑞像。"最后有铭辞,皆篆文也。❶

西汉时期符瑞本是帝王专有之物,东汉时期则地方守宰也开始召致符瑞。这在《东观汉记》《后汉书》中有很多记载,如秦彭为颍川太守,"凤皇、骐驎、嘉禾、甘露之瑞集于郡境"。❷ 这些符瑞出现之后,常常要图写于石以为宣扬。《李翕龟池五瑞碑》称:"君昔在龟池,修崤嶔之道,德治精通,致黄龙白鹿之瑞,故图画其像。"❸ 上述山阳麟凤碑也属于此。东汉时期符瑞由皇帝向普通官僚的延伸,❹ 会进一步增加符瑞在官僚体制中的使用频率。可以想见,符瑞造作必然是知识官僚极为熟悉的政治内容。❺ 这种政治内容通过图像刻写等表达方式,更进一步渗透到普通民众阶层。在符瑞由朝廷延伸到民众的过程中,图像起到了最直观的作用,因此或许可以将符瑞称之为"视觉的政治"。

孙吴政权的符瑞造作,就是在这种传统的影响之下完成的。在具体运作中,直观通俗的《瑞应图》,必然起到了重要的"手册"作用。孙亮建兴二年(253)十一月"大鸟五见于春申",次年改元五凤,《晋书》卷28《五行志中》评论说:"案《瑞应图》,大鸟似

---

❶ 《隶释》卷16《麒麟凤凰碑》,北京:中华书局,1985年,第169—170页。
❷ 吴树平:《东观汉记校注》卷18《秦彭》,北京:中华书局,2008年,第804页。
❸ 《隶释》卷4《李翕龟池五瑞碑》,第53页。
❹ 这种延伸或许与东汉长官故吏关系的发展有关,甘怀真:《中国中古时期的君臣关系》,《皇权、礼仪与经典诠释:中国古代政治史研究》,台北:喜马拉雅基金会,2003年,第249—298页。
❺ 关于符瑞政治运作对东亚地区的制度影响,可以参看茂木直人:《祥瑞に関する制度の実態》,《驹沢史学》63,2004年。

凤而为孽者非一，宜皆是也。"《拾遗录》记魏晋禅代时得白燕，论者以为金德之瑞，"检《瑞应图》，果如所论"。❶ 可见《瑞应图》是官僚们需要经常参考的一类文献。❷ 而通过孙亮在屏风上镂刻瑞应图画，以及孙权制作黄龙大牙，可以明白孙氏父子对于瑞应的图画功能和表达是很清楚的。《历代名画记》云："吴赤乌中，（曹）不兴之青溪，见赤龙出水上，写献孙皓。皓送秘府。"❸ 图像较之文字是更有效的政治表达手段。制作符瑞并通过图画等手段予以宣扬，对于民众会有相当的教化作用。❹

如果说《瑞应图》主要用于符瑞造作实践，《汉书》《史记》等前代典籍则对孙吴的符瑞政治策略有更深刻的思想影响。孙权曾教导吕蒙说："孤岂欲卿治经为博士邪？但当令涉猎见往事耳。……至统事以来，省三史、诸家兵书，自以为大有所益。"❺ 三史之中，《汉书》尤受重视，《三国志》卷59《孙登传》："权欲登读《汉书》，习知近代之事，以张昭有师法，重烦劳之，乃令休从昭受读，还以授登。"此事亦见于同书卷52《张休传》。吉川忠夫指出，《汉书》作为"刑政之书"，在汉末魏晋时期的阅读是相当广泛的。❻ 而如所

---

❶《太平广记》卷461"晋瑞"条引《拾遗录》，北京：中华书局，1961年，第3776页。

❷《瑞应图》的图像内容影响广泛，梁庾仄威《论书》提到："宗炳又造画《瑞应图》，千古卓绝。王元长颇加增定……凡二百一十余物。余经取其善草、嘉禾、灵禽、瑞兽、楼台、器服可为玩对者，盈缩其形状，参详其动植，制一部焉。此乃青出于蓝，而实世中未有。"《法书要录》卷2，刘石点校，沈阳：辽宁教育出版社，1998年，第27页。

❸《历代名画记》卷4，俞剑华注释，上海人民美术出版社，1964年，第89页。

❹ 这种做法也见于曹魏和蜀汉。如蜀汉建国时，曾在武阳立黄龙甘露之碑，直观宣示符瑞以表明天命（《隶续》卷16《黄龙甘露碑》，第425—426页）。西晋代魏之前，也有凉州玄石之瑞（参看津田资久：《符瑞「張掖郡玄石図」の出現と司馬懿の政治的立場》，《九州大学東洋史論集》35，2007年）。不过，他们与孙吴不同，建国后很少再使用这一策略。

❺《三国志》卷54《吕蒙传》注引《江表传》，第1274—1275页。

❻ 吉川忠夫：《顏師古の『漢書』注》，《六朝精神史研究》，第310—315页。

周知，符瑞作为政治手段被大量使用，正是始于西汉中期。孙吴连续行用的符瑞年号，渊源即在于此。汉宣帝在位二十五年中，先后七次改元，其中后期四个即神爵、五凤、甘露和黄龙，均为符瑞年号。东汉光武帝中元元年（公元 56 年）群臣奏言："孝宣帝每有嘉瑞，辄以改元，神爵、五凤、甘露、黄龙，列为年纪，盖以感致神祇，表彰德信。是以化致升平，称为中兴。"❶ 其中黄龙、甘露、五凤三个年号，也见于孙吴时期。

孙吴时期宝鼎符瑞的多次出现和宝鼎年号的使用，是一个显著的例子。孙吴宝鼎之瑞共有三次。第一次是孙权赤乌十二年（249）六月，"宝鼎出临平湖"。第二次是孙休永安三年，"得大鼎于建德县"。这两次均未改元。据《建康实录》卷 3 所记，永安三年获大鼎后，"告太庙，作《宝鼎歌》"。歌辞今已不存。第三次是孙皓即位第三年的八月，"所在言得大鼎"，由此改元为宝鼎。而宝鼎之瑞早见于汉武帝，《汉书》卷 6《武帝纪》元鼎四年（前 113）夏六月："得宝鼎后土祠旁"，作《宝鼎》之歌。同书卷 64 上《吾丘寿王传》："及汾阴得宝鼎，武帝嘉之，荐见宗庙，臧于甘泉宫。"汉武帝得宝鼎后的几项举措，告太庙、作《宝鼎》之歌，继而改元，为孙休、孙皓所模仿。❷

---

❶《后汉书》卷 1 下《光武帝纪下》，北京：中华书局，1965 年，第 82—83 页。长安未央宫前殿遗址出土的木简，邢义田指出是王莽时期的符瑞记录，《汉长安未央宫前殿遗址出土木简的性质》，《地不爱宝：汉代的简牍》，北京：中华书局，2011 年，第 138—143 页。关于这批简牍的释文校订和讨论，另可参看胡平生：《未央宫前殿遗址出土王莽简牍校释》，《出土文献研究》第六辑，上海古籍出版社，2004 年，第 217—228 页。

❷《乐府诗集》卷 1《郊庙歌辞一》载汉郊祀歌《景星》，一作《宝鼎歌》，歌辞云："景星显见，信星彪列，象载昭庭，日亲以察。参侔开阖，爰推本纪，汾脽出鼎，皇佑元始。五音六律，依韦飨昭，杂变并会，雅声远姚。空桑琴瑟结信成，四兴递代八凤生。殷殷钟石羽籥鸣。河龙供鲤醇牺牲。百末旨酒布兰生。泰尊柘浆析朝酲。微感心攸通修名，周流常羊思所并。穰穰复正直往宁，冯蠵切和疏写平。上天布施后土成，穰穰丰年四时荣。"北京：中华书局，1979 年，第 7 页。

值得注意的是，宝鼎之瑞与封禅之间有着密切关系。《汉书》卷25上《郊祀志上》记鼎书曰："汉之圣者，在高祖之孙且曾孙也。宝鼎出而与神通，封禅。封禅七十二王，唯黄帝得上泰山封。"汉武帝正是在这种鼓动之下改元元鼎，并开始了其封禅之议。同书同传又云："自得宝鼎，上与公卿诸生议封禅。封禅用希旷绝，莫知其仪体……数年，至且行。"可见武帝产生封禅的念头，是在获宝鼎之后。宝鼎是封禅的逻辑起点。只是由于儒生不知封禅之礼，经过了很长时间的准备。❶孙皓获宝鼎之瑞后，先是改元，最终又指向"先行禅礼"，显得极为巧合。孙皓在当时有"好学"之誉，所谓"学"，当指儒史经典，《汉书》首当其列。汉武帝作为前朝名君，其事迹孙皓必然是耳熟能详的。因此，改元宝鼎最初或许只是随意模仿，但孙皓后来应该会意识到与武帝封禅事件的巧合。国山禅礼背后，似乎隐藏着《郊祀志》《封禅书》的文本影响。

三　阳羡国山的地理背景

封禅的两个环节中，"封"一般在泰山举行。《白虎通·封禅》："王者易姓而起，必升封泰山何？报告之义也。始受命之日，改制应天，天下太平，功成封禅，以告太平也。所以必于泰山何？万物之始，交代之处也。"❷泰山不在孙吴境内，无法"封"，这是一个显见的问题。所幸"禅"的地点并不固定，成为孙皓在国山"先行禅礼"的礼制前提。那么，新的禅礼之山具有怎样的地理内涵呢？

---

❶ 关于汉武帝的封禅过程，参看福永光司：《封禅說の形成——封禅の祭祀と神僊思想》，《道教思想史研究》，東京：岩波書店，1987年，第207—264页。
❷ 陈立：《白虎通疏证》卷6《封禅》，吴则虞点校，北京：中华书局，1994年，第278页。

国山,《吴志》记本名离里山,今称离墨山,又名董山,位于宜兴市区西南二十五公里处。《太平寰宇记》卷92常州宜兴县"国山"条云:

> 在县西南五十里。《舆地志》云:"本名离里山,山有九峰相连,亦名九斗山,一名升山。吴五凤二年,其山有大石自立,高九尺三寸,大十三围三寸。归命侯又遣司空董朝、太常周处至阳羡,封禅为中岳,改名国山。……石今见存。"

本条称"封禅为中岳"云云,不见于《吴志》记载。按国山碑文明确说"先行禅礼",并未提及"封","封禅为中岳"云云当是讹传。❶ 国山禅礼的直接缘起是由于山中发现空石,《孙皓传》:"吴兴阳羡山有空石,长十余丈,名曰石室,在所表为大瑞。乃遣兼司徒董朝、兼太常周处,至阳羡县,封禅国山。明年改元,大赦,以协石文。"离墨山侧现在有以溶洞景观闻名的善卷洞,空石(石室)或与此有关。离墨山在孙亮五凤二年已有"大石自立"之瑞,这可能是一次地震导致的山体异动。不过仅是这两次符瑞,并不足以让离墨山有"先行禅礼"的地位。❷ 且不说会稽山有大禹传说和南镇祭祀传统,

---

❶ 这种讹传的影响很大。嘉庆《增修宜兴县旧志》卷1《山川》"南岳山"条:"在县西南一十五里,即君山之北麓。孙皓既封国山,遂禅此山,为南岳。其地即古阳羡产茶处。"《中国地方志集成·江苏府县志辑》,南京:江苏古籍出版社,1991年,第24页。内中"封国山"之说显误。《陆机集》卷10《晋平西将军孝侯周处碑》称其"葬于义兴旧原,南赡荆岳,崇峻极之巍峨",有荆岳之说,金涛声点校,北京:中华书局,1982年,第144页。"岳"在六朝文献中亦常泛指名山。

❷ 大石自立意味着新帝王之立。《晋书》卷28《五行志中》"阳羡离里山大石自立"条说:"案京房《易传》曰:'庶士为天子之祥也。'其说曰:'石立于山同姓,平地异姓。'干宝以为'孙皓承废故之家得位,其应也'。或曰孙休见立之祥也。"第853—854页。

即便是与历陵山"太平"符命和建业岩山神谶相比,政治内涵也相去甚远。

再来看信仰方面。离墨山位于太湖西岸,山中有洞穴,被认为是"龙神"之所居。❶ 晚唐大中年间,李蠙曾描述了离墨山"洞府"景观及其信仰想象:

> 寺内有洞府三所。号为干洞者,石室通明处可坐五百余人,稍暗处,执炬以入,不知深浅。……洞门直下便临大水洞,潺湲宛转,湍濑实繁,于山腹内漫流入小水洞。小水洞亦是一石室,室内水泉无底,大旱不竭。洞门对斋堂厨库,似非人境。洞内常有云气升腾,云是龙神所居之处。❷

据说梁武帝曾遣使祭祀当地水神。离墨山附近的九斗坛,据说就是这次祭祀的祭坛遗址。《太平寰宇记》卷92常州宜兴县"九斗坛"条:"在县西南五十里。高二丈,在国山东。梁武帝时,为天旱,求雨于蒋山,神感梦于武帝,云九斗山张水曹神能致雨。帝乃遣使立坛祠之,响应自此。"梁武帝祭祀的"张水曹神",或即李蠙所说的"龙神"。❸ 山岳祭祀的功能之一是祈雨,《风俗通义》卷2《正失》"封泰山禅梁父"条:"万物之宗,阴阳交代,云触石而出,肤

---

❶ 《艺文类聚》卷9《水部下·湖》引周处《阳羡风土记》:"阳羡县东有太湖,中有包山,山下有洞穴,潜行地中,云无所不通,谓之洞庭地脉也。"汪绍楹校,上海古籍出版社,1999年,第168页;守屋美都雄:《周处風土記輯本》,《東洋學報》44-4,1962年。另参三浦國雄:《洞庭湖と洞庭山——中国人の洞窟観念》,《中国人のトポス》,第113—153页。

❷ 《全唐文》卷788李蠙《请自出俸钱收赎善权寺事奏》,北京:中华书局,1983年,第8241—8242页。

❸ 唐宋时期九斗坛位于善权寺内,紧邻"洞府",《云麓漫钞》卷1:"常州宜兴县之善拳寺,唐李蠙旧宅。山上有九斗坛,下有干水二洞。"第1页。

图 2　国山碑图（吴骞《国山碑考》）

寸而合,不崇朝遍雨天下,唯泰山乎。"此点与张水曹神祭祀的信仰功能是一致的。但这似乎并不能成为选择离墨山"先行禅礼"的关键理由。❶

实际上,选择国山应当是有政治考虑在内。此点要从宝鼎元年分置吴兴郡事件说起。《孙皓传》记本年十月诏书:

---

❶ 孙氏家族崇信巫觋（参看王永平：《论孙氏父子之"轻脱"》,《孙吴政治与文化史论》,第 12—13 页）,对于神仙说亦颇为尊奉（参见《太平广记》卷 71 "葛玄"条引《神仙传》,第 441—444 页。《四库全书》本《神仙传》卷 8 "葛玄"条所叙较简,胡守为：《神仙传校释》,北京：中华书局,2010 年,第 269—270 页）。这些也许是国山因龙神洞府色彩而受重视的信仰背景。

> 古者分土建国，所以褒赏贤能，广树藩屏。秦毁五等为三十六郡，汉室初兴，闾立及至百王，因事制宜，盖无常数也。今吴郡阳羡、永安、余杭、临水及丹杨故鄣、安吉、原乡、於潜诸县，地势水流之便，悉注乌程，既宜立郡以镇山越，且以藩卫明陵，奉承大祭，不亦可乎！其亟分此九县为吴兴郡，治乌程。

初看起来，这只是一次平常的政区分置安排。这种政区分置在孙吴时期曾进行过多次。❶ 不过，如果联系到孙皓的个人成长经历，这次政区分置就显得耐人寻味。由于受到二宫之争的政治影响，赤乌十三年（250）孙皓只有九岁时，就随父孙和徙故鄣，建兴二年又徙新都。孙和被赐死后，孙皓与母、弟在新都生活了五六年，孙休即位后封皓为乌程侯，此后六七年一直在乌程。新置吴兴郡包括乌程、故鄣等县，西部与新都郡接壤，这种政区处置很容易让人想到他的生活经历。特别是他与乌程当地颇有联系，《孙皓传》："西湖民景养相皓当大贵，皓阴喜而不敢泄。"他得立为皇帝，曾任乌程令、"与皓相善"的万彧起到了很大作用。此外，孙皓之父孙和的陵墓——明陵，也位于乌程。《孙和传》记孙皓即位后："追谥父和曰文皇帝，改葬明陵，置园邑二百家，令、丞奉守。后年正月，又分吴郡、丹杨九县为吴兴郡，治乌程，置太守，四时奉祠。"乌程是后来新置吴兴郡的治所。"藩卫明陵，奉承大祭"，是吴兴置郡的主要理由之一。

这也让人想到"国山"之名。由于相关文献有关此山的记载极少，山名由来并不清楚。孙皓即位之前为乌程侯，宝鼎元年分"吴郡阳羡、永安、余杭、临水及丹杨故鄣、安吉、原乡、於潜诸县"新置吴兴郡，治乌程，在某种意义上，可以将吴兴郡理解为一个扩

---

❶ 陈健梅：《孙吴政区地理研究》，长沙：岳麓书社，2008年，第1—11页。

大的"乌程侯国"。阳羡国山位于吴兴郡北部，其得名当与乌程侯国有关。换言之，称离墨山为"国山"，应当是宝鼎元年新置吴兴郡之后的事。前面提到，孙亮五凤二年，"阳羡离里山大石自立"，此时就仍称"国山"本名——离里（墨）山。

太湖西岸的阳羡、武康、乌程等地，经济和文化发展相对于太湖东岸和会稽地区显得落后，被认为是"堉土"。❶《宋书》卷99《二凶传》记刘浚称吴兴郡："衿带重山，地多污泽，泉流归集，疏决迟壅，时雨未过，已至漂没。或方春辍耕，或开秋沉稼，田家徒苦，防遏无方。"与吴郡相比，这里民风强悍，乡里之豪的势力相当强大。孙策进入江南之时，乌程严白虎、邹他、钱铜等"各聚众万余或数千"抵抗。❷ 孙皓宝鼎元年有吴兴施但之乱，参与者有万余人之多。❸ 与吴兴接壤的丹阳郡南部、新都郡，多劲勇山民，孙吴初期以来一直是朝廷兵源的重要补充地。❹ 这让人联想到吴兴置郡的另一个理由——"以镇山越"。如前所述，自孙吴建国以来，山越地区的符瑞造作是颇为突出的。而经秦淮河、破冈渎到曲阿后，南下经永平、阳羡到乌程、故鄣、广德，是一条临近山越地区的重要通道。离墨山凸起于通道中段临近太湖的平原上，具有重要的军事意义。❺

---

❶《南齐书》卷46《顾宪之传》，第809页。
❷《三国志》卷46《吴书·孙策传》注引《吴录》，第1105页。参看大川富士夫：《六朝前期の吴兴郡の豪族》，《六朝江南の豪族社会》，东京：雄山阁，1987年，第145—148页。
❸《三国志》卷59《吴书·孙和传》注引《吴历》，第1371页。
❹ 村田哲也：《孙吴政権の军事力形成と山越讨伐の一考察》，《东洋史苑》47，1996年。
❺《太平寰宇记》卷92常州宜兴县"国山城"条："在县西南五十里。晋元帝置义兴郡于阳羡，又置国山县于白石山西。晋成帝移于平地，去旧城七里。"第1849页。周处《阳羡风土记》说"阳羡邑者，盖吴郡之名境，原则平坦，高阜冈若伏龙也"（《太平御览》卷57《地部二十二·原》，第278页；守屋美都雄：《周处风土记辑本》，《东洋学报》44-4，1962年），正说出了阳羡处于从太湖平原向皖南浙西山地过渡地带的地理特征，具有特殊的军事政治意义。

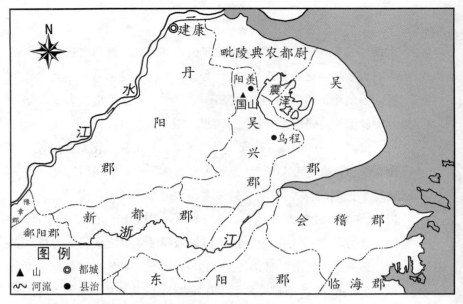

地图2　国山地理位置示意图（葛少旗绘）

不仅如此。国山禅礼的实际主持者是兼司徒董朝、兼太常周处，而周处正是阳羡人。宜兴城内至今仍有纪念周处的周王庙，其侧是1953年、1976年南京博物院两次发掘过的周处家族墓地周墓墩，出土有"元康七年九月二十日阳羡所作周前将军砖"等字砖。❶ 周处也许是作为当地人，被临时任命为兼太常一职，具体负责禅礼活动。不过，这也带来一个疑问：国山禅礼背后是否有吴兴地方因素？

据《宋书》卷31《五行志二》，孙吴灭亡之后，吴地有童谣说："宫门柱，且莫朽，吴当复，在三十年后。"又说："鸡鸣不拊翼，吴复不用力。"这说明吴人对于孙吴复国抱有很大期望。但如所周

---

❶ 罗宗真：《江苏宜兴晋墓发掘报告——兼论出土的青瓷器》《江苏宜兴晋墓的第二次发掘》，《探索历史的真相：江苏地区考古、历史研究文集》，南京：江苏古籍出版社，2002年，第126—154页。

知,孙皓末期对吴郡、会稽大族打击甚力,吴郡陆氏、会稽贺氏等均受重创。在这种情况下,为何吴人还会对孙氏政权抱有期望?其实,稍加分析两晋之际的江南局势即可获知,当时江南最有武力也最活跃的其实是吴兴大族,代表者则是阳羡周氏、武康沈氏和长城钱氏。其中,长城钱璯之乱,"焚烧邸阁,自号平西大将军、八州都督,劫孙皓子充,立为吴王"。❶ 虽然他很快杀死孙充,但最初选择立孙充为吴王的举措,仍透露出吴兴大族对于孙皓及其后人的态度。《晋书》卷58《周玘传》称:"时中国亡官失守之士避乱来者,多居显位,驾御吴人,吴人颇怨。玘因之欲起兵,潜结吴兴郡功曹徐馥。馥家有部曲,玘使馥矫称叔父札命以合众,豪侠乐乱者翕然附之,以讨王导、刁协为名。孙皓族人弼亦起兵于广德以应之。"这次叛乱同样出现了吴兴大族与孙皓族人的合作。孙弼起兵的广德紧邻故鄣,距离吴兴也很近。这让人想到,吴亡之后有关孙吴复国的童谣,可能主要与吴兴大族有关。他们对孙皓及其族人的支持,如前所述,可能是由于孙皓家族与吴兴郡的特殊关系。❷ 在这种背景下再来看国山禅礼,显得别有意味。

  孙皓上台有一个重要的政治背景,即孙权末期的二宫之争。他的上台意味着孙和一党的抬头,同时也带来对孙霸一党的清算。❸ 吴郡陆氏、顾氏等曾"奉礼而行",支持孙和,这是双方初期能够合

---

❶ 《晋书》卷58《周玘传》,第1573页。

❷ 前面提到的宝鼎元年吴兴施但之乱,所奉之主是孙皓之弟孙谦。

❸ 如《孙皓传》注引《吴录》:"皓以诸父与和相连及者,家属皆徙东冶。唯(纪)陟以有密旨,特封子孚都亭侯。"第1165页。又,《三国志》卷59《吴书·孙霸传》:"孙皓即位,追和、霸旧隙,削基、壹爵土,与祖母谢姬,俱徙会稽乌伤县。"第1373页。孙皓的这种政治立场及其相应举措,可能是他上台不久后被认为"粗暴骄盈"的原因之一。

作的基础。❶ 不过,从权力结构上来说,吴郡大族势力的持续扩张,显然是孙皓所不愿面对的。《世说新语·政事》记贺循为吴郡太守,"初不出门":

> 吴中诸强族轻之,乃题府门云:"会稽鸡,不能啼。"贺闻故出行,至门反顾,索笔足之曰:"不可啼,杀吴儿。"于是至诸屯邸,检校诸顾、陆役使官兵及藏逋亡,悉以事言上,罪者甚众。陆抗时为江陵都督,故下请孙皓,然后得释。❷

川胜义雄指出,这件事反映出吴郡、会稽大族之间存在矛盾。❸ 其实不仅如此,贺循之所以有此胆量,背后当有孙皓默许。这件事最终需要陆抗亲自至建业面见孙皓才得以解决,正可说明此点。据说孙皓曾问丞相陆凯:"卿一宗在朝有几人?"凯答:"二相、五侯、将军十余人。"孙皓感叹说:"盛哉!"❹ 吴郡陆氏掌握着强大的政治、军事权力,前面提到,陆凯甚至曾有废立之意。孙皓"盛哉"的感叹,显得言不由衷。从权力稳定性上来说,孙皓需要寻找取代吴郡大族的支持者。

禅国山碑提供了一份支持"先行禅礼"的官员名单,大多数人见于《吴志》:太尉弘璆(孙权外甥)、大司空董朝(参与孙休、孙皓迎立)、执金吾滕循(孙皓后族)、城门校尉孙歆(孙权弟孙邻之子)、屯骑校尉张悌(襄阳人,吴亡战死)、尚书令丁忠(主张灭晋)、尚书岑昬(孙皓幸臣)、国史薛莹和华覈。很明显,推动这次

---

❶ 《三国志》卷59《吴书·孙和传》注引殷基《通语》,第1369页。
❷ 余嘉锡:《世说新语笺疏》(修订本),上海古籍出版社,1993年,第165—166页。
❸ 川胜义雄:《六朝贵族制社会研究》,徐谷芃、李济沧译,第147—148页。
❹ 《世说新语·规箴》,余嘉锡:《世说新语笺疏》(修订本),第551页。

禅礼的官员，多为孙皓族人、后族和幸臣，几乎未见吴郡大族的身影。此前的《天发神谶碑》，提到的参与人员有：□武中郎将丹阳□□，建忠中郎将会稽陈治，中郎将、行大将军、裨将军、关内侯九江费宇，以及西部校尉姜□、罗络，典校皋仪、备□、梅胤、章咸、李楷、贺□、吴宠，建业丞许□，尉番约等十数人，❶ 亦同样未见"吴四姓"等大族参与。这一点很值得注意。薛莹入晋后对孙吴灭亡原因有一个判断，认为主要是由于"昵近小人，刑罚妄加，大臣大将，无所亲信"。❷ 葛洪援引"先师郑君"之言，称孙吴末期"秉维之佐，牧民之吏，非母后之亲，则阿谄之人也"。❸ 他们的说法正与两碑人事契合。

吴兴地区的大族阶层，在孙吴前期淮泗集团与吴郡大族的联合体制之下，地位不高。随着孙皓上台，他们显然获得了更好的上升机会。周处曾出任使持节、大都督、涂中京下诸军事，❹ 握有建业卫戍之权。他之前担任的无难督，也是禁军要职。沈矫"孙皓时，有将帅之称"，任立武都尉、偏将军，封列侯，建威将军、新都太守。❺ 孙吴灭亡前夕，最后率领军队作战的将领中，有撰著《临海水土异物志》的沈莹。《孙皓传》注引干宝《晋纪》："沈莹领丹杨锐卒刀楯五千，号曰青巾兵，前后屡陷坚陈，于是以驰淮南军，三冲不动。退引乱，薛胜、蒋班因其乱而乘之，吴军以次土崩，将帅不能止，张乔又出其后，大败吴军于版桥，获悌、震、莹等。"沈莹所领是守卫建业的精锐之师。❻ 他的籍贯缺载，但来自武康沈氏

❶ 三國時代の出土文字資料班：《魏晋石刻資料選注》，第28—29、185—188页。
❷ 《三国志》卷53《吴书·薛莹传》注引干宝《晋纪》，第1256—1257页。
❸ 《抱朴子外篇》卷34《吴失》，杨明照：《抱朴子外篇校笺》下册，第143页。
❹ 《陆机集》卷10《晋平西将军孝侯周处碑》，第142页。
❺ 《宋书》卷100《自序》，第2444—2445页。
❻ 《晋书》卷61《周浚传》，第1657页。

国山禅礼前夜

的可能性很大。❶ 由此来看，阳羡周氏、武康沈氏在孙吴末期似乎均握有重要军权。❷ 再联系到他们在两晋之际的动向，孙皓与吴兴大族的关系就逐渐浮现出来。

陈寅恪曾说："东晋初年孙吴旧统治阶级略可分为二类，一为文化士族，如吴郡顾氏等是，一为武力强宗，如义兴周氏等是。大概均系由武力强宗或地方豪霸逐步进入文化士族。朱、张、顾、陆进入文化士族的阶段较早……孔、贺诸族文化程度亦高。吴兴及从吴兴分出的义兴周、沈、钱等族则为地方武力强宗，最为豪霸。"❸ 这是一个敏锐的观察。不过，吴郡、会稽大族在孙吴时期一直将领辈出，如陆氏即"三世为将"。❹ 因此，似乎不能用文化士族与武力豪族来简单区分。问题的关键在于，孙吴时期在政治上本来并不活跃的吴兴大族，为何会在东晋初年表现出如此旺盛的活力？他们是如何兴起的？虽然还缺乏更详细的资料论证，但推断他们的上升与孙皓上台颇有关系，应该是可以成立的。选择在孙皓"龙兴之地"举行禅礼，并赋予离墨山"国山"之名，是在强调孙皓与乌程—吴兴地区的关系。换言之，国山禅礼的背后，有吴兴大族上升的身影。

---

❶ 沈莹郡望所出，史无明载，姚振宗推测出自武康（《隋书经籍志考证》卷21，《二十五史补编》第4册，北京：中华书局，1955年，第5402页）。又，《太平广记》卷317"沈季"条引《豫章记》，记孙皓天纪二年（278）沈季曾任豫章太守（第2511页）。关于吴兴沈氏的情况，参看大川富士夫：《六朝前期的吴兴郡的豪族》，《六朝江南的豪族社会》，第145—148页。

❷ 孙吴时期原属丹阳、后属吴兴的故鄣县，也有自朱治、朱然开始活跃的大族势力，长期握有兵权，孙皓前期施（朱）绩任左大司马（《三国志》卷56《朱然传附子绩传》，第1309页），地位尊崇（李剑国：《新辑搜神记》卷23"无鬼论"条有寻阳督吴兴施续，辑者认为即施绩之讹写，北京：中华书局，2007年，第385—386页）。施宽曾任无难督（《三国志》卷52《诸葛瑾传》，第1235页）。前面提到，孙皓宝鼎元年有规模很大的吴兴施但之乱，以拥立孙皓之弟孙谦为号召。

❸ 万绳楠整理：《陈寅恪魏晋南北朝史讲演录》，合肥：黄山书社，1987年，第156页。

❹ 《晋书》卷54《陆机传》，第1479页。

四　结语

　　孙吴政权的灭亡引起不少江东人士的反思。他们的批评有一个共同之处，即认为吴亡是由于退贤臣而亲小人，所谓"贤者不用，淬秽充序"。❶ 这一点从孙皓自己的感慨中也得到印证，本传录其与群臣书称："自居宫室，仍抱笃疾，计有不足，思虑失中，多所荒替。边侧小人，因生酷虐，虐毒横流，忠顺被害。暗昧不觉，寻其壅蔽，孤负诸君，事已难图，覆水不可收也。"不过，每个人总是生活在特定的历史情境之中，孙皓也不例外。当他二十多岁从乌程到建业，接任吴国第四任皇帝之时，有两种力量已经潜在地控制了他。孙吴衰亡过程中出现的历史现象，似乎均受此影响。

　　第一种力量是"局势"。从外部来说，曹魏灭蜀后形成魏、吴对立之势，紧接着司马氏代魏，天下走向一统的形势愈加明朗。这种外在的压迫竞争局面，需要孙吴君臣做出应对。就内部而言，吴郡大族等旧臣势力持续扩张，掌握了吴国政治、军事领域的诸多要职，孙氏皇权又将如何维系？而且作为孙和之子，孙皓上台必然要为其父正名，清算原先依附鲁王霸的一党。在内外两种局势的左右下，他所能做出的政治选择是很有限的。

　　为了抗衡吴郡大族为代表的传统势力，一个由宗室、外戚、亲信构成的新权力系统逐渐浮出水面。由此带来的"贤者"与"小人"的对立，也就成为孙皓执政后期的重要图景。其中，"贤者"当然是指以吴郡陆氏为首的大族群体，无待多言。"小人"则比较复杂。陆凯上表曾说："陈声、曹辅，斗筲小吏，先帝之所弃，而

---

❶ 《抱朴子外篇》卷34《吴失》，杨明照：《抱朴子外篇校笺》下册，第142页。

陛下幸之";"今高通、詹廉、羊度,黄门小人,而陛下赏以重爵,权以战兵"。❶ 他的议论似乎主要针对近臣恩幸而言。但实际上,"小人"背后代表的是原本在孙吴权力结构中处于边缘,却又渴望升进的庞大人群。阳羡周氏、武康沈氏亦在其列。借助于孙皓"龙兴"于乌程的特殊机缘,吴兴地方势力获得了迅速上升的机会,但由于此前地位不高,他们在吴郡大族的视野中,大概仍属于"小人"之流。东晋初期沈充、钱凤曾为王敦谋主,钱凤就被称为"小人"。❷ 因此,与其将"小人"理解为恩幸,不如说是指原本处于权力边缘的新兴政治群体。事实上,边缘寒微的"小人",取代长期握有重权的"贤者",也是权力演化的普遍现象。❸

第二种力量是"传统"。自孙吴建国前后开始,"伪设符命"久已成为孙吴政权的一项政治策略。孙皓上台前后,由于蜀汉亡而司马氏立,天下一统的"太平"之世似乎将要来临。为了宣扬天命,客观上也是为了与西晋抗衡,符瑞制作由此变本加厉,最终形成国山碑所记洋洋大观的符瑞记录。而这些符瑞和最终的国山禅礼事件,都指向同一个方向,即宣示"太平"——孙吴将统一天下。需要指出的是,对于当时人来说,孙吴统一天下并不完全是一厢情愿。"黄旗紫盖见于东南",是当时广泛流行的图谶。受此影响,即便是强烈批评孙吴末期弊政的葛洪,也仍然认为"有吴失国,匪降自天也"。❹

在大肆造作符瑞背后,隐含着一个值得注意的现象,即孙皓似

---

❶ 《三国志》卷61《吴书·陆凯传》,第1406页。
❷ 《晋书》卷98《沈充传》,第2567页。
❸ 加塔诺·莫斯卡(Gaetano Mosca):《统治阶级》,贾鹤鹏译,南京:译林出版社,2002年,第113—117页。南朝时期寒门、寒人的兴起也是如此,参看唐长孺:《南朝寒人的兴起》,《魏晋南北朝史论丛续编》,北京:中华书局,2011年,第107—140页。
❹ 《抱朴子外篇》卷34《吴失》,杨明照:《抱朴子外篇校笺》下册,第170页。

乎是在有意识地"回归"孙权时代。据《三国志》卷61《陆凯传》，孙皓曾口诏陆凯说："孤动必遵先帝，有何不平？君所谏非也。"所谓先帝即指孙权。虽然陆凯答表详细列举了孙皓的二十条不同于先帝之处，但从建造赤乌殿等举措来看，孙皓模仿孙权的意识是很明显的。❶ 符瑞传统之所以能如此深刻地影响到孙皓，大概也有这种对祖父的记忆和政治仿效心理在内。特别是对于符瑞这样一种视觉性很强的政治策略而言，尤其容易被记忆和复制。从这个角度来说，孙皓的符瑞造作具有王朝政治中"祖宗之法"的传承内涵，耐人寻味。

国山禅礼事件，就是孙皓在"局势"与"传统"两种力量的左右之下，做出的一项"荒唐"举措。❷ 碑文虽然意旨宏大，但禅礼仅由两位大臣代行，显得颇为草率。碑体形制亦不合礼仪。因此，这并非一般意义上的封禅典礼，而更应该从鄱阳历陵山题铭、天发神谶碑、会稽禹庙窆石等一系列"太平"刻石中，理解国山禅礼的位置。❸ 当然，也正由于这些特殊之处，使其成为理解孙吴后期历

---

❶ 孙皓生于赤乌五年，赤乌十三年随父徙故鄣，他对祖父的记忆主要就是幼年经历的赤乌时代。民俗学者矢野敬一指出，祖先和子孙的关系，"是通过日常生活的场面和举行仪礼的场合等多种形式得到认识的"，《记忆与祖先观念》，西村真志叶译，王晓葵、何彬主编：《现代日本民俗学的理论与方法》，北京：学苑出版社，2010年，第239—267页。雅克·勒高夫（Jacques Le Goff）则认为，集体记忆常常与权力统治有关，《历史与记忆》，方仁杰、倪复生译，北京：中国人民大学出版社，2010年，第57—113页。这些看法对于理解孙皓的政治心态很有启发。

❷ 吴亡以后被俘至洛阳的孙皓，留下了一些令人费解的轶事。这些轶事多以问答的方式出现，刻画了孙皓的机智和威严，与蜀后主刘禅的愚憨形成鲜明对比。川胜义雄认为，这或许是孙皓摆脱在位时间的政治压力后，恢复了其正常心态（《六朝贵族制社会研究》，徐谷芃、李济沧译，第129页）。联系到万彧提议由孙皓即位时，称其"才识明断"，"加之好学"，前后反差确实发人深思。

❸ 历陵山、天发神谶刻石均是由于该地出现符瑞，孙皓派人验证后刻石纪念。从这一点来说，国山碑的前提是大石自立和空石符瑞，方式与此完全相同。这与封禅差别很大。因此，国山禅礼更应该看作是纪瑞刻石做法的延续，并非一般意义上的封禅典礼。

史的关键遗迹。国山"囤碑"至少提示了三个基本问题：为何会举行禅礼？地点为何选在阳羡离墨山？谁是禅礼的支持者？以此为线索，国山禅礼前夜由内外局势、符瑞传统以及地方势力等各种因素构成的复杂历史图景，已经逐渐明晰起来。从某种意义上说，国山碑的价值不只是刻写于其上的文字，碑体及其所在离墨山和吴兴地方，也隐含着丰富的历史线索。由此带来一个启示，研究古代碑石，不能仅仅局限于利用其文字考证史实，对碑石及其所在区域构成的整体图景进行"知识考古"，同样具有重要意义，从中可以发掘出许多文字以外的历史内涵。

宫亭庙传说

东晋以降，庐山以其位于长江与赣江、鄱阳湖水道交汇处的地利之便，吸引了颇多僧人、道士和儒家知识人，相应的宗教和文化活动促成庐山向文化名山的迅速转化。❶ 此前，庐山传说中的董奉、神仙匡俗等人所熟知，固不必论；留下传说最多的则是山南鄱阳湖畔的宫亭庙。《搜神记》《神仙传》《高僧传》等书中记述了许多此庙神验的传说。宫川尚志很早注意到这些传说，曾据之讨论江南民间信仰的特色。❷ 汉晋时期江南民众的信仰生活中，巫鬼与淫祠本占据主导地位，❸ 宫亭庙正是其中的代表之一。

---

❶ 参看宫川尚志:《晋代およびそれ以降の廬山》，《六朝史研究・宗教篇》，第 242—254 页；木村英一:《中國中世思想史上に於ける廬山》，《慧遠研究（研究篇）》，東京：創文社，1981 年，第 501—533 页。庐山历史的概括性介绍，有周銮书:《庐山史话》，上海人民出版社，1981 年，第 1—91 页。
❷ 宫川尚志:《孫恩・盧循の乱と当時の民間信仰》，酒井忠夫編:《道教の総合的研究》，東京：国書刊行会，1977 年，第 167—195 页。卞东波对宫亭庙有关的诗文进行过梳理和分析，《宫亭湖庙神及其在古典文学中的流变》，《古典文学知识》2008 年第 4 期。
❸ 关于六朝民间信仰的研究成果很多，如宫川尚志:《六朝時代の巫俗》《水経注に見えた祠廟》，《六朝史研究・宗教篇》，第 336—390 页；梁满仓:《论六朝时期的民间祭祀》，《中国史研究》1991 年第 3 期。名气最大的，是钟山的蒋子文信仰，参看林富士:《中国六朝时期的蒋子文信仰》，《中国中古时期的宗教与医疗》，台北：联经出版公司，2008 年，第 467—498 页；梁满仓:《论蒋神在六朝地位的巩固与提高》，《世界宗教研究》1991 年第 3 期。

宫亭庙的地理位置特殊。中古早期，在庐山这个不算太大的地理空间内，曾汇聚了多种文化或信仰力量，在各自的话语系统中，留下了与宫亭庙神接触的记录。这些或冲突、或调和的接触传说，情节和叙事都有自己的立场，形成一幕幕虚实交错的信仰接触场景。这很令人感兴趣：各种信仰势力间究竟如何相处呢？落实到寺观神庙等信仰景观上，空间分布又是怎样展开的？唐宋时期庐山的寺观分布格局，据陈舜俞《庐山记》所述，寺院数量远大于道观和民间神庙。山北以佛教寺院为主，为数不多的道观和神庙多位于山南。❶ 这种空间分布上的差异，是否受到早期信仰格局的影响？

中古早期发生在庐山的文化信仰接触，可以分为地方官僚的教化、道巫关系、佛教与民间神祇的调和等几种类型。第一种与儒家观念有关；❷ 后两种则是道教、佛教流布过程中的现象。❸ 具体到山岳空间而言，在宗教名山的形成过程中，不同信仰居于一山，彼此

---

❶ 陈舜俞：《庐山记》，《大正新修大藏经》第51册，《史传部三》，石家庄：河北省佛教协会影印本，2008年，第1026—1037页。为避免烦琐，本书引用《大正藏》文献，仅首次引用时详注所在册数、部名和页码，以后省略部名。

❷ 余英时：《汉代循吏与文化传播》，《士与中国文化》，上海人民出版社，1987年，第129—216页；乐维（Jean Levi）：《官吏与神灵——六朝及唐代小说中官吏与神灵之争》，张立方译，《法国汉学》第3辑，北京：清华大学出版社，1998年，第32—59页。

❸ 相关研究很多，参看石泰安（Rolf A. Stein）：《二至七世纪的道教和民间宗教》，吕鹏志译，《法国汉学》第7辑，北京：中华书局，2002年，第39—67页；宫川尚志：《六朝时代の道教と俗信》，《中國宗教史研究・第一》，京都：同朋舍，1983年，第175—192页；吴荣曾：《镇墓文中所见到的东汉道巫关系》，《先秦两汉史研究》，北京：中华书局，1995年，第362—378页；施舟人（K.M. Schipper）：《道教的清约》，《法国汉学》第7辑，第149—167页；黎志添：《六朝天师道与民间宗教祭祀》，《道教与民间宗教研究论集》，香港：学峰文化事业公司，1999年，第11—39页；王承文：《东晋南朝之际道教对民间巫道的批判——以天师道和古灵宝经为中心》，《中山大学学报》2001年第4期；林富士：《试论六朝时期的道巫之别》，《中国中古时期的宗教与医疗》，第405—421页；太史文（Stephen F. Teiser）：《幽灵的节日：中国中世纪的信仰与生活》，侯旭东译，杭州：浙江人民出版社，1999年，第123—148页。

间的冲突或调和更是相当普遍的现象。❶ 围绕宫亭庙的诸传说，为此提供了一个具体的观察案例，本章拟以此为线索，讨论中古早期庐山信仰空间的构成。

一　宫亭庙与庐山庙

宫亭庙位于庐山南麓。《水经注》卷39《庐江水》："南岭，即彭蠡泽西天子鄣也。……山下又有神庙，号曰宫亭庙，故彭湖亦有宫亭之称焉。……山庙甚神，能分风擘流，住舟遣使，行旅之人，过必敬祀而后得去。故曹毗咏云：分风为贰，擘流为两。"可知宫亭庙位于庐山南岭脚下，由于能镇护鄱阳湖风浪，受到行旅之人崇信敬祀。由于庙神灵验传说的广泛影响，本来名为彭蠡泽的鄱阳湖，也被称作宫亭湖。盛弘之《荆州记》就说，"宫亭湖庙神甚有灵验，途旅经过，无不祈祷"。❷ 六朝文献中宫亭湖之名是很常见的。

宫亭庙的神验传说有自然地理方面的原因。鄱阳湖水面南宽北狭，中部从今星子县城到都昌老爷庙附近的湖面，素以多风而著称，历史上曾留下很多事故记录。据统计，该湖区年平均风速在3.5米/秒以上。❸ 其原因一般认为与庐山山体阻挡有关，加之此段湖面狭长，形成狭管效应。❹ 由于多风，人们向来惧怕在此段湖面行船。为寻求心理安慰，就在大风区域出入口附近建立祠庙，祈求镇护风浪。《九江记》记载："马当山，高八十丈，周回四里，在古

---

❶ 宫川尚志：《山岳仏教の成立》，《六朝史研究·宗教篇》，第279—288页。
❷ 《初学记》卷7《地部下·湖》引盛弘之《荆州记》，第140—141页。
❸ 本书编委会：《鄱阳湖研究》，上海科学技术出版社，1988年，第109—110页。
❹ 朱海虹、张本等：《鄱阳湖——水文·生物·沉积·湿地·开发整治》，合肥：中国科学技术大学出版社，1997年，第51—54页。

宫亭庙传说　*057*

彭泽县北一百二十里。其山横枕大江，山象马形，回风急击，波浪涌沸，舟舡上下，多怀忧恐，山际立马当山庙以祠之。"❶可见为求旅行平安，在江湖之畔的山下建立镇护神庙，是很普遍的现象。

早期文献中还记有一些庐山庙的相同传说。如《神仙传》称："时庐山庙有神，于帐中与人言语，饮酒投杯，能令宫亭湖中分风，船行者举帆相逢。"❷此条与《水经注》和《荆州记》所记宫亭庙传说基本相同。所以熊会贞认为，宫亭庙、庐山庙应当看作同一神庙的不同名称。❸《幽明录》有"吏过宫亭湖庐山君庙请福"的说法，❹可为佐证。问题是，为何同一神庙会有两个不同的名字？"宫亭"一名由何而来？性质究竟是山神庙还是水神庙？

要解决这个问题，需要确认神庙的具体位置。据《水经注》卷39《庐江水》所云，此庙建于庐山南岭山下。令人奇怪的是，陈舜俞在《庐山记》中，分别提到两个位于不同位置的宫亭庙。其一见于卷2《叙山南》：

> 盖自南康军之东北出寻阳门一里，则有东庵院。院中有重湖阁，南望杨栏左里，北临宫亭湖，湖上宫亭神庙。……至今舟人往来犹祷焉。神林湾在湖之西北。

南宋时期的南康军治所，在今星子县城。按照这一记载，并结合清代地方志图和当地传说来看，宋代的宫亭庙应当位于县城东北鄱阳湖与神灵湖（即神林湾）交界的矶头上，与县城隔神灵湖相望。所以熊

---

❶《太平御览》卷48《地部十三·马当山》引《九江记》，第234页。
❷《后汉书》卷57《栾巴传》注引《神仙传》，第1841—1842页。
❸ 杨守敬、熊会贞：《水经注疏》卷39《庐江水》，段熙仲点校，陈桥驿复校，南京：江苏古籍出版社，1989年，第3264页。
❹《太平御览》卷688《服章部五·簪导》引《幽明录》，第3071页。

会贞认为,"今庙在星子县神林浦"。❶ 现在该处仍有一座"分风王爷庙",庙名显系取自宫亭神"分风擘流"的传说,应是延续宫亭庙而来。与此同时,《庐山记》卷1《总叙山水》又引张僧鉴《寻阳记》说:

> （庐）山南有三宫,所谓天子都也,庐宫溪水出焉。上宫人所不至,有三石梁,长十余丈,阔才盈赤,❷ 其下无底。其中宫在别岩,悉是文石,两边有小圆峰奇特,号为右障峰,石形若羊马,来道相对。下宫彭蠡湖际。宫亭庙旧所也。

最后一句"宫亭庙旧所也",表明宫亭庙有一个迁移的过程。❸ 神庙最初位于庐山三宫之一的下宫,后来才迁徙到神灵矶的位置。那么,神庙位置在何时发生过变动?这涉及"宫亭庙旧所也"一句究竟是谁所说,是《寻阳记》原文还是陈舜俞的按语?这条记载另见于《太平御览》卷173《居处部一·宫》引《郡国志》:"庐山有三宫,上宫在悬崖之表,人所不及;次宫在山岩下,两边有阴阳沟,有石羊马,夹道相对;下宫在彭蠡湖际。"未见"宫亭庙旧所"一语。不过,《郡国志》文字较之《寻阳记》简略很多,还不能作为确证。

那么,宫亭庙"旧所"又位于何地呢?位置为何会发生迁移?

---

❶ 杨守敬、熊会贞:《水经注疏》卷39《庐江水》,第3264页。
❷ "阁才盈赤"一语不可解。按《太平御览》卷41《地部六·庐山》引《述异记》说:"庐山上有三石梁,长数十丈,广不盈尺,俯眄杳然无底。"据此当作"阔不盈尺",第196页。
❸ 《太平寰宇记》卷111江州德化县"彭蠡湖西湾"条:"又有神林湾,在湖西北。湾中有林木,林下有庙,商旅多于此阻风波,祷庙祈福而获前进,由是名焉。"第2256页。紧接着又单列"宫亭庙"一条:"按州《图经》云:在州南彭蠡湖侧。周武王十五年置,分风擘流,上下皆得举帆。"同书卷106洪州南昌县亦有"宫亭湖"条:"在州北,水路三百四十三里。湖西有宫亭神,能分风上下。"第2103页。看来他对宫亭庙的具体位置并不清楚。

这个问题的解决,仍需从庙名入手分析。宫亭一名,当起源于张僧鉴所说的庐山三宫。而所谓三宫,是指庐山南部有三处宫殿故基遗址,《水经注》卷39《庐江水》:"南岭,即彭蠡泽西天子鄣也。峰隥险峻,人迹罕及。……岩上有宫殿故基者三,以次而上,最上者极于山峰。"郦道元曾对此说提出怀疑:"余按《尔雅》云:大山曰宫。宫之为名,盖起于此,不必一由三宫也。"他的怀疑显得牵强。《水经注》同卷同条引《豫章旧志》,即称匡俗兄弟隐居于"宫庭之山",杨守敬指出宫庭与宫亭音同。❶ 结合《水经注》和《郡国志》的说法,三宫之名得自于宫殿故基,但也有可能只是三处酷似宫殿故基的侵蚀地貌而已。中宫两侧小圆峰"石形若羊马",就说明此点。❷ 这就提示了一个重要线索。位于庐山下宫、鄱阳湖畔的宫亭庙旧址,应当也是一处有着"宫殿故址"地貌的地方。而现在"分风王爷庙"所在的神灵矶附近,并不具备这一特征。顺着这一线索寻找,神灵矶东北方向五公里左右的麻头湾,有一处在当地被称作火焰山的小山体,引起笔者注意。此山在鄱阳湖畔,山体倾斜延伸至湖中。山体由一种风化岩构成,形状颇为奇特,枯水季节尤为壮观,看上去正似一处宫殿故基遗址,让人怀疑此处或许就是庐山三宫之一的"下宫"。值得注意的是,现在山上仍有一所令公庙,因镇护风浪而受到渔民的香火供奉。❸

---

❶ 杨守敬、熊会贞:《水经注疏》卷39《庐江水》本条注疏指出:"(宫庭)朱讹作洞庭,《笺》曰:《御览》引作宫庭。戴、赵改。守敬按:宫庭与下宫亭音同,世人习见洞庭,少见宫庭,往往臆改。故《世说·注》误与此同,《豫章记》亦误。"第3259页。

❷ 关于庐山的侵蚀地形,参看李四光:《庐山地质述略》、《区域地质的构造分析》,北京:科学出版社,1974年,第1—18页;任美锷:《庐山地形的初步研究》,《地理学报》第19卷第1期,1953年。

❸ 令公庙信仰在今赣水流域颇为常见,所供为唐将张巡。火焰山令公庙应即其一。如果旧宫亭庙就在令公庙的位置,其中所反映的信仰更迭问题是很值得注意的。关于张巡、许远信仰,参看范纯武:《双忠崇祀与中国民间信仰》,台湾师范大学历史研究所博士学位论文,2003年。

旧宫亭庙既然位于下宫，具有"宫殿故址"地貌，所谓"宫亭"一名，自然也很容易理解了。庙中供奉的是庐山神，其准确名称本应叫作庐山神庙。前引《幽明录》说，"吏过宫亭湖庐山君庙请福"，就是很准确的说法。由于下宫山貌酷似"宫庭（亭）"基址，民间也由此将其俗称为宫亭庙。❶ 加之庙神灵验，宫亭神庙日渐闻名，以致推广及于相近湖面，称之为宫亭湖。前引《水经注》卷39《庐江水》就说："山下又有神庙，号曰宫亭庙，故彭湖亦有宫亭之称焉"。而随着宫亭湖一名的逐渐流传，人们又往往以宫亭湖庙来称呼此庙，如前引《荆州记》即称为"宫亭湖庙神"。《南齐书》卷18《祥瑞志》称："昇明三年，世祖遣人诣宫亭湖庙还福，船泊渚，有白鱼双跃入船。"这样以讹传讹，甚至出现了庙名起源于湖名的说法。从庐山君庙到宫亭湖庙，神庙由来和湖泊名称的演变，是个饶有兴味的文化地理现象。

无论麻头湾还是神灵湖，都是非常优良的避风场所。由于往南不远即进入大风区，旅人多在此泊舟休息。东晋初期的名将周访，就曾"与商人共入宫亭庙宿。明起如厕，见一白头翁。访逐之，化为雄鸭。还缸，欲煮之。商人争看，遂飞去"。❷ 可见宫亭庙中经常宿有商旅之人。旅人泊舟停宿，自然也会向庙神祈祷求福。有关宫亭神的神验传说，就经由这些南来北往的商旅之口传播到各地。❸ 特别是随着孙吴建国江东，赣鄱水道的重要性日益增加。宫亭庙传

---

❶ 宫亭很多地方又写作"邿亭"。熊会贞认为："《晋书·郭璞传》作邿亭，与《高僧传》同。《类聚》七引宋支昙谛《庐山赋》亦同。……然慧琳《一切经音义》谓字书无邿字，以邿为误。而《古今译经图记》作倻亭，又误之误矣。"杨守敬、熊会贞：《水经注疏》卷39《庐江水》，第3265页。
❷ 《太平御览》卷919《羽族部六·鸭》引《寻阳记》，第4078页。
❸ 《搜神记》所记宫亭湖孤石庙，"尝有一估客下都观，经其下"，遇二女子求买丝履的传说，就反映了这种商旅往来的背景。李剑国：《新辑搜神记》卷7"孤石庙"条，第121页。

宫亭庙传说 **061**

图3　麻头湾令公庙（笔者摄）

说大都出现于孙吴以后，并涉及不少名人，如孙皓、周访、陈敏、齐武帝等，正反映了这一背景。至于新庙能够取代旧庙，原因已很难确知，或许与今星子县城附近聚落的扩展有关。北宋初期，星子县城附近行政建制曾迅速提升，太平兴国三年（978）改星子镇为县，七年又于此地置南康军。❶ 这必然带来官员、商旅活动的迅速增加。麻头湾神庙距此有五公里左右，拜祀起来不太方便。这片水面都被称作宫亭湖，神灵矶头的神庙可能由此以讹传讹成为宫亭庙，久之旧庙即为人所忘。这种变化背后，应该考虑到聚落成长、空间距离和知识讹传等几种因素的作用。

需要指出的是，这种建立于江湖之畔山麓的山神庙，性质上往往有些模糊。《搜神记》卷6记吴郡太守张璞自地方官卸任，道由

---

❶ 《太平寰宇记》卷111《南康军》，第2261页。星子县城地区行政建制提升的原因，是由于"地当要津"，也就是交通优势。

庐山，婢使指像为戏，庙神"庐君"遣使迎亲，其女坐席置于水中，后来回忆说："但见好屋吏卒，不觉在水中也。"❶ 庐山神似乎是居于水中。这个情节与庐陵贾客欧明传说有可比之处。他数次道经彭泽湖，"每以舟中所有，多少投湖中"，作为致礼。数年以后得到"青洪君"的回报，娶婢如愿而迅速致富。❷ 这个著名的致富型传说中，鄱阳湖神名青洪君，被想象为居于湖底府舍之中。这样看来，人们对山神和水神的认识是有些模糊的。实际上，宫亭神主要为人分风颁福，水神则被认为是兴风作浪者，两者本来应该有明确的区分。❸《幽明录》记吴猛语："水神数兴波浪，贼害行旅，暂过约敕。"❹ 这种模糊性的认识，应当与人们信奉庐山神的主要目的是为了祈求镇护风浪有关。

二 庙主：山神与蟒蛇

宫亭庙主是庐山的山神。文献中一般称之为庐山府君，或简称庐君。如建康小吏曹著，曾"为庐山府君所迎"。❺ 庙中供有神像，上引《搜神记》卷6"张璞"条称："子女观于祠室，婢使指像人以戏曰：以此配汝。"《太平御览》卷60引此条，作"女戏庙像"。❻ 这个"像

---

❶ 李剑国：《新辑搜神记》卷6"张璞"条，第104页。
❷ 李剑国：《新辑搜神记》卷6"如愿"条，第105—107页。
❸ 关于水神问题，参看 Terry F. Kleeman（祁泰履）：《川主——正统的地方信仰（上、下）》，山田利明、遊佐昇訳，《東方宗教》80、81，1992、1993年。
❹《艺文类聚》卷84《宝玉部下·珠》，第1438页。
❺《太平御览》卷758《器物部三·瓮》，第3364页。
❻《太平御览》卷60《地部二十五·江》引《水经注》，第290页。本条当引自《水经注》卷39《庐江水》（杨守敬、熊会贞：《水经注疏》，第3265页），但与今本《水经注》文字有较大差异。

人",据后文所言是庐君之子。关于曹著的另一种传说中,提到庐山夫人和女儿婉,❶可见在当时的想象中,庐君是有家庭的。实际上,当时的神庙中除主神像外,经常还有家庭成员、侍从塑像(或壁画)。如吴兴楚王庙神有"侍卫土偶",❷蒋侯庙有侍从"人马",❸又有"数妇人像"。❹庐山康王庙中,"泥塑二女神,并壁画二侍者"。❺结合这些来看,庙中所供神像除庐君外,还有其夫人和儿女。

神庙中塑有神像,在当时是很普遍的。顾欢《夷夏论》曾批评佛教说:"若以立像为异,则俗巫立像矣。"❻神像的材质主要有泥塑和木雕两种。任昉《述异记》所记吴越防风神像是"土木作其形",❼前引吴兴楚王庙神有"侍卫土偶",《太平广记》卷293"蒋子文"条记蒋侯神像则是木雕。宫亭庙神像的材质也不会例外。

任昉《述异记》中提到的防风神,"龙首牛耳,连眉一目",形象怪异。❽宫亭庙中的神像会是什么样子呢?刘宋元嘉年间南康州吏黄苗的遭遇,提示了一些线索。他因休假过期,经过宫亭庙时许愿,祈求免于处罚。后来果然灵验。可是他忘记了当初许下的猪酒承诺,引起宫亭神大怒:

---

❶ 《太平御览》卷573《乐部十一·歌》引《志怪》,第2588页。关于曹著传说,参看小南一郎:《〈汉武帝内传〉的形成》,《中国的神话传说与古小说》,孙昌武译,北京:中华书局,2006年,第294—307页。
❷ 《南史》卷51《梁宗室萧献传》,北京:中华书局,1975年,第1269页。
❸ 《南史》卷55《曹景宗传》,第1356页。
❹ 《太平广记》卷293"蒋子文"条引《搜神记》《幽明录》《异苑》等书,第2330页。
❺ 《太平广记》卷295"刘子卿"条引《八朝穷怪录》,第2353页。
❻ 《南齐书》卷54《顾欢传》,第934页。
❼ 任昉:《述异记》卷上,《丛书集成新编》第82册,台北:新文丰出版公司,1985年,第33页上栏。
❽ 参看伊藤清司:《独眼风神》,《中国古代文化与日本——伊藤清司学术论文自选集》,张正军译,昆明:云南大学出版社,1997年,第112—126页。

> ……三人并乌衣持绳,收缚苗。夜上庙阶下,见神年可四十,黄面,披锦袍。梁下悬一珠,大如弹丸,光辉照屋。一人户外白:"平固黄苗,上愿猪酒,遁回家。教录,今到。"命谪三年,取三十人。❶

黄苗见到的宫亭神,是一位四十岁左右的黄面中年人,披锦袍,饰珠宝,样貌富有。而在前引曹著传说中,庐山君有夫人和女儿,也是一个中年男性形象。《述异记》描述的中年士族官僚形象,或许就是对神像的具体描绘。此外下节中还要提到,吴郡顾邵任豫章太守时,坚持拆除庐山庙,引来庙神:"忽有一人,开阖径前,状若方相,自说是庐君。"❷ 方相是古代传说中的驱鬼之神,其民间形象,一般认为头生两角、面貌凶恶。❸ 不过,在顾邵事迹中,这位庐君善谈儒家经典,颇有文人气质。而且张璞故事中,张女能指像戏配为"妃",想来神像相貌必不丑恶。此外,慧远弟子释昙邕所梦见的庐山神,则是"着单衣帽,风姿端雅,从者二十许人"。❹ 官僚代表着世俗的权威,而神灵象征着信仰世界的权威,参照士族官僚形象塑造神像是很自然的。❺

---

❶《太平广记》卷296"黄苗"条引《述异记》,第2354—2355页。鲁迅《古小说钩沉》辑入祖冲之《述异记》,《鲁迅辑录古籍丛编》第1卷,北京:人民文学出版社,1999年,第292—293页。《述异记》有祖冲之、任昉两种,类书引文很难明确区分,以下多直接引据类书,为免烦琐,不再一一说明。
❷《太平广记》卷293"顾邵"条引《志怪》,第2332页。
❸ 关于方相的形象及其起源,参看伊藤清司:《古代中国的祭祀仪式与化装》,《中国古代文化与日本——伊藤清司学术论文自选集》,张正军译,第3—31页。
❹《高僧传》卷6《义解三·释昙邕传》,汤用彤校注,汤一玄整理,北京:中华书局,1992年,第237页。
❺ 官僚形象的山神很多,如《齐谐记》载,余杭人入山,"忽见一人着纱帽,披绛绫袍,云是斗山王",国步山神,"天(大)城,厅事,一人纱帽冯几"。《太平御览》卷816《布帛部三·纱》、卷598《文部十四·零丁》,第3630、2695页。南康庙神"武冠朱衣",泰山神"仪卫甚严,具如太守",《太平广记》卷295"卢循"条引《述异记》、卷375"蔡支妻"条引《列异传》,第2348、2984页。

这位庐君究竟是谁,有不同的说法。《水经注》卷39《庐江水》引张华《博物志》称:"其神自云姓徐,受封庐山。"此说不见于其他记载,未知其所据。一般传说认为是匡俗,如同卷引《豫章旧志》:"庐俗,字君孝,本姓匡,父东野王,共鄱阳令吴芮佐汉定天下而亡。汉封俗于鄡阳,曰越庐君。俗兄弟七人皆好道术,遂寓精于宫庭之山。故世谓之庐山。汉武帝南巡,睹山以为神灵,封俗大明公。"又引周景式语:"庐山匡俗,字子孝,本东里子,出周武王时,生而神灵,屡逃征聘,庐于此山,时人敬事之。俗后仙化,空庐犹存,弟子睹室悲哀,哭之旦暮,事同乌号。世称庐君,故山取号焉。"这些庐山得名的传说,曾受到郦道元质疑:"庐江之名,山水相依,互举殊称,明不因匡俗始,正是好事君子,强引此类,用成章句耳。"❶ 分析起来,匡俗传说具有明显的神仙色彩,与民间信奉的山神本属于不同的信仰系统,应当是随着神仙说在江南的流布而移入的。而山神信仰如果得到朝廷承认就具有了官方色彩。汉武帝封匡俗为大明公,就反映了这个背景。❷

宫亭庙属于江南山神信仰系统。综合世界各原住民的信仰特征来看,大都为自然有灵信仰,人格化的神均为后起。❸ 庐山山神也不应该例外。按照这一思路,佛教文献中提到的宫亭神为蟒蛇的说法,很值得注意。

六朝时期出现的僧人度化宫亭神故事,均称宫亭神原形是蟒蛇。《高僧传》卷1《安清传》:"神从床后出头,乃是大蟒,不知尾之长短,至高膝边。"《幽明录》又记无名僧人度化宫亭神:"(神)遂化为蛇,

---

❶ 杨守敬、熊会贞:《水经注疏》卷39《庐江水》,第3260页。
❷ 关于提升地方山神祭祀的一个案例,参看吕敏(Marianne Bujard):《地方祠祭的举行和升格——元氏县的六通东汉石碑》,许明龙译,《法国汉学》第7辑,第322—345页。
❸ 何星亮:《中国自然崇拜》,南京:江苏人民出版社,2008年,第5—18页。

身长数丈，垂头梁上，一心听经，目中血出。至七日七夜，蛇死，庙亦歇绝。"❶ 这个度化情节是由某些佛经情节改编而成的。❷ 不过，据上引《安清传》，蟒蛇（宫亭神）最后死于"山西泽中"，"头尾数里，今浔阳郡蛇村是也"。当地有所谓"蛇村"的地名（今蛇冈），表明民间确有蟒蛇传说存在。雷次宗《豫章记》记述的吴猛与弟子斩杀蟒蛇的故事，就发生在鄱阳湖地区的海昏上僚，❸ 正可与此相参照。

　　山神原型是蟒蛇，还有更明确的证据。竺道爽《檄太山文》引《黄罗子经》《玄中记》称："夫自称山岳神者必是蟒蛇。"❹ 这条记载正可以与庙主形象印证。❺ 早期佛教徒进入江南山林修行，与蟒蛇（山神）发生关系的故事不少。如帛僧光在石城山中修行，"梦见山神，或作虎形，或作蛇身"；竺昙猷入始丰赤城山石室坐禅，先有猛虎数十听说佛经，"有顷，壮蛇竞出，大十余围，循环往复，举头向猷，经半日复去"。❻ 这样看来，佛教度化故事中称宫亭神为蟒蛇，有其广泛的信仰背景。

　　从初民信仰角度来说，山神开始是某种具体的自然形象，后来

---

❶ 《太平广记》卷295"宫亭庙"条引《幽明录》，第2346页。

❷ 拙撰：《安世高的江南行迹——早期神僧事迹的叙事与传承》，《武汉大学学报》2012年第4期。

❸ 《太平御览》卷934《鳞介部六·蛇下》，第4150页。关于斩蛇地点，参看《云笈七签》卷106《吴猛真人传》，李永晟点校，北京：中华书局，2003年，第2310页。

❹ 《弘明集》卷14竺道爽《檄太山文》，《大正藏》第52册，《史传部四》，第91页。

❺ 参看蔡宗宪：《佛教文献中的山神形象初探》，《张广达先生八十华诞祝寿论文集》，台北：新文丰出版公司，2010年，第977—996页。山神与蛇的关系，日本学者讨论很多，如吉野裕子：《山の神——易·五行と日本の原始蛇信仰》，京都：人文書院，1989年，第19—88页；松田智弘：《山神蛇體考》，《古代日本の道教受容と仙人》，东京：岩田書院，1999年，第39—58页。此外更广泛的文化背景，是江南地区的蛇信仰相当流行，《说文解字》："闽，东南越，它（蛇）种，从虫。"又说："蛮，南蛮，它（蛇）种，从虫。"这与稻作社会的民俗有关，参见姜彬：《稻作生产与自然界崇拜》，《姜彬文集》第3卷，上海社会科学院出版社，2007年，第407—422页。

❻ 《高僧传》卷11《习禅》，第402、403页。

才逐渐具有人格。人格化的第一步是山鬼,如云南那马人的山灵崇拜,就经历了"山鬼—山神鬼—山神"三个发展阶段。❶山鬼起源于山中野兽或神秘之物。《山海经》山经五篇中记录的大量异兽,就属于原始山鬼信仰的遗留。如《中次二经》记鲜山之中:"多鸣蛇,其状如蛇而四翼,其音如磬,见则其邑大旱。"《东次四经》记太山之中:"有兽焉,其状如牛而白首,一目而蛇尾,其名曰蜚,行水则竭,行草则死,见则天下大疫。"❷传说刘宋时庐陵人郭庆之家婢曾与"山灵"相通:"裸身长丈余,臂脑皆有黄色,肤貌端洁,言音周正,土俗呼为黄父鬼";"常隐其身,时或露形,形变无常,乍大乍小,或似烟气,或为石,或作小儿,或妇人,或如鸟如兽,足迹如人,长二尺许,或似鹅迹,掌大如盘,开户闭牖,其入如神,与婢戏笑如人"。❸这种对"黄父鬼"的细致描述,可以看作对山鬼形象的幻想。❹

　　山鬼崇拜进一步发展后,山神观念才会出现。在由鬼到神的过程中,民众对山鬼的善恶区分,是一个重要原因。上引《山经》两条,山兽会带来旱灾或疫病,就属于恶鬼。而能给人带来好处的善鬼也有很多,如《西次三经》阴山中:"有兽焉,其状如狸而白首,名曰天狗,其音如榴榴,可以御凶。"《东次四经》钦山中:"有兽焉,其状如豚而有牙,其名曰当康,其鸣自叫,见则天下大穰。"善鬼和恶鬼的分化,如伊藤清司所论,背景是早期村落居民与山

---

❶ 刘龙初:《那马人的山灵崇拜及其演变》,《世界宗教研究》1996年第1期。
❷ 《山海经·中次二经》《东次四经》,郭璞注,郝懿行笺疏,沈海波校点,上海古籍出版社,2015年,第154—155、145页。
❸ 《太平广记》卷325"郭庆之"条引《述异记》,第2579—2580页。
❹ 黄父鬼的社会生活原型,可能与"山都木客"一样属于山中族群,参看蒋炳钊:《古民族"山都木客"历史初探》,《东南民族研究》,厦门大学出版社,2002年,第109—123页。

林的接触。❶《左传·昭公元年》云"山川之神，则水旱疠疫之灾，于是乎禜之"，❷为了避免灾难而祈求保护，山林中的妖怪鬼神一部分就被转化为保护神，受到民众祭祀，进而慢慢具有了人格神的性质。❸《山经》中那些人面兽身的形象，比如"人面牛身"(《西次二经》)、"人面鸟身"(《中次二经》)、"人身龙首"(《东次一经》)等等，就可以看作自然神向人格神转变过程中早期阶段的产物。❹ 它们享有民众的祭祀。如《西次三经》："崇吾之山至于翼望之山，凡二十三山……其神状皆羊身人面。其祠之礼，用一吉玉瘗，糈用稷米。"《北次二经》："自管涔之山至于敦题之山，凡十七山……其神皆蛇身人面。其祠：毛用一雄鸡，瘗；瘗用一璧一珪，投而不糈。"❺ 为了祈求保护和祭拜需要，民众常常会根据熟悉或敬畏的人的形象，"雕匠神典，伪立神形"，❻ 为山神塑造神像、建立神庙。宫亭庙的建立和供奉的士族官僚形象的神像，也会是经由这样一个过程演变而来。❼

---

❶ 伊藤清司：《〈山海经〉中的鬼神世界》，刘晔原译，北京：中国民间文艺出版社，1990年，第144—146页；《〈山海经〉的民俗社会背景》，《中国古代文化与日本——伊藤清司学术论文自选集》，张正军译，第485—501页。

❷《春秋左传正义》卷41，《十三经注疏》下册，第2024页。

❸ 何星亮：《中国自然崇拜》，第284—312页。关于动物神的人格化问题，参看松田稔：《山海経の基礎の研究》，東京：笠間書院，1995年，第196—205页。

❹ 伏羲亦有蛇首人面形象，闻一多：《伏羲考》，《神话与诗》，上海人民出版社，2006年，第1—57页；王小盾：《中国早期思想与符号研究——关于四神的起源及其体系形成》，上海人民出版社，2008年，第583—600页。"龙首牛耳"的防风神也属于此类，伊藤清司：《独眼风神》，《中国古代文化与日本——伊藤清司学术论文自选集》，张正军译，第112—126页。

❺《山海经》，第71、106页。参看马昌仪：《〈山经〉古图的"山神"与"祠礼"》，游琪、刘锡诚主编：《山岳与象征》，北京：商务印书馆，2004年，第417—451页。

❻《弘明集》卷14竺道爽《檄太山文》，《大正藏》第52册，第93页。

❼ 关于山神及其官僚形象，祁泰履（Terry F. Kleeman）有过相关讨论，"Mountain Deities in China: The Domestication of the Mountain God and the Subjugation of the Margins", *Journal of the American Oriental Society*, 114.2（1994），pp.226-238。

三 庙神传说及其传承者

中古早期有关宫亭庙神的传说，流传甚广。总括来看，这些传说可以分为两种类型。一种是关于庙神的各种神验事迹，可称之为"神验传说"；另一种则是庙神与外来信仰势力的接触，可以称之为"接触传说"。

先来看"神验传说"。这类传说有一个常见的叙事线索，即祈福者许下某种承诺，事后由于未兑现而受到庙神惩罚。如本章第二节中提到的州吏黄苗故事就是如此。再如《神异记》说，孙皓时陈敏为江夏太守，自建业赴任，听说宫亭庙神验，前往祷求在任安稳，许诺事后奉上银杖一根。结果他后来以铁杖涂银代替银杖，引起庙神不满，托神巫"宣教"说："陈敏许我银杖，今以涂杖见与，便投杖水中，当送以还之，欺蔑之罪不可容也。"并施展法力，倾覆陈敏所乘之舟。❶陈敏自建业赴任江夏，并不途经宫亭庙，应是专程前往祈福。这种"惩罚式"叙事，目的是比较明显的，劝诫那些祈福者一定要兑现承诺的财物，否则会受到庙神的惩罚。❷

庙神当然不会享用这些进献的财物。通过陈敏传说就可以知道，假托庙神之口索求财物的，其实是庙中的神巫。他们是这些敬神礼品的真正享用者。《幽明录》也记有一个类似传说：

> 孙权时，南方遣吏献簪，吏过宫亭湖庐山君庙请福，下教

---

❶《太平御览》卷710《服用部十二·杖》引《神异记》，第3167页。
❷《北堂书钞》卷76《设官部二十八·太守下》引《列异传》，记庐江太守田伯与庐君相约，"刻百日当迁大都，愿见过"。结果愿成之后，"不过于祠"，月余病死。台北：新兴书局，1971年，第334页。这个传说也属于"惩罚式"叙事。

求簪〔，而盛簪器便在神前〕。吏叩头曰："簪献天子，必乞哀念。"神云："临入石头，当相还。"吏遂去，达石头，有三尺鲤鱼跳入舡，吏破腹得之。❶

所谓庐山君"下教"，与陈敏传说中相同，均是由庙中神巫代言。他们利用"降灵宣教"获取各种供奉，❷ 在神庙中积蓄有相当财产。《盐铁论》指出："今世俗饰伪行诈，为民巫祝，以取厘谢，坚额健舌，或以成业致富。"❸《梁书》卷39《王神念传》："时青、冀州东北有石鹿山临海，先有神庙，妖巫欺惑百姓，远近祈祷，糜费极多。"《高僧传》中多次提到，僧人通过各种途径得到神庙财产以建立佛寺，就暗示了神庙多财的事实。如《安清传》记宫亭庙神自述说："周回千里，并吾所治。以布施故，珍玩甚丰"；"吾有绢千匹，并杂宝物，可为立法营塔，使生善处也"。❹ 这些财产当然是由庙巫管理的。

很明显，这类"神验传说"最初的宣扬者就是庙中神巫。他们依托神庙，通过宣扬庙神灵验事迹而吸纳祈福者。❺ 正如小南一郎

---

❶ 《太平御览》卷688《服章部五·簪导》，第3071页。此事又见于同书卷936《鳞介部八·鲤鱼》引《幽明录》，多出括号中的"而盛簪器便在神前"一句，第4160页。

❷ 《太平广记》卷283"女巫秦氏"条引《述异记》，第2254页。

❸ 王利器：《盐铁论校注》卷6"散不足"，北京：中华书局，1992年，第352页。

❹ 《高僧传》卷1《译经上·安清传》，第5—6页。

❺ 当然，神巫并非仅仅依赖庙神"降灵"。为了获取民众敬信，除了具备一些医疗知识之外，他们往往也会一些幻术。如安城郡俗巫安开，就"善于幻术，每至祠神时，击鼓宰三牲，积薪燃火盛炽，束带入火中，章纸烧尽，而开形体衣服犹如初"（《太平御览》卷737《方术部十八·幻》引《幽明录》，第3270页）。此外，焦湖庙巫有一个神奇的柏枕，县民汤林行贾经庙祈福，庙巫问其婚姻，让汤林进入柏枕，有了一次黄粱一梦式的幻游（李剑国：《新辑搜神记》卷2"焦湖庙巫"条，第53页）。关于六朝巫祝与医疗的关系，参看林富士：《中国六朝时期的巫觋与医疗》，《中国中古时期的宗教与医疗》，第423—466页。

所论，早期中国的神异小说，在很多时候就是由这些神巫们所传承的。❶ 值得注意的是，这些神验传说最早的雏形，与神巫假托庙神所下的"教"有密切关系。在陈敏和建康吏的传说中，叙事主干就是"教"的内容。再如泰山庙有奉高女巫秦氏，是同县索氏的寡妻，"能降灵宣教，言无虚唱"。刘裕遣使祷问平南燕之期，秦氏称"神教"曰："天授英辅，神魔所拟，有征无战；蕞尔小虏，不足制也。到来年二月五日，当克。"❷ 事后果然平定三齐。此外，《玄怪录》中还有一个庐山神巫下教的情节："后有人祷庐山神，女巫云：'神君新纳一夫人，要翠花钗簪，汝宜求之，当降大福。'祷者求荐之，遂如愿焉。"❸ 时代虽然较晚，情节仍值得参考，这种由神巫口诵的"教"，具有"神示"性质，配合上后来的验证，就成为神验叙事的基本情节。之后在反复传承讲述的过程中，会再有一些细节方面的增益。

再来看第二类"接触传说"。这类事迹按照外来者身份，又可以分为官僚、术士、僧人等不同类型。其中，官僚方面有栾巴和顾邵两个很有名的传说。栾巴同时又是一个术士。两晋之际，术士吴猛也留下了与庙神接触的传说。僧人方面有前面提到的宫亭神度化传说。令人感兴趣的是，在这些不同传承系统的接触传说中，不同身份的外来者与宫亭神的接触方式是不同的，留下了各自的信仰印迹。

从时间上说，栾巴的事迹发生最早。东汉时，栾巴任豫章太守，"郡土多山川鬼怪，小人常破赀产以祈祷。巴素有道术，能役鬼神，乃悉毁坏房祀，翦理奸巫，于是妖异自消。百姓始颇为惧，终皆

---

❶ 小南一郎：《〈西京杂记〉的传承者》，《中国的神话传说与古小说》，孙昌武译，第160—181页。
❷ 《太平广记》卷283 "女巫秦氏"条引《述异记》，第2254页。
❸ 《玄怪录》卷2 "曹惠"条，程毅中点校，北京：中华书局，1982年，第40页。

安之"。❶《神仙传》详细叙述了栾巴与宫亭神的接触过程："庐山庙有神,能于帐中共外人语,饮酒空中投杯。人往乞福,能使江湖之中分风举帆,行各相逢。巴至郡,往庙中,便失神所在。"栾巴不满足于庙神(实际上应是庙巫)的沉默表现,上劾鬼之表称:"庙鬼诈为天官,损百姓日久,罪当治之。以事付功曹,巴自行捕逐。若不时讨,恐其后游行天下,所在血食,枉病良民,责以重祷。"然后"推问山川社稷,求鬼踪迹"。结果是在齐地找到并斩杀了庙神的化身。❷

栾巴叙事中最突出的是其强硬态度。栾巴具有双重文化身份。作为郡守,是朝廷儒家文化系统的代言者,同时也是术士。❸那么,他的强硬态度究竟是来自于官僚身份,还是术士身份呢?汉代地方官僚推行儒家文化,在地方上毁坏祠庙的举措是比较常见的。❹毁坏祠庙涉及一个庞大的神巫利益群体。官僚们能够这么做,依靠的自然是背后有强大的官府权力支持。所以,栾巴的强硬举措,主要应来源于豫章太守身份,否则很难想象一个外来术士敢于挑战地方巫祝势力。需要指出的是,宫亭庙神在中古时期一直神验,栾巴的"斩杀"不过是传承者的渲染之词。一般来说,术士(或道士)要想在现实中"伐庙杀鬼",❺必须要得到强有力的教团组织支持,否

---

❶ 《后汉书》卷57《栾巴传》,第1841页。
❷ 《太平广记》卷11"栾巴"条引《神仙传》,第75—76页。
❸ 关于栾巴在宗教史上的意义,参看柳存仁:《汉张天师是不是历史人物?》,《道教史探源》,北京大学出版社,2000年,第110—118页。
❹ 余英时认为,官僚们所承担的是一种类似于文化传教士的角色,《汉代循吏与文化传播》,《士与中国文化》,第129—216页。不过,禁毁淫祠的行为虽然经常发生,却并不意味着儒家官僚与神庙信仰一直是冲突状态。由于祈雨等需要,地方名山实际上被不断纳入朝廷祭祀体系,这代表着部分山神信仰的合法化和正统化,参见吕敏(Marianne Bujard):《地方祠祭的举行和升格——元氏县的六通东汉石碑》,许明龙译,《法国汉学》第7辑,第322—345页。
❺ 《陆先生道门科略》,《道藏》第24册,文物出版社、上海书店出版社、天津古籍出版社,1988年,第779页。

则只能停留在文献中的批判，要求道民不敬淫祠而已。❶

即便是官僚背后有强大的官府权力，地方巫祝势力也会有自己的反抗。吴郡顾邵为豫章太守时，"崇学校，禁淫祀，风化大行，历毁诸庙。至庐山庙，一郡悉谏，不从"，这时候庙神夜访：

> 夜忽闻有排大门声，怪之，忽有一人，开阁径前，状若方相，自说是庐君。……邵善《左传》，鬼遂与邵谈《春秋》，弥夜不能相屈。邵叹其积辩……鬼本欲凌邵，邵神气湛然，不可得乘。鬼反和逊，求复庙，言旨恳至。邵笑而不答，鬼发怒而退，顾谓邵曰："今夕不能仇君，三年之内，君必衰矣。当因此时相报。"……如期，邵果笃疾，恒梦见此鬼来击之，并劝邵复庙。邵曰："邪岂胜正？"终不听。后遂卒。❷

顾邵出自以儒学著称的吴郡顾氏。他在豫章太守任内的举措，正体现出儒家官僚对民间祠庙的排斥。由"一郡悉谏"可知，顾邵在毁庐山庙这件事情上遇到很大阻力。庐山神因此夜访，试图请求顾邵停止毁庙，目的未达到而发怒报复。故事撰述者对宫亭庙被毁持同情态度，所描述的庐山神具有相当高的儒学修养，善于谈论，态度也颇为和善。顾邵之死据说与此有关。❸ 可见地方巫祝集团的舆论还是很有影响的。在另一则孙吴衡阳太守葛祚的传说中，葛祚快到

---

❶ 关于道教对民间宗教的批判，参看石泰安（Rolf A. Stein）：《二至七世纪的道教和民间宗教》，吕鹏志译，《法国汉学》第7辑，第55—57页；王承文：《东晋南朝之际道教对民间巫道的批判——以天师道和古灵宝经为中心》，《中山大学学报》2001年4期。
❷ 《太平广记》卷293"顾邵"条引《志怪》，第2332页。
❸ 情节相似的还有青州刺史宋岱。他禁淫祠，著《无鬼论》，"邻州悉化之"，后来遭到代表祠庙信仰的书生攻击而死去，余嘉锡：《殷芸小说辑证》卷9，《余嘉锡论学杂著》，北京：中华书局，1963年，第322—323页。

卸任时才清除"能为妖怪"的大槎，可以作为参照。❶

中古早期赣鄱地区的道团组织情况不详。两晋之际当地最有名的术士吴猛，❷与宫亭神有过一些接触。《水经注》卷39《庐江水》：

> 又按张华《博物志》曹著传，其神自云姓徐，受封庐山，后吴猛经过，山神迎猛，猛语曰："君王此山，近六百年，符命已尽，不宜久居非据。"猛又赠诗云："仰瞩列仙馆，俯察王神宅。旷载畅幽怀，倾盖付三益。"此乃神道之事，亦有换转，理难详矣。吴猛，隐山得道者也。

本条不见于今本《博物志》，或是后来散佚。❸ 吴猛并非"隐山得道者"，《云笈七签》卷106《吴猛真人传》有一段相似情节："将军王敦迎猛，道过宫亭，庙神具官僚迎猛。猛曰：'汝神王已尽，不宜久居，非据我不相问也。'神乃去。"这两处记载可能出自同一个母本。《太平御览》卷41《地部六·庐山》引《述异记》甚至称，山中神仙"与猛共言，若旧相识"。在这些带有神仙道教色彩的叙事中，山神具有神仙的形象，与道士吴猛关系甚为密切。但如果仔细分析，在温情的背后实际上还隐含着"驱赶"的内涵。那么，如果说山神"符命已尽"，谁是下一个主人呢？答案似乎就

---

❶ 李剑国：《新辑搜神记》卷26"葛祚"条，第429—430页。关于六朝官吏与民间神的关系，参看乐维（Jean Levi）：《官吏与神灵——六朝及唐代小说中官吏与神灵之争》，张立方译，《法国汉学》第3辑，第32—59页。

❷ 吴猛后来被追认为净明道的祖师之一，参看秋月观暎：《中国近世道教的形成：净明道的基础研究》，丁培仁译，北京：中国社会科学出版社，2005年，第1—39页。

❸ 引文中的"曹著传"，一般认为是《博物志》中的篇题。但小南一郎在《〈汉武帝内传〉的形成》中，读作"曹著传其神自云姓徐"，认为曹著是一个"降灵宣教"的巫祝，见《中国的神话传说与古小说》，孙昌武译，第294—296页。

在吴猛的诗中。也就是说,随着神仙说势力的传布,山神应该让出"王神宅",让庐山成为"列仙馆"。仙道超越鬼神,这是神仙道教立场上的叙事。❶ 不过由于史料限制,神仙说如何影响这一地区,道士们又如何协调地方信仰集团而进一步体系化和组织化,还有待于今后的研究。❷

与官僚、术士相比,佛教与宫亭神的接触相对较晚。《高僧传》记录的安世高度化宫亭神传说,据称发生在汉末。实际上据慧皎考证,年代有诸多异说。❸ 较为确切地记载安世高度化的早期资料,是《艺文类聚》卷7《山部上》所引支昙谛《庐山赋》,称"世高垂化于郏亭"。支昙谛卒于义熙七年(411),❹ 至迟在东晋末以前已有这个传说。

传说的情节梗概如下:宫亭神前世是安世高的同学,因易怒转世为庙神(原形是一条蟒蛇)。安世高南游路过庐山,宫亭神求见,希望能以佛法度化其转世。安世高为之说法,庙神蟒蛇化为少年。值得注意的是,这个度化传说有很多不同的版本流传,不仅时间上存在诸多异说,发生地点、度化者和被度化者也都有不同的说法。这应当是度化事迹作为辅教故事被反复讲述过程中,讲述者因时因地进行的改编。而度化地点、庙神集中于庐山和宫亭神,可能与慧

---

❶ 关于鬼神与仙人的关系,参看村上嘉实:《鬼神を超克する仙道》,《六朝思想史研究》,京都:平樂寺書店,1974年,第65—82页。
❷ 关于蜀地的一个研究案例,参看傅飞岚(Franciscus Verellen):《张陵与陵井之传说》,陈鼓应主编:《道家文化研究》第16辑,北京:生活·读书·新知三联书店,1999年,第217—240页。
❸ 《高僧传》卷1《译经上·安清传》,第7—8页。
❹ 《广弘明集》卷23丘道护《道士支昙谛诔并序》,《大正藏》第52册,第263页。严可均的考证见《全晋文》卷165,《全上古三代秦汉三国六朝文》,北京:中华书局,1958年,第2424页。

远僧团进入庐山的背景有关。❶

宫亭度化传说表达出的，自然是佛教面对江南民间信仰时的立场和态度。佛教徒不具备儒家官僚所拥有的官府权力背景，大多数情况下，僧人们只能以宣扬佛教僧人神通、感化民间神的方式进行。值得注意的是，在安世高度化宫亭神的多个说法中，有相当多的情节都指出安世高获得了庙神赠与的庙产，并用其建造了豫章等地的寺院。有的研究者据此认为，出于维系寺院僧团组织运转的需要，僧人们常与民间神庙争夺庙产。❷ 不过，以神巫为代表的信仰利益集团必定不会拱手敬献。僧人们要想获得庙产，要么像栾巴那样借助于官府力量，❸ 要么就只能通过宗教宣传，"感化"地方信仰集团。在这个过程中，僧人们所运用的神异灵验手段，实际上与神巫并无本质差别。东晋以后，文献记载的释氏辅教故事大量出现，就是僧人们以佛教神异应对民间神异的具体表现。❹

与此相关，有一个误解需要辨析。许里和（Erich Zürcher）依据慧远《庐山记》中的"其神安侯也"一句，认为宫亭神在安世高度化以后，已变成安世高。他认为这意味着佛教对民间信仰的

---

❶ 拙撰：《安世高的江南行迹——早期神僧事迹的叙事与传承》，《武汉大学学报》2012年第4期。

❷ 吴真：《从六朝故事看道教与佛教进入地方社会的不同策略》，《河南教育学院学报》2007年第3期。

❸ 《高僧传》卷13《兴福·释僧亮》记僧亮"欲造丈六金像，用铜不少"，为此向刺史张邵"借健人百头，大船十艘"，抢取了伍子胥庙铜器，第485页。这是一个僧人借助官府力量获取庙产的事例。

❹ 小南一郎：《六朝隋唐小說史の展開と佛教信仰》，福永光司編：《中國中世の宗教と文化》，京都：京都大學人文科學研究所，1982年，第415—500頁。

征服。❶ 佛教徒变为民间神的故事，六朝确实存在。❷ 但落实到此说并不可靠。此说仅见于严可均辑《全晋文》所录慧远《庐山记》，原文是："其南岭临宫亭湖，下有神庙，即以宫亭为号。其神安侯也。亭有所谓感化[缺]。"❸ 未注出处。《世说新语·规箴》刘孝标注、《水经注》引用慧远《庐山记》，均未提到"其神安侯也"。❹ 陈舜俞《庐山记》卷1《总叙山水》引慧远此文，在"以宫亭为号"后，有"安侯世高所感化事在叙"一句，严氏所据应即此条，而转写有误。此句显然非慧远原文，而是陈氏为引文所作注释，提示此事另见于同书《山北篇》。❺ 因此《全晋文》此说不足为凭。

宫亭庙诸传说的背后，是各种外来信仰势力与庐山神接触的过程。儒家官僚、术士和僧人对待庙神的态度虽有差异，但有一点却是共通的，即在各自的话语系统中传承神异，以此抬升自己的影响力。在这些传说中，庙神或被制服或被度化。对这种胜利可以有不同理解。有的是真实的，如儒家官僚禁毁淫祠的行为经常发生，栾巴、顾邵毁庙的传说，应有其真实性基础。不过毁庙只是一时行

---

❶ 许里和（Erich Zürcher）：《佛教征服中国》，李四龙、裴勇等译，南京：江苏人民出版社，1998年，第340页。熊会贞注意到"诸书言神各异"问题，并引证慧远《庐山记》，将安世高列为庙神之一，杨守敬、熊会贞：《水经注疏》卷39《庐江水》，第3264页。

❷ 如竺昙遂死后就成为了清溪庙神，李剑国：《新辑搜神后记》卷3"竺昙遂"条，北京：中华书局，2007年，第503—504页。

❸ 《全晋文》卷162，严可均辑：《全上古三代秦汉三国六朝文》，第2399页。此处[　]内的"缺"字，为《全晋文》原文小字说明。

❹ 余嘉锡：《世说新语笺疏·规箴》（修订本）"远公在庐山中"条刘孝标注，第572页；杨守敬、熊会贞：《水经注疏》卷39《庐江水》，第3259页。

❺ 姚公骞认为慧远《庐山记》可能有两个版本，一个是《游庐山记》，一个是《庐山略记》。后者可能出于伪托，后人不察遂混而为一，《匡庐之得名与慧远〈庐山记〉辨》，《江西社会科学》1981年第1期。

为，庙很快就被复建。有的属于宣传层面，如佛教对庐山神的度化，就是辅教宣传的常见策略。❶ 道教围绕宫亭庙的接触传说，理解起来比较复杂。庐君传说已有神仙色彩，而庐山神信仰更被纳入五岳真形图体系，成为"使者"。❷ 但与此同时，宫亭庙作为一种民间信仰也一直存在，如《元和郡县图志》"浔阳县"下就列有宫亭庙，指出位于县东南九十里处。❸ 前引陈舜俞《庐山记》卷2则明确指出"至今舟人往来犹祷焉"。而直至现在，神灵湖矶头仍建有一所"分风王爷庙"。由此可见被纳入道教理论体系的民间神祇，在现实中仍有可能保持民间信仰的面貌。❹ 当然，庙神塑像的形象，在以后的漫长岁月里是否发生过诸如神仙化或菩萨化的变化，已无法确知。❺ 但不管如何，宫亭神信仰的核心是镇护风浪的心理安慰，这一点从来没有改变过。

---

❶ 隋代佛教系统的叙事中，宫亭神被刻画成一位佛教的施主，参见《法苑珠林》卷18《敬法篇》引《冥报记》，周叔迦、苏晋仁：《法苑珠林校注》，北京：中华书局，2003年，第599页；唐代僧慧详：《弘赞法华传》卷10《书写》"隋扬州严恭父子"条，《大正藏》第51册，《史传部三》，第44页。但当地民众是否认可此说，并不清楚。

❷ 《云笈七签》卷79《符图·五岳真形图序》，第1790—1793页。

❸ 《元和郡县图志》卷28江州浔阳县"宫亭湖神庙"条，贺次君注解，北京：中华书局，1983年，第676页。

❹ 这种情况自唐玄宗在庐山敕建九天使者庙后有所变化，该庙建立后，逐渐取代宫亭庙而成为正统的庐山山神庙，使宫亭神的山神性质逐渐淡化。其兴替过程拟另文讨论。关于庐山九天使者庙的建立时间及其经过，参见雷闻：《郊庙之外——隋唐国家祭祀与宗教》，北京：生活·读书·新知三联书店，2009年，第166—200页。

❺ 一般而言，普通民众宗教知识有限，对神像形象缺乏明晰的分类。随着佛教、道教信仰势力的扩大，佛、道塑像逐渐深入人心，也会出现将神庙塑像加入佛、道塑像成分的做法。笔者2009年夏考察麻头湾、神灵矶两处神庙时，就发现存在这种现象。但两处塑像均为20世纪80年代以后重建，中古以降的宫亭庙塑像是否也存在这一现象，已无法考知。可以参考的一个例子是洞庭湖青草庙，安流大王（湖神）、泗州大圣（僧伽大师）和屈原并祀，参看拙撰：《洞庭古祠考——中古湘水下游的祠庙景观》，《历史人类学学刊》第10卷第2期，2012年。

四　信仰接触与山林空间

敦煌所出唐代变文《庐山远公话》残卷，开篇讲述慧远初到庐山的情形，有一大段文字描述山神的反应。据称，那位"从无量劫来，守镇此山"的山神，闻听有人到山，立即派出手下前往调查，命令道：

> 我适来于此庙中，忽觉山石摇动，鸟兽惊忙。与我巡检此山，有何祥瑞。恐是他方贤圣，至我此山。又恐有异类精灵，于此山中回避。若与我此山安乐，即便从伊。若与我此山不安，汝便当时发遣出此山中。❶

这段出于僧人俗讲的附会之作，或是巧合，或是对世故情势的揣摩，对庐山僧团初期信仰处境的描述，是相当贴切的。在慧远僧团到达庐山之前，山南地区早有兴盛的民间信仰。特别是宫亭庙，作为庐山的山神庙，在鄱阳湖区特殊的自然地理和气候背景下，形成了相当广泛的信仰影响。这样，当外来信仰势力进入庐山、扩展信仰空间之时，如何处理与宫亭庙的关系，就成为要面临的重要问题。

宫亭庙位于庐山南岭之下、鄱阳湖畔。鄱阳湖水道是连接寻阳、豫章的主要交通线。山南得水路交通之便，很早就是人口聚集之区。《水经注》卷39《庐江水》："岭南有大道，顺山而下，有若画焉。传云匡先生所通至江道。"宫亭庙建于此处，就是依托这种地理优势。而据《水经注》卷39《庐江水》、陈舜俞《庐山记》等

---

❶ 王重民等：《敦煌变文集》上册，北京：人民文学出版社，1957年，第168页。

记述，除宫亭庙外，山南地区还有落星石、孤石庙、康王庙、三将军庙等多处民间信仰景观。

与此同时，与道教有关的一些遗迹或传说，也多在山南地区展开。术士吴猛的传说大都发生在赣鄱水道沿线。前面提到，他在从豫章去寻阳的途中，与宫亭神发生接触。庐山紫霄峰还有关于吴猛的传说。❶ 山南也早有道士活动，如《幽明录》说："庐山自南行十余里，有鸡山，山上有石鸡，冠距如生。道士李镇于此下住，常宝玩之。"❷ 陈舜俞《庐山记》所记唐以前庐山道观有四处：刘宋时期陆修静所建简寂观、❸ 南齐道士梁明超所建灵溪观、梁道士张法施所建康王观、梁鄱阳太守杨有江所建崇善观，均在山南。

山南民间神庙和道士共处，彼此之间关系如何呢？这很令人感兴趣。下面打算以康王谷地区为例对此稍加考察。康王谷俗称"庐山垄"，位于庐山南山中部偏西，是庐山最大的峡谷。谷内地形狭长幽深，又有沃土可垦，是颇佳的田园隐居之所。❹ 康王谷得名，源于当地的周康王传说，《太平御览》卷85《皇王部十·周康王》引《述异记》：

> 庐山上有康王谷，巅有一城，号为刘（钊）城。天每欲雨，辄闻山上鼓角笳箫之声，声渐至城，而风雨晦合，时人以

---

❶ 《太平御览》卷41《地部六·庐山》引《寻阳记》："王敦诛术士，吴猛附舡日行千里，追者但见龙附其舡。猛令舡人闭目，人闻曳拨林木之声，惧而开目。龙知人见，遂委舟山顶。今艑底在紫霄峰上。"第196页。

❷ 《太平广记》卷142"李镇"条引《幽明录》，第1018页。

❸ 梁代曾立碑于馆，《吴兴艺文补》卷4沈璇《太子仆射简寂观碑》，《续修四库全书》第1678册，上海古籍出版社，2002年，第91—92页。参看孙齐：《唐前道观研究》，第158—161页。

❹ 熊炜、徐顺民、张国宏：《庐山》，北京：中国建筑工业出版社，1998年，第227—228页。

为常候。传云,此周康王之城,康王爱奇好异,巡历名山,不
远而至。城中每得古器、大鼎及弓、弩、金之属,知非常人之
所处也。而山有康王之号,城又以钊为称,斯言将有征。

这一传说不管是否属实,却受到乡民的敬信。谷内建有康王庙一
所,即有乡民祭祀。周景式《庐山记》云:"有妪事康王庙,林中
有一虎,祠祭辄以余肉及骨与之。有人恶畏之,妪使避之,人去复
来。"谷中很早也有道士活动,周景式《庐山记》:"康皇溪,道士
种松及筋竹竿。"道士与神庙同处一地,自然会有接触。《庐山记》
又称:"山有康皇庙,庙有铜马一枚,道士丁玄真取掷置涧中,经
宿复还。丁乃卖与远村人,买者尽病,即送还,悉愈。"❶ 此事在
陈舜俞《庐山记》卷 2 中也有记载,称:"道士丁玄真能摄伏鬼神,
迁铜马庙于谷内,而建今观焉。"❷ 所谓铜马庙,应是康王庙的别
称。两条记事立场不同,前者倾向于康王庙,应当与巫祝有关。不
管如何,这一传说显示,康王谷中道士与神庙同处一地,为了争夺
信仰资源,有时关系相当紧张。

慧永、慧远僧团进入庐山后创设的西林寺和东林寺,位于山
北。先于慧远到达庐山的慧永,由寻阳陶范(陶侃之子)帮助,首
先在山北创设了西林寺。❸ 慧远僧团到庐山后,"欲创寺宇,未知定

---

❶ 以上诸条,分见《太平御览》卷 892《兽部四·虎下》、卷 963《竹部二·竹下·筋竹》、卷 828《资产部八·卖买》引周景式《庐山记》,第 3960、4273、3694 页。

❷ 陈舜俞《庐山记》此条记事有明确时间,为隋开皇十年。而周景式《庐山记》所记此条,《水经注》中已有引述,时间不合,疑陈舜俞所记时间有误。

❸ 《高僧传》卷 6《义解三·释慧永传》,第 232 页。陶氏家族本不信仰佛教,参看陈寅恪:《陶渊明之思想与清谈之关系》,《金明馆丛稿初编》,北京:生活·读书·新知三联书店,2001 年,第 201—229 页。《高僧传》卷 6《义解三·释慧远传》称,陶侃"幼出雄武,素薄信情",所以打算迁移阿育王像时,遭受阻力,第 213—214 页。

方",❶先居于山北龙泉精舍,后由江州刺史桓伊帮助建东林寺。❷陈舜俞《庐山记》卷1《叙山北》述其经过:"(远法师)道由庐山,居龙泉精舍,去东林十五里而远。既而学侣寖众,同时惠(慧)永禅师已居香谷山,请结邻好。刺史桓伊亦所钦仰,乃置寺焉。事具寺碑。"慧永、慧远僧团为何选择在山北建立寺院?从寺院建立与陶范、江州刺史桓伊的关系来看,地点选择在临近江州刺史治所的山北,可能有供养方面的考虑。而西林、东林两寺建立后,特别是随着慧远僧团影响力的扩大,山北日渐成为佛教兴盛之地,与山南鄱阳湖畔的宫亭庙,成为庐山周边的两处宗教信仰圣地。

山北寺院空间在形成和扩展过程中,与山神也有过接触。最初是在慧远准备从龙泉精舍迁到香谷东林寺时,陈舜俞《庐山记》卷1《叙山北》称:"初远师欲徙香谷也,山神告梦曰:此处幽静,足以栖神。忽于后夜,雷雨震击。明旦视之,惟素沙匝地,兼有梗栅,文梓良木,既作殿,故名神运。"这应当是宋代仍流传于东林寺的慧远建寺传说。迁到东林寺后,山多"蛇虫",山神又化为辟蛇行者为其驱赶蛇虫。在这个传说中,辟蛇行者被认为居住在山顶:"常耕于峰顶,有辟蛇行者田,塍垄仿佛可辨,今无耕者。说者曰:盖山神云。"又说:"辟蛇行者葬牛冢,皆在绝顶。"❸这种想象可能来源于人们对山林深处神秘性的认识。《抱朴子内篇》卷17《登涉》说:"山无大小,皆有神灵,山大则神大,山小即神小也。

---

❶ 周叔迦、苏晋仁:《法苑珠林校注》卷63《祈雨篇》引《冥祥记》,第1883页。
❷ 《高僧传》卷6《义解三·释慧远传》,第212页。
❸ 陈舜俞《庐山记》卷1《叙山北》,《大正藏》第51册,第1027—1028、1030页。僧人与山神的接触,参看宫川尚志:《山岳仏教の成立》,《六朝史研究·宗教篇》,第279—288页;陈怀宇:《中古佛教驯虎记》,《动物与中古政治宗教秩序》,上海古籍出版社,2012年,第151—209页。

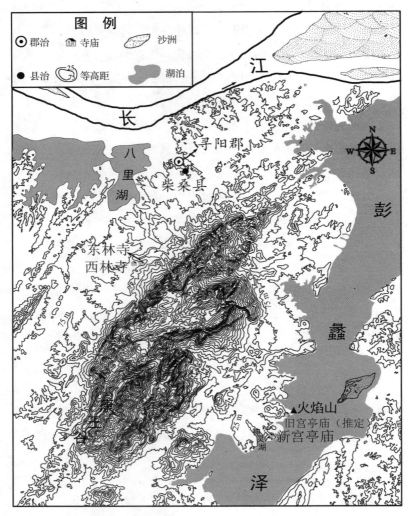

地图 3　宫亭庙与中古早期庐山示意图（林昌丈绘）

入山而无术，必有患害。"庐山作为"峻极之名山"，❶自然会带给人们很多幻想。

山上隐秘的神灵空间中，不仅仅居住着山神。《抱朴子内篇·登涉》："或有来试人者，则当顾视镜中，其是仙人及山中好神者，顾镜中故如人形。若是鸟兽邪魅，则其形貌皆见镜中矣。又老魅若来，其去必却行，行可转镜对之，其后而视之，若是老魅者，必无踵也，其有踵者，则山神也。"这就把山中神灵分为邪魅、山神和仙人三个层次。葛洪特别指出，入山者需要鉴别"仙人"和"山中好神"。❷可见在神仙家的观念中，山神也有善恶之分。《真诰》记间成子入荆山学道："为荆山山神所试。成子谓是真人，拜而求道，而为大蛇所噬，殆至于死。"❸间成子遇到的就是恶神。所以《抱朴子内篇·金丹》在列举南北名山后指出："此皆是正神在其山中，其中或有地仙之人。"要特别强调名山之中有正神。

在神仙信仰观念中，山岳被认为是仙人居所。登山服食修行，则是重要的成仙之道。❹庐山作为长江、鄱阳湖邻接处的名山，自

---

❶ 杨守敬、熊会贞：《水经注疏》卷39《庐江水》引王彪之《庐山赋叙》，第3257页。桓冲任江州刺史之时，曾派人"周行庐山，冀睹灵异"，"既陟崇巘，有一湖，生桑树，有败艑、赤鳞鱼。使者渴极，欲往饮水，赤鳞张鳍向之，使者不敢饮"《艺文类聚》卷88《木部上·桑》引《述异记》，第1521页）。《太平御览》卷66《地部三十一·湖》引周景式《庐山记》曰："山顶有一穹湖，湖足颁尾鲤，鳍皆伤剥。而又有一故艑槽，崇山峻远，非舟楫所游，岂深谷为陵，而此物不与丘壑同迁乎？"第314页。

❷ 王明：《抱朴子内篇校释》（增订本）卷17《登涉》，北京：中华书局，1985年，第299—300页。

❸ 吉川忠夫、麦谷邦夫编：《真诰校注》卷5《甄命授第一》，朱越利译，北京：中国社会科学出版社，2006年，第175—176页。本书引用《真诰》，均据该中译本，同时核对日文原本，有异文出注释说明。

❹ 山田利明：《神仙道》，福井康顺等监修：《道教》（第一卷），朱越利译，上海古籍出版社，1990年，第270—306页；刘屹：《敬天与崇道——中古经教道教形成的思想史背景》，北京：中华书局，2005年，第424—540页。

然也不例外，《太平御览》卷41《地部六·庐山》引《述异记》说："庐山上有三石梁，长数十丈，广不盈尺，俯眄杳然无底。咸康中，江州刺史庾亮迎吴猛，将弟子登山游观，因过此梁。见一老公坐桂树下，以玉杯承甘露与猛，猛遍与弟子。又进至一处，见崇台广厦，玉宇金房，琳琅焜耀，辉彩眩目，多珍宝玉器，不可识见。数人与猛共言，若旧相识。"此条又见于《水经注》卷39《庐江水》，文字稍简。这位老公显然是仙人形象。❶ 仙人的地位远高于山神。据说，吴猛的弟子"窃取一物，欲以示世人"，受到仙人惩罚："还见向经梁化小如指，须臾昼昏。猛知弟子有过失，使送还，方得度。"❷ 吴猛在山神面前颇有优势，可在仙人面前是有所顾忌的。

山上有神仙修行的观念，也被僧人们所承认和接受。晋湛方生《庐山神仙诗序》：

> 寻阳有庐山者，盘基彭蠡之西，其崇标峻极，辰光隔辉，幽涧澄深，积清百仞。若乃绝阻重险，非人迹之所游，窈窕冲深，常含霞而贮气，真可谓神明之区域，列真之苑囿矣。太元十一年，有樵采之阳者，于时鲜霞裹林，倾晖映岫，见一沙门披法服，独在岩中，俄顷振裳挥锡，凌崖直上，排丹霄而轻举，起九折而一指，既白云之可乘，何帝乡之足远哉？穷目苍苍，翳然灭迹。❸

---

❶ 《艺文类聚》卷64《居处部四·室》录刘宋吴迈《远游庐山观道士石室诗》，也提到山中修行的仙人："蒙茸众山里，往来行迹稀。寻岭达仙居，道士披云归。似着周时冠，状披汉时衣。安知世代积，服古人不衰。得我宿昔情，知我道无为。"第1151页。
❷ 《云笈七签》卷85《尸解·吴猛》，第1920页。
❸ 《艺文类聚》卷78《灵异部上·仙道》，第1334页。

此事亦见于慧远《庐山记》、王琰《冥祥记》、道宣《集神州三宝感通录》卷下，记述略有不同，如《冥祥记》称："晋太元中，豫章太守范宁将起学馆，遣人伐材其山。见人着沙门服，凌虚直上。既至则回身蹋其峰，良久乃与云气俱灭。时有采药数人皆共瞻睹。当时能文之士，咸为之兴词。"❶可见这件事在知识界传布很广。这位"凌崖直上"的僧人，其形象显然是一位飞升的仙人。高僧与神仙在这里融为一体。关于僧人与神仙的接触，《高僧传》中还有两个例子。一在晋安霍山，此山据说是"群仙所宅"，沙门释僧群居此山，"饮水不饥，因绝粒"。❷可见道教辟谷观念的影响。❸一在林杨堂山，释玄高居此山，"应真仙士，往往来游"，❹形成一个僧人、神仙游处的场景。本来，佛教的禅法就常常被附会为修行成仙之道。❺高僧与神仙的密切关系，❻正是佛教适应本土信仰的重要表现之一。

最早出现在山北的佛教寺院，后来向山南和山上的空间拓展。慧远弟子昙邕，由于受到僧团内部的排挤，"奉命出山"："乃于山之西南营立茅宇，与弟子昙果澄思禅门。"昙果在山南茅宇梦见庐

---

❶ 周叔迦、苏晋仁：《法苑珠林校注》卷19《敬僧篇》引《冥祥记》，第631页。本条原注"出《冥祥记》"，校注者误认为出自《集神州三宝感通录》卷下。实际上《感通录》所记较之《珠林》简略许多，两者均是抄自《冥祥记》或更早的母本。

❷ 《高僧传》卷12《亡身·释僧群传》，第445页。

❸ 参看 Henri Maspero（马伯乐）：《道教》，川胜義雄訳，東京：平凡社，1972年，第116—125页。

❹ 《高僧传》卷11《习禅·释玄高传》，第410页。

❺ 《高僧传》卷11《习禅》篇末"论曰"，第426—427页。关于佛教习禅与神仙说的关系，参看任继愈主编：《中国佛教史》（第一卷），北京：中国社会科学出版社，1981年，第312—314页。

❻ 蒲慕州：《神仙与高僧——魏晋南北朝宗教心态试探》，《汉学研究》第8卷第2期，1990年；《追寻一己之福：中国古代的信仰世界》，上海古籍出版社，2007年，第242—246页。

山神"求受五戒",❶ 大概是为了在叙事中强化建寺的神圣性。稍晚,释僧瑜于元嘉十五年(438)来到庐山,与同侣昙温、慧光等"于庐山南岭,共建精舍,名曰招隐"。他后来在孝建二年(455)六月三日烧身,"道俗知者,奔赴弥山,并稽首作礼,愿结因缘",场面十分可观。可以想见,僧瑜的烧身在山南地区应当造成了不小的影响。据称平南长史吴郡张辩亦曾"亲睹其事,具为传赞"。❷

僧人们在山南和山上扩展空间,不可避免地会与神巫等民间信仰势力接触。安世高度化宫亭神的传说,或许与这种信仰接触有关。至于神秘的山林世界,僧人们为此所编造的舆论之一是这样的:"忽梦庐山之神稽首致敬曰:庐山维岳,峻极于天,是曰三宫,壁立万仞,欲屈真人居之,真人若不见从,则此山永废矣。"这是南齐僧人慧景的梦境。据说他由于这个梦境的感召而到庐山:"先是神山庙灵验如响,侵迕见灾,且以十数,法师考室其旁,神遂见形为礼,使两神童朝夕立侍,有女巫见而问之,法师不答。庐山神复来固请。以永明十年七月,振锡登峰。"❸ 这个为山神恳请的借口,又被梁代法归禅师借用。他后来在山顶建造寺院。❹ 不过,虽然有山神的"恳请",在开拓的过程中应该也会有各方的阻力。例如慧景在山神"再三恳请"下登山,大部分山神也对其"头面礼足",却仍然有"群魔不喜法师来者"予以阻挠。透过这个隐晦的表述,似乎可以体会到其中的艰难。

---

❶ 《高僧传》卷6《义解三·释昙邕传》,第237页。
❷ 《高僧传》卷12《亡身·释僧瑜传》,第451—452页。
❸ 《广弘明集》卷23虞羲《庐山香炉峰寺景法师行状》,《大正藏》第52册,第269—270页。
❹ 《续高僧传》卷16《习禅初·释道珍传》,郭绍林点校,北京:中华书局,2014年,第563页。竺道爽《檄太山文》声讨山神:"何妖祥之鬼魍魉之精,假东岳之道,托山居之灵,因游魂之狂诈,惑俗人之愚情。"《弘明集》卷14,《大正藏》第52册,第91页。

庐山佛教空间的扩展是山林佛教兴起时期有代表性的现象。佛教在江南的早期传布，有城邑和山林两种生活空间可供选择。西晋以前，可考的佛教寺院主要集中于洛阳、长安、彭城、建业等"大的都市以及交通干线上"。❶东晋以后山林佛教兴起，出于生计考虑，也往往是"择近地山林沿交通衢道而发展"，❷除了刻意避世行头陀禅修的僧人，一般僧人们选择的往往不是真正"偏远"的山林，而仍要考虑交通便利性。庐山佛教的早期发展和兴盛，实际上就得益于位处长江与赣江—鄱阳湖水道交汇处，离寻阳治所很近的地理优势。建康与荆雍、岭南之间的来往，均要经过此地。立足庐山，处于山林与市朝之间，既能做山林清修，又可以很方便地保持与朝廷的往来。

一般来说，民间神庙源自民众自然的信仰需求，需要依存于世俗空间。为了民众祈祷便利，大都建于交通便利、人口稠密之处。诸如栾巴、顾邵等官府力量与民间信仰的接触，自然也发生于此。而从时间上来说，神仙修道者进入山林要远远早于佛教，但一直到南朝，类似于佛教寺院的山中道馆才开始出现。❸在后来的中国宗教史上，神仙道教对山林的"开拓"远远不及佛教僧团。以庐山为例，据陈舜俞《庐山记》卷2结尾处总计：山北，"老子之宇二，同名观。佛之宇五十有五，或曰寺曰院曰庵岩曰兰若，其实皆僧居也"；山南"老子之宇九，佛之宇九十有三"。❹在宋代庐山密集的宗教建筑中，道观的数量比起寺院来要少得多，而且大都集中在山

---

❶ 颜尚文：《后汉三国西晋时代佛教寺院之分布》，《中国中古佛教史论》，北京：宗教文化出版社，2010年，第56—118页。

❷ 严耕望：《魏晋南北朝佛教地理稿》，第84页。

❸ 参看都築晶子：《六朝後半期における道館の成立——山中修道》，《小田義久博士還暦記念東洋史論集》，第317—352页。

❹ 陈舜俞：《庐山记》卷2《叙山南》，《大正藏》第51册，第1037页。

南传统的信仰地区。

宗教建筑背后是相应的宗教活动。一般来说,信仰的传布虽然是一种心理上的接受,但往往体现为物化的景观,神庙、寺院、道馆、造像都是其中的代表。问题是,它们建在何处?如果某一地理空间内已有原初的信仰建筑,后来者又如何选择建筑之地?换言之,在同一空间内,不同的信仰景观呈现出何种分布形态?考察这一问题,无疑可以展现一幅幅直观的宗教接触图景。本章的讨论正是基于这一初衷。

中古早期的庐山,就呈现出一幅多元化的信仰图景。在庐山及周边区域,多种文化或信仰势力的接触,主要围绕山南的宫亭神庙展开。其中,地方官僚经常持有的态度是禁毁淫祠。这种强硬态度背后有官府权力的支持,但屡毁而屡建,原因无须多说。这种生硬的做法忽视了民众的信仰需求。对于宗教教团势力而言,对待民间信仰有或温和或强硬两种态度。除了早期栾巴的杀伐故事之外,道士们的舆论主要是宣扬神仙将取代山神成为庐山之主,庐山也从庐君成为五岳之外的"使者"。佛教作为一种彻底的外来势力,僧人们用以争取信众的手段,则是宣传山神已经信仰佛教。

道教本身脱胎于民间信仰,吸纳民间神祇是其一贯做法。但这种吸纳有时只停留在理论层面,被吸纳者比如庐山神,相当一段时间内仍然是民间信仰。而对于汉传佛教而言,采取这种度化民间神的手段,具有两重结果。一方面固然是吸纳信众的有效做法,另一方面却使佛教蒙上一层民间信仰色彩。❶ 随着时间的推移,佛教的民间信仰化或者说所谓"民间佛教"现象,越来越呈现出兴盛

---

❶ 如侯旭东考察北朝造像记后就认为,"造像供养衍化为本土祭祀之变种",见《五、六世纪北方民众佛教信仰——以造像记为中心的考察》,北京:中国社会科学出版社,1998年,第268页。

样态。❶ 其根源则是本土民众多元化、实用性的信仰心态。陈舜俞《庐山记》卷2记有一则趣事:"(太虚简寂观)藏中铜天尊像。耆旧云:'是像也,本归宗寺之佛。会昌之毁寺也,为道士所得。寺虽复而不还。故其像衣沙门服而加冠焉。'闻者哂之。"❷ 无论是僧人还是道士,他们幼年的社会化过程,大都是在鬼神信仰的环境中完成的,成年后即便选择信仰佛、道,也很难摆脱民间鬼神信仰所留下的印记。这是汉晋以后佛教进入中国民众信仰世界的一个前提。

---

❶ 关于"民间佛教"概念的解说,参看谭伟伦:《建立民间佛教研究领域刍论》,《民间佛教研究》,北京:中华书局,2007年,第3—12页。另参芮沃寿(Arthur Wright):《中国历史中的佛教》,常蕾译,北京大学出版社,2009年,第73—80页。

❷ 陈舜俞:《庐山记》卷2《叙山南》,《大正藏》第51册,第1033页。

II 神仙、洞天与道馆

句容茅山的兴起与南朝社会

　　永嘉之乱后的流民南迁及其带来的区域历史变动，是东晋南朝史研究最核心的课题之一。近一个世纪以来，国内外学界在侨吴士族关系、侨州郡县及流民分布、黄白籍、土断等问题上积累了极为丰厚的成果。❶ 不过，由于史料不足征等原因，侨民在江南新居地的社会秩序和日常生活图景，仍然很不明晰。❷ 比如说，在江南侨民最

---

❶ 相关学术史梳理，参见胡阿祥：《东晋南朝侨州郡县与侨流人口研究》，南京：江苏教育出版社，2008 年，第 12—33 页；中村圭爾：《六朝江南地域史研究》，東京：汲古書院，2006 年，第 3—66 页。

❷ 这个问题自 20 世纪二三十年代以来不断有学者触及，在侨旧学风、语言习惯、人群关系、政治活动、身份性婚姻圈、土地秩序、物质文化、宗教信仰、社会风气等方面，取得不少成果。如唐长孺：《读抱朴子推论南北学风的异同》，《魏晋南北朝史论丛》，北京：中华书局，2011 年，第 338—368 页；陈寅恪：《东晋南朝之吴语》，《金明馆丛稿二编》，北京：生活·读书·新知三联书店，2001 年，第 304—309 页；周一良：《南朝境内之各种人及政府对待之政策》，《魏晋南北朝史论集》，北京大学出版社，1997 年，第 33—101 页；田余庆：《论郗鉴——兼论京口重镇的形成》，《东晋门阀政治》，北京大学出版社，1996 年，第 74—101 页；中村圭爾：《婚姻からみた階層と官僚身分》，《六朝貴族制研究》，東京：風間書房，1987 年，第 359—398 页；唐长孺：《南朝的屯、邸、别墅及山泽占领》，《山居存稿》，北京：中华书局，2011 年，第 1—26 页；中村圭爾：《江南六朝墓出土陶瓷の一考察》，《六朝江南地域史研究》，第 323—383 页；Michel Strickmann, "The Mao Shan Revelations: Taoism and the Aristocracy", *T'oung Pao*, 63.1（1977）, pp.1-64；曹文柱：《六朝时期江南社会风气的变迁》，（转下页）

为集中的京口、晋陵和建康以东沿江地区，❶ 侨民所带来的生计习惯和文化观念，如何在新居地植根存续？是否会影响到邻近地区的江南旧民？江南旧民又如何面对侨民及其文化？如果没有更为细致的区域性史料，这些问题很难落实到具体地理空间内进行观察。

句容茅山的道教史料群由此显得弥足珍贵。《真诰》《周氏冥通记》中记录了大量有关茅山道教活动的细节，其价值早已广为人所熟知。而一类更直观的史料——碑石及其铭文，由于原石多已亡失，尚未受到足够重视。这些当时分布于山中各处的纪念性石刻，蕴含着理解句容茅山区域史的丰富线索。其中，梁武帝普通三年（522）由建康崇虚馆主、道士正张绎主持刻立于茅山南洞口的《九锡真人三茅君碑》，由于其信仰总结意味和大量有明确身份、籍贯的题名，学术价值尤为重要。本章计划从此碑入手，结合相关石刻及《真诰》《周氏冥通记》等文献记载，从社会史层面探讨句容茅山的兴起及其意义。

句容茅山以上清派的修道圣地而著名。茅山中的句曲山洞位列道教十大洞天之八，❷ 在《真诰》的"神启"中，"吴句曲之金陵"与"越桐柏之金庭"并称，被认为是"养真之福境，成神之灵墟"，"吴越之境唯此两金最为福地"。❸ 不过，葛洪在《抱朴子内篇》中

（接上页）《历史研究》1988 年第 2 期。但落实到具体的地理空间内、从细部上呈现侨旧民众生活图景的研究，仍然比较缺乏。

❶ 关于永嘉之乱后江南侨民的分布，参看谭其骧：《晋永嘉丧乱后之民族迁徙》，《长水集》上册，北京：人民出版社，2009 年，第 206—229 页；胡阿祥：《东晋南朝侨州郡县与侨流人口研究》，第 309—338 页；葛剑雄主编：《中国移民史》第 2 卷，福州：福建人民出版社，1997 年，第 307—412 页。

❷ 《云笈七签》卷 27《洞天福地·十大洞天》，第 611 页。

❸ 吉川忠夫、麦谷邦夫编：《真诰校注》卷 11《稽神枢第一》，第 349 页。关于茅山宗教地理的概要介绍，参看三浦國雄：《洞天福地小論》，《中国人のトポス》，第 71—112 页；Edward H. Schafer, *Mao Shan in T'ang Times*, 2nd ed., Society for the Study of Chinese Religions Monograph, no.1, Boulder, Co.: Society for the Study of Chinese Religions, 1989, pp.1-9.

曾历数当时可以修道合仙药的江南名山，句容茅山并不在其列。❶葛洪就是句容人，他对茅山的"忽视"，说明直至东晋初期茅山仍非修道圣地。根据《真诰》及相关文献来看，茅山被赋予特殊宗教意味，其实就肇始于东晋中期杨羲和许谧父子的降神活动，而真正成为道馆集中的修道圣地，则要到刘宋以后特别是齐梁时期。❷

究竟是何种原因导致了句容茅山的圣地化？稍读《真诰》等文献就会发现，神仙三茅君兄弟在其中扮演了重要角色。许谧父子的修道之路由其指引，南朝时期茅山每年最隆重的信仰集会也与其有关。值得注意的是，三茅君本是咸阳南关人，后渡江成为茅山之主，主管着江南侨旧民众的升仙之路和生死问题。这是一个饶有兴味的现象。神仙三茅君的侨民身份是否与永嘉之乱后的流民南迁有关？三茅君信仰的兴盛和茅山的圣地化，是否反映出江南侨民、旧民的融合关系？❸ 这正是本章所关心的问题。

一 普通三年茅山立碑事件

《九锡真人三茅君碑》原石今已不存，录文收入元代茅山道士

---

❶ 王明：《抱朴子内篇校释》（增订本）卷4《金丹》，第85页。

❷ 关于东晋南朝道教上清派特别是陶弘景，研究成果数量繁多，张超然有颇为细致的梳理，《系谱、教法及其整合：东晋南朝道教上清经派的基础研究》，台湾政治大学中国文学系博士学位论文，2008年，第1—21页。此外，也可以参看索安（Anna Seidel）：《西方道教研究编年史》，吕鹏志、陈平等译，北京：中华书局，2002年，第23—26页。为避免烦琐，这里不再赘述。

❸ 已有学者注意到杨羲、许谧父子降神与东晋政治、社会结构的关联，如 Michel Strickmann, "The Mao Shan Revelations: Taoism and the Aristocracy", *T'oung Pao*, 63.1 (1977), pp.1-64；都築晶子：《南人寒門・寒人の宗教の想像力について》，《東洋史研究》47-2，1988年。不过，这些研究关注的主要是杨羲、许谧父子的籍贯和身份，对于神仙三茅君较少讨论。另外，茅山附近曾发现过东莞侨民刘岱的墓志，参看镇江市博物馆：《刘岱墓志简述》，《文物》1977年第6期。

刘大彬所编的《茅山志》。原碑内容由五部分构成：①天皇太帝授茅君九锡玉册文；②三茅君小传；③碑铭（叙述茅君事迹、立碑缘起等）；④碑阴题记（记述立碑时的神异现象）；⑤题名（"齐梁诸馆高道姓名"；唐宋时期续有补题，阙失未录），分别收入《茅山志》卷1《诰副墨》（①）、卷20《录金石》（②③④）、卷15《采真游》（⑤）。❶ 其中，①②③记述三茅君的策命文字和生平事迹，内容与《茅山志》卷5《茅君真胄》、《云笈七签》卷104李遵《太元真人东岳上卿司命真君传》大体相似而更简略。❷ 由于《茅君真胄》和李遵传记的存在，①②③的相关内容除了具有校勘方面的价值外，史料意义不大。可能正是由于这个原因，除了少数研究者简略提及⑤的题名价值外，❸ 此碑较少受到关注。

其实，古代碑石的史料意义，并不仅仅是刻写于其上的文字。碑石刻立同时也是一次重要的仪式过程。如果把普通三年三茅君碑的刻立，还原为一次集体性宗教事件，就会发现其中提示出很多有趣的历史线索。具体来说，为何刻立此碑？哪些人参与了这次活

---

❶《茅山志》卷1《诰副墨》、卷20《录金石》、卷15《采真游》，《道藏》第5册，第550—551、630—632、617—619页。另外，《曾巩集》卷50《金石录跋尾》"茅君碑"条对此碑有简单介绍（北京：中华书局，1984年，第680页）；《宝刻丛编》卷15《建康府》"梁茅君碑并两侧题名"条引《集古录目》《复斋碑录》，亦有简要著录，《石刻史料新编》第1辑第24册，第18325页。

❷《茅山志》卷5《茅君真胄》，《道藏》第5册，第575—581页；《云笈七签》卷104李遵《太元真人东岳上卿司命真君传》，第2254—2262页。李丰楙认为《云笈七签》本更接近《茅传》原貌，《汉武内传研究——汉武内传的著成及其衍变》，《六朝隋唐仙道类小说研究》，台北：学生书局，1986年，第30—31页。贺碧来（Isabelle Robinet）则认为《茅君真胄》更具原始性，*La révélation du Shangqing dans l'histoire du taoïsme*, tome 2, Paris: Publications de l'École Française d'Extrême-Orient, 1984, p.390. 笔者不习法文，此处参据张超然：《系谱、教法及其整合：东晋南朝道教上清经派的基础研究》，第90页。

❸ 刘琳：《论东晋南北朝道教的变革与发展》，《历史研究》1981年第5期；刘屹：《敬天与崇道——中古经教道教形成的思想史背景》，第607页。

动?立碑时间、地点的选择是否有特殊考虑?沿着这些线索分析,再结合题名内容,普通三年茅山的信仰图景和此碑的史料价值,就会逐渐显现出来。

这次立碑有其特定的信仰背景。齐梁时期,茅山的信仰活动颇为兴盛。这种兴盛一方面体现在山中道馆林立,另一方面也体现在每年三月十八日道俗云集的登山盛会。《真诰》卷11《稽神枢第一》"三月十八日"条陶弘景注云:

> 唯三月十八日,辄❶公私云集,车有数百乘,人将四五千,道俗男女状如都市之众。看人唯共登山,作灵宝唱赞,事讫便散,岂复有深诚密契、愿睹神真者乎?纵时有至诚一两人,复患此喧秽,终不能得专心自达。

三月十八日是大茅君来游茅山之日,《茅君真胄》云:"三月十八日、十二月二日期要吾师及南岳太虚赤真人游盻于二弟之处也,将可记识之。有好道者待我于是日,吾自当料理之,有以相教训于未悟。"❷ 这种明确的指示,自然引起修道者瞩目:"好道者欲求神仙,宜预斋戒,待此日登山请乞。笃志心诚者,三君自即见之,抽引令前,授以要道,以入洞门,辟兵水之灾,见太平圣君。"❸ 大茅君来游每年有两日,但据《真诰》可知,十二月二日由于天气寒冷,"多寒雪",来的人很少。而三月十八日正值"江南草长,杂花生树,群莺乱飞"时节,登山乞神,场面相当壮观。

从陶弘景的描述可知,三月十八日登山乞神的"四五千"人之

---

❶ "辄",中译本缺。
❷ 《茅山志》卷5《茅君真胄》,《道藏》第5册,第580页。
❸ 吉川忠夫、麦谷邦夫编:《真诰校注》卷11《稽神枢第一》,第364页。

中，不仅仅是道士，也包括很多世俗信徒。他们主要的活动是登山，"作灵宝唱赞"，具有很强的仪式性。尽管陶弘景对这种集会颇多批评，但其中揭示的三茅君信仰的活力，❶却让人极感兴趣。普通三年刻立的三茅君碑，当然也是在这种信仰背景下出现的。

据题记，三茅君碑刻立于普通三年五月十五日，由"三洞弟子领道士正吴郡张绎立"，"茅山道士孙文韬书，袁道舆刻字"。道士正是梁武帝天监二年（503）设立的道官，有大、小之分。平昌人孟景翼天监初年曾担任大道士正。❷从三茅君碑题名还可获知，张绎是以建康崇虚馆主身份兼道士正，统领道教事务。❸这意味着三茅君碑的刻立带有一定官方色彩。碑文说：

> 有道士张绎，欣圣迹之预闻，慨真颜之不睹，念至德之日道，惧传芳之消歇，故敬携同志，谨镌传录，虽复罗衣之屡拂，冀巨石之不糜，面千龄而沥肾，对万古以披心。但恨言不足以尽意，庶冥鉴之匪尤。

由这通张绎本人撰写的碑文可知，❹立碑刻写三茅君"传录"，是希望三茅君事迹能够传之久远，"长怀万古""传石留声"。他所提到的"同志"，当指"略见"于碑阴和碑侧的九十余位"齐梁诸馆高

---

❶ 这种集会直到唐代中期仍很兴盛。《全唐文》卷377载唐大历十三年（778）柳识《茅山白鹤庙记》称"每岁春冬，皆有数千人，洁诚洗念，来朝此山"，第3828页。
❷ 《太平御览》卷666《道部八·道士》引《道学传》，第2973页。
❸ 《隋书》卷27《百官志中》记北齐崇虚局职责是"掌五岳四渎神祀，在京及诸州道士簿帐等事"，北京：中华书局，1973年，第755页。萧梁崇虚馆职责当与之类似。
❹ 《太平御览》卷666《道部八·道士》引《老氏圣纪》："(张绎)作茅山南洞碑，甚工。"第2975页。本条应出自《道学传》。

道"。❶ 这份名单为了解齐梁时代的茅山道教世界,提供了极具价值的研究资料。略感遗憾的是,《茅山志》将其著录于《采真游》,❷ 而非直接附于碑铭之后,给利用这份题名带来一些麻烦。

题名至"治丞法身山阴董道盖"为止可以确认。问题在于自谁开始。主持其事的是道士正张绎,照理说他应当列于题名首位,但题写形式有些不符。题名一般包括馆名、籍贯、姓名三项(如"洞清馆主兰陵车龄晚"),《采真游》"张绎"条则是:"崇虚馆主道士正吴郡张绎。馆本宋明帝敕立于潮沟,供养大法师陆修静。齐永明敕立于蒋陵里。陶先生再兴焉。"开始符合一般形式,其后多出有关崇虚馆兴替的记述。紧随张绎之后的徐公休、张玄真、张景溯诸条,也有"善有道素""道兼三洞""秀挺超群"等文字。这种现象如何解释呢?《宝刻丛编》卷15"梁茅君碑并两侧题名"条引《复斋碑录》提示了一些线索:

> 碑阴右侧题三洞法师真人殷灵养;左侧题三洞法师鲁郡周显明,以己卯诞世,寻真宋末,德茂齐梁。❸

殷灵养、周显明均见于《采真游》,题写形式为:三洞法师曲阿殷灵养、三洞法师鲁郡周显明。比较两种著录可知,周显明题名之后本来还有"以己卯诞世,寻真宋末,德茂齐梁"等文字。❹ 此外,《采真游》"孙文韬"条亦称:"南洞碑阴云:文韬心柔容毅,迹方

---

❶ 《茅山志》卷20《录金石》,《道藏》第5册,第630—632页。
❷ 《茅山志》卷15《采真游》,《道藏》第5册,第617—619页。
❸ 《石刻史料新编》第1辑第24册,第18325页。
❹ 周显明生于"己卯"年,即刘宋元嘉十六年(439),立碑时如果还在世,已有八十多岁。

智圆。既业不群物,故异简刊焉。"可见孙文韬题名之后也有相关文字。由此可以获知,题名于碑阴和碑侧的九十余位"齐梁诸馆高道",不少应当都附有介绍、评价性文字。这些文字在《茅山志》编纂时大部分被省略了。从顺序上来看,《采真游》中孙文韬在张绎之前。据此并结合传记内容推测,《采真游》中自"上清道士丹阳葛景宣仙公之胤"到"嗣真馆主丹阳句容许灵真"诸人,很可能也是题名内容。❶

如果仅从张绎开始算起的话,题名共计 91 人。从身份来说,有以下几种:(1)天师后裔:包括天师九世、十世孙和孙女,共有 10 人;(2)馆主、馆主女官、精舍女官:这是题名的主体,共有 68 人;(3)道士、女官:4 人;(4)三洞法师:3 人;(5)逻主:1 人;(6)法身:5 人。题名者所属的道馆,有不少可以确定位于茅山,如华阳馆、崇元馆、曲林馆、金陵馆、北洞馆、天市馆、方隅馆、金陵馆、招真馆等;有的则不在茅山,如林屋馆当位于太湖中的林屋山洞。❷ 但绝大多数道馆位置缺考。❸

---

❶ 其中有一位僧人"菩提白塔行禅比丘会稽释智渊","业总五乘,义该两教"。菩提白塔为天监十五年(516)陶弘景所建,事见清顾沅钩本《梁上清真人许长史旧馆坛碑》,《石刻史料新编》第 3 辑第 2 册,台北:新文丰出版公司,1986 年,第 570 页。《茅山志》卷 20《录金石》等所录碑文不见此事,似乎是有意删去,参看王京州:《陶弘景集校注》,第 172 页。

❷ 华阳馆、崇元馆、金陵馆、招真馆、林屋馆,均见于《上清道类事相》卷 1《仙观品》(《道藏》第 24 册,第 874—878 页);陶弘景有《茅山曲林馆铭》(王京州:《陶弘景集校注》,第 194 页);北洞馆当位于茅山北洞,方隅馆当位于茅山北部的方隅山,天市馆取自大茅山天市坛传说,金陵馆当与茅山金陵之地有关(均见吉川忠夫、麦谷邦夫编:《真诰校注》卷 11《稽神枢第一》、卷 14《稽神枢第四》,第 356、438、362、346 页)。茅真馆、鹄鸣馆从馆名来看也当与茅山有关。但道馆同名的情况也有不少,海虞县虞山亦有天师第十二代孙张裕所建招真馆,参《琴川志》卷 13《虞山招真治碑》,《宋元方志丛刊》第 2 册,北京:中华书局,1990 年,第 1275—1276 页。

❸ 齐梁山中道馆地域分布很广泛,参看都築晶子:《六朝後半期における道館の成立——山中修道》附《南朝道馆表》,《小田義久博士還暦記念東洋史論集》,第 344—347 页。

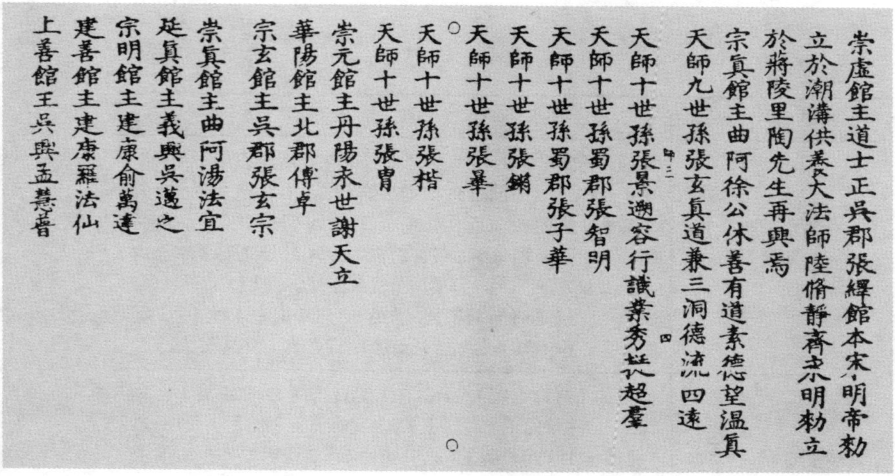

崇虚馆主道士正吴郡张绎馆本宋、明帝勅立于潮溝供養大法師陸脩靜齋志明勅立
於蔣陵里陶先生再興焉
宗真館主曲阿徐公休善有道素德望溫真
天師九世孫張玄真道兼三洞德流四速
天師十世孫張景遜容行識業芳姓超羣
天師十世孫蜀郡張智明
天師十世孫蜀郡張子華
天師十世孫張鍋
天師十世孫張楷
天師十世孫張冑
天師十世孫張華
崇元館主丹陽永世謝天立
華陽館主北郡傅卓
宗玄館主吳郡張玄宗
崇真館主義興吳邁之
延真館主曲阿湯法宜
宗明館主建康俞萬達
上善館主建康羅法仙
館主吳興孟慧普

图4 《茅山志·采真游》书影

题名者的籍贯分布最令人感兴趣。表1是上述91人加《采真游》张绎之前、葛景宣之后数人（张绎之前、葛景宣之后的题名，表中以＊号标示，包括有明确记载的孙文韬）的分郡县统计，可知晋陵郡人数最多，有34人；其次是丹阳郡，19人；吴郡，11人；南琅邪郡，8人；然后是会稽郡，4人（1人为僧人）；义兴郡4人；吴兴郡2人；南东海郡2人。另外有侨民8人，天师后裔10人，不详籍贯者2人。可见题名于碑者主要来自茅山周边地区，特别是邻近的晋陵郡和丹阳郡等地，同时也波及太湖周边的吴郡、义兴和更远的会稽。从身份上来说，则兼有侨民和旧民。

表1 三茅君碑题名统计

籍贯		人数	修道者
晋陵郡	晋陵	5	刘湛之（福乡馆主）、薛延之（龙阳馆主）、王希弟（正范馆主）、钱密妃（昭台馆主，女官）、薛要罗（上明精舍，女官）

句容茅山的兴起与南朝社会　　103

续表

籍贯		人数	修道者
晋陵郡	延陵	17	张道存（张求馆主）、钱法慧（玄圃馆主）、王彦闵（开真馆主）、钟文冑（方隅馆主）、尹法静（宗真馆主）、韦尼子（天市馆主）、谢法先（金刚馆主）、陈耀云（降真馆主）、陈恬（龙安馆主）、潘令翘（清玄馆主，女官）、王明珠（宗灵馆主，女官）、王玉盈（万椿馆主，女官）、朱灵妃（郁单精舍，女官）、潘妙向（妙寂精舍，女官）、唐僧妃（寻真精舍，女官）、闾丘灵桂（永福精舍，女官）、曹玄明（朝宾，法身）
	曲阿	11	徐公休（宗真馆主）、汤法宜（崇真馆主）、弘法清（含真馆主）、陈绍先（龙阿馆主）、左文举（玉泉馆主）、陈石鸿（黄曾馆主）、陈师度（兴齐馆主）、刘僧明（齐乡馆主）、张妙容（太素精舍，女官）、陈僧淑（宗标精舍，女官）、殷灵养（三洞法师）
	暨阳	1	徐灵翠（服食道士，女官）
南东海郡	东海	1	徐伯迁*
	郯县	1	杨超远（林屋馆主）
南琅邪郡	琅邪	1	卫灵符（鹄鸣馆主）
	兰陵	7	缪法兴（曲林馆主）、许灵庆（通微馆主）、车灵晚（洞清馆主）、鞠遂（帝乡馆主）、桓开方（凤台道士）、邵元泰*、萧世颙（太中[大夫]）*
丹阳郡	建康	4	俞万达（宗明馆主）、罗法仙（建善馆主）、陈法明（栖真馆主）、张昙要（青阳馆主）
	丹阳	3	杨净音（仁静馆主，女官）、汤明辉（太丈精舍，女官）、葛景宣（上清道士）*
	句容	5	毕文和（修真馆主）、王法休（北洞馆主）、严浩耀（招真道士）、张法真（山居道士）、许灵真（嗣真馆主）*
	湖孰	2	戴令待（方玄馆主）、潘渊文（朱阳馆主，上清道士）*
	溧阳	2	万妙妃（梵明馆主，女官）、万妙娥（宝梵馆主，女官）
	永世	3	谢天立（崇元馆主）、於天慧（阳明馆主）、於玄明（三洞法师）

续表

籍贯		人数	修道者
无实土侨郡县等	平昌	1	幸脩之*
	鲁郡	1	周显明（三洞法师）
	彭城	2	韩霜妃（腾胜精舍）、郑休之（冶令，法身）
	高阳	1	许叔存（招真馆主）
	博昌	1	任彦净（福林馆主）
	北郡	1	傅卓（华阳馆主）
	太原	1	王法明（前华阳馆主）*
吴郡	吴郡	5	张绎（崇虚馆主）、张玄宗（宗玄馆主）、丁奉之（招灵馆主）、刘妙云（处静馆主，女官）、陆僧回（宗元逻主）
	盐官	2	朱法永（洞玄馆主）、朱法景（仙灵馆主）
	海盐	1	陆逸仲（前华阳馆主）*
	钱唐	1	俞僧瑶（茅真馆主）
	嘉兴	2	殳遵祖（金陵馆主）、张元之（崇元馆主）*
义兴郡	义兴	4	吴迈之（延真馆主）、周景冲（龙泉馆主）、张方成（洞阳馆主）、蒋负苔（陪真馆主）*
吴兴郡	吴兴	1	孟慧普（上善馆主）
	余杭	1	暨天禄（妙门馆主）
会稽郡	会稽	2	伍玄则（昭仙馆主）、释智渊（菩提白塔行禅比丘）*
	剡县	1	孙文韬（陶弘景弟子）*
	山阴	1	董道盖（冶丞，法身）
	不详	2	薄九真（神州邑主，法身）、韩休明（建真邑主，法身）
	天师后裔	10	九世孙（张玄真）、十世孙（张景邈、张智明、张子华、张锵、张晔、张楷、张青）、十世孙女（张子台、张季妃）

陶弘景弟子参与了这次立碑活动，碑文书法即出自弘景弟子孙

文韬之手。但现存题名中没有出现陶弘景的名字，也许是《茅山志》编纂时的省略。张绎和陶弘景曾就《法检论》有过"往复讨论"，❶两人是相识的。张绎主持在茅山刻立三茅君碑，陶弘景应当会参与其事。但从立碑地点分析，又有些蹊跷。此碑立于茅山华阳南洞，也被称作南洞碑。《茅山志》卷7《括神区·坛石桥亭》："九锡亭，在南洞，以覆九锡文碑，石柱篆刻。"同书卷6《括神区·洞》："黑虎洞，在华阳南洞九锡碑之左。"又云："黄龙洞，在九锡碑之右。"可知碑呈石柱状，篆刻，位于华阳南洞，居黄龙、黑虎两洞之间，元代时有亭覆盖其上。华阳南洞位于大茅山南麓，距陶弘景居住过的积金岭、雷平山、郁冈都比较远。❷

关于茅山的地理概况，陶弘景有过概括介绍。茅山是一组南北走向的狭长山峰的总称，山势曲折，"状如左书已字之形"。《真诰》卷11《稽神枢第一》陶注：

> 今以在南最高者为大茅山。中央有三峰，连岑鼎立，以近后最高者为中茅山。近北一岑孤峰，上有聚石者为小茅山。大茅、中茅间名长阿，东出通延陵、[句]曲阿，西出通句容、湖［就］（孰），以为连石、积金山，马岭相带，状如堞形。其中茅、小茅间名小阿，东西出亦如此，有一小马岭相连。自小茅山后去，便有雷平、燕口、方嵎、大横、良常诸山，靡迤相属，垂至破罡渎。自大茅南复有韭山、竹吴山、方山，从此叠

---

❶ 《太平御览》卷666《道部八·道士》引《老氏圣纪》，第2975页。本条应出自《道学传》。

❷ 陶弘景在茅山中换过好几处居所，扼要情况见《许长史旧馆坛碑》阴所刻小传："永明十年壬申岁，投绂栖山，住中茅岭上，立为华阳馆。至梁天监四年，移居积金东涧。……十四年冬，徙来此馆。十五年，移郁冈斋室静斋。"王京州：《陶弘景集校注》，第186页。

障，达于吴兴诸山。❶

据《真诰》记载，茅山句曲山洞有五个便门，分别是南两便门、东西两便门和北大便门。便门是句曲洞天与外界交通的门户，为修道者所重视。但其中只有山南大洞、北良常洞比较显露，另外三处很难寻觅，陶弘景指出："今山南大洞即是南面之西便门，东门似在柏枝陇中，北良常洞即是北大便门，而东西并不显。"❷ 正由于此，山南大洞附近较早成为道馆集中之地。❸ 不过，这里的信仰状况颇为芜杂："自二十许年，远近男女互来依约，周流数里，廨舍十余坊。而学上道者甚寡，不过修灵宝斋及章符而已。近有一女人来洞口住，勤于洒扫，自称洞吏，颇作巫师占卜，多杂浮假。"❹ 这样来看，山南大洞附近主要是"不过修灵宝斋及章符"的道士以及巫祝的活动场所。陶弘景对此很不满意，批评说："今南便门外虽大开而内已被塞，当缘秽炁多故也。"这个评论耐人寻味。意在使神仙三茅君"长怀万古"的《九锡真人三茅君碑》，为何会选择在被陶弘景批评为"秽炁多"的山南大洞口呢？

不仅如此，南洞碑刻立的普通三年五月，远在小茅山以北的雷平山麓，竟然也有碑刻活动，这就是《上清真人许长史旧馆坛碑》。❺ 碑文为陶弘景所撰，内有"十七年，乃缮勒碑坛，仰述

---

❶ 引文中［］内为原文，（）内为校注者订正、补入。
❷ 吉川忠夫、麦谷邦夫编：《真诰校注》卷11《稽神枢第一》，第356页。"柏"，中译本缺。
❸ 据陶弘景记述，南齐初年敕建的崇元馆即位于此处。此外，可考者还有张元妃所造的玄明馆、张允之所造的金陵馆等，均见《上清道类事相》卷1《仙观品》引《道学传》，《道藏》第24册，第877—878页。
❹ 吉川忠夫、麦谷邦夫编：《真诰校注》卷11《稽神枢第一》，第366页。
❺ 此碑有多家著录，录文比勘参看王京州：《陶弘景集校注》，第171—190页。另可参看李静：《〈许长史旧馆坛碑〉略考》，《宗教学研究》2008年第3期。

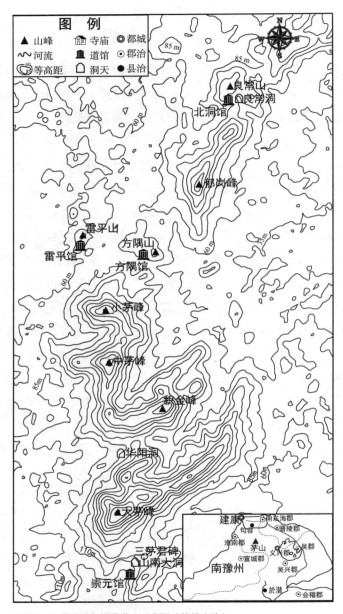

地图 4　三茅君碑与梁代茅山示意图（林昌丈绘）

图 5　大茅峰南坡（笔者摄）

真轨"之说，据此，天监十七年（518）此碑已经刻写建造。但碑阴题名之后又记："右王侯朝士刺史二千石过去见在受经法者。普通三年五月五日略记。"时间记述上出现了差异。这种差异是由于补刻而造成的。从内容上看，许长史碑阴分为两部分：陶弘景小传、题名（上清弟子、皇帝朝臣等）。其中，陶弘景小传记述其主要活动，至天监十五年（516）"移郁冈斋室静斋"为止，据此推断，小传应当也是天监十七年刻写上石的。而仔细体味碑阴末尾的"右王侯朝士刺史二千石"云云，可知普通三年补刻的只是皇帝、朝臣题名。❶ 题名中谢举的官号"侍中、豫章内史、太尉长

---

❶《六朝事迹编类》卷 14《碑刻》（张忱石点校，上海古籍出版社，1995 年，第 141 页）、《宝刻丛编》卷 15《建康府》"梁华阳石碣颂"条引《复斋碑录》（《石刻史料新编》第 1 辑第 24 册，第 18324 页），均指出了此碑碑阳、碑阴的时间差异，但没有注意到碑阴实际上也存在补刻现象。另据《茅山志》卷 20《录金石》，此碑在唐大历十三年进行过一次"洗刻"（《道藏》第 5 册，第 634 页），《六朝事迹编类》称"唐紫阳观主刘行矩等重勒"，应当就是指这次"洗刻"。题名中径称"梁武皇帝"，王家葵认为就是重刻时所改，《陶弘景丛考》，第 366—367 页。

史",综合了其天监十四年至普通元年间的主要任职,也可佐证此点。❶ 至于上清弟子题名,应当是天监十七年和碑文、小传一起刻写上石的。

普通三年的这次补刻引人注目。天监十七年的刻石,与陶弘景自立冥所的时间相近,可能是陶弘景根据真人指示筹备身后事宜的举措之一。❷ 后者则是一个很有趣的现象。许长史碑补刻于五月五日,南洞碑刻立于五月十五日,前后仅相隔十天。这是否只是一种巧合?如果不是,这次补刻与三茅君碑的刻立又有何关联?

普通三年茅山南洞口的立碑事件由此显得颇为特别。这次由建康道士正主持、牵涉近百位道士和供养人、颇有神异色彩的集体性立碑活动,❸ 至少提示出以下几个问题:(1)与原来均为上清弟子题名的许长史碑相比,三茅君碑题名包括天师后裔、三洞法师、上清道士等多种身份,他们为何成为"同志",共同参与三茅君碑的刻立?(2)从题名者地域分布来看,江南流民集中的晋陵郡、丹阳郡等地,江南土著势力强大的吴郡、义兴郡等地,都有不少人参与。三茅君究竟是怎样的神仙,会受到侨民、旧民的共同崇奉?(3)立碑地点为何选择在陶弘景极力批评的华阳南洞口?时间为何是在普通三年?为何十天前会有许长史碑的补刻?很明显,理解上述问题的关键是三茅君的信仰内涵。

---

❶ 《梁书》卷37《谢举传》,第529—530页。谢举于天监十四年出为宁远将军、豫章内史;十八年入为侍中,领步兵校尉;普通元年出为贞毅将军、太尉临川王长史。

❷ 麦谷邦夫:《梁天监十八年纪年有铭墓砖和天监年间的陶弘景》,《日本东方学》第1辑,北京:中华书局,2007年,第80—97页。关于墓砖的发现过程及其相关研究,另可参看陈世华:《陶弘景墓砖铭文发现及考证》,《东南文化》1987年第3期。

❸ 碑阴称:"此碑有如玄房宿构,略有四事:一者,工人凿山,唯得三石,一石有如现成;二者,众石悉不堪作趺,唯所指安碑处,一石有如伏龙之状;三者,密石连环,唯安柱处有自然坎;四者,事竟,洞内飞泉忽涌。"《茅山志》卷20《录金石》,《道藏》第5册,第632页。

二 "神仙侨民"与江南新乡土

据三茅君碑、《茅君真胄》和《云笈七签》本李遵《司命真君传》，大茅君名盈，咸阳南关人，曾在恒山学道，后受学于西城王君，汉元帝（一说汉宣帝）时升仙，渡江居于句曲之山，"邦人因改句曲为茅君之山"。后来他的两个弟弟茅固、茅衷亦于汉元帝永光年间渡江至茅山。至汉哀帝元寿二年（公元前1年），大茅君受太帝命为司命东卿上君，治赤城玉洞之府，离开茅山。茅固（中茅君）、茅衷（小茅君）为地仙，分别为定录真君和保命仙君，留居茅山。大茅君离开时约定，每年三月十八日、十二月二日来访。

有关三茅君传记的相关文本，道教史学者已有过不少讨论。综合相关意见来看，基本可以确认，记有上述内容的三茅君传记出现于东晋中期。❶最重要的证据，是《真诰》卷11《稽神枢第一》所记许谧答信：

> 昔年十余岁时，述虚闲者宿有见语，茅山上故昔有仙人，乃有市处，早已徙去。后见包公问动静，此君见答，今故在此山，非为徙去。此山，洞庭之西门，通太湖苞山中，所以仙人在中住也。唯说中仙君一人字，不言有兄弟三人，不分别长少，不道司命君尊远，别治东宫。[未]（末）见传记，乃知高卑有差降，班次有等级耳，辄敬承诲命，于此而改。

---

❶ 相关研究参看张超然：《系谱、教法及其整合：东晋南朝道教上清经派的基础研究》，第113—119页。

校注指出,"未见"当作"末见"。许谧生于永兴二年(305),"十余岁"时正是两晋交替之际,其时故老口传只是说"故昔有仙人",并无三茅君传说。后从包公(鲍靓)处听说仙人是茅季伟。这个说法在《晋书》卷80《许迈传》中可以得到印证:"谓余杭悬霤山近延陵之茅山,是洞庭西门,潜通五岳,陈安世、茅季伟常所游处。"❶ 在三茅君传记中,中茅君名固,字季伟,但许谧读到传记之前,显然并不知道茅季伟就是中茅君。他大概有些奇怪,为何鲍靓只告诉他中茅君的"字"。其实事情已经很明确,杨、许降神之前与茅山有关的茅姓仙人,就只有一位茅季伟。❷ 而且据鲍靓和许迈所言,其时茅山在神仙世界中的地位是依存于洞庭山的(洞庭之西门),远非后来可比。

许谧得读三茅君传记,是在"乙丑年初",即兴宁三年(365)初。❸ 传记应当是随着杨、许降神活动一起问世的。传记是真人之诰的辅助文本,目的是吸引许谧皈依"上道"。❹ 那么,在这种背景下"出场"的神仙三茅君兄弟,具有怎样的特征呢?

三茅君传记并不完全是新建构的,其基础是早期《神仙传》中

---

❶ 葛洪在《抱朴子内篇》中则完全未提及茅君,只提到仙人陈安世,以"入山辟虎狼符"著称,王明:《抱朴子内篇校释》(增订本)卷17《登涉》,第310页。
❷ 东汉时有陈留人茅季伟,为太学生,曾与汉末党人颇有关系,但未见有学仙事迹,《后汉纪》卷22《孝桓皇帝纪下》,张烈点校,北京:中华书局,2002年,第419页。
❸ 吉川忠夫、麦谷邦夫编:《真诰校注》卷11《稽神枢第一》,第373页。
❹ 张超然:《系谱、教法及其整合:东晋南朝道教上清经派的基础研究》,第89—112页。张超然注意到,相较于紫阳真人跋涉山岳的修道方式,注重мысление诵读的上清经法更便于修行,对于身在官场的许谧更有吸引力。但即便如此,许谧仍犹豫不决。杨羲为此做了不少努力,真人不断发出诰示敦促许谧,并为其构设了一位仙偶云林夫人,参看李丰楙:《魏晋神女传说与道教神女降真传说》,《误入与谪降:六朝隋唐道教文学论集》,台北:学生书局,1996年,第163—183页。

的茅君传记。❶ 不过，这位茅君是幽州人，学道于齐，❷ 新传记将其籍贯改为咸阳南关，是很大的不同。这种改变的原因已很难确知。值得注意的是，《真诰》卷17《握真辅第一》录有数条关中地区的地理、遗迹和传说，其后陶弘景有一条有趣的按语：

> 右此前十条，并杨君所写录潘安仁《关中记》语也。用白笺纸，行书，极好。当是聊尔抄其中事。

陶弘景对于杨羲为何抄写《关中记》，显然并不太清楚，故而判断为"聊尔抄"。其实，结合三茅君新籍贯来看，可能并非如此。《真诰》卷11《稽神枢第一》记定录君之语，称茅山金陵之土坚实，"掘其间作井，正似长安凤门外井水味"。又说："子其秘之。吾有传纪，具载其事，行当相示。"这条诰示的时间显然在许谧得读三茅君传之前。其中"正似长安凤门外井水味"一句，流露出原籍咸阳的中茅君对"故土"的熟悉。由此判断，杨羲抄读《关中记》，应当是为了获得有关关中地理的知识。

在李遵撰本茅君传记中，茅君自咸阳渡江至茅山，成为神仙世界的"侨民"。这个情节在早期《神仙传》中也不存在，而是记其成仙后："去家十余里，忽然不见，远近为之立庙奉事之。茅君在帐中，与人言语，其出入，或发人马，或化为白鹤。"❸ 这位茅君显然是在故

---

❶ 现存有两种版本的《神仙传·茅君》，差异极大。《四库》本内容较多，情节与李遵撰三茅君传记相似，《汉魏丛书》辑本与《太平广记》卷13"茅君"相同，较为简略，具体比勘参看胡守为：《神仙传校释》卷5"茅君"条，第182—189页。从顺序上说，应当是先有《汉魏丛书》辑本内容，后来有东晋中期所出李遵撰本，《四库》本最为晚出，明显是在李遵撰本基础上删改而成的。

❷ 《史记》卷6《秦始皇本纪》记有齐客茅焦，颇有事迹，第227页。

❸ 《太平广记》卷13"茅君"条引《神仙传》，第87—88页。

句容茅山的兴起与南朝社会　　113

乡成仙，又佑护着乡里之人。为何李遵撰本中茅君会长途跋涉来到茅山，成为"神仙侨民"呢？细读《真诰》就会发现，这并不是一个孤立的现象。《真诰》中登场的神仙，绝大多数都来自吴越以外的地区，如卷1《运象篇》列有一份南岳夫人诰示的神仙名单，籍贯包括咸阳、郑、卫、幽、沛、常山、长乐、楚、东海、冯翊、涿郡、西域等地。❶出场最多的几位神仙，如紫阳真人周君是汝阴人，❷清灵真人裴君是右扶风人，❸杨羲仙师南岳夫人魏华存是任城人，均来自北方。其中，魏华存嫁于南阳刘氏，丈夫去世后，"为真仙默示其兆，知中原将乱，携二子渡江……自洛邑达江南"。❹许迈曾师从的鲍靓（其女嫁与葛洪）是东海或陈留人，于东晋大兴元年（318）南渡。❺河中人平仲节则在"大胡乱中国时"，渡江入括苍山。❻可见在《真诰》中，"神仙侨民"是一个相当普遍的身份特征。❼

关于"神仙侨民"迁居江南的具体情形，《神仙传》提供了一

---

❶ 吉川忠夫、麦谷邦夫编：《真诰校注》卷1《运象篇第一》，第7—9页。
❷ 《紫阳真人内传》，《道藏》第5册，第542页。
❸ 《云笈七签》卷105《清灵真人裴君传》，第2263页。
❹ 《太平广记》卷58"魏夫人"条引"《集仙录》及本传"，第357页。颜真卿《晋紫虚元君领上真司命南岳夫人魏夫人仙坛碑铭》文字稍有差异，《颜鲁公集》卷9，上海古籍出版社，1992年，第57—61页。关于南岳魏夫人信仰，参看爱宕元：《南嶽魏夫人信仰の變遷》，吉川忠夫编：《六朝道教の研究》，東京：春秋社，1998年，第377—395页。魏华存及其子刘璞均为实有其人，南京象山琅邪王氏墓地出土刘璞之女刘媚子墓志，提供了重要佐证，具体讨论参看周冶：《南岳夫人魏华存新考》，《世界宗教研究》2006年第2期。
❺ 《晋书》卷95《艺术·鲍靓传》，第2482页；《云笈七签》卷106《鲍靓真人传》，第2318页。二者所记籍贯不同。
❻ 吉川忠夫、麦谷邦夫编：《真诰校注》卷14《稽神枢第四》，第448页。
❼ 赵益对上清系"传说人物"籍贯有过统计，《六朝南方神仙道教与文学》，上海古籍出版社，2006年，第93—95页。此外，王青也注意到上清系神仙的北方特征，见氏著《〈汉武帝内传〉与道教传经神话》，《先唐神话、宗教与文学论考》，北京：中华书局，2007年，第269—272页。

个有趣的例子。东海郡人王远(字方平),为乡里陈耽所供养,后来"蛇蜕"而去,南渡入括苍山,途经吴郡之时,住在"骨相当仙"的胥门小民蔡经家,点化其成仙。后来又再次降临蔡家,招来东海女神麻姑,显示种种仙术。根据蔡经的描述,王远"往来罗浮、括苍等山","主天曹事,一日之中,与天上相反复者十数过。地上五岳生死之事,皆先来告王君。……所到则山海之神皆来奉迎拜谒"。❶ 王远在故乡东海郡仙去后,渡江至江南,仙职与"地上五岳生死之事"有关,这些情节与"总括东岳""领死记生"的三茅君颇为相似。王远在吴郡与蔡经的接触,与三茅君对许谧的引导和教化,也有可比之处。

这种"神仙南渡"叙事,很容易让人联想到北方流民的南迁。分析起来,"神仙南渡"的原因,可能主要有两个:其一是流民将所崇奉的神仙带到了江南新居地;其二是神仙知识的制造者和传承者——道士们——的南渡。前一种情况相关记载较少,暂且不论;后一种情况在《抱朴子内篇》《真诰》等文献中均有不少记载。根据这些记载来看,道士群体的南渡,集中在东汉末年和永嘉之乱两个时期。

东汉末年南渡的道士中,最有名的是干吉(一作于吉)和左慈。干吉是琅邪人,"先寓居东方,往来吴会,立精舍,烧香读道书,制作符水以治病,吴会人多事之"。他是《太平经》的传承者。❷ 左慈是庐江人,据称汉末渡江至江南,不少名山留下了他的传说和遗迹。他似乎是江南丹法的传入者,葛洪曾说:"江东先无此书,书出于左元放,元放以授余从祖,从祖以授郑君,郑君以授余,故他道士了

---

❶ 《太平广记》卷7"王远"条引《神仙传》,第45—48页。《汉魏丛书》本《神仙传》与之相同,《四库》本则颇有文字差异,具体比勘参看胡守为:《神仙传校释》卷3"王远"条,第92—118页。
❷ 《三国志》卷46《吴书·孙策传》注引《江表传》,第1110页。

无知者也。"❶ 江东地区"先无"的"此书",指左慈所传《太清丹经》《九鼎丹经》《金液丹经》等。

永嘉之乱以后,南渡流民中有不少道士。葛洪说:"往者上国丧乱,莫不奔播四出。余周旋徐豫荆襄江广数州之间,阅见流移俗道士数百人矣。或有素闻其名,乃在云日之表者。"❷ 这些"流移"于江南的道士们,是神仙知识的重要宣传者。葛洪讥刺说:

> 余昔数见杂散道士辈,走贵人之门,专令从者作为空名,云其已四五百岁矣。人适问之年纪,佯不闻也,含笑俯仰,云八九十。须臾自言,我曾在华阴山断谷五十年,复于嵩山少室四十年,复在泰山六十年,复与某人在箕山五十年,为同人遍说所历,正尔,欲令人计合之,已数百岁人也。于是彼好之家,莫不烟起雾合,辐辏其门矣。❸

葛洪所云,其实就可以理解为大量道士涌入江南地区后,为吸纳信众进行的"欺诳"行为。从他的批评可以推想,应该有不少江南旧民被吸纳为信众。《太平御览》卷716《服用部十八·手巾》引《名山略记》称:"郁洲道祭酒徐诞常以治席为事,有吴人姓夏侯来师诞,忽暴病死。"郁洲旧属东海郡,可知有吴人以北人祭酒为师。东晋初期存在于晋陵、句容的几个仙道传承线索,如魏华存、刘璞—杨羲—许谧父子,鲍靓—葛洪、许迈,紫阳真人周君、清灵真

---

❶ 王明:《抱朴子内篇校释》(增订本)卷4《金丹》,第71页。参看吉川忠夫:《師受考——『抱朴子』內篇によせて》,《六朝精神史研究》,第425—461页。

❷ 王明:《抱朴子内篇校释》(增订本)卷4《金丹》,第70页。

❸ 王明:《抱朴子内篇校释》(增订本)卷20《祛惑》,第346页。

人裴君—华侨,也都可以置于这一背景下理解。❶

渡江来到江南的"神仙侨民",与江南旧民的关系如何呢?《真诰》卷17《握真辅第一》记有紫阳真人周君神降时与许翙的一次谈话,很值得玩味。许翙问:"昔闻先生有守一法,愿乞以见授。"紫阳真人委婉拒绝,并解释说:"昔所不以道相受者,直以吴伧之交而有限隔耳。君乃真人也,且已大有所禀,将用守一何为耶?"陶弘景注称:"周是汝阴人,汉太尉勃七世孙,故云伧人也。"紫阳真人和原籍右扶风的清灵真人,是晋陵人华侨降神时的主角,"先后教授侨经书,书皆与五千文相参,多说道家诫行养性事,亦有谶纬"。❷ 紫阳真人不肯授许翙守一法,一个重要原因是"直以吴伧之交而有限隔耳",由此来看,侨人、吴人之间的道法传授,最初似乎仍是有所保留的。

三茅君的态度则和紫阳真人有所不同。《真诰》卷2《运象篇第二》:

> 东卿司命甚知许长史之慈肃。小有天王昨问:"此人今何在?修何道?"东卿答曰:"是我乡里士也。内明真正,外混

---

❶ 镇江丹徒县焦湾侯家店曾出土过一枚道教六面铜印,刻有"东治三师""□□王氏""民侨"等文字。参看刘昭瑞:《镇江出土东晋道教印考释》,《考古发现与早期道教研究》,北京:文物出版社,2007年,第158—167页。曾维加推测其中的"王氏"可能是琅邪王氏,见《"永嘉南渡"与天师道的南传——再论焦湾侯家店道教六面铜印》,《世界宗教研究》2011年第3期。魏华存在世时亦为女官祭酒,"领职理民",《太平广记》卷58"魏夫人"条引《集仙录》及本传,第358页。需要指出的是,南渡侨民带来的信仰不仅是道教,还有佛教,参看吉川忠夫:《五、六世紀東方沿海地域と佛教——摄山棲霞寺の歷史によせて》,《東洋史研究》42-3,1983年。

❷ 《紫阳真人内传》附《周裴二真叙》,《道藏》第5册,第548页。关于《紫阳真人内传》的文本分析,可参看张超然:《系谱、教法及其整合:东晋南朝道教上清经派的基础研究》,第23—46页。

世业,乃良才也。今修上真道也。"

大茅君称许谧是"乡里士",流露出对江南新乡土的认同感。陶弘景注意到此点,特别注解说:"乡里者,谓句容与茅山同境耳,非言本咸阳人也。"这一点令人很感兴趣。实际上,《真诰》神仙世界的主角就是侨居于茅山的三茅君,许谧的修道之路主要由其指引,陶弘景指出:"南真自是训授之师,紫微则下教之匠,并不关俦结之例。……其余男真,或陪从所引,或职司所任。至如二君,最为领据之主。今人读此辞事,若不悟斯理者,永不领其旨。"❶这个观察是非常敏锐的。而三茅君对许谧的指引,很大程度上是基于对句容地方的乡土认同。这种态度与紫阳真人相比,已是很大的不同。

三茅君与白鹤庙祭祀的结合,也可以看作其走向江南土著化的一个表现。《真诰》卷11《稽神枢第一》"汉明帝永平二年"条陶弘景注:

> 按三君初得道,乘白鹄在山头,时诸村邑人互见,兼祈祷灵验,因共立庙于山东,号曰白鹄庙。每飨祀之时,或闻言语,或见白鹄在帐中,或闻伎乐声,于是竞各供侍。此庙今犹在山东平阿村中,有女子姓尹为祝。逮山西诸村,各各造庙。大茅西为吴墟庙,中茅后山上为述墟庙,并岁事鼓舞,同乎血祀。盖已为西明所司,非复真仙僚属矣。

据陶弘景记述,白鹤庙祭祀在茅山周边村聚极为盛行。其主庙位于茅山之东的村中,庙中有巫祝,各村又有分庙。从形式上看,显然是一种民间神祇信仰。陶弘景也意识到白鹤庙祭祀的非道教色彩,

---

❶ 吉川忠夫、麦谷邦夫编:《真诰校注》卷19《翼真检第一》,第566—567页。

认为"盖已为西明所司,非复真仙僚属矣"。不过,白鹤庙主可能本来就非"真仙僚属",而是常见的山神祭祀对象。❶

　　鹤在早期的茅君传中已经出现,茅君仙去后,民众立庙供奉,"茅君在帐中,与人言语,其出入,或发人马,或化为白鹤"。可能正是这个"化为白鹤"的情节,为新茅君传记的建构提供了灵感。《茅山志》卷5《茅君真胄》:"昔人有至心好道入庙请命者,或闻二君在帐中与人言语,或见白鹄在帐中。白鹄者,是服九转还丹使能分形之变化也,亦可化作数十白鹄,或可乘之以飞行,而本形故在所止也。"❷ 九转还丹,指大茅君赐二弟"九转还丹一剂,神方一首,仙道成矣"。新茅君传记之后本来还附有这首"神方"。❸ 大茅君之所以要赐二弟九转还丹,是由于二弟"已老","上清升霄大术,非老夫所学"。❹ 在教习二弟停年不死之法并三年精思后,再赐以神丹,终成仙道。这个情节似有所指,兴宁三年的许谧,已是"年出六十,耳目欲衰"的老人。❺

　　新茅君传记记述了大量茅山地理细节,《真诰》卷11《稽神

---

❶ 如临海白鹄山山神就与白鹤有关,参见《太平御览》卷582《乐部十二·鼓》引《临海记》,第2625页。关于原始三茅君信仰的山神属性,已有一些学者注意到,参看Edward H.Schafer, *Mao Shan in T'ang Times*, p.4;赵益:《仙曲洞天:公元四世纪上清道教的度灾之府》,《宗教学研究》2007年第3期。茅山的白鹤是三只,当与茅山三峰突出的地理特征有关。

❷ 本条亦简略见于《初学记》卷30《鸟部·鹤》引李遵《太元真人茅君内传》,第727页。可证《茅君真胄》确实更接近东晋中期的茅君传记。

❸ 《太平御览》卷678《道部二十·传授上》引《登真隐诀》:"李翼,字仲甫,以七变法传左慈,慈修之,以变化万端。此经在《茅真人传》后,道士以还丹方殊秘,故略出,别为一卷。"第3025页。可知"神方"本附于新茅君传记之后,后来才成为单行本。

❹ 《茅山志》卷5《茅君真胄》,《道藏》第5册,第578页;《云笈七签》卷104《太元真人东岳上卿司命真君传》文字表述稍异,第2259页。

❺ 吉川忠夫、麦谷邦夫编:《真诰校注》卷1《运象篇第一》、卷9《协昌期第一》,第19、281—282页。

枢第一》有关茅山地理环境的细致描述，即多抄自新茅君传记。这些关于茅山的"地方性知识"，内容琐碎具体，显示出撰述者对茅山地理和人文掌故的熟悉。推想起来，撰述者可能是利用了当地的白鹤信仰传说，❶ 将之与仙传糅合，转化为三茅君乘鹤的情节。❷ 通过这种述说方式，"神仙侨民"三茅君实现了土著化，成为江南新乡土的佑护之神，父老歌云："茅山连金陵，江湖据下流。三神乘白鹄，各治一山头。召雨灌旱稻，陆田亦复柔。妻子咸保室，使我百无忧。"❸ 需要指出的是，这只是道教立场上的叙事。民间神祇被移居于此地的神仙、高僧取代或降伏，在道教、佛教的"辅教故事"中是很常见的。这种叙事往往只是停留在口承或文本层面，现实中的民间祭祀仍旧延续。白鹤庙在新茅君传记、《真诰》中又被称作句曲真人庙，应当理解为在不同叙事中的差异。❹

---

❶ 吴越地区白鹤信仰早有传统，《吴越春秋·阖闾内传第四》说，吴王女滕玉死，发丧时"乃舞白鹤于吴市中"。周生春：《吴越春秋辑校汇考》，上海古籍出版社，1997年，第53页。

❷ 神仙乘鹤的例子，亦见于刘向《列仙传》卷上"王子乔"条，其升仙之时，"乘白鹤驻山头，望之不得到，举手谢时人，数日而去。亦立祠于缑氏山下，及嵩山首焉"。王叔岷：《列仙传校笺》，北京：中华书局，2007年，第65页。薛爱华（Edward H.Schafer）对茅山白鹤意象及其文学表现有过分析，"The Cranes of Mao Shan", in Michel Strickmann ed., *Tantric and Taoist Studies in Honour of R. A. Stein*, Brussels: Institute Belge des Hautes Études Chinoises, Vol.2, 1983, pp.372-393。

❸ 《茅山志》卷5《茅君真胄》，《道藏》第5册，第580页；本条亦见于《初学记》卷30《鸟部·鹤》引李遵《太元真人茅君内传》，文字小异，第727页。

❹ 据新茅君传所记，汉代朝廷曾三次封赐或修庙，分别是王莽地皇三年（公元22年）七月，"遣使者章邕赍黄金百镒、铜钟五枚，赠之于句曲三仙君"；东汉建武七年（公元31年）三月，"遣使者吴伦赍金五十斤，献之于三君"；东汉永平二年（公元59年）敕郡县修庙。吉川忠夫、麦谷邦夫编：《真诰校注》卷11《稽神枢第一》，第360—361页。这些记事完全不见于东汉文献，薛爱华（Edward H.Schafer）认为是撰述者虚构，*Mao Shan in T'ang Times*, p.4。其意图可能是借朝廷权威"宣示"三茅君早在汉代已定居茅山。

120

从性质上说，三茅君是在文本上建构出来的虚拟"生命"，如何建构包括籍贯、学道经历、仙职等在内的"生命史"，反映出撰著者的理念。新传记展示的图景是：原籍关中的三茅君兄弟，渡江定居于句容茅山，成为"神仙侨民"。后来大茅君得补更高仙任，留下两位弟弟主宰茅山。他们主管、指引着江南地区侨旧民众的修仙之路和生死问题，同时也以地方神的形象佑护着茅山周边民众。很显然，"关中—茅山"是撰著者构建三茅君"生命史"的地理骨架，而"神仙侨民"对江南新乡土的认同感，则是撰著者的潜在理念。在这种背景下来看杨羲对关中、茅山地理的兴趣，❶显得饶有兴味。杨羲可能是吴人，❷他的上清道法则传承自南渡侨民魏华存及其子刘璞。这种道法传授上的侨旧关系，应当是三茅君以及《真诰》中登场的大多数神仙均来自于北方的信仰背景。❸

---

❶ 前面提到杨羲曾抄写《关中记》。此外，他对茅山的地理环境也做过实地考察，其与许谧书信称："不审尊马可得送以来否？此间草易于都下。彼幸不用，方欲周旋三秀。数日事也。"所谓"三秀"，即指茅山三峰，陶弘景注云："凡云三秀者，皆谓三茅山之峰，山顶为秀，故呼三秀也。"吉川忠夫、麦谷邦夫编：《真诰校注》卷17《握真辅第一》、卷2《运象篇第二》，第535、67页。

❷ 杨羲的籍贯尚不确定，《真诰》卷20《真胄世谱》称其"本似是吴人，来居句容"，"本似是"云云，说明陶弘景对此是抱有疑问的，吉川忠夫、麦谷邦夫编：《真诰校注》，第592页。此外，有关杨羲的几种晚出传记，在提及籍贯时亦颇为模糊，如《云笈七签》卷106《杨羲真人传》称"不知何许人也"，第2317页；《侍帝晨东华上佐司命杨君传记》则未提及籍贯，《道藏》第34册，第475—480页；《三洞群仙录》卷2"杨君司命"条引《真诰》，记为"句容人"，《道藏》第32册，第243页；《历世真仙体道通鉴》卷24"杨羲"条称"似是吴人"，与《真诰》相同，《道藏》第5册，第238页。

❸ 值得注意的是，《真诰》中除三茅君外还有不少神仙来自关中，如杜契、陈世京、乐长治、孟先生等，鲍靓先世似乎是京兆杜陵人。吉川忠夫、麦谷邦夫编：《真诰校注》，第421、424、380页。许迈提到的茅山仙人陈安世也是京兆人，《太平广记》卷5"陈安世"条引《神仙传》，第37页。

三　茅山道馆的兴起及其信仰图景

　　东晋兴宁年间出现的新茅君传记，构建了一个想象中的茅山圣地。不过，据《真经始末》所云，杨、许降神时书写的上清文献，自太元元年许谧去世一直到义熙初年，约三十年间，仅在句容、剡县等地小范围流传，读者不多。❶ 这就提出一个问题：真人之诰和传记中对三茅君和茅山圣地的"塑造"，影响力究竟如何呢？

　　《真诰》卷13《稽神枢第三》"许长史今所营屋宅"条陶弘景注云：

<blockquote>
长史宅自湮毁之后，无人的知处。至宋初，长沙景王檀太妃供养道士姓陈，为立道士廨于雷平西北，即是今北廨也。后又有句容山其王文清，后为此廨主，见传记，知许昔于此立宅，因博访者宿。至大明七年，有术虚老公徐偶，云其先祖伏事许长史……于时草莱芜没，王即芟除寻觅，❷ 果得砖井，[上]（土）已欲满，仍掘治，更加甓累。今有好水，水色小白，或是所云似凤门外水味也。
</blockquote>

王文清是句容人，他所读的"传记"，就是杨、许降神时出现的

---

❶ 吉川忠夫、麦谷邦夫编：《真诰校注》卷19《翼真检第一》，第572—574页。许谧去世后，这些文献由其孙许黄民收集保存，"亦有数卷散出在诸亲通间"，在句容有小范围流传。元兴三年许黄民携赴剡县，居于马朗家，"于时诸人并未知寻阅经法，止禀奉而已"。义熙年间晋安郡吏王兴写有真经两通，一由孔默携回建康，后"焚荡，无复孑遗"。一由王兴自携，后"遇风沦漂"，仅余《黄庭》一篇。可知杨、许降神后的几十年间，这批资料的流传是很有限的。参看陈国符：《道藏源流考》上册，北京：中华书局，1963年，第19—28页。

❷ "除"，中译本讹作"徐"。

新茅君传。上引最后一句"似凤门外水味"云云，亦见于《真诰》卷11《稽神枢第一》，据定录君诰示，正是"传记"中的内容。王文清读"传记"并寻访许长史旧宅，是在刘宋大明年间。❶ 从他的寻访活动可以获知，新茅君传记所构建的茅山圣地图景，在相当一段时间内影响力是很有限的。❷ 随着许谧父子先后去世，他们的雷平山舍久已荒废，不为人所知。王文清在刘宋中期进行的寻访活动，带有"再发现"的意味。分析起来，这种"再发现"有几个潜在的条件：其一，刘宋初期雷平山建造由长沙景王檀太妃供养的"道士廨"，山居道士成为茅山信仰资源的寻访者；其二，新茅君传记和真人之诰在茅山道士间流传，成为寻访时的文本指南；其三，茅山周边父老的口承记忆。这些在王文清的寻访经历中都可以看到。

茅山信仰资源的"再发现"，出现于刘宋以后，似非偶然。学者已经指出，山中道馆的兴起，正是刘宋以后道教史上的一个重要现象。❸ 具体到茅山而言，义熙年间（405—418）开始，杨、

---

❶ 王文清对杨、许所书上清经很有兴趣，曾从句容葛永真处得到杨羲书《王君传》，还在大明七年（463）饥荒少粮时，以"钱食"从句容严虬处求得许翙书《飞步经》。吉川忠夫、麦谷邦夫编：《真诰校注》卷20《翼真检第二》，第581页。这两种资料应当就是"数卷散出在诸亲通间，今句容所得者是也"。

❷ 杨、许降神在当时并非秘密。《真诰》卷17《握真辅第一》"今具道梦"条陶弘景注称："于时诸游贵或闻杨降神，信者多所请问，不信者则兴诮毁，故有此言以厉之。"吉川忠夫、麦谷邦夫编：《真诰校注》，第540页。其时许谧尚在官场任职，降神的一些内容可能因此有所流传。

❸ 都築晶子：《六朝後半期における道館の成立——山中修道》，《小田義久博士還暦記念東洋史論集》，第317—352页。出现这种变化的原因，小林正美推测或许与刘裕对孙恩、卢循之乱的镇压有关，见氏著《六朝道教史研究》，李庆译，成都：四川人民出版社，2001年，第198页。关于刘宋时期江南道教的变化，另可参看唐长孺：《钱塘杜治与三吴天师道的演变》，《山居存稿续编》，北京：中华书局，2011年，第182—201页。

许手书的上清经逐渐传开,特别是经由王灵期的"造制",影响日渐广泛,"举世崇奉"。到了梁初,已是"京师及江东数郡,略无人不有"。❶可以想见,随着义熙以后上清经的传布,以三茅君和杨、许活动为中心的茅山信仰资源,也必然会日渐受人关注。值得一提的是,刘宋时期裴骃撰著《史记集解》时,即曾引用《太原(元)真人茅盈内纪》,❷表明其时知识界对于新茅君传已不陌生。

茅山道馆的出现和发展,亦始于刘宋时期。前面提到,刘宋初期长沙景王檀太妃为其供养的陈姓道士在雷平山西北建立"道士廨",后王文清曾任廨主。此廨及"左右空地"后来由梁武帝敕买,为陶弘景建朱阳馆。❸山南大洞口附近,有刘宋初期广州刺史陆徽供养的徐姓女道士,弟子相承居此。刘宋元徽年间,"有数男人复来其前而居",南齐初年王文清奉敕在此立馆,"号为崇元,开置堂宇厢廊,殊为方副。常有七八道士,皆资俸力。自二十许年,远近男女互来依约,周流数里,廨舍十余坊。"❹另据《道学传》记载,萧道成"革命"之际,"访求道逸",于茅山造馆,建元二年(480)敕请义兴人蒋负刍于宗阳馆行道,又敕晋陵人薛彪之为茅山

---

❶ 吉川忠夫、麦谷邦夫编:《真诰校注》卷19《翼真检第一》,第572—575页。早期灵宝经也受到上清经的影响,参看 Stephen R. Bokenkamp, "Sources of the *Ling-pao* Scriptures", in Michel Strickmann ed., *Tantric and Taoist Studies in Honour of R. A. Stein*, Vol.2, pp.434-486; 王承文:《敦煌古灵宝经与晋唐道教》,北京:中华书局,2002年,第210—220页。刘宋以后灵宝经的广泛流行,可能也会促进上清系神仙知识的传播。

❷ 《史记》卷6《秦始皇本纪》裴骃集解引《太原真人茅盈内纪》,第251页。裴骃为裴松之之子,《史记集解》撰述的具体时间不详。

❸ 《上清真人许长史旧馆坛碑》,王京州:《陶弘景集校注》,第172页;《周氏冥通记研究》卷3"七月十八日夜"条陶弘景注,麦谷邦夫、吉川忠夫编:《〈周氏冥通记〉研究(译注篇)》,刘雄峰译,济南:齐鲁书社,2010年,第168页。本书引用《周氏冥通记》,均据该中译本,同时核对日文原本。

❹ 吉川忠夫、麦谷邦夫编:《真诰校注》卷11《稽神枢第一》,第366页。

金陵馆主；永明十年（492），陶弘景在中茅岭创建华阳馆；建武三年（496），薛彪之启敕于大茅山东岭立洞天馆；❶ 天监三年（504），梁武帝为许灵真敕立嗣真馆。❷ 这些道馆多由皇室敕建或大族供养，与建康权力中心联系密切。❸

据上述材料判断，茅山道馆兴起于刘宋，走向全盛则是在齐梁之际。这一点在前文所引的许长史碑、三茅君碑题名中也得到印证。其中，许长史碑碑阴罗列了"王侯朝士刺史二千石过去见在受经法者"即曾支持过上清派活动的皇帝、朝臣名单，南齐有十三人，梁代有七人，包括三位皇帝（齐世祖武皇帝、太宗明皇帝、梁武皇帝）及萧遥光、萧伟、沈约、吕僧珍等朝臣。三茅君碑碑阴有曲阿陈师度、刘僧明分任馆主的兴齐馆、齐乡馆，兰陵鞠遂任馆主的帝乡馆，从馆名来看，这几所道馆可能与齐梁皇室有关。

这些敕建或大族供养的道馆并非纯粹支持个人修道。《道学传》"蒋负刍"条说："负刍又于许长史旧宅立陪真馆，应接劬劳，乃以馆事付第二息弘素，专修上法也。"❹ 周子良于天监十四年"从移朱阳，师后别居东山，便专住西馆，掌理外任，应接道俗，莫不爱敬"。❺ 这些需要接见道俗的"劬劳"馆务，都包括哪些内容呢？其

---

❶ 蒋负刍、薛彪之事，均见《上清道类事相》卷1《仙观品》引《道学传》，《道藏》第24册，第877页。本书引《道学传》佚文，均参考陈国符：《道学传辑佚》，《道藏源流考》下册，第454—504页。

❷ 《茅山志》卷15《采真游》、卷20《录金石》，《道藏》第5册，第617、633页。

❸ 陶弘景与建康权力中心的联系自不待言，再如茅山女道士晋陵人钱妙真去世后，门人立碑，"邵陵王为观序，今具存焉"，《太平御览》卷666《道部八·道士》引《道学传》，第2973页。另外，关于早期茅山道馆，都筑晶子亦有梳理，《六朝後半期における道館の成立——山中修道》，《小田義久博士還暦記念東洋史論集》，第321—333页。

❹ 《上清道类事相》卷1《仙观品》引《道学传》，《道藏》第24册，第877页。

❺ 麦谷邦夫、吉川忠夫编：《〈周氏冥通记〉研究（译注篇）》卷1"其七月中乃密受真旨"条，第9页。

一是斋事。天监十四年八月九日，王法明在中堂"为皇家涂炭斋"，周子良亦参加；❶同年五月十八日，周子良与其舅徐普明在中堂"为谢家大斋，三日竟散斋"。❷这些斋事主要为皇室、大族所做，很费精力，《太极真人敷灵宝斋戒威仪诸经要诀》引"抱朴子曰"："洪意谓大斋日数多者，或是贵人，或是道士，体素羸弱，不堪日夕六时礼拜。愚欲昼三时烧香礼拜，夜可阙也。"❸此外，梁武帝即位后曾命陶弘景炼丹，弘景并不情愿，却又不得不奉旨在积金岭东建立炼丹之所。❹天监十四年天旱，"国主忧民乃至"，"诸道士恒章奏"，陶弘景也曾与周子良一起上章祈雨。❺除了这些宗教活动，有时还要应对世俗杂务。句容发现的天监十五年石井栏铭文云："皇帝愍商旅之渴乏，乃诏茅山道士□永若作井及亭十五口。"❻句容茅山邻近建康通往三吴的交通要道破冈渎，行旅众多，茅山道士奉皇帝诏令建作井亭，正是宗教活动以外的俗务。

与茅山道馆和宗教人口的增多有关，朝廷还专门在茅山设立了负责治安的"逻"，《梁书》卷1《武帝纪上》记天监元年三月：

---

❶ 麦谷邦夫、吉川忠夫编：《〈周氏冥通记〉研究（译注篇）》卷4"八月九日"条，第180页。涂炭斋的起源，目前存在争议，王承文认为是早期天师道已有的斋法，《敦煌古灵宝经与晋唐道教》，第343—354页；吕鹏志则认为出现较晚，是模拟灵宝斋制立的，《唐前道教仪式史纲》，北京：中华书局，2008年，第220—225页。

❷ 麦谷邦夫、吉川忠夫编：《〈周氏冥通记〉研究（译注篇）》卷1"周所住屋南步廊"条，第23页。

❸ 《道藏》第9册，第874页。《三洞珠囊》卷5《长斋品》引录此条，文字小异，《道藏》第25册，第324页。

❹ 《华阳陶隐居内传》卷中，《道藏》第5册，第505页。

❺ 麦谷邦夫、吉川忠夫编：《〈周氏冥通记〉研究（译注篇）》卷2"六月二十一日夜"条，第116页。

❻ 光绪《续纂句容县志》卷17上《金石中》"梁石井栏题字"条，《中国地方志集成·江苏府县志辑》，第398页。

延陵县华阳逻主戴车牒称云:"十二月乙酉,甘露降茅山,弥漫数里。正月己酉,逻将潘道盖于山石穴中得毛龟一。二月辛酉,逻将徐灵符又于山东见白獐一。丙寅平旦,山上云雾四合,须臾有玄黄之色,状如龙形,长十余丈,乍隐乍显,久乃从西北升天。"

天监元年三月萧衍尚未称帝,可知华阳逻南齐时已经设立。凑巧的是,逻将潘道盖也出现于天监十七年陶弘景所撰井栏记,称其为"湖孰潘逻"。❶ 华阳逻可能设在陶弘景居住过的华阳馆附近,《真诰》卷11《稽神枢第一》记积金峰宜建静舍,陶弘景注云:"今正对逻前小近下复有一穴,涌泉特奇。大水大旱,未尝增减,色小白而甘美柔弱,灌注无穷。"这个逻应当就是华阳逻。此外,三茅君碑题名中有一位"宗元逻主吴郡陆僧回"。宗元逻可能与杨超远曾任馆主的宗元馆有关,❷ 具体位置则不详。逻主要负责治安。为何要在茅山中设立逻呢?想来有两方面的考虑:其一当然是保障山中道馆的安全;❸ 其二也可以管理、监视山中道馆的活动。❹ 茅山道馆并非纯粹的世外修道之地。

根据这些迹象推断,齐梁时代的茅山实际上具有皇家、大族修道场所的意味。山中道士受到皇室、大族的供养,为皇室、大族

---

❶《茅山志》卷8《稽古篇》"陶真人丹井"条,《道藏》第5册,第590页。

❷《上清真人许长史旧馆坛碑》,王京州:《陶弘景集校注》,第186页。

❸ 茅山中发生过抢劫事件,《周氏冥通记》卷3"七月十三日夜"记:"岭里以十三夕一更忽被寇,似有六七人,皆执杖,奄至阶前"。麦谷邦夫、吉川忠夫编:《〈周氏冥通记〉研究(译注篇)》,第163—164页。抢劫者自称为"御仗"。此事给周子良造成很大的心理影响,"比者恒忧与盗事"(第170页)。

❹ 天监七年(508)陶弘景因奉敕炼丹不成,"改服易氏",从茅山逃往浙东,《华阳陶隐居内传》卷中,《道藏》第5册,第506页。可见茅山道馆受到朝廷的管理、监视。

做斋祈福，也成为他们的"劬劳"馆务。问题是，为何皇室、大族会如此重视茅山？《三洞珠囊》卷2《敕追召道士品》引《道学传》称："齐明帝践祚，恐幽祇未协，固请隐居诣诸名岳，望袟展敬。"❶这里说"恐幽祇未协"，礼请道士们"望袟展敬"，可以理解为山中敕建、供养性道馆兴起的原因。

不过，上引《道学传》也提到，可以"望袟展敬"的名山很多，为何茅山会成为最重要的道教圣地？显然还有更深层次的原因。这需要联系到三茅君的信仰吸引力。东晋中期构建的三茅君传记中，兄弟三人分别被授予仙职，大茅君是"太元真人东岳上卿司命真君"，中茅君是"地真上仙定录神君"，小茅君为"司三官保命仙君"。❷据天皇太帝敕授玉册文，其职责分别是：（1）司命君："总括东岳。又加司命之主，以领录图籍。"（2）定录君："兼统地真，使保举有道。"（3）保命君："总括岱宗，领死记生。"❸其中，司命君地位最高，"监太山之众真，总括吴越之万神"，❹实际上是吴越地仙和泰山鬼府的总领；定录君"兼统地真"，保命君"总治酆岱"，❺在茅山各有"宫室"和"府曹"，"神灵往来，相推校生死，如地上之官家"，是司命君职责的具体实施者。❻在他们的管

---

❶ 《道藏》第25册，第306页。此事不见于有关陶弘景事迹的其他记载，真实性尚有待确认。不过，齐明帝由于上台前后残杀高、武子孙，的确内心颇为不安。

❷ 《茅山志》卷5《茅君真胄》，《道藏》第5册，第578—579页。

❸ 《茅山志》卷1《诰副墨》，《道藏》第5册，第551页。

❹ 吉川忠夫、麦谷邦夫编：《真诰校注》卷12《稽神枢第二》，第384页。《茅山志》卷5《茅君真胄》则记作"都统吴越之神灵，总帅江左之山元"，《道藏》第5册，第579页。

❺ 麦谷邦夫、吉川忠夫编：《〈周氏冥通记〉研究（译注篇）》卷4"十二月二十一日"条，第198页。

❻ 吉川忠夫、麦谷邦夫编：《真诰校注》卷11《稽神枢第一》、卷12《稽神枢第二》，第357、381—391页。

理下,茅山成为一处"为仙真度世及种民者"通往长生度厄之路的"治所"。❶

明白了这一点,再联系到上引"恐幽祇未协"一句,就会对茅山道馆为何在宋、齐、梁三朝走向兴盛有了更深一层的理解。敕建和供养道馆的皇室、大族,与普通民众一样,最关心的无非也是生死问题,❷ 而三茅君正是最直接的管理者。附着在三茅君身上的这种信仰想象力,使其一旦得到某种助力,就会显示出旺盛的信仰活力。

这让人联想到宋、齐、梁三朝统治者的出身。刘裕为彭城县绥舆里人(侨置于晋陵郡丹徒县京口里),萧道成、萧衍为南兰陵郡兰陵县中都里人(侨置于晋陵郡武进县东城里),❸ 均位于茅山东北的邻近地区,是过江侨民的集中地。三茅君碑题名中,晋陵、兰陵等也正是人数最多的地区之一。这一地区侨民的信仰状况,《冥祥记》提供了一个具体事例。故事主角是刘宋元嘉年间居于晋陵东路城村的刘龄:

> 元嘉九年三月二十七日,父暴病亡。巫祝并云:"家当更有三人丧亡。"邻家有道士祭酒,姓魏名叵,常为章符,诳化村里,语龄曰:"君家衰祸未已,由奉胡神故也。若事大道,必蒙

---

❶ 吉川忠夫、麦谷邦夫编:《真诰校注》卷11《稽神枢第一》,第348页。参看本书所收《六朝会稽海岛的信仰意义》。

❷ 这一点从杨羲为自己设定的仙职,即"辅佐东华为司命之任,董司吴越神灵人鬼,一皆关摄",也可有所理解,吉川忠夫、麦谷邦夫编:《真诰校注》卷20《翼真检第二》,第592页。杨羲的授职见《真诰》卷2《运象篇第二》,具体为"理生断死,赏罚鬼神;摄命千灵,封山召云","总括三霍,综御万神,对命北帝,制敕酆山",吉川忠夫、麦谷邦夫编:《真诰校注》,第54页。此条为杨羲"自记"。另外前文曾提到,从故乡东海郡渡江至江南的神仙王远,其先职也是与"地上五岳生死之事"有关。

❸ 《宋书》卷1《武帝纪上》,第1页;《南齐书》卷1《高帝纪上》,第1页;《梁书》卷1《武帝纪上》,第1页。

福祐，不改意者，将来灭门。"龄遂亟延祭酒，罢不奉法。巨云："宜焚去经像，灾乃当除耳。"……像于中夜又放光赫然。时诸祭酒有二十许人，亦有惧畏灵验密委去者。巨等师徒犹盛意不止。被发禹步，执持刀索，云斥佛还胡国，不得留中夏为民害也。❶

这是一则佛教立场上的叙事，反映出各种信仰势力在晋陵东路城村的紧张关系。当地祭酒有二十人左右，足见道教信仰之盛行。❷而抛开这则故事的叙述立场不论，晋陵侨民中道教信仰显然是很普遍的。❸可以想见，随着刘宋以后京口、晋陵侨民政治地位的上升，道教活动会获得相当的"助力"。这或许是茅山道馆与宋、齐、梁三朝皇室关系密切的原因。

不过，从《冥祥记》的故事来看，侨民对于"大道"的认识和理解，大概只是停留在"神不饮食""师不受钱"、符章解厄等层面，❹至于上清派的存思升仙之法，很难说是否流行。不仅如此，

---

❶《法苑珠林》卷62《占相篇》引《冥祥记》，周叔迦、苏晋仁：《法苑珠林校注》，第1865—1866页。本书引《冥祥记》《幽明录》《志怪》《列异传》《齐谐记》《神异记》及祖冲之《述异记》等笔记小说，均参考鲁迅《古小说钩沉》辑本，《鲁迅辑录古籍丛编》第1卷。

❷《太平广记》卷295"侯褚"条引《异苑》称："郯县西乡有杨郎庙。县有一人先事之，后就祭酒侯褚求入大道，遇谯郡楼无陇诣褚，共至祠舍，烧神坐器服。"第2348页。在这则记事中，"求入大道"者最终受到杨郎神的惩罚，其叙述立场明显倾向于民间神庙。郯县应为侨置于京口、晋陵地区的南东海郡郯县，楼无陇是原籍谯郡的侨民。胡震亨辑本则作"剡县"（《异苑》卷5"杨郎庙"条，范宁校点，北京：中华书局，1996年，第45页）。暂且存疑。

❸ 关于徐兖地区的道教信仰传统，参看陈寅恪：《天师道与滨海地域之关系》，《金明馆丛稿初编》，第1—46页；刘屹：《东部与西部：早期道教史的地域考察》，《神格与地域：汉唐间道教信仰世界研究》，上海人民出版社，2011年，第173—243页。

❹ 施舟人（K.M. Schipper）：《道教的清约》，《法国汉学》第7辑，第149—167页。

侨民对"大道"的信仰也并不纯粹。侨居于晋陵南沙县的临淮射阳人王敬则,其母是女巫,敬则却"诣道士卜",还曾在暨阳县神庙"引神为誓",❶信仰十分多元。事实上,尽管南朝时期天师道在经义中对民间巫道曾多有批判,❷但落实到日常信仰层面,民众是很难将其截然分开的。永嘉乱后南渡隐居茅山的博昌人任敦曾感叹说:"众人虽云慕善,皆外好耳,未见真心可与断金者。"❸这一感叹应当就是鉴于民众的多元信仰心态。

任敦的感叹中隐含着理解齐梁时代茅山道教世界的重要线索。从齐明帝"恐幽祇未协",梁武帝即位后"犹自上章"、❹命陶弘景炼丹,还有皇家涂炭斋、谢家大斋的记载来看,齐梁皇室、大族供养茅山道馆的目的,是比较实际的。这也让人想起陶弘景对南洞口附近道士们的批评,即所谓"学上道者甚寡,不过修灵宝斋及章符而已"。

陶弘景批评中,最值得玩味的是"不过"一词。他显然是认为,修道者有两个层次,较低的层次是"不过修灵宝斋及章符",较高的则是"上道"。但"上道"与"灵宝斋及章符"并非对立关系,修"上道"者同时也会"修灵宝斋及章符"。如南岳夫人魏华存"为女官祭酒,故犹以章符示迹"。❺陶弘景道团同样如此,王法明曾为皇家涂炭斋,周子良和徐普明曾为谢家做大斋。周子良姨母

---

❶《南史》卷45《王敬则传》,第1127—1128页。暨阳也有过江侨民居住,郭璞在永嘉乱后,曾"结亲昵十余家,南渡江,居于暨阳",余嘉锡:《世说新语笺疏》(修订本)"术解"引《郭璞别传》,第705页。参看《日知录》卷31"郭璞墓"条,黄汝成:《日知录集释》(全校本),第1763页。

❷ 王承文:《敦煌古灵宝经与晋唐道教》,第296—319页。

❸《三洞珠囊》卷1《救导品》引《道学传》,《道藏》第25册,第296页。

❹《隋书》卷35《经籍志四》,第1093页。

❺《太平御览》卷671《道部十三·服饵下》引《上元宝经》,第2991页。

"常修服诸符,恒令为书",又曾命周子良、潘渊文共作条疏辞牒为陶弘景上章。❶ 另外前面提到,天监十四年干旱,"诸道士恒章奏,永无云气",陶弘景和周子良亦共作章奏祈雨。陶弘景所编《登真隐诀》中也有关于章符的专门记述。❷ 由此来看,斋法、章符是齐梁时代茅山道馆共有的道法活动。

明确了这一点,就可以回答前文提出的问题:为何三茅君碑和许长史碑题名有明显差异?许长史碑原题名全部是上清弟子,《三茅君碑》则包括天师后裔、三洞法师、上清道士等多种身份。这种差异显示出以陶弘景为核心的上清道团与茅山道教的关系。齐梁时代的茅山"诸馆",可能有一些共有的道法活动,陶弘景提到的"灵宝斋及章符",可以理解为对这些道法活动的一个概括。上清道团的修道方式则超越于此,更注重存思诵读的上清"大道",成为与其他道士的区别。❸ 以往的道教史研究特别注重上清、灵宝、天师等道派分野,成果令人瞩目,但对于道教的日常图景而言,"异"虽然重要,"同"也是不能忽视的。❹ 毕竟,日常性的民众信仰实

---

❶ 麦谷邦夫、吉川忠夫编:《〈周氏冥通记〉研究(译注篇)》卷2"六月四日夜"、卷3"七月二日夜",第76、133页。又卷1"夏至日"条称:"姨母修《黄庭》三一,供养《魏传》《苏传》及《五岳》《三皇》《五符》等。"第40页。

❷ 《登真隐诀》卷下《章符》,王家葵:《登真隐诀辑校》,北京:中华书局,2011年,第74—79页。

❸ 有趣的是,陶弘景对"不过修灵宝斋及章符"的道士多有批评,他自己竟也成为被取笑的对象。撰作年代不详的《桓真人升仙记》称,本来做杂役的陶弘景弟子桓真人(即桓法闿)升仙,此时弘景拜托他代问自己为何一直未能升仙,《道藏》第5册,第513—517页。此事与《周氏冥通记》中周子良升仙前"群仙来游"时的谈话情形相似。麦谷邦夫指出,天监末期的陶弘景,已经陷入非常微妙的心理状态,《梁天监十八年纪年有铭墓砖和天监年间的陶弘景》,《日本东方学》第1辑,第80—97页。为何他的升仙会晚于弟子?此点很容易引起人们对上清大道的质疑。

❹ 神塚淑子《上清経と霊宝経》一文注意到,刘宋以后上清派的仪礼化、教团组织化趋势与灵宝派相似,实际上背离了最初的个人修仙理念,见《六朝道教思想の研究》,東京:創文社,1999年,第287—291页。

践，主要还是斋法、章符等道法活动。

三茅君碑立碑地点的疑问也自然而解。南洞口虽然被陶弘景批评为"秽炁多"之地，但大茅山本是大茅君的洞府所在，尤其以山顶和山南洞口最为"神圣"。其中，山顶"每吉日，远近道士咸登上，烧香礼拜"，许谧亦曾"操身诣大茅之端，乞特见采录，使目接温颜，耳聆玉音"。而山南大洞口"大开"，更便于寻访参拜。山南还有被称作南便门的小洞口，"亦以石填穴口，但精斋向心于司命。又常以二日登山，延迎请祝，自然得见吾也"。在这几处适合立碑的大茅山"圣地"之中，山顶登临不便，"无复草木，累石为小坛。昔经有小瓦屋，为风所倒"，南便门"小穴甚多，难卒分别"，均远不如洞口大开、"有好流水而多石，小出下便平"且道馆密集的大洞口附近合适。❶

从性质上来说，南朝时代的茅山，是"为仙真度世及种民者"共同的圣地，并不仅仅是上清道士的舞台。其中，"为仙真度世"者包含了多种修道团体，"种民"则是向善民众，❷ 二者亦即每年三月十八日登山集会的"道俗"。三茅君虽然是上清系道士构建出来的神仙，其在齐梁时代的信仰活力，却是与一般"道俗"的信仰实践密不可分的。天监十四年陶弘景祈雨上章时提到，希望三茅君显灵降雨，如此则"白鹄之咏，复兴于今"。这种心态正是理解三茅君信仰的关键。概括言之，三茅君之所以能得到茅山周边"道俗"的隆重崇拜，一方面得益于其佑护新乡土的"土著化的神仙侨民"

---

❶ 本段引文均见吉川忠夫、麦谷邦夫编：《真诰校注》卷11《稽神枢第一》，第363—367页。

❷ 种民概念见《太平经》卷1—17《太平经钞甲部》"种民定法本起"条，王明编：《太平经合校》，第1—2页。小林正美认为，东晋南朝种民思想的流行与道教终末论有关，《六朝道教史研究》，第435—458页。

身份;另一方面,他们主管着学道者的升仙之路和民众生死问题,这正是南朝"道俗"最关心的问题。

由此也让人对立碑时间产生一些推测。如所周知,梁武帝即位初年仍崇重道法,天监四年以后则日渐倾向于佛教,并"博采经教,撰立戒品",于天监十八年四月八日"发弘誓心,受菩萨戒",❶大赦天下,成为"皇帝菩萨"。在佛教日益隆盛的格局之下,道教的前景不容乐观。隋费长房撰《历代三宝纪》卷3称天监十六年六月"废省诸州道士馆",❷虽然此事的真实性尚无法确认,但佛长道消的趋势是很明显的。普通三年即梁武帝受戒三年之后,道士正主持在"圣地"茅山刻立三茅君碑,详细刻写天皇太帝授三茅君的九锡玉册文、三茅君小传和茅君事迹,碑阴题刻九十余位"齐梁诸馆高道"和信众,差不多同时又在许长史碑碑阴补刻"王侯朝士刺史二千石过去见在受经法者"名单,这种浓重的信仰总结和纪念意味,或许可以理解为道教徒在佛教隆盛的"压迫"形势下做出的应对之举。❸张绎所撰碑文中的"念至德之日遒,惧传芳之消歇"云云,可能是意有所指的。

---

❶《续高僧传》卷6《义解二·释慧约传》,第184—185页。参看諏訪義純:《梁武帝仏教関係事蹟年譜考》,《中国南朝仏教史の研究》,京都:法藏館,1997年,第11—78页;颜尚文:《梁武帝受菩萨戒及舍身同泰寺与"皇帝菩萨"地位的建立》,《中国中古佛教史论》,第250—319页。

❷《历代三宝纪》卷3"天监十六年"条,《大正藏》第49册,《史传部一》,第45页。《佛祖统纪》卷37《法运通塞志》"梁武帝天监十六年"条则称"敕废天下道观,道士皆返俗",《大正藏》第49册,《史传部一》,第350页。

❸陶弘景梦佛"授其菩提记,名为胜力菩萨",《梁书》卷51《陶弘景传》,第743页。天监十五年于茅山建菩提白塔,也可置于这一背景下理解,参看王家葵:《陶弘景丛考》,第30—32页。

四 结语

永嘉之乱后的流民南迁,对江南社会产生了深刻影响。由皇室、士族、庶民、军士以及僧人、道士、巫祝等各色人等构成的庞大人群,短时期内集中涌入江南地区。他们带来的文化观念、生计习惯以及信仰传统,也随之进入江南地区,从而在相当程度上改变了相关区域的社会历史面貌。这种影响突出表现在流民最为密集的建康以东沿江和京口、晋陵地区。可以说,"徐兖化"是东晋以后这一地区的重要特征。

《真诰》中的"神仙侨民"叙事,就是这种移民社会的反映。《真诰》神仙世界的基本特征之一,是承认"神仙侨民"在江南神仙世界中的优势地位,❶ 并力图塑造其对江南新乡土的认同感。其中,影响最大的是原籍咸阳、侨居茅山的三茅君。他们被赋予的职责是"监泰山之众真,总括吴越之万神",总管着江南侨旧民众的升仙之路和生死问题。这种"宗教想象力",与侨民在东晋政治中的优势地位是一致的,与此同时,也隐含着江南寒门、寒人对于一个更加"开放"的体制的渴望。❷

"宗教想象力"的背后,是正在走向土著化的江南侨民。永嘉乱后进入江南的流民群体,在经历最初的优待政策后,自东晋中后

---

❶ 小南一郎认为,上清修仙思想在南朝的流行,意味着人在神仙世界中的"卑小化",这可能与江南豪族屈从于北方贵族的政治现实有关,《尋藥から存思へ——神仙思想と道教信仰との閒——》,吉川忠夫編:《中國古道教史研究》,京都:同朋舍,1992年,第3—54頁。

❷ 都築晶子:《南人寒門‧寒人の宗教的想像力について》,《東洋史研究》47-2,1988年。

期开始不断面临着被"土断"为江南人的命运。❶虽然侨人士族仍标榜自己的北方郡望,但侨民们在事实上已经成为江南人,与江南新乡土的关系变得更为密切。土著化了的江南侨民们,显然更愿意接受一个经历相似的神祇,融合侨、旧两种色彩的神仙三茅君由此获得了成长空间。三茅君对于江南新乡土的认同感,也使其很容易为旧民所接受。这是在侨旧融合的政治体制下,侨旧民众相互作用而带来的一种协调。句容茅山的圣地化过程,展现的正是这样一幅信仰图景。如同现实世界一样,神仙世界的侨旧融合也并不是单线的侨民化,而是在上层表现为侨民化,下层仍保持着土著信仰的底色。南朝江南的社会文化,呈现出的正是这样一种复合面貌。

最后想要指出的是,茅山本身也让人看到一些"侨置"的影子。大茅君的位号是"太元真人东岳上卿司命真君",保命君则"总括岱宗,领死记生",信仰职责均与东岳泰山有关。这种观念有其来历。如所周知,汉晋民众的生死问题本来是由泰山府君掌管的,永嘉之乱后,泰山大部分时间处于胡人政权的统治之下,侨居江南的流民死后归往何处,成为一个显见的问题。在这种背景下,三茅君以仙人身份被任命"断制"泰山生死,并将管理机构分别设置于句容茅山和会稽东南滨海的霍山,在某种程度上正好解决了上述信仰难题。"神仙侨民"依存于江南新乡土,其权力却仍然与沦为胡人统治的泰山信仰有关,这是江南侨旧关系的反映,也是"圣地"茅山的信仰意义所在。在梁武帝中期佛教日益隆盛的形势下,道教徒在"圣地"茅山建造总结三茅君信仰的纪念石刻,并在许长

---

❶ 关于土断的研究很多,参看胡阿祥:《东晋南朝侨州郡县与侨流人口研究》,第89—111页;安田二郎:《侨州郡県制と土断》,《六朝政治史の研究》,京都大学学术出版会,2003年,第453—521页。南徐州的情况比较特别,新近的研究,可以参看小尾孝夫:《南朝宋齐时期の国军体制と侨州南徐州》,《唐代史研究》13,2010年。

史碑碑阴补刻"王侯朝士刺史二千石过去见在受经法者"名单，具有一定的宗教抗争意味。

附记：本章撰写于2012年初，2014年6月刊出后，陆续又读到一些有关东晋南朝茅山道教史的论著，如 J. E. E. Pettit, *Learning from Maoshan: Temple Construction in Early Medieval China*, Ph.D Thesis, Department of Religious Studies and Department of East Asian Languages and Cultures, Indiana University, 2013；孙齐：《唐前道观研究》，山东大学历史文化学院博士学位论文，2014年5月；金志玹：《內傳にみる道教修行の過程と世界の構造》，《종교와 문화》26, 서울대학교 종교문제연구소, 2014。读者可以参看。

"不死之福庭"：
天台山的信仰想象与寺馆起源

山中寺院和道馆的兴起，呈现出明显的山岳选择性。为何有的山岳会成为寺院或道馆集中的宗教圣地？其信仰吸引力是如何形成的？本书前言中已经提到，这个问题自20世纪前半叶以来，已有不少学者触及，在诸如佛教山林化、五岳真形图和洞天福地体系、山中道馆的兴起等方面积累了不少成果。但总的来说，仍有很大的探讨空间。

问题的深入，一方面需要对更多有学术价值的山岳进行深入的个案剖析，另一方面也需要研究角度上新的探索。就后者而言，如罗柏松所说，"空间研究"就是一个值得重视的方法。❶ 中古早期山岳宗教圣地的形成，分为想象和实践两个层面，对应的空间研究也存在虚、实两个方面。前者主要是神仙修道者建构出的神仙洞府体系，数量庞大（佛教领域内主要是五台山文殊菩萨道场的建构）；后者则是僧人、道士及其所修行的石室、寺院和道馆。前者为虚构的信仰景观，后者则是实在的历史。两者之间是否存在某种关联，

---

❶ James Robson, *Power of Place: The Religious Landscape of the Southern Sacred Peak*（Nanyue 南嶽）*in Medieval China*, pp.1-14.

是一个饶有兴味的问题。

本章计划以天台山为例对此进行探讨。天台山在中古早期山岳中有很重要的地位,唐前期司马承祯编录的《天地宫府图》中,天台山赤城玉洞之天位列十大洞天之六。❶陈隋以降,天台山又成为重要的佛教中心,在东亚佛教史上产生很大影响。这种道教、佛教双重名山的性质,在十大洞天中是唯一的一处。这使得天台山在早期佛道关系史上具有非常特别的意义。隋代会稽嘉祥寺僧人吉藏在写给天台智𫖮的书信中提到,天台山中的"赤城丹水""佛陇香炉"分别为"仙宅隩区""圣果福地",亦即神仙道教、佛教的神圣之地。❷这就提出一个问题:中古早期天台山的道教、佛教格局是如何形成的?是否如吉藏所说,呈现出明显的空间分野?想象中的神仙洞天,与寺院、道馆的空间分布关系如何?

关于天台山的早期信仰历史,自1931年日本学者井上以智爲发表《天台山に於ける道教と佛教》长文以来,已经有不少研究。❸但或者对相关史料的解读存在不少歧见,或者对空间研究措意不够。本章计划重新钩稽考辨相关史料,先探讨神仙洞府想象的由来,再进一步分析虚、实两种信仰景观的关系。

---

❶ 《云笈七签》卷27《洞天福地·十大洞天》,第610页。
❷ 《国清百录》卷4《吉藏法师请讲法华经疏》,《大正藏》第46册,《诸宗部三》,第822页。
❸ 井上以智爲:《天台山に於ける道教と佛教》,《桑原博士還曆記念東洋史論叢》,第595—649页。吉原浩人对天台山王子晋(王子乔)信仰及其对日本的文化影响有深入探讨,见《「天台山の王子信(晉)」考——「列仙傳」から「熊野権現御垂跡緣起」への架橋》,《東洋の思想と宗教》12,1995年。关于智𫖮和天台宗,研究成果极多,简要介绍参看李四龙:《天台智者研究——兼论宗派佛教的兴起》,北京大学出版社,2003年,第5—7页。朱封鳌长期关注天台山地方历史,撰有论著多种,如《天台宗史迹考察与典籍研究》,上海辞书出版社,2002年,第3—87页;《天台山道教史》,北京:宗教文化出版社,2012年,第1—21页;《天台山佛教史》,北京:宗教文化出版社,2012年,第2—39页。

一　神仙洞府的想象与误读

中古山岳的神圣性，主要来自于三种因素：（1）山岳祭祀和山神信仰，分为民间和官方两个层面；（2）神仙修道者想象的山中神仙洞府，亦即洞天福地体系；（3）佛教山林化以及在此基础上发展出的山岳菩萨道场观念。天台山并非四大山岳菩萨道场之一，早期的神圣性主要来自于前两个方面，尤其是神仙洞府想象。而仔细分析相关文献可以发现，关于天台山神仙洞府想象的知识和传承，存在很多错误的认识。如果不廓清这些错误认识，会影响到对寺院和道馆形成时期天台山宗教地理空间的理解。

现存天台山最早的文献记述，是东晋中期孙绰所撰的《游天台山赋》：

> 天台山者，盖山岳之神秀者也。涉海则有方丈、蓬莱，登陆则有四明、天台，皆玄圣之所游化，灵仙之所窟宅。夫其峻极之状，嘉祥之美，穷山海之瑰富，尽人神之壮丽矣。所以不列于五岳，阙载于常典者，岂不以所立冥奥，其路幽迥，或倒景于重溟，或匿峰于千岭，始经魑魅之途，卒践无人之境，举世罕能登陟，王者莫由禋祀，故事绝于常篇，名标于奇纪。❶

孙绰将天台山、四明山与海中仙山方丈、蓬莱并称，认为是"玄圣之所游化，灵仙之所窟宅"。但孙绰也提到，当时有关天台山的记载很少。他认为造成这一现象的原因，是由于天台山过于深邃，难

---

❶ 《文选》卷11孙绰《游天台山赋》，第163页。

以攀登。他还提到,当时有关天台山的一些记载,主要见于一种特殊文献——"奇纪"。这个"奇纪"具体所指不详,注引支遁《天台山铭序》称:"余览《内经山记》云,剡县东南有天台山。"李善认为,"奇纪"就是《内经山记》。此书撰者和内容均不详,从名称来看,或许与早期山林修行者有关。

有关山林修行者的山岳知识积累,本书《山岳记述的形成》一章另有讨论。葛洪在《抱朴子内篇》卷4《金丹》中,曾列举"可以精思合作仙药"的名山近三十所,有大小天台山。❶ 这些名山对修道者的吸引力,主要是有芝草等可以服食的仙药,在合药炼丹时也可以获得山神或地仙的帮助。❷ 山神和地仙性质不同,山神属于山岳信仰,地仙则是神仙修道理论的产物。❸ 孙绰称天台山为"灵仙之所窟宅",显然受到后者的影响。

值得注意的是,与孙绰撰写《游天台山赋》差不多同时,杨羲和许谧父子在句容进行降神活动而写出的真人诰示中,提到位于桐柏山中的"金庭不死之乡":

> 桐柏山高万八千丈,其山八重,周回八百余里。四面,视之如一。在会稽东海际,一头亚在海中。金庭有不死之乡,在桐柏之中。方圆四十里,上有黄云覆之。树则苏玡琳碧,泉则石髓金精,其山尽五色金也。❹

这座桐柏山位于"会稽东海际",陶弘景注云:"此山今在剡及临

---

❶ 王明:《抱朴子内篇校释》(增订本)卷4《金丹》,第85页。
❷ 王明:《抱朴子内篇校释》(增订本)卷17《登涉》,第299—300页。
❸ 村上嘉実:《鬼神を超克する仙道》,《六朝思想史研究》,第65—82页。
❹ 吉川忠夫、麦谷邦夫编:《真诰校注》卷14《稽神枢第四》,第465页。

海数县之境。亚海中者，今呼括苍，在宁海北、鄞县南。"从地理位置来看，这座桐柏山与天台山位置相当。《初学记》卷8《州郡部·江南道》引《道书》则说："天台山其上八重，视之如一，中有金庭不死之乡。"天台山、桐柏山，大概是一组山地的总称与具称的关系，可以互换使用。司马承祯所撰《上清侍帝晨桐柏真人真图赞》，就说天台山"一名桐柏栖山"。❶ 而所谓"桐柏栖山"，是指桐柏真人王子乔栖止之山。❷

据《真诰》卷11《稽神枢第一》，天台（桐柏）山中的"金庭"，是与茅山中的"金陵"福地并称的两大修道圣地，为"养真之福境，成神之灵墟"。在《真诰》等描绘的神仙世界中，东海方诸山和茅山、天台（桐柏）山等吴越洞天，构成了类似于州郡政区的神仙辖区，掌管着修道者的成仙之路和生死问题。茅山中的"金陵"和天台（桐柏）山中的"金庭"，在其中处于最重要的位置，"吴越之境唯此两金最为福地"。

天台（桐柏）山是仙人王子乔治处，王子乔在《真诰》中多次登场，形象为少年，如卷1《运象篇第一》："年甚少，整顿非常，建芙蓉冠，着朱衣，以白珠缀衣缝，带剑。……多论金庭山中事，与众真共言。"这位王子乔应即周灵王太子晋，❸ 见于刘向《列仙

---

❶ 《上清侍帝晨桐柏真人真图赞》，《道藏》第11册，第162页。此说亦见于徐灵府《天台山记》，《大正藏》第51册，《史传部三》，第1052页。笔者在当地考察时，曾询问过村民，他们认为，天台山是总称，桐柏山则指今桐柏水库附近之山，山下现有桐柏岭脚村。

❷ 东晋以前文献中提到桐柏山时，一般均指位于淮水源头的桐柏山。如《水经注》卷30《淮水》"东北过桐柏山"条郦道元注："山南有淮源庙，庙前有碑，是南阳郭苞立。又二碑，并是汉延熹中守令所造，文辞鄙拙，殆不可观。"杨守敬、熊会贞：《水经注疏》，第2495页。《隶释》卷2录有《桐柏淮源庙碑》，第31页。淮源桐柏山与天台桐柏山、王子乔的桐柏真人之号是否存在关联，尚无线索可寻。

❸ 魏晋以前有多位名为王乔的神仙，很容易混淆，参看罗云丹：《仙人王乔传说考》，《新国学》第6卷，成都：巴蜀书社，2006年，第167—183页；大形徹：《松喬考——赤松子と王子喬の伝説について》，《古代学研究》137，1997年。

传》，但只是提到他在故乡洛阳附近成仙，❶完全未提及与天台（桐柏）山的关系。

王子乔在天台（桐柏）山的宫府，《真诰》中称作金庭馆，该书卷3《运象篇第三》录有桐柏山真人歌，首句即为"写我金庭馆"。司马承祯的《上清侍帝晨桐柏真人真图赞》，以十一幅图描绘王子乔主要事迹，其中第九幅描绘的是金庭洞宫的场景："图画桐柏山，作金庭洞宫。王君坐在宫中，众仙侍卫，并五岳君各领佐命等百神来拜谒。"说明文字是：

> 天台山，一名桐柏栖山。山有洞府，号曰金庭宫，精晖伏晨，光照洞域，琼台玉室，莹朗轩庭，泉则石髓金精，树则苏牙琳碧，信谓养真之福境，成神之灵墟也。王君处焉，以理幽显，侍弼帝晨，有时朝奉，领司诸岳，群神于兹受事矣。

参照说明文字来看，明显受到《真诰》的影响。司马承祯早年曾在天台山修道，绘撰桐柏真人图赞应当与此经历有关。图赞内容是根据《真诰》等记载加以推演想象而成。❷孙绰的《游天台山赋》中也提到了王子乔和天台山中的琼台、朱阙、玉堂等想象中的神仙景观，可知这些在东晋中期已经是广泛流传的知识。不过，从刘向《列仙传》到《真诰》《上清侍帝晨桐柏真人真图赞》，中间明显存在一个记述上的缺失环节，即王子乔的信仰地理为何为从洛阳附近

---

❶ 王叔岷：《列仙传校笺》卷上"王子乔"条，第65页。王子乔传记又见于《历世真仙体道通鉴》卷3，其中提到，迎接王子乔成仙的浮丘公来自天台山，《道藏》第5册，第118页。此说不见于《列仙传》等早期记载，当是后来增入。
❷ 再如图赞第十幅，绘有周季山在桐柏山受法的场景，《道藏》第11册，第162页。这幅图所据为《紫阳真人内传》的内容，《道藏》第5册，第545页。

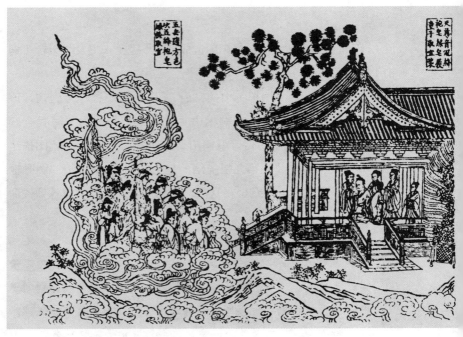

图6 《上清侍帝晨桐柏真人真图赞》第九幅

迁移到了会稽的天台(桐柏)山。❶

由于文献记载的缺失,这种宗教想象的原因已无从考知。值得注意的是,《真诰》中登场的神仙大多数来自于北方。最重要的几位,如紫阳真人周君是汝阴人,清灵真人裴君是右扶风人,杨羲仙师南岳夫人魏华存是任城人,三茅君是关中咸阳人。魏华存和三茅君同样是以北方神仙治于江南洞府,性质与王子乔相类。这种"神仙侨民"的南渡叙事,可能主要是在永嘉乱后流民南迁的背景下出现的。❷

关于桐柏真人金庭宫府更进一步的记述,见于梁天监年间成书的《周氏冥通记》。周子良在茅山中"冥通"仙界,曾梦到前往桐柏山:

---

❶ 图赞前六幅情节基本取自《列仙传》,第七、八两幅描绘王子乔在仙界接受职封的情形,未见于其他早期文献记载,但亦未提及受封原因。
❷ 参看本书《句容茅山的兴起与南朝社会》章。

梦独往桐柏山，见金庭馆，珠宝焕丽，宫室行列殊多，亦有青黄尽相似。复云有金庭洞宫，自所见者非其限，乃众仙之游憩，典司之所治耳，非王真人所居。东方大君来时，别复有宫，虽云有而自不见。❶

据周子良所述，桐柏山中有金庭馆、金庭洞宫，还有东方青童"巡视"时暂住的宫府。其中，金庭馆是桐柏真人居住之处，金庭洞宫则是"众仙之游憩，典司之所治"的神仙官府机构，二者性质不同。此外，桐柏山中有两位仙人拜访过周子良，一位是邓灵期，为"帝晨执盖御史，治桐柏山南青中馆，领华阳学仙禁四宫中事"；一位是徐玄真，"乃桐柏金庭琳宫之师，领苍梧仙人，镇朱台之内"。❷ 据徐、邓所述，"去二十九日，桐柏府校籍，顿误上罪人，典簿三人被责"，❸ 可知桐柏府确为"神灵往来，相推校生死，如地上之官家"的神仙机构，❹ 亦即图赞所说的"王君处焉，以理幽显"，"领司诸岳，群神于兹受事"。

这些想象中的神仙洞府，是否可以落实到实际的天台山地理空间之中？根据周子良的记述，想象中的金庭馆、金庭洞宫性质不同，在真实的地理空间上是否也有区分？根据现有记述，考证颇有难度。上引周子良梦往桐柏山条，陶弘景注云："桐柏右弼王所治之处，亦云山内外并有洞府。"《真诰》卷14《稽神枢第四》陶弘景注又说：

---

❶ 麦谷邦夫、吉川忠夫编：《〈周氏冥通记〉研究（译注篇）》卷4"九月十五日"条，第187页。

❷ 麦谷邦夫、吉川忠夫编：《〈周氏冥通记〉研究（译注篇）》卷2"六月六日夜""六月二十四日""六月二十九日夕"条，第78、121、126—127页。陶弘景指出，这两位仙人不见于《真诰》。

❸ 麦谷邦夫、吉川忠夫编：《周氏冥通记研究（译注篇）》卷4"十二月三日"条，第198页。

❹ 吉川忠夫、麦谷邦夫编：《真诰校注》卷11《稽神枢第一》，第357页。

金庭则前右弼所称者，此地在山外，犹如金灵而灵奇过之，今人无正知此处。闻采藤人时有遇入之者，坞隩甚多，自可寻求。然既得已居吴，安能复觅越？所以息心。桐柏真人之官，自是洞天内耳。

这里明确提到，"金庭"位于山外，但具体位置无人知晓。末句"桐柏真人之官"，结合上引周子良自述来看，"官"疑当作"宫"，指桐柏真人治下的神仙机构金庭洞宫。而从"亦云山内外并有洞府"一句来看，关于桐柏真人的洞府，当时应当存在不同的认识，认为山内、山外均有洞府的，可能只是其中一种看法。

桐柏真人王子乔的金庭馆和金庭洞宫，是早期天台山神仙洞府想象的核心。除此之外，与天台山有关的另外一位神仙修道者是葛玄。灵宝经提到，葛玄曾在天台山中传道法于郑思远等人。[1] 有的经中还称，葛玄曾在天台山蒙真人仙降授经。[2] 但这些记载有很多歧异，而且也没有提到葛玄与神仙洞府的关系。

令人费解的是，在司马承祯《天地宫府图》的记载中，天台山最重要的神仙洞府是始丰县治附近的赤城山，为第六大洞天，名称是"上清玉平之洞天"，治者是玄洲仙伯。金庭则被列为第二十七小洞天，治者为赵仙伯，并未提及桐柏真人。据《十洲记》，玄洲是传说中的海中仙岛，在北海之中，有很多仙人在此。[3] 如紫阳真人周季山之师苏林，为玄洲上卿；《洞仙传》有仙人长存子，为玄

---

[1] 《道教义枢》卷2《三洞义》引《真一自然经》，《道藏》第24册，第813页。
[2] 神塚淑子：《六朝灵宝经中的葛仙公（上、下）》，钦伟刚译，《宗教学研究》2007年第3、4期。
[3] 《十洲记》，《道藏》第11册，第51页。玄洲中的仙人数量不少，《云笈七签》卷106《清虚真人王君内传》有二十九位，第2291页。

洲仙伯。❶至于玄洲仙人与天台山、赤城山的关系，完全不见于早期文献，未知《天地宫府图》的具体根据。❷

如何解释这种差异？如所周知，洞天福地体系的形成经历了一个发展过程。❸最早出现的是三十六洞天，《真诰》卷11《稽神枢第一》："大天之内有地中之洞天三十六所。其第八是句曲山之洞，周回一百五十里，名曰金坛华阳之天。"陶弘景注："《传》中所载至第十天，并及酆都、五岳、八海神仙。远方夷狄之洞既非此限，并不获疏出。"《传》指东晋中期出现的《茅君内传》，《白氏六帖事类集》卷2引《茅君内传》详细记有十所洞天的名称和次序，与《天地宫府图》中的十大洞天完全一致，❹第六即"赤城丹山之洞，周回三百里"。❺可知赤城洞天想象东晋中期已经出现。

赤城洞天的位置，文献所载则颇有歧异。《茅君传》提到，茅

---

❶ 《云笈七签》卷104《玄洲上卿苏君传》、卷110《洞仙传·长存子》，第2244、2390页。
❷ 杜光庭《洞天福地岳渎名山记》所载洞天体系中，赤城洞天的治者改为"王君"即王子乔，这种改动应是基于上述困惑。见罗争鸣：《杜光庭记传十种辑校》，北京：中华书局，2013年，第388页。对照两种洞天体系可知，十大洞天中有八所"治者"不同，差异极大。除赤城山洞外，其余七所为委羽山洞，分别是方诸青童和司马季主；西玄山洞，分别是"未详"和裴君；青城山洞，分别是青城丈人和宁真君；罗浮山洞，分别是青精先生和葛洪；句曲山洞，分别是紫阳真人和茅君；林屋山洞，分别是北岳真人和龙威丈人；括苍山洞，分别是北海公涓子和平仲节。杜光庭本与《真诰》基本一致，应是据《真诰》改动。问题是，司马承祯应当也很熟悉《真诰》，所记为何出入如此之大？这个困惑仍有待于今后研究。
❸ 关于洞天福地体系的起源和发展，参看三浦國雄：《洞天福地小論》，《中国人のトポス》，第71—112页；张广保：《唐以前道教洞天福地思想研究》，郭武主编：《道教教义与现代社会国际学术研讨会论文集》，第285—321页；傅飞岚（Franciscus Verellen）：《超越的内在性：道教仪式与宇宙论中的洞天》，程薇译，《法国汉学》第2辑，第50—75页。
❹ 《艺文类聚》卷7《山部上·罗浮山》引谢灵运《罗浮山赋》提到"洞四有九，此惟其七"，"潜夜引辉，幽境朗日。故曰朱明之阳宫，耀真之阴室"，第139—140页。
❺ 《白氏六帖事类集》卷2《洞》引《茅君内传》，东京：汲古书院，2008年，第76—77页。相关引文又见于《太平御览》卷678《道部二十·传授上》，第3025—3026页。

盈被授予太元真人、东岳上卿名号后，改治"赤城玉洞之府"。"赤城玉洞"是赤城山洞、上清玉平洞天的简称。《太平御览》卷674《道部十六·理所》引《名山记》："赤城丹山洞周三百里，名曰上清玉平天。此山下洞台方二百里，司命君之府也。"茅君治"赤城玉洞之府"之事，传记中又作"镇彼大霍，居于赤城"，陶弘景在《真诰》中有好几处注释，如卷9《协昌期第一》："霍山赤城亦为司命之府，唯太元真人、南岳夫人在焉。"卷11《稽神枢第一》："司命常住大霍之赤城，此间唯有府曹耳。"据陶弘景之说，茅盈所治赤城玉洞之府在（大）霍山之赤城。《华阳陶隐居内传》卷中称："尝闻《五岳图》云，霍山是司命府，必神仙所都。乃自海道往焉。"又引《名山记》："霍山在罗江县，高三千四百丈，上方八百里，东卿司命茅君所居。"❶周子良曾随陶弘景访问此地。❷罗江霍山应指今福建东北部宁德境内的霍童山。❸

关于茅盈所治"赤城玉洞之府"更详细的记述，又见于《太平御览》卷663《道部五·地仙》引《魏夫人传》《五岳图》等文献：

《魏夫人传》曰："赤城丹山洞周三百里，有日月杖根，三辰之光照洞中。"《五岳图》云："此山在会稽罗江，其西北有赤城。"按《茅君传》云："霍林司命治赤城丹山玉洞之府。"齐永明中，忽有大群鹄从西北来，下集霍门溪，溪谷填塞，弥漫数里，多所蹋藉，状如为物所惊，一夕还飞向西北，计是赤城上都泉湖中物也。

---

❶ 《华阳陶隐居内传》卷中，《道藏》第5册，第507页。
❷ 麦谷邦夫、吉川忠夫编：《〈周氏冥通记〉研究（译注篇）》卷1，第3页。
❸ 施舟人（K.M.Schipper）：《第一洞天：闽东宁德霍童山初考》，《中国文化基因库》，北京大学出版社，2002年，第133—145页。

引文中"齐永明中"以下，内容具体细致，应当是真实的历史事件。可知"赤城丹山洞"位于罗江霍山之西北，相距不会太远。这样来看，《天地宫府图》中的第六赤城洞天与茅盈、魏夫人所居"霍山赤城"，并非一地。前者位于天台县，后者则位于罗江县。"赤城"之得名，来自于山体颜色，孔灵符《会稽记》："赤城山土色皆赤，岩岫连沓，状似云霞。"❶ 此种赤岩山貌在闽浙沿海很常见。❷

结合上面的分析来看，第六洞天最初并非指天台之赤城，是很明确的。司马承祯《天地宫府图》称第六洞天赤城山洞位于天台，应当是山体同名导致误读和附会的结果。这种误读和讹传的出现时间不详，从上引吉藏"赤城丹水，仙宅隩区"之说来看，至迟陈隋之际已经在流传，此后天台之赤城逐渐取代霍山之赤城，成为一般观念中第六洞天的所在。唐元和年间，天台山道士徐灵府撰述《天台山记》时，叙述桐柏真人王子乔的金庭宫府之后，亦简单提到"赤城丹山之洞""上玉清（清玉）平之天"，称"洞门在乐安县界，即十六（大）洞天第六洞也，即茆（茅）司命所治也"。❸ 此外，《太平广记》卷58"魏夫人"条称魏夫人升仙后，"治天台大霍山洞台之中"，又称"天台霍山台"，❹ 既云"天台"，又云"大霍山"，可以理解为后来撰述者基于上述歧异而做的调和。

概括而言，中古早期关于天台山的神仙洞府想象，主要来自东晋中期杨羲、许谧父子降神而流传开来的上清系仙界构想。在其构

---

❶《太平御览》卷41《地部六·天台山》，第195页。
❷《真诰》卷14《稽神枢第四》记有赤水山，"山正赤，周回五十里，高千丈"，陶弘景认为"应是临海永嘉东北名赤岩者也"，并指出即许迈所住之赤山，一名烧山，吉川忠夫、麦谷邦夫编：《真诰校注》，第448页。
❸ 徐灵府：《天台山记》，《大正藏》第51册，第1052页。
❹《太平广记》卷58"魏夫人"条引《集仙录》及本传，第358页；又见《颜鲁公集》卷9《晋紫虚元君领上真司命南岳夫人魏夫人仙坛碑铭》，第57—61页。

想中，吴越有两处特别重要的修道圣地，分别位于茅山和天台（桐柏）山。茅山有定录、保命二府等神仙官僚机构，天台（桐柏）山有金庭洞天和桐柏真人王子乔的金庭宫府。由于杨、许降神发生于茅山周边，关于茅山神仙洞府的想象细致而具体，天台（桐柏）山中的仙人和洞府只是顺带提及，虽然后来也有一些新的补充性想象，但具体图景仍然很不清晰。而《天地宫府图》中位列第六洞天的赤城山洞，本来位于罗江县的霍山，由于同名的缘故，后来被附会为天台之赤城。徐灵府撰写《天台山记》时，对桐柏真人王子乔的金庭宫府着墨颇多，赤城洞天则仅是简单提及，这也说明前者才是天台山早期信仰想象的核心。

二　山中道馆的分布与神仙洞府的关系

　　山中修道的起源很早，但类似于佛教寺院的山中道馆出现则比较晚，是在刘宋时期。从岩穴、简单房舍到道馆，是中古修道方式最重要的变化之一。山中道馆的地点选择，与神仙洞府想象之间的关系如何，是一个让人很感兴趣的问题。天台山为此提供了一个重要个案。不过，由于史料问题，天台山早期道馆存在很多疑问，需要认真辨析。

　　一些较晚的史料，将天台山道馆的起源归于葛玄，认为最早的道馆是孙权为葛玄所建的桐柏观或天台观。❶ 这种说法并没有早期的史料证据。如前所述，葛洪《抱朴子内篇》罗列适合修道合仙药

---

❶ 徐灵府：《天台山记》，《大正藏》第51册，第1052页；杜光庭：《历代崇道记》，罗争鸣：《杜光庭记传十种辑校》，第360页；《嘉定赤城志》卷30"桐柏崇道观""福圣观"条，《宋元方志丛刊》第7册，第7511—7513页。

的名山,其中包括"大小天台山"。一些灵宝经中提到,孙吴时期葛玄曾在天台山修道,陶弘景撰文的《吴太极左仙公葛公之碑》也明确提到了这一点:"公驰涉川岳,龙虎卫从。长山盖竹,尤多去来;天台兰风,是焉游憩。"❶ 可见葛玄修道于天台山,至迟晋宋以降已广为流传。不过,结合山中道馆出现的时间来看,即便葛玄的确曾在天台山修道,应当也只是早期形态的山林修道者。孙权为葛玄在天台山修建桐柏观或天台观之说,应当是出自后来人的附会。

就现存史料来看,南朝时期明确可考的天台山道馆有三所,最早的是南齐初期齐高帝为褚伯玉所建的瀑布山太平馆,❷ 然后是南齐后期建立的桐柏山金庭馆,再后是陈代徐则的天台山馆。❸ 前两

---

❶ 王京州:《陶弘景集校注》,第164页。

❷ 据《南齐书》卷54《高逸·顾欢传》,刘宋时期顾欢曾"于剡天台山开馆聚徒",第929页。徐灵府《天台山记》记有欢溪,称"梁高士顾欢曾居此,是名欢溪也",《大正藏》第51册,第1055页。其性质当为讲授儒学之学馆,参看孙齐:《唐前道观研究》,第156—158页。

❸ 不少学者认为《吴太极左仙公葛公之碑》立于天台山,并由此认为碑文提到的山阴潘洪亦修道于天台山道馆。其实细读碑文中提到的"此岭乃非洞府,而跨据中川,东视则连峰入海,南眺则重嶂切云,西临江浒,北旁郊邑"及"麻衣史宗之俦,相继栖托"可知,此碑立于上虞城南的兰风(芎)山(麻衣史宗修行于其北的龙山,事见《高僧传》卷10《神异下·史宗传》,第377页)。碑文中也明确提到,葛玄"天台兰风,是焉游憩""竭来台霍,偃蹇兰穹",又说"兰风寓憩,已勒丰碑。此土旧居,未镌贞琰"。此外,《太平寰宇记》卷96越州余姚县"兰芎山"条引《会稽录》云:"昔葛玄隐于兰芎山,后于此仙去,所隐几化为生鹿而去。此山今有素鹿,三脚。"第1934页。此事又见于多种地记佚文。《水经注》卷40《浙江水》称葛洪隐于兰风山,未提及葛玄,熊会贞推测葛洪或为葛玄之误,但不确信,又说:"盖玄先居兰芎山,洪亦尝居之乎?"见杨守敬、熊会贞:《水经注疏》,第3333页。不管如何,兰风(芎)山是葛玄居住之地(碑文称其"虽历游名岳,多居此岭"),并无疑问。后来潘洪居此,邀陶弘景撰文,于山中立碑纪念葛玄。唐高宗调露二年(680)正月又在葛玄句容故里重刻此碑,见《金石录》卷4"唐葛仙公碑"条,金文明:《金石录校证》,桂林:广西师范大学出版社,2005年,第64页;《宝刻丛编》卷15《建康府》"唐立吴太极左仙公葛公之碑"条引《诸道石刻录》,《石刻史料新编》第1辑第24册,第18327页。

所道馆疑问很多，下面稍做考辨。

先来看褚伯玉的道馆。据《南齐书》卷54本传，伯玉为钱塘人，刘宋时隐居剡县瀑布山，"在山三十余年，隔绝人物"。萧道成即位后，征其至建康而未果，"不欲违其志，敕于剡白石山立太平馆居之"，建元元年（479）去世。据此，似乎褚伯玉一直隐于剡县瀑布山，去世前不久移居敕建的剡县白石山馆。不过，对照《太平御览》卷666所引褚伯玉事迹，《南齐书》本传有不准确之处。引文前面部分，叙伯玉居剡之瀑布山三十余年，与本传一致。后面的"一说云"则提供了不同的行迹：

> 一说云：伯玉初游南岳，路入闽中，飞湍走险。伯玉泊舟晚濑，冲飙忽起，山水暴至，激船上巅，崩落绝嶂。徒侣以为冰碎，缘阻寻求，见伯玉自若，以小杖拊舟，涉不测之泉，众以骇伏。入霍山而去。初隐瀑布山，齐高祖钦其风，欲与相见，辞以疾而去。帝追恨，诏瀑布山下立太平观，孔稚圭立碑。❶

若据此说，萧道成是由于未能见到褚伯玉，故在瀑布山下建太平馆作为纪念。《上清道类事相》卷1引《道学传》佚文亦可印证此说。太平馆之名，则是由于"伯玉好读《太平经》，兼修其道，故为馆名也"。❷ 孔稚圭所撰碑文，由于《艺文类聚》的摘抄而幸运地得以保存部分文辞，其中说：

> 永嘉恶道者，穷地之险也。敬窦遏日，折石横波，飞浪突

---

❶ 《太平御览》卷666《道部八·道士》引《太平经》，第2974页。本条引文显然并非出自《太平经》，结合前后数条引文来看，应出自《道学传》。

❷ 《上清道类事相》卷1《仙观品》引《道学传》，《道藏》第24册，第878页。

云,奔湍急箭。先生攀途跻阻,宿枻涉坼,而衡飙夜鼓,山洪暴激,忽乃崩舟坠壑,一倒千仞,飘地沦篙,翻透无底。徒侣判其冰碎,舟子悲其雹散,危魂中夜,赴阻相寻,方见先生,恬然安席。❶

碑文所叙是褚伯玉"入霍山而去"前,途经"永嘉恶道"时的经历。由此可以证实,《太平御览》卷666引文中的"一说云"是准确的。《真诰》卷20《翼真检第二》亦称:"伯玉居南霍,游行诸山。"可以参证。"南霍",即前节提到的罗江之霍山,想象中茅君、南岳魏夫人所治"赤城玉洞之府"位于此地。❷ 褚伯玉之所以要涉险前往罗江之霍山,应当就是由于第六洞天"赤城玉洞之府"的信仰吸引力。

齐高帝为褚伯玉建瀑布山太平馆,在建元元年左右。这是天台山确切可考的最早道馆。其具体位置何在呢?《高僧传》卷11《释僧从传》提供了一个可资考证的线索。僧从"隐居始丰瀑布山","与隐士褚伯玉为林下之交。每论道说义,辄留连信宿"。❸《文选》卷11孙绰《游天台山赋》李善注引《天台山图》:"瀑布山,天台之西南峰。水从南岩悬注,望之如曳布。"瀑布山在今桐柏水库附近,从地理方位来说,正位于"天台之西南峰"。徐灵府《天台山记》记有刘宋元嘉年间僧人法顺所建瀑布寺,位于天台观西二里瀑布岩下。❹ 这里可能就是释僧从的隐居之处。徐灵府还提到,自天台观附近北上十二里的桐柏观附近,有"昔褚先生修道之所",褚

---

❶《艺文类聚》卷37《人部二十一·隐逸下》引孔稚圭《褚先生伯玉碑》,第659页。
❷《三洞珠囊》卷4《绝粒品》引《道学传》称其"隐霍山",《道藏》第25册,第318页。
❸《高僧传》卷11《习禅·释僧从传》,第417页。
❹ 徐灵府:《天台山记》,《大正藏》第51册,第1053页。

"不死之福庭":天台山的信仰想象与寺馆起源　153

先生即褚伯玉。根据这些推断,褚伯玉修道处可能是在山上(唐代桐柏观附近),纪念他的太平馆则建于山下(唐代天台观附近)。

按照习惯,敕建的道馆应当由较为知名的道士出任馆主。纪念褚伯玉的瀑布山太平馆,馆主又会是谁呢?《真诰》卷20《翼真检第二》:

> 掾书《西岳公禁山符》、杨书《中黄制虎豹符》,凡二短卷,本上虞吴昙拔所得许丞一瓠瓢杂道书。吴以此二卷与褚先生伯玉。伯玉居南霍,游行诸山,恒带自随。褚亡,留在弟子朱僧标间。

朱僧标能够在褚伯玉去世时得到其"恒带自随"的珍贵道经,应当是其很信任的弟子。值得注意的是,南齐永明年间朱僧标正是居于天台山。《南齐书》卷11《乐志》:

> 永明六年,赤城山云雾开朗,见石桥瀑布,从来所罕睹也。山道士朱僧标以闻,上遣主书董仲民案视,以为神瑞。太乐令郑义泰案孙兴公赋造天台山伎,作莓苔石桥道士扪翠屏之状,寻又省焉。

从这件事来看,"山道士"朱僧标并不像其师褚伯玉那样隐居深山不问世事,而是与朝廷颇有来往。这一点正是敕建道馆的特点。此事两年之后,永明八年(490),陶弘景"东行浙越,处处寻求灵异",亦曾"到始丰天台山谒诸(朱)僧标"。❶赤城山与瀑布山距离不远,都属于天台山之别峰,文献中常用赤城指称天台。孔灵符《会

---

❶《云笈七签》卷107《华阳隐居先生本起录》,第2327页。

稽记》：''赤城山土色皆赤，岩岫连沓，状似云霞。悬溜千仞，谓之瀑布，飞流洒散，冬夏不竭。''❶ 赤城山并无瀑布，这里提到的瀑布，应指瀑布山之瀑布。❷ 瀑布山同样为赤色岩石。孔灵符《会稽记》又云：''赤城山上，有石桥悬度，有石屏风横绝桥上，边有过径，才容数人。''❸ 赤城山亦无相应景观的石桥，应指天台山之中的石桥。❹ 这样推断，朱僧标很可能就是瀑布山太平馆主。褚伯玉去世后，纪念他的道馆由其最信任的弟子出任馆主，是比较合理的。

  瀑布山太平馆建立二十年后，南齐永泰元年（498），天台山又有一所新的道馆建立，这就是著名的金庭馆。这座道馆由于沈约撰文的《桐柏山金庭馆碑》广为人知，❺ 但也带来不少争议。此碑最早见于《艺文类聚》摘录，❻ 全文则见于《会稽掇英总集》❼《嘉泰会稽志》❽《剡录》、❾ 明代重辑刊行的两种《沈约集》，❿ 严可均又据

---

❶《太平御览》卷 41《地部六·天台山》，第 195 页。
❷ 徐灵府《天台山记》对瀑布山之瀑布有详细记述，《大正藏》第 51 册，第 1052 页。
❸《文选》卷 11 孙绰《游天台山赋》注引孔灵符《会稽记》，第 164 页。
❹ 徐灵府《天台山记》引《登真隐诀》，称有二石桥，''先得小者。复行百余里，更得大者，在最高处，采药人仿佛见之，石屏虹梁，与画相似''。大小天台山之名，据称就来自大小二石桥，''大小台者，以石桥之大小为名''，《大正藏》第 51 册，第 1052 页。道士所''扪''之翠屏，应即孙绰《游天台山赋》提到的''搏壁立之翠屏''，徐灵府认为就是瀑布山附近的翠屏岩。
❺ 陈庆元：《沈约集校笺》卷 7，杭州：浙江古籍出版社，1995 年，第 209—212 页。
❻《艺文类聚》卷 78《灵异部上·仙道》，第 1342 页。
❼《会稽掇英总集》卷 16《桐柏山金庭馆碑铭》，《影印文渊阁四库全书》第 1345 册，第 117—118 页。四库本所据为明山阴祁氏澹生堂旧抄本。此书现有邹志方点校整理本，《〈会稽掇英总集〉点校》，北京：人民出版社，2006 年，第 221—223 页。
❽《嘉泰会稽志》卷 20，《宋元方志丛刊》第 7 册，第 7077—7078 页。
❾《剡录》卷 5，《宋元方志丛刊》第 7 册，第 7228—7229 页。文渊阁《四库全书》本基本一致（第 485 册，第 567—569 页），但多异体字，亦有几处错讹。
❿ 张燮：《七十二家集·沈隐侯集》卷 14，《续修四库全书》第 1586 册，第 631—632 页；张溥：《汉魏六朝百三家集》卷 87《梁沈约集》，《影印文渊阁四库全书》第 1415 册，第 148—150 页。

明辑本收入《全梁文》。❶这几种著录之间文字颇有出入，特别是宋代的三种著录和明清辑本之间有一些非常关键的差异。以往论者多据明清辑本，使得此碑争议颇多。下面依据时代最早的《会稽掇英总集》，录出与金庭馆建立相关的内容（下加着重号的文字见于《艺文类聚》，文字小异），并稍做考辨：

> 永泰元年，方遂初愿。遂远出天台，定居兹岭。所憩之山，实惟桐柏。实灵圣之下都，五县之余地。仰出星河，上参倒景，高崖万眘，邃涧千回，因高建坛，凭岩考室，饬降神之宇，置朝礼之地。桐柏所在，厥号金庭，事昺灵图，因以名馆。圣上曲降幽情，留信弥密，置道士十人，用祈嘉祉。越以不才，首膺斯任。永弃人群，窜景穷麓，结恳志于玄都，望霄容于云路，仰宣国灵，介兹景福，延吉祥于清庙，纳万寿于神躬。又愿道无不怀，泽无不至，幽荒屈膝，戎貊稽颡，息鼓辍烽，守在海外。因此自勉，兼遂微诚，日久勤劬，自强不已。

其中，"越以不才"一句，明清辑本作"约以不才"，论者据此认为金庭馆的建立者为沈约，并进而推测永泰元年沈约曾在天台桐柏山修道。其实，据《会稽掇英总集》和上列两种宋代地方志录文可知，"约"字当是明人辑录时妄改。"越"或通"粤"，当为句首助词。如刘宋颜竣《让中书令表》："陛下盛德居著，总揽英异，越以不才，超尘清轨，奉躬历稔，劳效莫书，仰恃曲成之仁，毕愿守宰之秩。"❷《金楼子序》："粤以凡庸，早赐茅社，祚

---

❶《全梁文》卷31，严可均辑：《全上古三代秦汉三国六朝文》，第3130页。严辑本注明出自《艺文类聚》卷78，但比对可知，所据实为明人所辑沈约文集。
❷《宋书》卷75《颜竣传》，第1964页。

土潇湘,搴帷陕服。"❶ 而比勘几种录文可知,明辑本的改动不止这一处。❷

碑文所记金庭馆主的经历,更与沈约差别很大。碑文称其"早尚幽栖,屏弃情累。留爱岩壑,托分鱼鸟,涂愈远而靡倦,年虽老而不衰",可知是一位很早就隐修于山林之中的道士。这与自二十多岁起就"崎岖薄宦""望得小禄"❸ 的沈约,完全是两种人生轨迹。欧阳修很早就注意到这一点,指出碑文"盖道士自叙之言"。❹ 只是后来学者多未注意几种宋代录文,故为明辑本"约以不才"一句所惑。❺

根据碑文可知,这位道士在永明初年就受到萧鸾的提引,建武元年(494)萧鸾即位后,"复蒙絷维",永泰元年到天台桐柏山定居,建立金庭馆。金庭馆"置道士十人,用祈嘉祉",明显是敕建的皇家道馆。碑铭说:"帝明绍历,惟皇篡位。属心鼎湖,脱屣神器。降命凡底,仰祈灵秘。瞻彼高山,兴言覆篑。启基桐柏,厥号金庭。"也可以说明这一点。金庭馆建立的目的是为皇家祈福,即

---

❶ 许逸民:《金楼子校笺》,北京:中华书局,2011年,第1页。南北朝墓志"粤以"为常见句式,不赘举。

❷ 再如:(1)"望玄州而骏驱",明辑本作"玄洲";(2)"实灵圣之下都",明辑本无"实"字;(3)"饬降神之宇","饬"明辑本作"饰";(4)"寻师请道","请"明辑本作"讲";(5)"林圻葱青","圻"明辑本作"祈"或"麓"。

❸ 《梁书》卷13《沈约传》,第235页。

❹ 《集古录目》已经指出这一点,《宝刻丛编》卷13《越州》"齐桐柏山金庭馆碑"条引《集古录目》,《石刻史料新编》第1辑第24册,第18281页。

❺ 有些学者虽未见宋代碑文,但注意到其中差异,如铃木虎雄认为:"此似另一人之行为,非沈约也,惟他处不可证得其关系。约果有此事与否,不能知也。若以此碑文为约所作,则可证其有此事实,姑记之以存疑。"《宋沈休文先生约年谱》,马导源编译,台北:台湾商务印书馆,1980年,第39页。伍叔傥认为,永泰元年沈约应当一直在建康,"不宜远适桐柏","凡此诸疑,非浅学所能宣泄矣",《沈约年谱》,《伍叔傥集》,合肥:黄山书社,2011年,第145页。陈庆元认为《剡录》卷5所录碑文为校笺底本,但认为《剡录》为误,仍据明人辑本改作"约",《沈约集校笺》卷7,第209—212页。

"不死之福庭":天台山的信仰想象与寺馆起源

"用祈嘉祉""仰宣国灵",并非为了支持道士个人修道。据下文所述,这种祈福又可以具体分为两层意旨。首先是"延吉祥于清庙,纳万寿于神躬",是为皇室祈福;其次则是"幽荒屈膝,戎貊稽颡,息鼓辍烽,守在海外",似乎是在祈求战争平息、远夷来臣。联系到永泰元年南齐、北魏的对立局势,就会发现这两层祈福意旨并不是泛泛而论的套话,而是有很明确的针对性。具体来说,前者是祈求齐明帝之病体康复、健康长寿;后者则是祈愿与北魏的战争尽快平息。

永泰是齐明帝的第二个年号,建武五年四月改,七月明帝去世,东昏侯即位后沿用到年底。改元的原因,据《魏书》卷98《岛夷萧道成传》称,是由于建武四、五年间北魏大军南讨,连续取得对齐战争的胜利,"(萧)鸾忧怖,遂疾甚。乃大赦,改年为永泰"。这个说法很有意思。若据此说,改元"永泰"其实有两层意涵,一来祈求战争局面有所缓和,二来祈求皇帝健康。这与金庭馆碑所说正好符合。

北魏的这次南讨始于孝文帝太和二十一年(南齐建武四年)八月。南讨的原因,是太和十八年北魏迁都洛阳之后,国家政治重心南移,需要推进南境防御、屏障洛阳安全。确定迁都之后,太和十八年十二月以南齐雍州刺史曹虎"请降"为契机,北魏军队大举南讨,孝文帝亲幸八公山,"巡淮而东","将临江水",后由于司徒冯诞去世而班师。❶ 此后数年间,由于协调迁都相关事宜,未见有大的战事。太和二十一年八月重新发动的这次南讨,声势很大,最重要的战线是在南阳、新野、襄阳一带。北魏军队取得相当大的战果,太和二十二年春先后攻下宛、新野,在邓城大败崔惠景、萧衍

---

❶《魏书》卷7下《高祖纪下》,北京:中华书局,1974年,第175—176页。

的增援军队,"斩获首虏二万有余",三月孝文帝"行幸樊城,观兵襄沔,耀武而还"。战争形势对于南齐一方非常不利。《魏书》称齐明帝"忧怖",虽是敌对方的叙事,但从当时形势来看,并非空穴来风。❶

由此来说,桐柏山金庭馆的建立,和改元永泰一样,是齐明帝在内忧外患情况下的祈愿之举。齐明帝本人"潜信道术",❷《三洞珠囊》卷2《敕追召道士品》引《道学传》称其即位后,"恐幽祇未协",礼请陶弘景"诣诸名岳,望袟展敬"。❸ 他在病重之时亦有不少相关举措。❹ 新建的桐柏山道馆,与想象中桐柏真人王子乔的金庭仙馆同名,是一个很有意思的现象。联系到上文讨论的南北局势和明帝的病情,在桐柏山"金庭不死之乡"模拟仙馆建立金庭馆,"仰祈灵秘",用意是很明显的。当然,这只是一种心理上的安慰。齐明帝的病并未好转,于七月中去世。而就在齐明帝去世之后不久,北魏孝文帝亦身染重病,并于次年四月死于南讨军中,北魏对南齐的军事压力暂时得到缓解。金庭馆碑由沈约撰文,刻立于永元三年(501)春,不知是否与这种祈祷"灵验"有关。

金庭馆位于剡县东南七十二里处。《宝刻丛编》卷13"齐桐柏山金庭馆碑"条引《访碑录》称:"在剡县东南七十二里本观内。"❺ 唐

---

❶ 齐明帝之病持续了相当长时间。《南齐书》卷6《明帝纪》称"寝疾甚久",同书卷45《萧遥光传》:"帝不豫,遥光数入侍疾,帝渐甚,河东王铉等七王一夕见杀,遥光意也。"《明帝纪》系此事于本年春正月,可知此时明帝已病重危殆,第92、789页。

❷ 《南齐书》卷6《明帝纪》,第92页。

❸ 《道藏》第25册,第306页。此事不见于有关陶弘景事迹的其他记载,真实性尚有待确认。

❹ 如"身衣绛衣,服饰皆赤,以为厌胜",并听从巫觋之言,准备堵塞后湖引入宫内的"行水沟","欲南引淮流",见《南齐书》卷6《明帝纪》,第92页。

❺ 前引《集古录目》及《金石录》亦著录此碑,金文明:《金石录校证》卷2,第30页。《嘉泰会稽志》卷16"桐柏山金庭馆碑"条引《系地》称,其时"石已亡","今碑本朝重刻",《宋元方志丛刊》第7册,第7018页。

"不死之福庭":天台山的信仰想象与寺馆起源

元和二年（807）裴通游览金庭观后撰有《金庭观晋右军书楼墨池记》，记述了观内的具体情形：

> 琅邪王羲之领右军将军家于此山，书楼墨池旧制犹在。至南齐永元三年，道士褚伯玉仍思幽绝，勤求上元，启高宗明皇帝于此山置金庭观，正当右军之家。❶

裴通此记颇有讹误，褚伯玉去世于南齐高帝建元二年，而永元三年齐明帝亦早已去世。出现这种讹误的原因，让人很感兴趣。对照金庭馆碑文可知，所谓"仍思幽绝，勤求上元"，永元三年"启高宗明皇帝于此山置金庭观"云云，其实正是金庭馆碑文的内容。裴通误将此事系之于褚伯玉，并将立碑之年误为立馆之年。这样可以推断，裴通游览金庭观时，金庭馆碑原碑仍存在于观中，碑文所记应是他读碑所知。但读得很不仔细，由于碑主阙名，将其附会为宋齐之际曾在天台山隐修的褚伯玉。

金庭馆之后，可考的还有东海郯人徐则的天台山馆。据《北史》卷88本传，他本来善三玄，后"怀栖隐之操"，先入缙云山，后入天台山。天台山隐修期间，徐陵"为之刊山立颂"，此碑《艺文类聚》摘录，题为《天台山馆徐则法师碑》。❷遗憾的是，现存碑文没有留下关于徐则道馆的具体信息。隋灭陈后，晋王杨广征辟其到江都，但不久去世。杨广特意下书彰扬，并将遗体"送还天台定葬"。传记最后说：

---

❶《剡录》卷5裴通《金庭观晋右军书楼墨池记》，第7229页。王羲之隐于金庭，唐宋地方文献中颇多记载，但完全不见于东晋南朝史料，这里暂不涉及。

❷《艺文类聚》卷78《灵异部上·仙道》，第1343页。

> 是时，自江都至天台，在道多见则徒步，云得放还。至其旧居，取经书道法，分遣弟子，仍令净扫一房，曰："若有客至，宜延之于此。"然后跨石梁而去，不知所之。须臾尸柩至，知其灵化，时年八十二。❶

据此来看，徐则在天台山的道馆也是一个由"师—弟子"构成的道团。道馆的具体位置，徐灵府《天台山记》认为在唐代桐柏观附近：

> 倚小松岭，岭前豁平陆数顷，四面持起峰峦，有若郭郛……昔褚先生修道之所，又徐法师亦于此立道房斋阁，号曰隐真之中峰。

这里的"徐法师"即是徐则。《嘉定赤城志》卷30"福圣观"条："又有隐真中峰，盖梁徐则所居之处。"桐柏观是唐景云二年（711）睿宗为司马承祯所建，天宝六载（747）崔尚撰文的碑铭说："古观荒废，则已久矣。故老相传云，昔葛仙公始居此地，而后有道之士往往因之，坛址五六，厥迹犹在。"❷ 如前所述，葛玄是否居于此处，并无明确的早期文献证据。但褚伯玉、徐则先后在此修道，应当是可信的。据崔尚碑文可知，景云二年建桐柏观时，此地确有建筑遗址，但荒废已久，❸ 或许就是徐则山馆的旧址。

---

❶《北史》卷88《隐逸·徐则传》，第2916页。
❷《嘉定赤城志》卷30"桐柏崇道观"条，《宋元方志丛刊》第7册，第7512页。徐霞客《游天台山日记（后）》对桐柏观（宫）附近的环境有较为详细的记述，见朱惠荣：《徐霞客游记校注》，昆明：云南人民出版社，1985年，第91页。
❸ 徐灵府《天台山记》录唐景云二年敕建诏敕云："吴朝葛仙公废桐柏观，在天台山。如闻始丰县人斫伐松竹，毁废坛场，多有秽触，频致死已。"《大正藏》第51册，第1053页。

从地理位置来看，可考的这几处天台山道馆，金庭馆位于今嵊州市东南、天台山以北；太平馆、徐则山馆位于天台县城西北的桐柏水库周边，唐代这里建有天台观和桐柏观两处著名道观。这种地理分布有无特别的空间意义呢？

上节提到，东晋南朝时期天台山神仙洞府想象的核心，是桐柏真人王子乔的金庭馆和金庭洞宫，后来被列为第六大洞天的天台赤城山，并不具有特别的信仰内涵。由于《真诰》等文献记述金庭洞天和金庭馆、金庭洞宫语焉不详，具体方位并不清楚。❶ 前面提到，根据陶弘景的解释来看，当时有人认为山内、山外均有洞府，有人则认为金庭洞天位于山外。陶弘景注释《真诰》《周氏冥通记》，是在梁武帝天监年间，这时候位于剡县东南的金庭馆已经建立。金庭馆选址在"山外"，碑文称"所憩之山，实惟桐柏"，"桐柏所在，厥号金庭"，或许与此有关。

在当时一般的观念中，天台山中的石桥（石梁）被认为是通往神仙洞府的重要入口。徐则升仙后，"跨石梁而去，不知所之"。《太平御览》卷41《地部六·天台山》引《启蒙记注》：

> 天台山去人不远，路经福溪，溪水梁险清泠，前有石桥，路径不盈尺，长数十丈，下临绝冥之涧，唯忘其身，然后能济。济者梯岩壁，扪萝葛之茎度，得平路，见天台山蔚然绮秀，列双岭于青霄。上有琼楼玉阁天堂，碧林醴泉，仙物毕

---

❶ 《剡录》卷5裴通《金庭观晋右军书楼墨池记》云："按上清经，洞天在天台桐柏山中，辟方四十里。北门在小香炉峰顶，人莫得见……过此峰东南三十余里，石窦呀为洞门，即洞天之便门也。"第7229页。根据徐灵府《天台山记》所记，桐柏观附近也有洞门，"自天台观北路上桐柏观一十二里，皆悬崖磴道，盘折而上，皆长松狭路，至于桐柏洞门"，《大正藏》第51册，第1053页。

162

具。晋隐士白道猷得过之，获醴泉紫芝灵药。❶

本条又见于徐灵府《天台山记》所引，称"长康《启蒙记》云"，文字颇有差异。特别是首句，《御览》引文省略颇多。《天台山记》称：

> 天台山在会稽郡五县界中，去人境不远，路经瀑布，次经犹溪，至于浙山。犹溪在唐兴县东二十里发源，自花顶从凤凰山东南流，合县大溪，入于临海郡溪江也。其水深岭，前有石桥，遥望不盈尺，长数十步，临绝溟之涧……

唐代改始丰县为唐兴县，《启蒙记》为东晋顾恺之所撰，此处不当作唐兴，或是徐灵府所改。《天台山记》引文记载的路线，与孙绰《游天台山赋》大体一致，赤城山和瀑布山是这条路线起始段的地标，所谓"赤城霞起而建标，瀑布飞流而界道"。李善注引支遁《天台山铭序》："往天台当由赤城为道径。"《天台山图》："赤城山，天台之南门也。"❷《太平御览》卷41《地部六·天台山》引孔灵符《会稽记》："赤城山内，则有天台灵岳，玉室璇台。"由赤城山，经瀑布山，❸到石桥，进入神仙洞府，即孙绰所说的"寻不死之福庭"。❹

---

❶ 《太平御览》卷41《地部六·天台山》，第194页。本卷两次引用《启蒙记》，其一较为简略。
❷ 《文选》卷11孙绰《游天台山赋》李善注，第164页。
❸ 徐灵府《天台山记》提到，瀑布山之北山上有一处王真君坛，即桐柏真人王子乔之坛，《大正藏》第51册，第1053页。
❹ 《启蒙记》提到的石桥，从景观描述来看，很像是后来的游览胜地石梁飞瀑，但方位有些不符。徐灵府对此感到困惑，指出"犹溪高处不见有桥"，"今众人所见"的石梁飞瀑，"不是长康所说之桥也"。他在记述石梁飞瀑之处的景观后，又说："今游人所见者正是北桥也，是罗汉所居之所也，意为即小者，则不知大者复在何处，盖神仙冥隐，非常人所睹。"《天台山记》，《大正藏》第51册，第1052、1055页。

图 7　天台石梁（笔者摄）

这样就可以明白，南朝时期天台山道馆的分布，受到想象中的神仙洞府——金庭洞天和桐柏真人王子乔金庭馆、金庭洞府的影响。金庭馆建于"山外"的洞天北门附近；太平馆和徐则山馆，则位于始丰县治经赤城山前往"玉室璇台"的主要线路上。相较而言，赤城山在南朝时期的天台山道馆地理中并不重要。由于后来的知识误读，司马承祯《天地宫府图》将金庭洞天列为第二十七小洞天，确定在金庭馆所在的剡县东南；本来只具有"路标"意义的赤城山，则成为天台山最神圣的洞天之所，是很大的讹误。

三　佛教的早期开拓及其空间特征

佛教进入天台山是在东晋时期。永嘉之乱后，剡县、始宁一带成为过江高僧的重要修行之地。❶ 其中一些僧人沿剡溪而上进入天台。最早的是竺昙猷（一名白道猷）和支昙兰。昙猷先"止剡之石城山"，"后移始丰赤城山石室坐禅"，太元末年"卒于山室"；支昙兰"太元中游剡"，"后憩始丰赤城山，见一处林泉清旷而居之"，元熙年间"卒于山"。❷ 他们进入始丰赤城山都是在东晋太元年间（376—396）。❸

佛教从剡县进入天台山，有一个重要的中转地点，即石城山。石城山的佛寺始于东晋中期，支遁、帛僧光（一名昙光）、于法兰等先后在此修行。刘勰《梁建安王造剡山石城寺石像碑》叙述石城山早期佛教史，重点提到帛僧光和法兰，称二人"同时并学"，但未及支遁。僧光到石城山是居于石室之中修禅，据说石室本为山神所居，"神奉以崖窟，遂结伽蓝，是名隐岳。后兰公创寺，号曰元花"。❹《高僧传》卷11《帛僧光传》："尔后薪采通流，道俗宗事，乐禅来学者起茅茨于室侧，渐成寺舍，因名隐岳"，可知石城山寺院经历了一个从石室修禅到寺院化的过程。这一过程发生于东晋中期。❺

石城山位于天台山西部，也被包括在广义的天台山范围内。智顗曾说，石城山是"天台西门"，"天佛是当来灵像"，"处所既好，宜最后用心"。❻《续高僧传》卷17《释智顗传》称其"每思林泽"，梦到一山"岩崖万重"，"其侧沧海无畔"，醒来后门人告知："此乃

---

❶ 参看严耕望：《魏晋南北朝佛教地理稿》，第121—122页。
❷ 《高僧传》卷11《习禅》，第403—404、407—408页。
❸ 关于佛教进入天台山的过程，参看井上以智爲：《天台山に於ける道教と佛教》，《桑原博士還曆記念東洋史論叢》，第604—608页。
❹ 《会稽掇英总集》卷16刘勰《梁建安王造剡山石城寺石像碑》，《影印文渊阁四库全书》第1345册，第114页。
❺ 帛僧光至石城山的时间是永和初年，于法兰时间不详，但应当也是在东晋中期。另据《高僧传》卷4《义解一·支遁传》，支遁晚年也在石城山，第161页。
❻ 灌顶：《隋天台智者大师别传》，《大正藏》第50册，《史传部二》，第196页。

会稽之天台山也,圣贤之所托矣。昔僧光、道猷、法兰、昙密,晋宋英达,无不栖焉。"这里提到的几位僧人,帛僧光、于法兰在石城山修禅;道猷在赤城山修禅;昙密缺考。❶ 很明显,这一叙述是把石城山僧人也包括在内的。智𫖮到天台之前,石城山一直是这一地区的佛教中心,智𫖮说"处所既好,宜最后用心",是有原因的。❷

这让人想到赤城山为"天台之南门"之说。石城山和赤城山有一个共同的特点,就是紧邻人口集中的城邑或聚落。这种地理优势,再加上独特的山貌,应当是两地兴起的重要原因。值得注意的是,僧人进入石城山、赤城山时与山神多有接触。僧光、道猷和昙兰的传记中,都有山神"推室以相奉"的模式化情节,僧光、道猷传记中,山神前往章安寒石山;昙兰传记中,山神前往乐安韦卿山,后者还有韦卿山神来访、"乞受归戒"的情节。❸ 这种情节应当是僧人常用的辅教叙事。这种模式化情节集中出现于石城山、赤城山早期禅僧传记中,反映了佛教在天台山早期开拓面临的信仰环境。

令人感兴趣的是,昙猷传记还记述了天台山中的一处神圣之地:

> 赤城岩与天台、瀑布、灵溪、四明,并相连属。而天台悬崖峻峙,峰岭切天,古老相传云:上有佳精舍,得道者居之。虽有石桥跨涧,而横石断人,且莓苔青滑,自终古以来,无得至者。……猷每恨不得度石桥。后洁斋累日,复欲更往,见横

---

❶ 刘宋元嘉初年,昙摩蜜多曾随会稽太守孟𫖮到郡,于鄮县立山寺,但未提及至天台,《高僧传》卷3《译经下·昙摩蜜多传》,第121—122页。
❷ 梁天监十五年(516)石城山弥勒大佛完工后,对周边民众产生很大影响,《高僧传》卷13《兴福·释僧护传》,第491—492页。参看陈金华:《神话、疾病、转世观念与佛教圣迹:新昌弥勒大佛考》,陈金华、孙英刚编:《神圣空间:中古宗教中的空间因素》,上海:复旦大学出版社,2014年,第299—332页。
❸ 《高僧传》卷11《习禅》,第402、404、407—408页。

石洞开。度桥少许,睹精舍神僧,果如前所说。因共烧香中食。食毕,神僧谓猷曰:"却后十年,自当来此,今未得住。"于是而返。看顾横石,还合如初。❶

这段叙述可以与前引顾恺之《启蒙记》记载晋隐士白道猷曾过石桥、获得仙药相参看。昙猷对"度石桥"的渴求,《启蒙记注》则叙述为入山访求神仙洞府的修道者,所遇亦有神僧、仙人之别。值得注意的是,昙猷居于赤城山,但想象中的天台山神圣之处显然并不在赤城山,而是在天台山之中,石桥是其入口。❷

昙猷、昙兰之后,南齐建元年间,释慧明"与沙门共登赤城山石室,见猷公尸骸不朽,而禅室荒芜,高踪不继"。慧明有感,"乃雇人开剪,更立堂室,造卧佛并猷公像",❸ 这是有记载的赤城山最早的寺院建筑。❹ 宋齐时期,瀑布山亦有僧人修行。前文提到,刘宋时期释僧从隐居于此,与褚伯玉颇多交往。徐灵府《天台山记》提到一所瀑布寺,为刘宋元嘉中沙门法顺所建,位于天台观西二里。

僧从的修行方式,是"学兼内外,精修五门,不服五谷,唯饵

---

❶《高僧传》卷11《习禅·竺昙猷传》,第404页。
❷《搜神后记》载,会稽剡县民袁柏、根硕入天台山打猎,"经深山重岭甚多",后"经一石桥,桥甚狭而峻",过桥后"渡向绝崖,崖正赤壁立,名曰赤城。上有水流下,广狭如匹布,剡人谓之瀑布。羊径有山穴如门,豁然而过。既入,内甚平敞,草木皆香",二人在此遇到两位女仙。这里所说的"赤城",位于天台山深处的石桥以内,显然并非始丰县治附近的赤城山,李剑国:《新辑搜神后记》卷1"袁柏、根硕"条,第467页。
❸《高僧传》卷11《习禅·释慧明传》,第425—426页。
❹ 赤城山梁妃塔,据传与梁岳阳王萧詧有关,据《周书》卷48本传,萧詧曾任东扬州刺史,北京:中华书局,1971年,第855页。此说或有所据。梁代是南朝佛教的兴盛期,推想天台山佛教应当也会有更进一步的发展,可惜史料不多,难言其详。智𫖮至天台时,佛陇附近有僧定光的庵舍,据云僧定光为青州僧人,已经在此修行四十余年,如此推算,他应当是梁武帝中期来此。

枣栗"❶，明显受到仙道长生之术的影响。这一点也让人想到智顗选择天台山的原因。《别传》记智顗自述：

> 蒋山过近，非避喧之处。闻天台地记称有仙宫，白道猷所见者，信矣。山赋用比蓬莱、孙兴公之言得矣。若息缘兹岭，啄峰饮涧，展平生之愿也。

智顗显然很熟悉白道猷的事迹。值得注意的是，他提到白道猷入石桥后，所见的是"仙宫"，而不是"精舍神僧"。在僧人的传记中强调神仙洞府的吸引力，这一点令人很感兴趣。陈寅恪认为："天台祖师栖止之名山，如武当南岳天台等，皆道家所谓神仙洞府，富于灵药，可以治丹之地，固不足为异也。总而言之，天台原始之思想，虽不以神仙为极诣，但视为学佛必经之历程。"❷ 这是一个富有启发性的意见。慧思愿文提到他入山的目的，是"誓愿入山学神仙，得长命力求佛道""愿诸贤圣佐助我，得好芝草及神丹"。❸ 慧思愿文作于光州大苏山修行期间，此时智顗正好跟随慧思学习，对慧思的思想应当是很熟悉的。慧思后来离开大苏山进入南岳衡山修行。根据《别传》来看，智顗选择天台山作为修行之地，被孙绰称作"不死之福庭"的神仙洞府，是一个很重要的吸引力。

智顗对天台山的重视，还有一个值得注意的背景，亦即当时在北方流传的月光童子与天台山的关系。至迟6世纪初已出现的伪经

---

❶ 《高僧传》卷11《习禅·释僧从传》，第417页。
❷ 陈寅恪：《南岳大师立誓愿文跋》，《金明馆丛稿二编》，第245页；川勝義雄：《中国的新仏教形成へのエネルギー——南岳慧思の場合》，《中国人の歴史意識》，東京：平凡社，1986年，第168—225页。
❸ 《南岳思大禅师立誓愿文》，《大正藏》第46册，《诸宗部三》，第791页。

《首罗比丘经》提到，"天台山引路游观"。❶ 北齐天保八年（557）的赵郡王高叡定国寺塔铭碑称："月光童子戏天台之傍，仁祠浮图绕嵩高之侧。"❷《初学记》卷5《地理上·嵩高山》引卢元明《嵩山记》："月光童子常在天台，亦来于此"。可知天台山在北方也存在很多信仰想象，在神仙洞府中有着特殊位置。月光童子"常在天台"之说，应当是受此影响。值得注意的是，卢元明《嵩山记》说，月光童子也往来于嵩山。据此推测，这种说法在嵩山地区应当是有流传的。而慧思是在北齐武平初年，"背此嵩阳，领徒南逝"，❸ 到光州大苏山修行。换言之，有关月光童子与天台山的知识，虽然在有关智𫖮的文献中完全没有提及，但他很可能是了解的。

那么，智𫖮到天台之后选择何地修行呢？《别传》记载，他于陈太建七年（575）九月进入天台山，先后到过多个地点：

历游山水，吊道林之栱木，庆昙光之石龛，访高察之山路，潄僧顺之云潭。数度石梁，屡降南门，荏苒淹流，未议卜居。

这里列举了智𫖮初入天台后访问的六个地点：（1）"道林之栱木"：即支遁墓，应在剡县，具体地点不详；❹（2）"昙光之石龛"：即帛僧光修禅的石城山石室；（3）"高察之山路"：《嘉定赤城志》卷32记有汉代隐士高察，隐居地称察岭，但此说不见于唐以前文献，未

---

❶ 白化文：《首罗比丘见五百仙人并见月光童子经》，《中国敦煌学百年文库·宗教卷（二）》，兰州：甘肃文化出版社，1999年，第219页。
❷ 《八琼室金石补正》卷20，《石刻史料新编》第1辑第6册，第4309页。
❸ 《续高僧传》卷17《习禅二·释慧思传》，第620页。
❹ 据《高僧传》卷4《义解一·支遁传》，一种说法称支遁终于余姚坞山，一种说法是终于剡县，第163页。智𫖮访问支遁墓，列在访石城山昙光石室之前，从路线来看支遁墓应在剡县。支遁曾先后在沃洲山、石城山修行，均在会稽到天台沿线。

知所据，也可能指在瀑布山修道的褚伯玉；❶（4）"僧顺之云潭"：僧顺，应即刘宋时期在瀑布山修行的法顺，云潭当指瀑布下之潭；（5）石梁：应当就是昙猷所度的石桥，即现在的石梁飞瀑；（6）南门：即赤城山，智顗访问时，这里有昙猷、昙兰遗迹和慧明创建于南齐的寺院。这六个地点，（1）（2）在剡县和石城山，（5）（6）均与昙猷有关，（4）在瀑布山，（3）难以确定。可见智顗在决定修行地之前，曾逐一探访过这些重要的宗教或文化地点（主要是佛教）。尤其值得注意的是，他曾"数度石梁""屡降南门"，在石梁和赤城山踏察徘徊最多。而如前所说，这两处地点，石梁（石桥）被认为是通往天台山神圣空间的入口，赤城山则是当时佛教活动的集中之地。

智顗最终选择的是始丰县城东北二十余里处的佛陇。选择此地的缘由，根据《别传》的记述，有两个考虑，其一是"左右映带，最为兼美"，其二则是有定光的"招手相引"前缘。第二个理由也见于《续高僧传》等多种记载，事涉神异，并不足信。第一个理由，《续高僧传》卷17《释智顗传》的说法是：

> 顗乃卜居胜地，是光所住之北，佛垄山南，螺溪之源处。既闲敞，易得寻真，地平泉清，徘徊止宿。

这条记载较为详细一些，指出佛陇的优势有三：（1）"闲敞"；（2）"易得寻真"；（3）"地平泉清"。三者在《别传》中笼统叙述为"左右映带，最为兼美"。（1）（3）是说佛陇地势平坦开阔，有良好水源。

---

❶ "高察"是因声誉卓著而被察举之意，参见《艺文类聚》卷34《人部十八·哀伤》引潘岳《悲邢生》，第609页。据《南齐书》卷54《褚伯玉传》，伯玉由于隐居山林，不与朝廷权贵来往，享有很高声誉，先后受到吴郡太守王僧达、齐高帝萧道成等征召，第926—927页。

智顗并非独身进入天台，而是有二十余位僧人随从，是一个颇具规模的僧团。要想维持日常生存，需要不少食物供养。从这个角度来说，所谓"闲敞""地平泉清"，主要是指此地有田地可供耕作，以维系僧团生活。《别传》下文又说："然佛陇艰阻，舟车不至。年既失稔，僧众随缘。师共慧绰，种苣拾橡，安贫无戚。"从"失稔"可知，佛陇的寺院应当是有附属田地。智顗去世前致书杨广，其中也提到"乞废寺田，为天台基业"，❶可以印证这一点。不过，佛陇附近是一处很局促的山间谷地，可耕田地面积有限，地理位置也比较偏僻。从僧团长远发展来说，并不是一处理想的寺址。这一点从上文提到的"佛陇艰阻，舟车不至"云云，不难获知。僧团在荒年一度面临很大的经济困难，僧人们被迫分散在山中采拾而生。❷只是由于后来陈宣帝下诏"割始丰县调，以充众费"，僧团才得以维系下去，"众因更聚"。❸

　　这让人对（2）亦即佛陇"易得寻真"的地理优势颇感兴趣。石城山、瀑布山和赤城山都非常靠近人口密集的城邑聚落；佛陇位置比较偏僻，便于静修，附近亦有通往天台山深处石梁—华顶的道路。如前所述，智顗是受天台山"仙宫"吸引而选择天台的。石桥（石梁）是通往神仙洞府的入口，较之佛陇、赤城山、瀑布山等地点更具有神圣性。智顗"数度石梁""常宿于石桥"，说明他认真

---

❶ 《国清百录》卷3《遗书与晋王》，《大正藏》第46册，第810页。

❷ 《别传》还提到，在选择佛陇之前，曾有一位老僧指引国清寺址，但智顗觉得"止如今日，草舍尚难，当于何时能办此寺"，故未作选择。这句话比较含糊，既然能够在佛陇北峰建造寺院修行，为何不能在国清寺址建寺？国清寺是智顗去世前致书杨广请求建立的，见《国清百录》卷3《王答遗旨文》，《大正藏》第46册，第811页。为何不早在国清寺址建寺？仅仅用"草舍尚难"很难解释这一点。

❸ 《隋天台智者大师别传》，《大正藏》第50册，第193页；《国清百录》卷1《太建九年宣帝敕施物》，《大正藏》第46册，第799页。

考虑过此处。不过，石梁飞瀑附近缺乏可以耕作的田地，❶对于一个二十余人的僧团来说，并不是合适的建寺地点。考虑到这一点的话，"易得寻真"之说其实也并不太准确。智顗应当是在神圣性和生活性之间折中选择的结果。

智顗选择在佛陇建造寺院后，又单独前往佛陇以北的天台最高峰华顶行头陀。《别传》："寺北别峰，呼为华顶，登眺不见群山，暄凉永异余处，先师舍众，独往头陀。"智顗在此遇到群魔干扰，但最终得见神僧为其说法，获得成功。如果说石桥（石梁）只是神圣空间入口的话，位于"天台山极高处""常为云雾霾翳"的华顶，❷更像是神圣空间的核心。智顗对华顶非常重视，他建议僧人波若入山修行时说："汝于此有缘，宜须闲居静处，成备妙行。今天台山最高峰名为华顶，去寺将六七十里，是吾昔头陀之所。彼山祇是大乘根性，汝可往彼，学道进行，必有深益，不须愁虑衣食。"❸华顶的山神是"大乘根性"，对于修禅大有助益。在智顗的经历和叙述中，华顶有邪魔、山神和神僧三种神异者，这让人想到《抱朴子内篇·登涉》将山中神灵分为邪魅、山神和仙人三类，并认为有的名山之所以适合修道，是因为山神和仙人会指引修道、帮助合药。❹这种观念与智顗在华顶的经历颇为相似，只不过仙人改为了神僧而已。

除了华顶，还有一处神圣地点是香炉峰。《续高僧传》卷19《释智晞传》："有香炉峰山岩峻险，林木秀异，然彼神祇，巨有灵验，自古已来无敢视其峰崖。"香炉峰的山神颇为灵验，自古以来

---

❶ 前面提到，徐灵府对《启蒙记》提到的石桥位置颇感困惑，但也说，今石梁飞瀑之处，"是罗汉所居之所也"。智顗所到的石梁，应当就是石梁飞瀑。此地现有方广寺。
❷ 徐灵府：《天台山记》，《大正藏》第51册，第1055页。
❸ 《续高僧传》卷17《习禅二·释智越附波若传》，第651页。
❹ 王明：《抱朴子内篇校释》（增订本）卷17《登涉》，第299—300页。

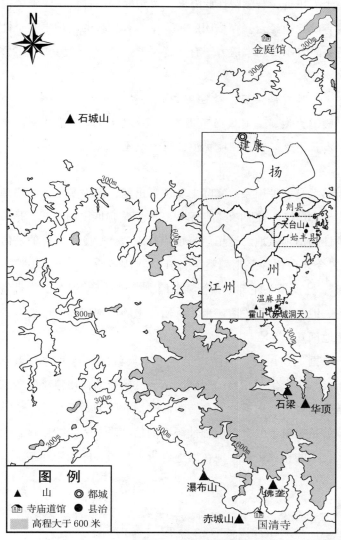

地图 5　天台山信仰地点示意图（林昌丈绘）

无人敢攀登此峰。据徐灵府《天台山记》，香炉峰位于佛陇寺院之东一十五里处，智𫖮曾在此降魔。香炉峰的山神后来曾施舍树木给佛陇寺院建造经台。在僧团的观念中，香炉峰的山神更有个性，对于行头陀者本身的"道力"有一定要求：

> 时有僧法云，欲往香炉峰头陀，𫖮谏曰："彼山神刚强，卿道力微弱，向彼必不得安，慎勿往也。"云不纳旨，遂往到山，不盈二宿，神即现形，驱云令还。❶

这当然只是一种想象。实际上所透露出的，也许是华顶的修禅环境要优于香炉峰。香炉峰"甚高险"，❷ 而华顶四围而中凹，是一处环境颇佳的山顶敞地。这里后来也建有寺舍。智𫖮给杨广的书信中提到，"今天台顶寺茅菴稍整"，杨广复信则云，"佛陇、头陀，并各仍旧"。❸ 所谓头陀，应指智𫖮书信中提到的天台顶寺，亦即智𫖮行头陀之地。结合相关遗迹来看，僧传中的山神叙述，可能有一定的自然地理基础。❹

根据上述讨论，山中修道者对于天台山的神仙洞府想象，对山居僧人也产生了相当的影响。从昙猷到智𫖮，均曾对天台山中的神圣空间有所探求。特别是智𫖮僧团，选择进入天台的一个重要原因，就是想象中的天台山神仙洞府的信仰吸引力。智𫖮熟悉当时有关天台山的相关记述，他在山中进行了相当多的探访和踏察，最终

---

❶ 《续高僧传》卷19《习禅四·释智𫖮传》，第709页。
❷ 徐灵府：《天台山记》，《大正藏》第51册，第1054页。
❸ 《国清百录》卷3《遗书与晋王》《王答遗旨文》，《大正藏》第46册，第810—811页。
❹ 据徐灵府记载，司马承祯亦曾在华顶修道，《天台山记》，《大正藏》第51册，第1055页。

选择佛陇作为寺址后,最重要的修行又在天台山最高峰华顶完成。在此过程中,神仙洞府之助力,应当是被认真考虑的因素。慧思立誓愿文说:"为大乘故入深山,愿速成就大仙人。"神仙洞府想象不仅影响了道馆选址,对于想要借助于山神、神仙之力参禅的僧人来说,也显得颇为重要。

四 结语

"天下名山僧占多",是很久以来人们对于山岳信仰景观的一般印象。不过,从历史过程来说,中古早期山中寺院、道馆建筑的兴起,情形要复杂得多。山中寺院的出现虽然要早于道馆,但山林修道的传统却更为久远。早期山林修道者积累的山岳地理认识和信仰想象,成为影响山中寺馆起源及其空间格局的知识资源。

在一般性的山神观念基础上,随着山林修道的积累和神仙说的发展,至迟到东晋中期,一个想象中的山中神仙洞府体系已经出现。某些山岳被赋予特殊的信仰意义,山中有类似于世俗官府的神仙机构,统属于某位神仙。具体到天台山而言,就是桐柏真人王子乔及其治下的金庭宫府。相关文献中对其具体位置并无明确的说明,但在一般观念中,石桥是进入天台山神圣之地的重要入口。通往石桥的主要路线上,亦成为早期寺馆的重要分布地点。从某种意义上来说,这是一个"神仙知识塑造寺馆景观"的过程。

由于附会和误读,赤城山成为理解早期天台山信仰空间的关键环节。天台赤城山在司马承祯《天地宫府图》中位列第六大洞天,而东晋后期开始不断有僧人进入天台赤城山修行,至迟南齐时期已建有寺院,这种情况很容易让人想到佛教对道教神圣空间的占据问题。❶ 但事实并非如此。早期文献的记载很明确，第六洞天本来在罗江县霍山之赤城，天台赤城山的意义，最初只是"天台之南门"的地理坐标。实际上，天台赤城山并无任何有记载的道教活动，反而从东晋末期到陈代，一直是天台山最重要的佛教地点之一。佛教对天台山的早期开拓，并非是对道教神圣空间占据的结果。❷ 吉藏书信中对"赤城丹水，仙宅隩区"和"佛陇香炉，圣果福地"的区分，并不准确。

不仅如此，天台山信仰历史呈现出的另一个面相，是道教领域内积累发展的山岳认识和神仙洞府想象，在佛教领域内也产生了相当的影响。在葛洪的叙述中，山岳的神圣性来自于山神和仙人。昙猷和智𫖮的传记在继承这种观念的同时，将仙人叙述转换为神僧。这一点让人很感兴趣。进一步说，"洞天福地—神仙治所"构想，是中古早期神仙修道理论的重要发展，这种构想是否影响到后来山岳菩萨道场的形成？联系到北朝后期出现的月光童子在天台山、嵩山的想象，以及稍晚因《华严经》影响而出现的五台山与文殊菩萨道场的关系，这个问题值得进一步思考。不管如何，在备受争议的佛道关系史中，并不仅仅只有道教对佛教经典和寺院组织的吸收和借鉴，佛教显然也汲取了来自道教的神仙知识。正如佛典汉译需要借助于汉语世界已有的观念和词汇一样，生长于汉地知识环境中的僧人，其观念和行为亦无法避免本土文化资源的浸润和影响。

---

❶ 井上以智爲：《天台山に於ける道教と佛教》，《桑原博士還曆記念東洋史論叢》，第623—627 页。

❷ 陈朝光大年间慧思僧团进入"南岳"衡山后，也是避开了朱陵洞天附近的道馆集中之地。南朝道馆多由朝廷敕建或得到官僚士族支持，与朝廷、官府关系密切。在这种情况下，很难想象一般的佛教寺院能够占据空间上的优势。天台山佛教在陈隋两代的兴起，也是借助了朝廷和官府之力。由此推想，佛教、道教在山岳空间中的消长，应当也有朝廷宗教政策的因素，并不完全是信仰本身。

六朝会稽海岛的信仰意义

> 海中往往有山可依止曰岛。
> ——《说文解字》

　　死后往何处去,是一个具有人类普遍意义的终极关怀问题。古代中国民众对此有过多样的想象。自顾炎武揭示泰山治鬼观念以来,从魂魄二元论到死后归于泰山、蒿里,已广为学者所熟知。❶东汉地券中常见的"生人属西长安,死人属东太山"之说,更提示这种观念可能西汉已经存在。❷令人感兴趣的是,至迟6世纪开始,在泰山治鬼观念一直延续的同时,吐鲁番和南方一些地区的随葬文书中,出现了不少与"东海"有关的内容,如"若欲求海东头,若欲觅海西辟(壁)""东海畔上住""若要相寻讨,来东海东岸"。有的研究者据此提出,中古民众的冥世观念有过一个"从泰山到东

---

❶ 黄汝成:《日知录集释》(全校本)卷30"泰山治鬼"条,第1718—1720页。另参《陔余丛考》卷35"泰山治鬼",北京:中华书局,1963年,第751—752页;酒井忠夫:《泰山信仰研究》,金华译,游琪、刘锡诚主编:《山岳与象征》,第193—224页。

❷ 吴荣曾:《镇墓文中所见到的东汉道巫关系》,《先秦两汉史研究》,第362—378页;余英时:《"魂兮归来!"——论佛教传入以前中国灵魂与来世观念的转变》,《东汉生死观》,侯旭东等译,上海古籍出版社,2005年,第127—153页。

海"的变化过程。这种观念可能是先起源于南方，后来传入高昌地区的。❶

由于缺乏更直接的证据，上述随葬文书中的"东海"，是否可以推定为一处新的死者归所，仍存在争议。不过，不管性质是死者归所，还是与随葬文书有关的神仙居地，"东海"在民众死亡民俗中逐渐成为一项重要内容，则是可以确定的。如所周知，"东海"自战国以来即是传说中的神仙之乡，随葬文书中的"东海"，应当与此有关。❷ 尽管如此，何时、何地、为何会出现这种变化，仍是未解之谜。

一般来说，民众信仰的变化往往起源于生活环境的改变。随葬文书中的"东海"，至迟出现于6世纪前期的高昌，结合东晋升平五年（361）长沙潘氏墓出土衣物券中出现的"东海僮子书，书迄还海去"来看，❸ 这种观念很可能有更早的源头。这让人想到永嘉之乱后北方流民的南迁及其影响。如所周知，永嘉乱后迁徙到江南的侨民，主要就来自于琅邪、兰陵、彭城、东海等徐兖滨海地区。❹ 其中，东晋政权的缔造者"王与马"来自琅邪，宋齐梁皇室则出自彭城、兰陵侨民。京口附近还长期侨置有南徐州和南东海郡。这就提出一个令人极感兴趣的问题：侨民与"东海"之间，是否有某种内在的信仰关联？

《真诰》保存的茅山降神记录提示了一些值得注意的线索。在

---

❶ 刘安志：《从泰山到东海——中国中古时期民众冥世观念转变之一个侧面》，《唐研究》第十三卷，北京大学出版社，2007年，第369—395页；《吐鲁番所出衣物疏研究二题》，《魏晋南北朝隋唐史资料》第22辑，2005年，第151—157页。
❷ 刘昭瑞：《考古发现与早期道教研究》，第361—362页。
❸ 史树青：《晋周芳命妻潘氏衣物券考释》，《考古通讯》1956年第2期。
❹ 谭其骧：《晋永嘉丧乱后之民族迁徙》，《长水集》上册，第206—229页；葛剑雄主编：《中国移民史》第2卷，第307—412页。

《真诰》《周氏冥通记》和相关上清系经典的叙述中，东海方诸山和句容茅山、浙东桐柏山等名山洞天，共同构成了一组颇具想象力的仙界空间。方诸山位于会稽东南海中，主宰者"上相大司命"方诸青童地位特殊，是地上洞天和地仙的最高统率者。茅山、桐柏山等洞天中的仙人和修道者，都要接受方诸青童的巡视考核。那么，为何东海方诸山在上清神仙世界中居于如此特殊的位置？方诸山所代表的会稽海岛，究竟具有怎样的信仰内涵？❶进言之，其中是否蕴含着理解民众死亡民俗变化的线索？这是本章试图说明的问题。

一 "青徐之东海"与"会稽之东海"

首先需要明确的是，古代的东海概念比现在要大得多，大致包括今黄海和东海，广义上有时也包括渤海。❷江南侨民主要来自今黄海区域诸郡，《真诰》描述的海中神仙世界则集中于今东海区域。本章使用古代的东海概念，将前者称为"青徐之东海"，将后者称之为"会稽之东海"。实际上，这种海域区分不仅意味着地理空间

---

❶ 关于方诸山和方诸青童，已有神塚淑子和李丰楙颇具启发性的研究，神塚淑子：《方諸青童君をめぐって》，《六朝道教思想の研究》，第123—148页；李丰楙：《王母、王公与昆仑、东华：六朝上清经派的方位神话》，《仙境与游历：神仙世界的想象》，北京：中华书局，2010年，第106—174页。

❷ 《初学记》卷6《地部中·海》："东海之别有渤澥，故东海共称渤海。"第114—115页。今日中国近海区，分为渤海、黄海、东海、南海。其中，渤海、黄海分界在山东半岛庙岛群岛至辽东半岛南端老铁山角一线；黄海、东海则以长江口北角至韩国济州岛西南角为界；东海、南海以福建东山岛到台湾南端的鹅銮鼻为界，参看中国地理学会海洋专业委员会编：《中国海洋地理》，北京：科学出版社，1996年，第7—8页。这种海域划分观念定型于20世纪初期，此前并无"黄海"概念，参看王赛时：《山东海疆文化研究》，济南：齐鲁书社，2006年，第15—21页。

上的差异，也蕴含着丰富的信仰移动背景，成为探讨会稽海岛信仰内涵的前提。

汉代东海信仰的地理重心在"青徐之东海"。秦始皇三十五年（前212）曾在东海朐县建阙，以为秦之东门，❶汉晋一直于此设东海郡（国），说明当时观念中的东海中心正在此地。这里曾建有规模不小的东海神庙，东汉熹平元年（172）的《东海庙碑》，记载了东海相南阳桓君主持重修神庙的经过："凡尊灵祇，敬鬼神，实为黔黎祈福。……义民相帅，四面并集，乃部掾何俊、左荣□殿，作两传，起三楼。"❷根据碑阴所刻"阙者，秦始皇所立，名之秦东门阙，事在《史记》"来看，庙与阙是在一起的。❸四海之神在汉代被列入官方祀典，朐县的东海庙应即祭祀东海之神的主庙。

东海庙所祭祀的东海神，在文献中有不少记载。《拾遗记》称西汉惠帝二年（前193）有道士韩稚"越海而来，云是东海神使，闻圣德洽乎区宇，故悦服而来庭"。❹《梁武舆驾东行记》云："昔高骊国女来，东海神乘船致酒礼娉之，女不肯。海神拨船覆酒，流入曲阿，故曲阿酒美也。"❺这位想象中的东海主宰者，早在《山海经》中即有描述："东海之渚中，有神，人面鸟身，珥两黄蛇，践两黄蛇，名曰禺䝞。黄帝生禺䝞，禺䝞生禺京。禺京处北海，禺䝞处东海，是惟海神。"❻如同很多人格化的神祇一样，六朝时期的东

---

❶ 《汉书》卷28上《地理志上》"东海郡朐县"条，第1588页。参看辛德勇：《越王勾践徙都琅邪事析义》，《文史》2010年第1期。

❷ 《隶释》卷2《东海庙碑》，第30页。

❸ 此庙北宋时仍存，被称作植石庙，位于朐山"县北四里"，《太平寰宇记》卷22海州朐山县"植石庙"条："今石门犹存，倾倒为数段，在庙北百许步，今尚可识，其文曰：汉桓帝永寿元年，东海相任恭修理此庙。"第459页。

❹ 齐治平：《拾遗记校注》卷5《前汉上》，北京：中华书局，1981年，第113页。

❺ 《太平御览》卷46《地部十一·覆船山》，第222页。

❻ 《山海经·大荒东经》，第336页。

海神也有自己的家庭，《赵记》称飞龙山"每岁有疾风雹雨东南而行，俗传此山神女为东海[妇]，而三石人犹存，衣冠全具，其北即张耳故墟耳"❶，《博物志》则记周武王"梦妇人当道夜哭"，自称是"东海神女，嫁于西海神童"。❷

除了朐县的东海神庙，青徐滨海的海神祠庙还有不少。《汉书》卷28上《地理志上》记东莱郡临朐县有海水祠，《太平寰宇记》称在莱州掖县西北十七里。❸ 东莱郡临朐县在渤海南岸，此祠所奉是否为东海神，不详。此外，登州文登县南六十里有石桥海神，伏琛《齐记》称："始皇造桥，欲渡海观日出处，海神为之驱石竖柱，始皇感其惠，通敬于神，求与相见。"❹ 梁代郁洲岛东北有石鹿山临海，"先有神庙，妖巫欺惑百姓，远近祈祷"。❺ 这个神庙可能就是本名海祠，后来供奉谢禄的海神庙。❻

除了海神信仰，早期神仙说也集中于"青徐之东海"。《史记》卷28《封禅书》：

> 自威、宣、燕昭使人入海求蓬莱、方丈、瀛洲。此三神山者，其传在勃海中，去人不远；患且至，则船风引而去。盖尝有至者，诸仙人及不死之药皆在焉。其物禽兽尽白，而黄金银

---

❶《太平御览》卷45《地部十·飞龙山》，第218页。这位神君有时品行不端，《太平御览》卷882《神鬼部二·神下》引《列异传》称，他曾淫于葛陂神之妇，第3919页。

❷ 范宁：《博物志校证》卷7《异闻》，北京：中华书局，1980年，第84页。

❸《太平寰宇记》卷20莱州掖县"海神祠"条，第416页。

❹《太平寰宇记》卷20登州文登县"石桥海神"条，第409—410页。

❺《梁书》卷39《王神念传》，第556页。

❻《太平寰宇记》卷22海州东海县"谢禄庙"条："在县西一里谢禄山南岭上。本名海祠，后人改之，因名谢禄庙。"第464页。北宋东海县治郁洲岛，谢禄与石鹿音近，可能是同一神庙。庙本为海祠，后奉祀谢禄。谢禄是东海人，新莽末年与樊崇等起兵为"盗贼"（《后汉书》卷11《刘盆子传》，第478页）。

为宫阙。未至，望之如云；及到，三神山反居水下。

《列子·汤问》则称"渤海之东不知几亿万里，有大壑焉"，"名曰归墟"，其中有五山，名为岱舆、员峤、方壶、瀛洲、蓬莱。❶ 两说虽然有出入，但这些神山均位于"勃海中"是一致的。《汤问》称神山位于渤海之东；《封禅书》则称其"去人不远"，又云齐人李少君游于海上，见神仙安期生。根据这些推测，三神山当位于今渤海、黄海交界处的列岛之中。需要指出的是，汉代三神山主要与不死之药有关，❷ 仙人形象并不清晰。《史记》卷118《淮南衡山列传》记徐福"伪辞"称其入海所求的是"海中大神"，这位"海神"带领徐福至蓬莱山，由于嫌"秦王之礼薄"，竟不予神药。

与此同时，汉代文献中很少记载"会稽之东海"的神祇或仙人。相关的最早记载，是《三国志》卷47《吴主传》载孙权派将军卫温、诸葛直率兵"浮海求夷洲及亶洲"，其中的亶洲，据长老传言，徐福将童男童女入海"求蓬莱神山及仙药，止此洲不还"，其洲之人"时有至会稽货布，会稽东县人海行，亦有遭风，流移至亶洲者"。这种观念显然是受到燕齐神仙说的知识影响，❸ 但并未提及海神或仙人。

由此来看，汉代的东海信仰地理呈现出明显的"中心—边缘"结构，中心是"青徐之东海"，"会稽之东海"则处于边缘。这种结构是政治影响的结果。有学者指出，由于古代黄淮海岸线远较今日

---

❶ 杨伯峻：《列子集释》卷5，北京：中华书局，1979年，第151—152页。
❷ 李晟：《仙境信仰研究》，成都：巴蜀书社，2010年，第49—51页。
❸ 孙权喜读《汉书》《史记》，对于神仙之说也颇为崇信。这次派卫温出海可能受到秦皇汉武影响，有寻求仙药的目的。关于孙权的神仙信仰，参看《三国志》卷47《吴主传》，第1148页；《太平广记》卷71"葛玄"条引《神仙传》，第441—444页。

地图6 六朝东海示意图
（葛少旗绘）

内切，会稽、琅邪间的航行更为便利，古代东海的航海活动是很发达的。❶ 勾践曾自称"东海役臣"，《越绝书》中也有描述航海艰难的记载。❷ 航海必然要祈福于海神。可以推想，"会稽之东海"一定也会有相应的海神祭祀祠庙。遗憾的是，由于秦汉帝国的政治中心位于黄河流域的长安、洛阳一线，"会稽之东海"作为边缘之地，其信仰活动并不被重视，文献记载较少。东海信仰地理正是秦汉帝国政治地理的反映。❸

这种情况在魏晋时期发生了很大的变化。传为东方朔所撰的《十洲记》，由于明显的上清色彩，一般认为是东晋中期以后的作品。❹ 其中"瀛洲"条说：

---

❶ 辛德勇：《越王勾践徙都琅邪事析义》，《文史》2010年第1期。
❷ 《越绝书》卷4《计倪内经》对于航海之险有生动的描述，李步嘉：《越绝书校释》，武汉大学出版社，1992年，第96页。
❸ 关于汉晋时期滨海地带的宗教信仰状况，参看卢云：《汉晋文化地理》，西安：陕西人民教育出版社，1991年，第143—250页。
❹ 李丰楙：《〈十洲记〉研究》，《仙境与游历：神仙世界的想象》，第264—317页。

瀛洲在东海中，地方四千里，大抵是对会稽，去西岸七十万里。上生神芝仙草。又有玉石，高且千丈，出泉如酒，味甘，名之为玉醴泉，饮之数升辄醉，令人长生。洲上多仙家，风俗似吴人，山川如中国也。❶

这里说瀛洲在"大抵是对会稽"的东海中，与《史记》《汉书》所载瀛洲在渤海中的说法不同。蓬莱，《十洲记》称位于东海之东北岸，而司马承祯《天地宫府图》记七十二福地有玉溜山，"在东海，近蓬莱岛，上多真仙居之，属地仙许迈治之"，❷ 杜光庭《洞天福地岳渎名山记》则称其"在温州海中"。❸ 许迈是句容人，在浙东桐柏山仙去，由他所治的玉溜山亦应当在会稽东海之中。玉溜山附近有蓬莱岛。❹ 此外，《十洲记》称，方丈位于东海中心、为"三天司命所治之处"，《真诰》则云，方丈山与八渟山、沧浪山"相连比"，而八渟山在"沧浪山之东北、蓬莱山之东南"。❺ 这样就出现了一个有趣的现象：方丈、蓬莱、瀛洲三神山，似乎都从"青徐之东海"迁徙到了"会稽之东海"。❻

---

❶《道藏》第 11 册，第 51 页。
❷《云笈七签》卷 27《洞天福地·七十二福地》，第 620 页。
❸《道藏》第 11 册，第 58 页。
❹ 玉溜山或即陶弘景选择炼丹的永嘉木榴屿，即今浙江玉环岛，参看任林豪、马曙明：《台州道教考》，北京：中国社会科学出版社，2009 年，第 43 页。
❺ 吉川忠夫、麦谷邦夫编：《真诰校注》卷 14《稽神枢第四》，第 466 页。方丈山有方丈台，为李夫人所居，"治方丈台第十三朱馆中"，吉川忠夫、麦谷邦夫编：《真诰校注》卷 3《运象篇第三》，第 80 页。
❻ 还有扶桑，《十洲记》记扶桑"在东海之东岸"，"上有太帝宫，太真东王父所治处"，《道藏》第 11 册，第 53—54 页。扶桑的方位，《华阳陶隐居内传》卷中曾提及："尝闻《五岳图》云，霍山是司命府，必神仙所都。乃自海道往焉。过牛岑，出海口，东望扶桑。"《道藏》第 5 册，第 507 页。陶弘景是从永嘉前往闽北霍童山，所出"海口"就在永嘉。可知扶桑位于会稽东南海中。

海中神山的地理迁移，让人联想到汉末特别是永嘉之乱后神仙道士向江南的迁徙。干（于）吉就是一位汉末从琅邪来到"吴会"的道士。❶《抱朴子内篇》卷4《金丹》说："往者上国丧乱，莫不奔播四出。余周旋徐豫荆襄江广数州之间，阅见流移俗道士数百人矣。"《神仙传》中记有不少神仙道士南移的行迹。由于炼丹等实际需要，道士们对于名山十分留意，如《抱朴子内篇》卷4《金丹》：

> 古之道士，合作神药，必入名山，不止凡山之中……若不得登此诸山者，海中大岛屿，亦可合药。若会稽之东翁洲、亶洲、纻屿，及徐州之莘莒洲、泰光洲、郁洲，皆其次也。今中国名山不可得至，江东名山之可得住者，有霍山，在晋安；长山、太白，在东阳；四望山、大小天台山、盖竹山、括苍山，并在会稽。

葛洪选择名山的标准，是否适合炼丹是一个重要因素。修行炼丹对于环境有一定要求，需要有稻田及其出产的米糠，《华阳陶隐居内传》提到，永康兰中山"良可居，唯田少，无议聚糠"；霍山，"人稀田寡，复以无糠为患"；楠溪青嶂山，"爱其稻田，乃居"；东海木榴屿，"大有古旧田塸，孤立海中，都无人居，甚可营合"。❷永嘉之乱，"中国名山不可得至"，神仙道士需要在江南寻找合适的修道、炼丹之地，会稽名山和海岛成为最佳选择。这成为会稽海岛登上信仰舞台的重要契机。

关于地名移位背后的信仰移动，《神仙传》记载的麻姑传说值

---

❶《三国志》卷46《吴书·孙策传》注引《江表传》，第1110页。
❷《华阳陶隐居内传》卷中，《道藏》第5册，第507页。

得注意。麻姑是古代很著名的女神,唐宋以来麻姑信仰的核心地,是在江西抚州的麻姑山。❶ 而麻姑事迹最早的记载,见于葛洪的《神仙传·王远传》中,神仙王远(王方平)是东海郡人,在故乡仙化后,准备去浙东括苍山,途经吴郡,在郡民蔡经家召来"年可十八九许"的女神麻姑:

> 引见经父母兄弟,因遣人召麻姑,亦莫知麻姑是何人也。言曰:"王方平敬报:久不到民间,今来在此,想姑能暂来语否?"须臾信还,不见其使,但闻信语曰:"麻姑载拜,不相见忽已五百余年,尊卑有序,拜敬无阶。烦信承来在彼,食顷即到。先受命当按行蓬莱,今便暂往,如是当还,还便亲觐,愿未即去。"如此两时,闻麻姑来。……麻姑自说云:"接侍以来,已见东海三为桑田。向到蓬莱,又水浅于往日会时略半耳,岂将复为陵陆乎?"远叹曰:"圣人皆言海中行复扬尘也。"❷

麻姑的神职显然与东海有关。麻姑按行的东海蓬莱,结合前面的讨论,应该是在"青徐之东海"。从蔡经及其家人"莫知麻姑是何人"的反映来看,麻姑显然也并非当地熟悉的神仙。这就让人怀疑,神职与"青徐之东海"有关的麻姑,会不会与东海郡人王方平一样来自北方,属于神仙南渡叙事的内容之一?

令人感兴趣的是,北朝时期沧州有关于麻姑海神的祭祀祠庙。

---

❶ 江西抚州麻姑山的神祠祭祀出现时间较晚,到唐代才逐渐兴盛,参看曹洪亮:《麻姑考辨》,《宗教学研究》2006 年第 1 期。

❷ 《太平广记》卷 7 "王远"条引《神仙传》,第 46—47 页;胡守为:《神仙传校释》卷 3 "王远"条,第 93—94 页。《神仙传》另有麻姑传记,应是从王方平传记中摘录相关内容而成。

《魏书》卷 106 上《地形志上》沧州浮阳郡章武县条云：

> 有汉武帝台。……大家姑祠，俗云海神，或云麻姑神。

可知北魏时期沧州章武县的海神祠又名大家姑祠，也被称作麻姑神。熊会贞指出："汉曹大家，家与姑同。《地形志》下姑字衍。《寰宇记》，清池县有麻姑城，引《郡国志》，即汉武东巡祀麻姑，故有此名。……《一统志》，麻姑城在沧州北。"❶ 熊氏认为姑字衍文，并无证据。沧州一带的麻姑信仰至今仍很兴盛，存有多处与麻姑有关的地名，如黄骅市有大麻姑、二麻姑等村镇，❷ 海兴县小山（马骝山）有供奉麻姑、郝姑和天妃的三姑庙。❸ 由此可见，沧州的麻姑信仰应当是至迟自北魏延续至今。

除了章武，登州地区很早也有麻姑传说。《太平寰宇记》卷 20 登州牟平县"大昆仑山"条引《仙经》："姑余山，因麻姑曾于此山修道上升，有余址尚在，因以为名。后代以姑余、昆仑声相类而俗名。"此地的麻姑传说应当也有较早的历史。

与麻姑传说相关的，是文献中记载的"东海姑"或"东海圣姑"。《八朝穷怪录》记齐明帝时延陵季子庙东壁壁画有女神，题为"东海姑之神"。❹《水经注》卷 40"渐江水"条记会稽山下有禹庙，"庙有圣姑像"，并引《礼乐纬》："禹治水毕，天赐神女，圣姑即其像也。"禹庙圣姑又称东海圣姑，传说她乘船自海中而来，《会稽

---

❶ 杨守敬、熊会贞：《水经注疏》卷 9《淇水》，第 887 页。
❷ 《沧州地名志》，河北省沧州地区地名办公室编辑出版，1983 年，第 187—188 页。
❸ 详见海兴新闻网对三姑庙遗址的介绍（http://cz.hebei.com.cn/system/2014/06/11/013499030.shtml）。
❹ 《太平广记》卷 296"萧岳"条引《八朝穷怪录》，第 2357 页。

记》:"东海圣姑从海中乘舟张石帆至。二物见在庙中。"❶ 这种从海中乘船而来的传说,让人想到庾信所说的"当学海神,逐潮风而来往"。❷《高僧传·竺慧达传》载,西晋建兴元年(313)"吴淞江沪渎口"有石像浮来,"渔人疑为海神,延巫祝以迎之,于是风涛俱盛,骇惧而还。时有奉黄老者,谓是天师之神,复共往接,飘浪如初"。❸ 此事发生于吴县沪渎口,即吴淞江入海口处。❹ 此事与东海圣姑"从海中乘舟张石帆至",颇有可比之处。迎接的当地渔民也误认为是海神,他们求助于巫祝,准备歌舞和酒食迎神,结果扫兴而归。

麻姑与东海姑之间是否有某种信仰关联?《神仙传》中提到麻姑"手爪似鸟",与《山海经》所记东海神"人面鸟身"相类。二者也都是年轻女性形象。东海姑配祀于江南的著名圣王祠庙——会稽禹庙、延陵季子庙之中,这一现象也让人想到湘水女神与舜之二妃传说的复合关系。❺ 换言之,麻姑会不会原本是渤海、黄海毗邻地区的女性海神,后来被纳入道教神仙系统,随着北方流民南迁传入江南?

遗憾的是,由于缺乏更明确的史料,这个问题目前仍难以落

---

❶《太平御览》卷47《地部十二·涂山》,第227页。本条又略见于同书卷770《舟部三·叙舟下》引《郡国志》,第3413页。石帆可以理解为"破石为帆",《太平寰宇记》卷99温州永嘉县"石帆"条引《郡国志》:"东海信郎神破石为帆。今东海有信郎祠,即是也。"第1979页。其事与东海圣姑相类。此外,石帆也是一种海岛植物名,《文选》卷5左思《吴都赋》注引《异物志》:"石帆生海屿石上,草类也,无叶,高尺许。"第85页。

❷《艺文类聚》卷32《人部十六·闺情》引庾信《为上黄侯世子与妇书》,第572页。

❸《高僧传》卷13《兴福·竺慧达传》,第478页。

❹《太平寰宇记》卷91苏州吴县"沪渎"条引《吴郡记》,第1822页。

❺ 拙撰:《洞庭古祠考——中古湘水下游的祠庙景观》,《历史人类学学刊》第10卷第2期,2012年。

实。❶ 结合本节前面的讨论来看，神仙道士南迁和麻姑传说的背后，与"青徐之东海"信仰世界的南移，应当存在某种联系。汉末特别是永嘉乱后进入江南的侨民，主要来自于徐兖地区即"东海郡"周边。他们迁徙到江南时，将原有信仰带入江南，是很自然的现象。这带来"东海"信仰地理的变化。不过，南东海郡虽然侨置于京口周边地区，但由于长江口附近海岸多滩涂，缺少构建神仙世界所需要的海岛环境。会稽东南海中岛屿众多，更符合海中仙岛的想象。本来位于渤海、黄海交界处的蓬莱、方丈、瀛洲三神山，可能因此被"移置"到了这里。明确了这一点，再来观察《真诰》中的海岛仙府和名山洞天世界，就变得饶有趣味。

二　方诸、句曲与桐柏
——神仙"州郡"的空间构成

《真诰》中构建了一个具有明确空间的神仙世界，位于会稽东海中的方诸山处于统御地位，浙东桐柏山、句容茅山等名山洞天则为其属，共同构成了类似于世间州郡的"政区"统辖关系。《周氏冥通记》卷2"六月十九日"条：

> 刘曰："来月三日，当往东华呈学簿，当［学］（与）陶夫人相过。"子良问："何学簿？"曰："是易迁中教仙人，学业

---

❶ 任昉《述异记》卷上称："济阳山有麻姑登仙处，俗说山上千年金鸡鸣，玉犬吠。"《丛书集成新编》第82册，第34页中栏，《太平御览》卷905《兽部十七·狗下》引《述异记》，文字小异，多出"汉末皆云淮南王升仙其处，鸡鸣天上，犬吠云中"一句，第4013页。济阳山具体在何处，不详。

有进退之簿。二月日多一呈，呈东华大司命，入月三是此二月之最，至九月复呈，如此周而复始。"

"刘"是指茅山仙宫易迁宫的右嫔刘夫人，❶"东华"指东海方诸山的东华宫，即方诸青童居地。❷据刘夫人之说，茅山易迁宫仙人要去方诸山呈送仙人学业"进退之簿"。这种"学簿"每两个月一交，时间是单数月的月初。这种想象来自于官府簿籍，《周礼·天官·宰夫》称"岁终则令群吏正岁会，月终则令正月要，旬终则令正日成"，出土汉晋简牍则有月簿（月旦簿）、季簿（四时簿）、年簿（岁会簿）等多种。❸刘夫人呈的"学簿"为两个月总计簿，所谓"二月之最"。❹这种簿籍呈送关系，表明茅山仙人受东海青童的统辖。

东海青童或称东海青华小童，是东海方诸山的神仙主宰。他在方诸山的宫府，是司命聚集之所。《真诰》卷9《协昌期第一》："大方诸宫，青君常治处也。其上人皆天真高仙，太极公卿诸司命所在也。"东海青童自叙其职能说：

> 余忝植昔因，旷劫贻果，曩辰恭承太上嘉命，试守青华之宫。紫云盖上，日月映傍。众仙玉女，妙行真人，侍卫左右，安乐自然。命登不死，位毗上君。统摄学生之人，奉迎太平后

---

❶ 麦谷邦夫、吉川忠夫编：《〈周氏冥通记〉研究（译注篇）》卷2"六月十九日"条，第108页。
❷ 《云笈七签》卷11《三洞经教部·上清黄庭内景经》，第191页。
❸ 王素：《长沙吴简中的"月旦簿"与"四时簿"》，《文物》2010年第2期。
❹ 麦谷邦夫、吉川忠夫编《〈周氏冥通记〉研究（译注篇）》已指出此点，第112页。"最"有总计之意，常用于簿籍，《汉书》卷64上《严助传》："陛下不忍加诛，愿奉三年计最。"晋灼注："最，凡要也。"第2790页。

圣。宫内东殿金房玉格，有宝经三百卷，玉诀九千篇，无数文诰，弥劫不穷，妙理要方，备在此内。❶

由此可知，方诸青童是奉更高的仙界统治者"太上"之命，以方诸宫为"治所"，管理着"学生之人"，即修学长生仙道之人。而"奉应太平后圣"，则透露出青童的地仙最高统率者身份，或许与道教终末论思想有关。❷青童的活动之一，是巡视各处洞天中的地仙和修行者，《真诰》对此有不少记载，如："东海青童君曾乘独飙飞轮之车，通按行有洞台之山，皆埋宝金白玉各八九千斤于市石左右四面，以镇阴宫之岭。诸有洞天皆尔，不但句曲而已。……青童飙轮之迹，今故分明。"又说："易迁、童初二宫是男女之堂馆也，其中闲静。东海青童君一年再游，校此诸宫，观见群辈也。"❸方诸青童"一年再游"茅山的时间，可知者有正月二十三、三月十八、十二月二日等。❹在陶弘景的《真灵位业图》中，东海青童与大茅君、许穆等同居第二阶之左，而位次在其前，❺据此并结合上述记载来看，青童在仙界的职位近似于魏晋时期的州刺史，茅山、桐柏山等洞天则类似于郡县。《大洞真经》第三十四章经释说："东华者，仙真之州也，在始晖之间，高晨玉保王所治也。"❻这里所说的"州"可能是泛指，但似乎也可以理解为仙界州郡之"州"。

关于这个仙界州府的内部情形，《真诰》卷9《协昌期第一》有

---

❶ 《云笈七签》卷3《道教本始部·左乙混洞东蒙录》，第37页。
❷ 神塚淑子：《方諸青童君をめぐって》，《六朝道教思想の研究》，第137—142页。
❸ 吉川忠夫、麦谷邦夫编：《真诰校注》卷11《稽神枢第一》、卷13《稽神枢第三》，第362、404页。
❹ 吉川忠夫、麦谷邦夫编：《真诰校注》卷12《稽神枢第二》，第391页。
❺ 《洞玄灵宝真灵位业图》，《道藏》第3册，第273页。
❻ 《云笈七签》卷8《三洞经教部·经释》，第141页。

概括的说明。根据描述,方诸山呈正方形,这是方诸一名的由来:

> 饶不死草、甘泉水,所在有之,饮食者不死。青君宫在东华山上,方二百里中,尽天仙上真宫室也,金玉琼瑶,杂为栋宇。……方诸东西面又各有小方诸,去大方诸三千里……亦各别有青君宫室,又特多中仙人及灵鸟、灵兽辈。大方诸对会稽之东南,小看去会稽岸七万里,东北看则有汤谷建木乡,又去方诸[六](十)万里。

可知方诸山由大小方诸构成,青童宫府在大方诸,同时小方诸也有其别宫。这种宗教想象力当然是来源于世间宫府。不过,从海中诸仙山宫府的空间描述来看,似乎也有一定地理认识基础。比如,大方诸之西的小方诸之上,"多有奉佛道者。有浮图,以金玉镂之。或有高百丈者,数十[曾](层)楼也。其上人尽孝顺而不死,是食不死草所致也"。❶ 会稽滨海的航海活动发达,相关海岛知识可能影响到道士们对方诸山的想象。❷

东海方诸山与茅山、桐柏山等名山洞府的联系,一方面是通过方诸青童的"按行"巡查,另一方面也是最日常性的途径,是通过"司命"仙职的管理。《周氏冥通记》卷3"七月九日"条记定录君之言:

---

❶ 吉川忠夫、麦谷邦夫编:《真诰校注》卷9《协昌期第一》,第299页。
❷ 六朝文献中有不少关于海岛异境的记载,如《博物志》卷10《杂说下》:"旧说云天河与海通。近世有人居海渚者,年年八月有浮槎去来,不失期,人有奇志,立飞阁于查上,多赍粮,乘槎而去。"同书卷2《外国》:"骥兜国,其民尽似仙人。帝尧司徒。骥兜民常捕海岛中,人面鸟口,去南国万六千里,尽似仙人也。"范宁:《博物志校证》,第111、21页。

> 昨东华集诸司命及土地神灵典司之徒，检课简录，见天下民人为善者，五十分无一，而况于神仙，万万之不过两三耳，其中功夫已成而复落除者亦不少。

司命一职是连接神仙世界与世俗世界的关键，其身份类似于负责检课民众户籍的官僚，此点下节还有讨论，暂不多说。他们大都居于方诸山，只有少数几人在世间洞天之中。❶《真诰》卷9《协昌期第一》"大方诸宫"条陶弘景注：

> 霍山赤城亦为司命之府，惟太元真人、南岳夫人在焉。李仲甫在西方，韩众在南方，余三十一司命皆在东华，青童为太司命总统故也。杨君亦云东䡢执事，不知当在第几[住]（位）耳。

东华青童"总统"的三十多位司命中，绝大多数也在方诸宫，只有大茅君、魏华存、李仲甫、韩众等少数几人在外。❷ 李仲甫、韩众驻地的具体情况不详，大茅君、魏华存则都在"霍山赤城"。此山具体所在有不同说法，一般认为在今福建宁德霍童山，《华阳陶隐

---

❶《十洲记》称，方丈亦是"三天司命所治之处。群仙不欲升天者，皆往此洲受太玄生箓"，《道藏》第11册，第53页。《周氏冥通记》卷2"六月二十九日夕"条称，东华仙侯韩惠期"领东宫诸簿录，治方丈第八玄宫中"，卷4"八月十九日"条又说周子良梦到方诸，访问韩惠期，"见告簿籍事"，麦谷邦夫、吉川忠夫编：《〈周氏冥通记〉研究（译注篇）》，第126、181页。据此方丈似即方诸。但梁武帝《上云乐》七曲，《方丈曲》《方诸曲》并列（《乐府诗集》卷51《清商曲辞八》，第745页），《登真隐诀》亦将方诸东华山的拂那瑶台与东海方丈山的方丈台并列（《上清道类事相》卷3《宝台品》引《登真隐诀》，《道藏》第24册，第886页），可知方丈、方诸二者有别。《周氏冥通记》的记载令人困惑。

❷ 张超然提出，可能存在司命辖区这一观念，《系谱、教法及其整合：东晋南朝道教上清经派的基础研究》，第138—150页。

居内传》卷中:"尝闻《五岳图》云,霍山是司命府,必神仙所都。乃自海道往焉。"又引《名山记》:"霍山在罗江县,高三千四百丈,上方八百里,东卿司命茅君所居。"❶ 霍童山位于福建东北部滨海地带,属于"会稽之东海"的范围。

《真诰》对霍山赤城的具体描述很少,而特别推崇茅山和桐柏山,所谓"越桐柏之金庭,吴句曲之金陵,养真之福境,成神之灵墟也"。❷ 茅山是大茅君原来的驻地,大茅君离开后由其弟定录、保命二君管理,地理明确,毋庸多言;桐柏山在"会稽东海际,一头亚在海中",陶弘景注:"此山今在剡及临海数县之境。亚海中者,今呼括苍,在宁海北鄞县南。"❸ 桐柏山洞府的主者是仙人王子乔,其中除了金庭馆,还有"众仙之游憩,典司之所治"的洞宫。桐柏山与茅山一样,也是东方青童统属之地,山中还有他的别宫。❹ 桐柏山的地位似乎比茅山还要高一些。东晋孙绰《游天台山赋》:"天台山者,盖山岳之神秀者也。涉海则有方丈、蓬莱,登陆则有四明、天台,皆玄圣之所游化,灵仙之所窟宅。"❺ 谢灵运《山居赋》注则说:"天台、桐柏,七县余地,南带海。二韭、四明、五奥,皆相连接。奇地所无,高于五岳,便是海中三山之流。"❻ 桐柏山之所以享有这种崇高的圣山地位,可能与其更靠近东海的地理位置有关。许迈与王羲之书云:"自山阴南至临安,多有金堂玉室,仙人

---

❶《道藏》第5册,第507页。参看施舟人(K.M. Schipper):《第一洞天:闽东宁德霍童山初考》,《中国文化基因库》,第133—145页。

❷ 吉川忠夫、麦谷邦夫编:《真诰校注》卷11《稽神枢第一》,第349页。

❸ 吉川忠夫、麦谷邦夫编:《真诰校注》卷14《稽神枢第四》,第465页。

❹ 麦谷邦夫、吉川忠夫编:《〈周氏冥通记〉研究(译注篇)》卷4"九月十五日"条,第187页。关于这个问题的进一步讨论,参看本书所收《"不死之福庭":天台山的信仰想象与寺馆起源》。

❺《文选》卷11孙绰《游天台山赋》,第163页。

❻《宋书》卷67《谢灵运传》,第1758页。

芝草，左元放之徒，汉末诸得道者皆在焉。"❶ 陶弘景对桐柏山和浙东滨海就非常向往。❷ 他两次前往浙东，特别是天监年间的一次，最终选定木榴屿准备长期居住。❸ 这些都显示出会稽滨海在神仙世界中的意义。

总之，在上清系的神仙世界想象中，东海方诸山与桐柏山、茅山等洞天，形成了一个层级分明的神仙官府体系。《真诰》卷11《稽神枢第一》：

> 句曲洞天，东通林屋，北通岱宗，西通峨嵋，南通罗浮，皆大道也。其间有小径杂路，阡陌抄会，非一处也。汉建安之中，左元放闻传者云江东有此神山，故度江寻之，遂斋戒三月乃登山，乃得其门，入洞虚、造阴宫，三君亦授以神芝三种。元放周旋洞宫之内经年。宫室结构，方圆整肃，甚惋惧也："不图天下复有如此之异乎！神灵往来，相推校生死，如地上之官家矣。"

左慈所云"如地上之官家"，可以理解为句曲洞天之内的宫室和负责文书考校的仙人，共同组成了一个类似世间官府的官僚机构。关于茅山定录府、保命府的仙官设置，在《真诰》中有细致描述，如定录府"官寮有左右理中监，准今长史、司马职。又有北河司命，

---

❶《晋书》卷80《王羲之传》，第2107页。"临安"在山阴之西，不当南至，当为"临海"之误。《云笈七签》卷106《许迈真人传》称其先在山阴县山中修行，后移往临海赤山，第2312页。

❷ 陶弘景对于桐柏山表现出强烈向往之意，并因为已经选择茅山而感到有些遗憾："然既得已居吴，安能复觅越？所以息心。"吉川忠夫、麦谷邦夫编：《真诰校注》卷14《稽神枢第四》，第465—466页。

❸《华阳陶隐居内传》卷中，《道藏》第5册，第507页。

主水官考。此职常领九宫禁保侯，禁保侯职主领应为种民者"；保命府则"多女官，司三官。官属有七人，四女三男明晨侍郎七人。如今世上御史中丞之职，并隶东华方诸宫，保命君总关之耳"。❶ 这些真人诰示除了明确指明两府官僚的名号，还将有的仙官官号与世间官号进行比附，由此也可以见出神仙世界想象的官制来源。

方诸青童的"太司命总统"地位，使其成为修仙者膜拜的对象。《真诰》提到："东海青童君，常以丁卯日，登方诸东华台四望。子以此日常可向日再拜，日出行之，可因此以服日精。"❷ 朝拜者对于方位也很讲究："其方诸山既在会稽东小近南。若夏月日出东北，乃不可每正向日出，要当向山所在为之。值雨雪则于静室中存而朝之。"❸ 朝拜者要根据四季日出时间而调整方向。司马承祯临死前告其弟子说："吾自玉霄峰东望蓬莱，常有真灵降驾。今为东海青童君、东华君所召，必须去人间。"❹ 徐陵撰文的《天台山馆徐则法师碑》则提到，法师羽化后，"金绳玉版，受谒帝之符；龙驾霓裳，处仙宫之箓"，"来去三岛，宾游二童"，❺ 表达的都是修道者死后对东海方诸山的向往。❻

方诸、句曲与桐柏构成的神仙"州郡"及其空间构成，具有十

---

❶ 吉川忠夫、麦谷邦夫编：《真诰校注》卷12《稽神枢第二》，第386—390页。关于茅山洞府的仙官构成，参看神塚淑子：《『真誥』について》，《六朝道教思想の研究》，第33—52页。
❷ 吉川忠夫、麦谷邦夫编：《真诰校注》卷9《协昌期第一》，第292页。
❸ 《云笈七签》卷41《七签杂法·朝青童君》，第907页。
❹ 《云笈七签》卷113下《司马承祯传》，第2507页。《续仙传》卷下《司马承祯》文字略有差异，《道藏》第5册，第92页。
❺ 《艺文类聚》卷78《灵异部上·仙道》，第1343页。
❻ 会稽海岛中有道士修行，《南史》卷7《梁本纪中》："时海中浮鹄山，去余姚岸可千余里，上有女人年三百岁，有女官道士四五百人，年并出百，但在山学道，遣使献红席。"第225页。

分特别的信仰意义。从《太平经》等早期道教文献来看,神仙世界的官僚体制化汉代已经形成,天上仙府包括命曹、寿曹、善曹、恶曹等机构,余英时指出,这是受到汉代尚书诸曹制度的影响。❶ 这些仙曹仍只是抽象的存在。❷《真诰》中构建的,则是依存于会稽海岛和名山等具体地理空间内的神仙官府。这种构想在《太平经》中可以看到一些萌芽,如书中提到,天上、地下及远近名山大川都有"官舍邮亭以候舍等",天上的"舍神仙人",地下的"舍太阴善神善鬼",名山大川的"舍天地间精神人仙未能上天者"。❸ 而从位于名山大川中以处"人仙未能上天者"的官舍邮亭,具体化为会稽海岛和名山洞天中的神仙宫府(治所),显然是道教神仙学说的一个重要发展。❹ 值得注意的是,这个神仙"州郡"体系最早出现于江南地区,而不是汉代的神仙信仰中心青徐地区。

世俗官府通过官文书维系着日常的运作,仙界的官府也不例外。如前所述,茅山中的仙人每隔两个月要赴方诸山呈"学簿"。这有些类似于官府上计制度。官府文书运作会产生大量簿籍,《无上秘要》卷22《三界宫府品》称,方诸青宫"北殿上有玉架,架上有学仙者簿录及玄名年月日深浅";玉保青宫"有学仙品目进叙及退降簿录"。❺ 刘夫人所呈的"学簿",应当就是玉保青宫架上的学仙簿录。宫府中的簿籍设有专门的管理者,如方诸青宫簿籍就由领

---

❶ 余英时:《"魂兮归来!"——论佛教传入以前中国灵魂与来世观念的转变》,《东汉生死观》,侯旭东等译,第144页。

❷ 关于《太平经》中的神仙体系,参看林富士:《〈太平经〉的神仙观念》,《"中央研究院"历史语言研究所集刊》第80本第2分,2009年。

❸ 王明编:《太平经合校》卷120至卷136,第698页。

❹ 参看李丰楙:《王母、王公与昆仑、东华:六朝上清经派的方位神话》,《仙境与游历:神仙世界的想象》,第168—169页。

❺ 《无上秘要》卷22《三界宫府品》,周作明点校,北京:中华书局,2016年,第262—263页。

仙玉郎"典之"。周子良被任命的仙职是保籍丞，也属于此类，茅山定录府司职鬼神的"范帅"，对这个职位曾有过一个评论："闻二君及府中诸监僚选卿为保籍丞，此位乃始立，以助领诸簿录。其任数小而高清为美，兼得宗庇真仙，二三为宜。"❶由此也可以体味到簿籍对于神仙宫府的重要性。

事实上，学道的意义也正体现在仙府簿籍之中。《方诸洞房行事诀》称："凡行洞房道七年，除死籍，上生名，刻方诸府。十八年，九精来下，云车见迎，白日登晨。"❷这里提到的"除死籍，上生名，刻方诸府"，就道出了东海方诸山的意义所在。关于方诸府的生籍与死籍，《左乙混洞东蒙录》有更细致的描述：

> 中三品总名簿录。检其上品，名"不死之录"，又名"紫字青文"，又名"青录紫章"，又名"紫书录文"，又名"玉简青符"。次有中品，名"长生之箓"，又名"黄箓白简"，又名"玉牒金篇"，又名"玉书金字"，又名"金文玉符"。次有下品，名"死籍之录"，一名"丹章玄牒"，一名"黑简朱文"，一名"赤目石记"，一名"勒退幽符"。知下品录名，得进入中品；知中品录名，即升上品。知识名题，尚能进品，况乃解了修行者乎？❸

上中下三品簿录，其级别差异在颜色上也有明确的区分。最高者紫字青简为"不死"，其次黄箓白简为"长生"，最下黑简朱文为"死籍"。所谓"除死籍，上生名"，可以理解为从下品"死籍之录"除

---

❶ 麦谷邦夫、吉川忠夫编：《〈周氏冥通记〉研究（译注篇）》卷1"其夕三更中"条，第47页。
❷ 《云笈七签》卷52《杂要图诀法·方诸洞房行事诀》，第1155页。
❸ 《云笈七签》卷3《道教本始·左乙混洞东蒙录》，第38页。

名，然后著录于上品"不死之录"或者中品"长生之箓"。❶ 周子良就经历了这样一个文书改注的过程。定录君语周子良云："此六日往东华，见尔名已上青简，乃位为保晨司，始吾徒也，不亦巍巍乎！" ❷ 对于修道者而言，能否除死上生，是关系到成仙抑或为鬼的头等大事。为了更好地说明这个问题，下面打算对生籍、死籍运作背后的仙府、鬼府权力关系稍做分析。

三　生籍、死籍的运作与仙府、鬼府的关系

保存在仙府中的各种名籍，其形成要经历一个文书运作的过程。修道者对此有过丰富的想象，《思修九宫法》说：

> 人有五籍五符，禀之帝君，五神执之，各主其一。间关本命，除死籍，上生名。常存五神，各捧一青玉案，上有我五符五籍。符长一寸广五分，籍长五分广一寸。存司命君左手把白玉简，右手执曾青笔，为我削除死录白简黑书，为我上生录白简青书。存符籍上有我州县乡里姓名年如干，青文绿字，分明了了。五神各捧案擎符籍，从六合宫中上入紫房宫中，对帝君

---

❶ 生籍、死籍的观念认识，可能来自于户籍的"落死上生",《陆先生道门科略》："奉道者皆编户著籍，各有所属，令以正月七日、七月七日、十月五日，一年三会，民各投集本治。师当改治录籍，落死上生，隐实口数，正定名簿，三宣五令，令民知法。"《道藏》第24册，第780页。参看冻国栋《道科"命籍"、"宅录"与汉魏户籍制的一个侧面——读陆修静〈道门科略〉札记之一》，《魏晋南北朝隋唐史资料》第12期，1993年。在户籍上"落死上生"，稍加联想就成为生籍、死籍的改注。

❷ 麦谷邦夫、吉川忠夫编：《〈周氏冥通记〉研究（译注篇）》卷3"七月九日夜"条，第144页。

前，以呈帝君。❶

这是由司命执笔改注名籍以及五神呈送名籍于帝君的场景。实际上，具体运作程序是相当复杂的。以周子良为例，先由茅山保命府根据仙界科格提出人选，经保命、定录两君省察后，"作赞"上于方诸山东华宫，请求"刻仙名"。东华宫"以七月七日会仙官，检名簿，因得尔品目，位合中仙，更奏上仙为保晨司"。再由有司提出可任仙官的牒文，方诸青童签署——"如牒"。有司据此作简文以呈报更高统率者"太上"，简文内容类似于任官文书："惟周太玄因业树兹，刻名仙简，为保晨司。"❷ 在这个复杂的过程中，东华宫的"会仙官，检名簿"是最关键之处，其经手者则是司命。

在仙府名籍上除死上生，并不意味着一劳永逸。如同官府的官僚考课制度一样，生籍的管理同样非常繁琐。定录君曾细致描述东华宫"上簿紫录"的管理情况：

> 有上上真录者五人，已落二人补地解，无复进补者。上中真者二十八人，[一]（已）落七人，二人补下仙，五人复还人中，唯上一人补耳。上下真者三百人，[一]（已）落二十六人，十一人补地解，十五人还民中，都复上八人耳。上上仙者二百一十一人，[一]（已）落四十二人，十二人补三官中职，六人成尸解，二十四人成贱民，都成五十人耳。上中仙者二百九十三人，[一]（已）落七十人，十人退成下仙，八人得尸解，五十一人还生民中，复上十一人耳。上下仙者四百三

---

❶《云笈七签》卷43《存思·思修九宫法》，第972—973页。
❷ 麦谷邦夫、吉川忠夫编：《〈周氏冥通记〉研究（译注篇）》卷3"七月十一日夜"条，第158页。

人,［一］(已)落七十八人,二十人为酆都所引,四人被考三官,五十四人还民间,复上十九人耳。始今月标落此诸人,须至分节。当上言太极,更记死录于太山。❶

这种想象力来自于官僚考课制度。根据定录君的说法,仙界的神仙要经常接受考核,不合格的面临降级的危险,有的甚至丧失仙人资格。而被刊落的上下仙七十八人中,竟有二十人被"酆都所引",四人被考三官。此外,还有不少"还民中",或成为贱民。这是很严厉的处置。如所周知,成为仙人也就意味着脱离鬼府和三官的掌握,《真诰》卷13《稽神枢第三》指出:"鬼帅武解,主者文解,俱仙之始也。度名东华,简刊上帝,不隶酆宫,不受制三官之府也。"仙人不合格被降级或取消仙人资格,很容易理解。而"上言太极,更记死录于太山"云云,就是说仙府可以直接将不合格者降入鬼府,表明鬼府也是隶属于仙府掌管的"官府"序列的。两者之间的关系究竟如何呢?

生籍、死籍的管理本是两套系统。陶弘景指出:

> 又按前刘夫人云"尔名上仙录已七十余年"。而今方云"太山始除死记生名"。寻此则仙简鬼簿,各各有名,仙简虽有而鬼簿不除,犹为未定。是故得上仙名,［函］(丞)有落除。或仙鬼两名俱正,便无复黜斥还民间,或充鬼役。若是周生今日之化,永保品矣。❷

据此,仙府中有生籍、死籍,鬼府中同样也有生籍、死籍,是两个不

---

❶ 麦谷邦夫、吉川忠夫编:《〈周氏冥通记〉研究(译注篇)》卷3"七月九日夜"条,第145页。

❷ 麦谷邦夫、吉川忠夫编:《〈周氏冥通记〉研究(译注篇)》卷2"六月二十四日"条,第122页。

同的管理系统。前者属于方诸山为代表的神仙洞府体系，后者则属于酆都、泰山为代表的鬼府体系。要想成为永保仙品的仙官，必须要在两套管理系统中都对名籍进行除死上生的改注。周子良是先在仙府除死上生，然后由泰山"除君死录，更纪生名"。❶不过，这种繁琐的双重簿籍改注程序，就连陶弘景也感到困惑，需要通过考证才能解释，可见并不为人熟知。一般观念中，大概只是仙府、鬼府各掌生死。《太平经》中神人语："天有生籍，亦可贪也。地有死籍，亦甚可恶也。生死之间，不可比也，为知不乎？"❷即道出了这种区分。

主管死籍的最高鬼府由北酆鬼王统领。《真诰》卷15《阐幽微第一》：

> 人初死，皆先诣纣绝阴天宫中受事。或有先诣名山及泰山江河者，不必便径先诣第一天。要受事之日，罪考吉凶之日，当来诣此第一天官耳。（陶注：此官是北帝所治，故后悉应关由。犹如今州县之狱，初虽各有执隶，终应送台定其刑书。）

这个纣绝阴天宫位于北方的罗酆山，具体位置据陶弘景所说，"正对幽州、辽东之北，北海之中，不知去岸几万里耳"，中有六天鬼神之宫，纣绝阴天宫位居第一。❸ 六天宫是北酆鬼王"决断罪人住处"，"凡生生之类，其死莫不隶之"。天宫同样也是通过官僚行政管理生死："此山外宫当是曹局，职司主领文簿，洞中内宫是住止

---

❶ 麦谷邦夫、吉川忠夫编：《〈周氏冥通记〉研究（译注篇）》卷2"六月二十四日"条，第121页。

❷ 王明编：《太平经合校》卷114"见诫不触恶诀"，第602页。

❸ 重庆丰都鬼城系附会《真诰》罗酆山而来，参看李远国：《丰都宗教文化与圣迹的调查报告》，傅飞岚（Franciscus Verellen）、林富士主编：《遗迹崇拜与圣者崇拜：中国圣者传记与地域史的材料》，台北：允晨文化公司，2000年，第357—405页；周晓薇：《丰都与酆都的演变及其地理文化》，《中国历史地理论丛》第22卷第3辑，2007年。

及考谪之处也。"陶弘景指出："今书家说有人死而复生者，并云初北向行，诣宫府考署，或如城［关］（阙）检课文书。"❶ 可知生民死后若未除去死籍，都要先去酆都鬼府，等候判别。

除了罗酆山，主管死后鬼簿的还有好几处，陶弘景说："至于地狱，所在尽有，不尽一处，泰山河海亦各有焉。"❷ 这个说法令人很感兴趣。在一般观念中，泰山府君掌管着鬼魂世界："领群神五千九百人，主治死生，百鬼之主帅也，血食庙祀所宗者也。世俗所奉鬼祠邪精之神，而死者皆归泰山受罪考焉。"❸ 而《真诰》中泰山府君的地位显然已经下降，成为北酆鬼王的下级。❹ 据陶弘景注，死者即便是先去泰山河海等地狱"报到"，最终的判别结果也都要汇总到酆都。泰山等地狱与酆都的关系，"犹如今州县之狱，初虽各有执隶，终应送台定其刑书"。这种观念是如何形成的呢？

"罗酆"最早见于《抱朴子内篇·对俗》，有"势可以总摄罗酆，威可以叱咤梁成"❺ 之说，可知罗酆鬼界说两晋之际已经存在。松村巧认为，这一观念来源于地下冥界、司命与北斗等传统信仰，并受到佛教地狱说的影响。而《真诰》中承袭、构想的罗酆鬼界，不仅是上清派的观念，同时也为灵宝派所接受，影响很

---

❶ 吉川忠夫、麦谷邦夫编：《真诰校注》卷15《阐幽微第一》，第469—470页。
❷ 吉川忠夫、麦谷邦夫编：《真诰校注》卷15《阐幽微第一》，第470页。
❸ 《云笈七签》卷79《符图·五岳真形图序》，第1791页。从早期的民众信仰观念来说，临近的山河江海都有可能成为鬼魂积聚之地，《山海经》称沧海中有度朔山，上有大桃木，"屈蟠三千里，其枝间东北曰鬼门，万鬼所出入也。上有二神人，一曰神荼，一曰郁垒，主阅领万鬼。恶害之鬼，执以苇索以食虎"，《论衡》卷22《订鬼》引《山海经》，上海人民出版社，1974年，第344页。泰山最初或是齐鲁地方的鬼魂归处，后来上升为全国性的信仰。关于东海度朔山，参看小南一郎：《桃の伝説》，《東方學報》72，2000年。
❹ 吉川忠夫最早注意到这一点，《五岳と祭祀》，《ゼロ・ビットの世界》，東京：岩波書店，1991年，第262—265页。
❺ 王明：《抱朴子内篇校释》（增订本）卷3《对俗》，第52页。

大。❶ 不过，为何酆都鬼王地位会在泰山府君之上，仍然令人困惑。从《真诰》来看，北方酆都鬼王和东方方诸青童，一为鬼府最高主宰，"正对幽州、辽东之北"，一为仙府"司命总统"，位于会稽东海之中，身份和空间方位呈现出显著的对应性。这就让人有一个猜想：北方酆都鬼王的地位，会不会与北方胡族统治者有关呢？此点虽然还无法证实，但南渡侨民的徐兖故乡沦为胡人统治，北方鬼王成为泰山府君上级，这种巧合确实耐人寻味。❷

更令人感兴趣的是，《真诰》中的北酆鬼府，权力并不独立。罗酆山有六天宫分治鬼神，而宫中的官僚设置和权力运作很值得注意：

> 二天宫立一官，六天凡立为三官。三官如今刑名之职，主诸考谪，常以真仙、司命兼以总御之也，并统仙府，共司生死之任也。大断制皆由仙官。❸

这里明确指出，鬼府的运作受到仙府的干预，仙府常常派出司命等仙人"总御"鬼府官僚。❹ 陶弘景对此解释说："所以隶仙官者，以

---

❶ 松村巧：《『眞誥』に見える「羅酆都」鬼界說》，吉川忠夫編：《六朝道教の研究》，第167—187页。
❷ 有趣的是，东胡族群也有死后归于北方的观念，《三国志》卷30《魏书·乌丸传》注引《魏书》："特属累犬，使护死者神灵归乎赤山。赤山在辽东西北数千里，如中国人以死之魂神归泰山也。至葬日，夜聚亲旧员坐，牵犬马历位，或歌哭者，掷肉与之，使二人口颂咒文，使死者魂神径至，历险阻，勿令横鬼遮护，达其赤山。"第833页。
❸ 吉川忠夫、麦谷邦夫編：《真诰校注》卷15《阐幽微第一》，第471页。
❹ 关于酆都鬼府的官僚组织，参看松村巧：《『眞誥』に見える「羅酆都」鬼界說》，吉川忠夫編：《六朝道教の研究》，第167—187页；都築晶子：《南人寒門・寒人の宗教的想像力について》，《東洋史研究》47-2, 1988年；赵益：《地下主者、冢讼、酆都六天宫及鬼官》，《古典文献研究》第11辑，南京：凤凰出版社，2008年。另外，关于早期天师道的鬼府官僚问题，参看Lai Chi-Tim（黎志添），"The Demon Statutes of Nüqing and the Problem of the Bureaucratization of the Netherworld in Early Heavenly Master Daoism"，*T'oung Pao*, 88.4-5（2002），pp.251-281。

为天下人不尽皆死，其中应得真仙，则非北帝所诠，或有虽死而神化反质者。如此皆在真仙家简录，故司命之职应而统之也。"不过，从"大断制皆由仙官"可知，仙官的权力是远在鬼府官僚之上的。如许迈受到三官考罚，危急之际，司命派中侯仙人李遵前来命令三官退去，就是一个很具体的事例。❶ 这样一来，酆都鬼府事实上已经沦落为仙界的附庸，失去了其权力独立性。

仙府深入鬼府的"仙官"，最重要的是司命。如大茅君所任的东岳司命，"监太山之众真，总括吴越之万神，可谓道渊德高，折冲群灵者也"。❷ 大茅君的名号是"太元真人东岳上卿司命真君"，太元真人相当于他的仙官"品阶"，东岳司命则是他的具体"职事"。关于司命处理生死的想象，在志怪小说中有不少记载。如南阳贾偶得病而亡，"有吏将诣太山，同名男女十人。司命阅呈，谓行吏曰：当召某郡文合来，何以召此人？可速遣之"。❸ 临淄蔡支到天帝太微宫殿，提到欲见其亡妻："帝即命户曹尚书，敕司命辍蔡支妇籍于生录中，遂命与支相随而去。乃苏归家，因发妻冢，视其形骸，果有生验，须臾起坐，语遂如旧。"❹ 这些可以看作是司命掌握鬼府权力的反映。

司命信仰的起源很早，可能源于古代的星辰信仰，❺ 大致可以理解为命运之神。《春秋佐助期》："司命，神，名为灭党，长八尺，

---

❶ 吉川忠夫、麦谷邦夫编：《真诰》卷4《运象篇第四》，第145—146页。
❷ 吉川忠夫、麦谷邦夫编：《真诰》卷12《稽神枢第二》，第384页。
❸ 李剑国：《新辑搜神记》卷21"贾偶"条，第354—355页。
❹ 《太平广记》卷375"蔡支妻"条引《列异传》，第2984—2985页。
❺ 张超然：《系谱、教法及其整合：东晋南朝道教上清经派的基础研究》，第122—126页。关于早期司命信仰的讨论很多，较近的研究，参看杨华：《楚简中的诸"司"及其经学意义》，《古礼新研》，北京：商务印书馆，2012年，第263—286页。

小鼻,望羊,多髭,癯瘦,通于命运期度。"❶ 东汉时期司命信仰呈现出明显的区域色彩,《风俗通义》卷8《祀典》:

> 今民间独祀司命耳,刻木长尺二寸为人像,行者檐箧中,居者别作小屋,齐地大尊重之,汝南余郡亦多有,皆祠以腊,率以春秋之月。

由此可知,东汉时期司命信仰在齐地尤为流行。太平道起源于青徐地区,受到这一信仰民俗影响,将其吸纳入早期道教理论之中,成为通关命运簿籍之神。❷ 说起来,司命就是仙界的官吏。就像民众通过官吏才能与朝廷接触一样,司命扮演的正是一个权力媒介的角色。葛洪提到,三尸"每到庚申之日,辄上天白司命,道人所为过失",司命通过三尸的汇报,"随事轻重","夺其算纪",❸ 正是地方官治理民籍的投影。

经由司命及其僚属,仙府、鬼界、人间保持了联系。神仙干预人鬼事务的观念,至迟汉代已很流行,东汉解注文中就常有天帝派使者给鬼魂下令,避免他们作祟生人的文辞,常见的如"生死各合

---

❶《后汉书》卷59《张衡传》注引,第1925—1926页。司命信仰的核心是"命",《白虎通》卷8"寿命":"命者,何谓也? 人之寿也,天命已使生者也。"陈立:《白虎通疏证》,第391页。不过,上引《张衡传》注引《搜神记》提到,有对夫妇"夜田者,天帝见而矜之",问司命是否可以使之致富,司命答曰:"命当贫,有张车子财可以借而与之期。"第1927页。说明司命掌握的不仅是生死。

❷《太平经》中对于司命掌管簿籍有不少记载,如卷56至卷64"阙题"有"生死有期,司命奉籍,簿数通书,不相应召"之说,王明编:《太平经合校》,第214页。同书卷1至卷17"种民定法本起"称;"行之司命注青录,不可司录记黑文。黑文者死,青录者生。生死名簿,在天明堂。"第4页。这里提到司命和司录分别掌管生死注籍。东岳司命大茅君之弟定录君似乎就是司录。

❸ 王明:《抱朴子内篇校释》(增订本)卷6《微旨》,第125—126页。

异处,无相害忤","生死异路,各有城郭","乐无相念,苦无相思"。❶ 不过,这种"命令"从性质上说只是一种临时性干预。像《真诰》这样通过司命等"仙官",将权力体制性、日常性地渗透到鬼府之中,则是一种新的观念。在仙官的干预下,掌控人命运和生死的权力,集中于"会稽之东海"的方诸山及其仙官,原先的鬼界信仰在某种程度上沦为"傀儡"。❷ 在《真诰》的这种"宗教想象"中,司命作为掌握生死权力的仙官代表,其信仰内涵与此前相比已经发生了很大的变化。❸

值得一提的是,由东海方诸山、北酆鬼都构成的仙府、鬼府二元图景,最早见于杨、许降神形成的真人诰示,时间则是东晋兴宁年间(363—365)。这时距离东晋建国已近五十年,第一代的徐兖移民已经或正在衰老死去。他们远离徐兖故土,死后往何处去?这大概是困扰着一代人的普遍问题。原先的死后归属之地——泰山,早已沦为胡族统治。即便是被任命"断制"泰山生死问题的司命仙

---

❶ 释文及图版摹写参看张勋燎:《东汉墓葬出土的解注器和天师道的起源》,张勋燎、白彬:《中国道教考古》(第一卷),北京:线装书局,2006 年,第 159—163 页;刘乐贤:《"生死异路,各有城郭"——读骆驼城出土的一件冥婚文书》,《历史研究》2011 年第 6 期。

❷ 仙界权力也不仅是向鬼界渗透,《十洲记》"方丈洲"条:"上有九源丈人宫,主领天下水神及龙蛇巨鲸阴精水兽之辈。"《道藏》第 11 册,第 53 页。司马承祯曾说:"岳者,山之巨镇,而能出雷雨,潜诸神仙,国之望者为之。然山林神也,亦有仙官主之。"《云笈七签》卷 113 下《司马承祯传》,第 2507 页。这是仙官权力向山神领地渗透的一个例子。在司马承祯的建议下,唐玄宗"诏五岳于山顶别置仙官庙",即五岳真君庙,以国家权力宣示了道教对山神领地的统治,参看雷闻:《郊庙之外——隋唐国家祭祀与宗教》,第 166—200 页。

❸ 关于道教司命的信仰内涵及其演变过程,参看张超然:《系谱、教法及其整合:东晋南朝道教上清经派的基础研究》,第 119—151 页;《全唐诗续拾》卷 14 卢象《紫阳真人歌并序》记有一个稍晚的司命信仰事例:"去年寝疾累日,冥然如梦,长男曾子求于神鬼,长请于天,窃司命之籍,与鬼神相竞而角抵焉。"诗云:"长男泣血求司命,少女颦眉诵《灵宝》。"《全唐诗》附录,北京:中华书局,1999 年,第 11096 页。

官——太元真人东岳上卿司命真君大茅君，也只能将自己的管理机构"侨置"于会稽东南滨海的霍山赤城。从这种角度考虑的话，《真诰》描述的新信仰图景，特别凸显"会稽海岛—吴越洞天"构成的信仰空间，并将"罗酆—泰山"鬼界体制性地纳入其统治，正契合了江南民众的信仰心理。杨、许降神约四十年后，孙恩据会稽海岛反乱，自号征东将军，号其党为"长生人"；军中妇女以"囊篾盛婴儿投于水"，告云："贺汝先登仙堂，我寻后就汝。"❶这里提到的"仙堂"与"长生"，似乎就显示出逐渐兴起的"会稽之东海"神仙世界对江南民众的吸引力。❷

四　结语

根据本章的讨论，6世纪以降吐鲁番和南方一些地区随葬文书中出现的"东海"，应当理解为"会稽之东海"，其背景则是东晋以后会稽海岛神仙世界的兴起。

汉代东海神仙信仰的中心本来在青徐滨海。东汉末年特别是永嘉之乱后，大量青徐流民移居江南，带来青徐滨海信仰民俗的"南迁"。道士们糅合青徐滨海神仙传说和司命信仰习俗而构建的神仙世界，依存于新的"乡土"空间——会稽海岛，与茅山、桐柏山等吴越洞天构成了类似于州郡的层级体系。与此同时，北方罗酆山成

---

❶ 《晋书》卷100《孙恩传》，第2632—2633页；冯君实：《晋书孙恩卢循传笺证》，北京：中华书局，1963年，第8—24页。关于孙恩、卢循之乱的信仰背景，参看宫川尚志：《孫恩・盧循の乱と当時の民間信仰》，酒井忠夫編：《道教の総合的研究》，第167—195页。

❷ 关于这个问题，还可以参看李丰楙富有想象力的讨论，《王母、王公与昆仑、东华：六朝上清经派的方位神话》，《仙境与游历：神仙世界的想象》，第168—169页。

为鬼界的中心,泰山成为其下级。而借助于司命等仙官的活动和生籍、死籍的文书运作,"会稽海岛—吴越洞天"的神仙权力体制性、日常性地渗透到"酆都—泰山"鬼界,使鬼界成为仙界的附庸。这种宗教想象通过道士们的日常活动,会逐渐对民众的信仰民俗产生影响。❶ 其直观表现之一,就是地券文、衣物疏中"东海"内容的出现。

在这种宗教想象与信仰民俗互动影响的过程中,道士这类特殊的民间知识精英起到了很大的作用。道士们构建的神仙世界从来都不是凭空想象的,而是有着非常具体的民俗基础。而民俗也并不意味着一定是底层民众本来的习惯和传统,它其实很容易受到精英文化的影响而发生变化。"会稽之东海"从"宗教想象力"走向民俗的过程,就体现了两者之间复杂的互动关系。笔者在讨论汉晋南方人名变迁时曾提出:"精英文化会吸纳民间文化的某些因素,以实现某种文化突破。而当突破完成后,新的精英文化会再次回馈到民间。"❷ 现在看来,这个结论也适用于中古信仰民俗的变迁。在讨论古代中国的大众文化时,民间知识精英与民俗的互动问题值得重视。

与此同时,这种变化所显示出的区域文化消长也很值得注意。如所周知,吴越地区在秦汉帝国的政治结构中长期处于边缘,文化进展相对迟滞。❸ 信仰世界也是如此,汉代滨海信仰的中心在青徐地区,吴越地区同样缺乏影响力。而随着汉末特别是永嘉乱后大量移民涌入江南,这种状况开始迅速发生变化。海中三神山的南移和

---

❶ 与此相关,"东海"与"泰山"并存的疑问,也变得容易理解。新的"东海"观念出现和流行于江南地区,北方胡族统治地区仍然流行泰山治鬼说。南北统一后,"会稽之东海"重新成为帝国边缘,也使得这种源于江南的新信仰,很难为北方民众所广泛接受。

❷ 拙撰:《单名与双名:汉晋南方人名的变迁及其意义》,《历史研究》2012年第1期。

❸ 唐长孺:《读抱朴子推论南北学风的异同》,《魏晋南北朝史论丛》,第338—368页。

会稽海岛神仙世界的构建，就出现于这一背景之下。信仰世界的发展依存于世俗世界。汉代青徐滨海信仰中心地位的形成，得益于这一地区的社会文化优势；东晋以降，会稽海岛新信仰世界的出现，也同样有赖于移民带来的社会文化发展。[1] 此消彼长，由于永嘉乱后青徐地区大量精英人口的迁出和思想文化的"空心化"，其信仰世界的原有进程陷入停滞。中古时期国史地域结构由东西对立到南北分野的演进历程，由会稽海岛而透露出一些讯息。

---

[1] 相关讨论很多，参看唐长孺：《魏晋南北朝隋唐史三论》，北京：中华书局，2011年，第463—468页；何德章：《建康与六朝时代江南经济区域的变迁》，《魏晋南北朝史丛稿》，北京：商务印书馆，2010年，第125—136页。特别是会稽郡的历史进程，参看中村圭爾：《六朝時期會稽郡の歷史的役割》，《六朝江南地域史研究》，第252—267页。

Ⅲ 山寺及其周边

南朝佛教与乌伤地方
——从四通梁陈碑刻谈起

此皆是不可思议之人,行不可思议之事。

——楼颖《善慧大士录序》

一 问题与史料

南北朝时期是佛教影响中国社会的一个关键阶段。最直观的表现,是佛教寺院数量的急速增长、众多石窟的开凿和大量乡邑造像的出现,这些佛教建筑和雕刻在相当程度上改变了中国原有的大地景观,成为南北朝时代最显著的历史特征之一。新宗教景观的背后是民众信仰世界的变化。佛教如何渗入到5、6世纪的中国社会之中,又如何影响到普通民众的观念和行为,也就成为理解南北朝历史的重要线索之一。围绕着这些问题,学界在寺院、僧团、造像、写经、供养等方面已经积累了大量成果。

不过,稍加梳理学术史就可以发现,相关研究更多地集中在北朝,南朝民众的佛教信仰图景则相当模糊。❶ 这种状况的造成,原因之一是史料遗存的不均衡。现存的佛教石窟和造像记集中在北方,❷ 江南仅有栖霞山、石城山等少量石窟,造像记亦极为缺乏。❸《观世音灵验记》《冥祥记》《冤魂志》《法苑珠林》等宣佛故事集中记有不少南朝民众的佛教信仰事迹,但颇显零散,很难将其落实到具体地理单元内深入探讨。

问题的推进取决于史料。很显然,要想更深入地揭示南朝民众的佛教信仰图景,需要在南朝史料中寻找更具有地方意义的记述。在这一思路的观照下,南朝后期出现于东阳郡乌伤县的佛教碑刻群,很自然地进入了我们的视野。

南宋时期成书的《宝刻丛编》卷13"婺州"条下,记有四通梁陈碑刻,并引《诸道石刻录》《复斋碑录》等书,对年代和撰者等

---

❶ 由于史料局限,南朝佛教史研究主要侧重于上层,如佛教与王权、佛教与士族等问题,如许里和(Erich Zürcher):《佛教征服中国》,李四龙、裴勇等译,第6—8、431—487页;颜尚文:《中国中古佛教史论》,第119—357页;塚本善隆:《中国中世仏教史論攷》,東京:大東出版社,1975年,第51—128页;諏訪義純:《中国南朝仏教史の研究》,第1—290页;牧田諦亮:《六朝士人の觀音信仰——王玄謨の歸信》,《東方學報》41,1970年;吉川忠夫:《五、六世紀東方沿海地域と佛教——攝山棲霞寺の歷史によせて》,《東洋史研究》42-3,1983年。宫川尚志《六朝時代の社会と宗教》《六朝時代の巫俗》等文对佛教与民间信仰的关系有过讨论,《六朝史研究·宗教篇》,第10—26、336—365页。

❷ 利用佛教石刻特别是造像记讨论北朝民众佛教信仰的成果很多,难以一一列举,如塚本善隆:《龍門石窟に現れたる北魏佛教》,東京:弘文堂書房,1942年,第356—609页;佐藤智水:《北朝造像銘考》,《史学雑誌》86-10,1977年;唐长孺:《北朝的弥勒信仰及其衰落》,《魏晋南北朝史论拾遗》,北京:中华书局,2011年,第198—209页;刘淑芬:《五至六世纪华北乡村的佛教信仰》,《"中央研究院"历史语言研究所集刊》第63本第3分,1993年;侯旭东:《五、六世纪北方民众佛教信仰——以造像记为中心的考察》,第87—248页;石松日奈子:《北魏佛教造像史研究》,筱原典生译,北京:文物出版社,2012年,第170—195页;倉本尚德:《北朝仏教造像銘研究》,京都:法藏館,2016年,第531—544页。

❸ 宿白:《南朝龛像遗迹初探》,《考古学报》1989年第4期。

有所说明，具列如下：❶

梁智者法师碑

梁太子纲撰。天监中，武帝执弟子礼。中大同中归寂。（《诸道石刻录》）

陈善慧大士碑

陈侍中、尚书左仆射、领大著作徐陵撰。陈大（太）建五年太岁癸巳七月五日书，吴兴吴文纯刻字。碑阴纪大士问答语，并题眷属檀越弟子名。（《复斋碑录》）

陈善知阇黎碑

陈侍中、金紫光禄大夫王（名缺）撰。大（太）建五年立。（《诸道石刻录》）

陈惠集法师碑

陈大（太）建六年尚书左仆射、领国子祭酒、豫州大中正周弘正撰。（《诸道石刻录》）

四通碑刻均建于梁陈时期，是目前可考的乌伤地区（今浙江省义乌市）最早的碑刻。其中，智者法师碑建于梁武帝后期，其余三碑建于陈宣帝太建年间。为何梁陈之际乌伤地区会出现如此密集的佛教碑刻，无疑是一个饶有兴味的问题。

智者法师即释慧约，《续高僧传》卷6有传。他出身于乌伤大族楼氏，天监十七年担任梁武帝菩萨戒师，即《诸道石刻录》所云"天监中，武帝执弟子礼"。慧约死于大同元年（535），《诸道石刻录》称

---

❶ 《石刻史料新编》第1辑第24册，第18286页。《舆地碑记目》（《石刻史料新编》第1辑第24册）卷1"婺州碑记"简要记有四碑及年代，与《宝刻丛编》相同，所据应当也是《诸道石刻录》等书，第18531页。今存宋本《舆地纪胜》缺婺州卷。

其"中大同中归寂"，当属误记。他死后葬于钟山独龙阜保志墓之侧，"敕竖碑墓左，诏王筠为文"。❶ 乌伤的智者法师碑不见于本传记载。唐代楼颖编次、南宋楼炤删定的《善慧大士录》卷4《智者大师》说：

> 诏葬于独龙山，与宝（保）志菩萨邻墓。……大同三年，诏使从都载龙虎砖于本生寺前，招魂为塴一所，令于本生寺树碑，使国子祭酒萧子云为之文。又于草堂寺树碑，令度支使王筠为之文。❷

据此，慧约有两处墓地，分别在钟山独龙阜和乌伤故里本生寺前，后者为招魂葬。至于碑刻则颇有疑义。王筠奉敕所撰的《国师草堂寺智者约法师碑》，❸ 一说在钟山独龙阜墓侧，一说在慧约生前所住的草堂寺。乌伤的智者法师碑，《智者大师》称在慧约生前启请梁武帝所建的本生寺，撰者一说为萧子云，一说为萧纲。❹

善慧大士即傅大士，本名傅翕，乌伤稽停里人，法琳《辩正论》、道宣《续高僧传》均有其简要传记。❺ 傅大士于梁武帝普通年

---

❶ 《续高僧传》卷6《义解二·释慧约传》，第186页。
❷ 《善慧大士录》卷4《智者大师》，《卍续藏经》，第120册，《中国撰述·禅宗语录别集部》，台北：新文丰出版公司影印本，1977年，第45页。本书书题、目录作《善慧大士语录》，内题作《善慧大士录》，从内容来看，当以内题为是。
❸ 《艺文类聚》卷76《内典上·内典》录有部分碑文，第1309页。
❹ 《舆地碑记目》卷1有"智者法师碑"，其下夹行注云："及本生寺碑。在义乌县界，梁太子纲文。"第18531页。据此，似乎乌伤有智者法师碑、本生寺碑两通碑刻。本生寺碑不见于《宝刻丛编》。据《智者大师》，萧子云所撰碑正是在本生寺，颇疑"及"字或为"即"之误。《舆地碑记目》颇多讹误，如同卷"善慧大士碑"即误作"善慧大寺碑"。据《梁书》卷35《萧子云传》，其任国子祭酒是在大同二年，乌伤的慧约碑建于大同三年，时间上是相符的，第514页。
❺ 《辩正论》卷3《十代奉佛上篇》，《大正藏》第52册，《史传部四》，第506页；《续高僧传》卷26《感通上·释慧云传附傅大士小传》，第1007—1008页。两者文字颇有重合之处，但前者更简略。

间隐居松山修行，自称得道，多有神异之迹，由此吸纳信众，逐渐形成以其为中心的佛教团体。中大通末年，傅大士应招至建康，几次与梁武帝讲论佛法。太清二年以后，其教团多次行不食、烧身苦行，不少人因此灭度。傅大士于陈太建元年（569）去世后，太建四年弟子法璿、智瓒等启请朝廷立碑，陈宣帝敕徐陵撰文，立碑于乌伤双林寺，即善慧大士碑。此碑最早见于《艺文类聚》摘录，题作《东阳双林寺傅大士碑》，摘抄了部分文辞。❶ 更完整的碑文则保存于《善慧大士录》卷3。据《复斋碑录》可知，此碑两面均有文字，碑阳刻徐陵所撰碑文，碑阴刻有傅大士"问答语"及"眷属檀越弟子"题名。碑文叙列弟子烧身、割耳、烧指、行不食斋等苦行后，提到这些苦行是"奉依师教"，"并载在碑阴，书其名品"，❷ 可印证《复斋碑录》之说。

善知阇黎碑、惠集法师碑的碑主，则分别是傅大士弟子慧和、慧集，"善知"为"慧和"之形误。❸ 北宋雍熙二年（985）雕版的《双林善慧大士小录并心王论》（以下简称《小录》），是楼颖原本《善慧大士录》的一个早期摘抄改撰本，末尾称：

> 后（太建）四年九月，沙门法璿等奏树碑，并请檀越敕左仆射徐凌（陵）制大士碑，侍中王固撰慧集碑，右仆射周弘政（正）立慧和碑，并才藻美丽，至今复存。❹

---

❶ 《艺文类聚》卷76《内典上·内典》，第1309—1310页。
❷ 《善慧大士录》卷3《碑文》，第38页。本书引徐陵碑文皆据此，不另出注。
❸ 《舆地碑记目》卷1亦作"善知阇黎碑""惠集法师碑"，第18531页。
❹ 《双林善慧大士小录并心王论》，湖北省图书馆藏石印本。原为据雍熙刊本所抄卷子，杨守敬在日本访得后石印流通，正面为《北齐人书左氏传》，背面为《小录》。抄本题"楼颖述"。

这里提到的檀越指陈宣帝。结合《宝刻丛编》所载可知，慧和、慧集两碑和傅大士碑系同时奏立，撰者分别是王固和周弘正。❶ 不过，《宝刻丛编》引《诸道石刻录》称王固所撰为慧和碑、周弘正所撰为慧集碑，却正好与《小录》记载相反。楼炤删定本《善慧大士录》卷1称太建四年九月十九日，弟子沙门法璿、智瓒等奏启陈宣帝，"请立大士并慧集法师、慧和阇黎等碑"，陈宣帝"诏侍中、尚书左仆射、领大著作、建昌县开国侯东海徐陵为大士碑，尚书左仆射、领国子祭酒、豫州太（大）中正汝南周弘正为慧和阇黎碑"，亦称周弘正所撰为慧和碑，但奇怪的是没有提到慧集碑，当有遗漏。

这四通佛教碑刻出现年代相近，又均位于乌伤地区，成为一组极为难得的地方佛教史料群。遗憾的是，除了傅大士碑外，其余三碑文字均已亡佚。不过，碑文虽不存，相关传记却幸而保存于《善慧大士录》之中。此书为唐人楼颖所编，序文说："故以伐木思人，闻《韶》忘味，将恐芳尘散逸，后来无闻，遂追访长老，编而次之，以为传八卷，以示于后云耳。"可知他"编次"八卷本《善慧大士录》，是为了保存傅大士教团的事迹。这个八卷本早已亡佚，但有两个传承系统保存了其部分内容，其一是北宋雍熙二年雕版的《双林善慧大士小录并心王论》，抄录了傅大士的简要传记和诗偈，后为《景德传灯录》《五灯会元》等承袭；其二是南宋楼炤删定本《善慧大士录》，现存有两个版本：①《续藏经》所收日本传本；

---

❶ 王固的题款是"侍中、光禄大夫"，据《陈书》卷21《王固传》，陈废帝即位后，王固以外戚授侍中、金紫光禄大夫，后由于宫廷之变，"免所居官，禁锢"。太建二年后，又迁太中大夫、太常卿、南徐州大中正，于太建七年去世，赠金紫光禄大夫，北京：中华书局，1972年，第282页。碑文撰写于太建四年，仍题侍中、金紫光禄大夫，而不言具体职任，当是题其高衔。

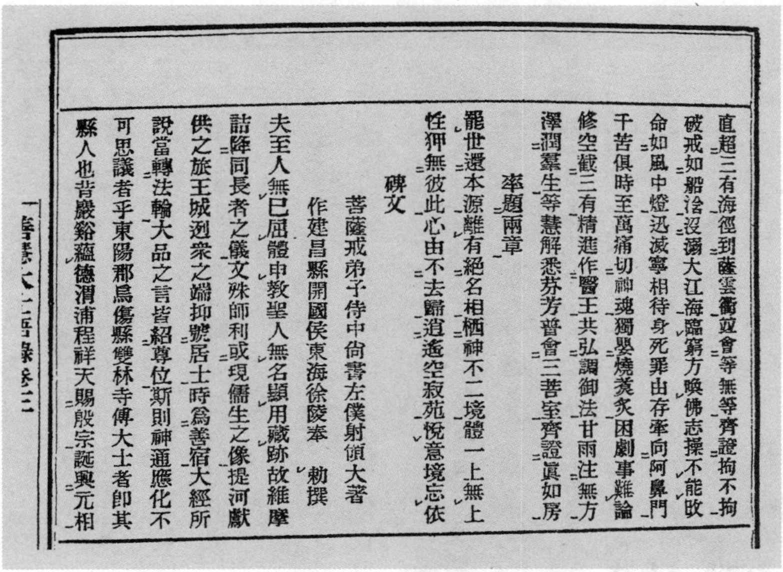
直超三有海徑到薩雲衢竝會等無等齊證拘不拘
破戒如船淪沒溺大江海臨窮方喚佛志操不能敢
命如風中燈迅滅寧相待身死罪由存牽向阿鼻門
千苦俱時至萬痛切神魂獨嬰燒煑炙困劇事難論
修空截三有精進作醫王共弘調御法甘雨注無方
澤潤羣生等慧解悉芬芳普會三菩室齊證眞如房

率題兩章

罷世還本源離有絕名相栖神不二境體一上無上
性狎無彼此心由不去歸逍遙空寂苑悅意境忘依

碑文

菩薩戒弟子侍中尚書左僕射領大著
作建昌縣開國侯東海徐陵奉 勅撰

夫至人無已屈體申教聖人無名顯用藏跡故維摩
詰降同長者之儀文殊師利或現儒生之像提河獻
供之旅王城迴衆之端抑號居士時爲善宿大經所
說當轉法輪大品之言皆紹尊位斯則神通應化不
可思議者乎東陽郡烏傷縣雙林寺傅大士者卽其
縣人也背巖谿蘊德渭浦程祥天賜殷宗誕興元相

图 8 《善慧大士录》卷 3 徐陵碑文（《续藏经》本）

②《金华丛书》所收中国传本。前者更接近楼炤删定本原貌。[1]《续藏经》本《善慧大士录》分为四卷，卷 1 是傅大士的详细传记；卷 2、卷 3 主体是傅大士“所著歌颂”，但卷 2 开始录有陈隋帝王诏敕和傅大士遗迹保存情况，卷 3 末尾录有徐陵所撰傅大士碑碑文和元稹《还珠留书记》；卷 4 是智者大师、嵩头陀、慧集、慧和四人的传记。比较《双林善慧大士小录》和楼炤删定本《善慧大士录》卷 1 的傅大士传记，可以发现内容颇有出入。张子开经过比勘后指出，《小录》系楼颖原书的节略抄本，与原书并不一致，增入了抄

[1] 两者文字基本相同，主要差异是《续藏经》本傅大士碑碑文录于卷 3 末，《金华丛书》本录于卷 4 末，相关比勘参看张子开《傅大士研究》（修订增补本），上海人民出版社，2012 年，第 52—67 页。关于傅大士传记资料的流传，张子开此书有很细致的讨论，本章多有参考。

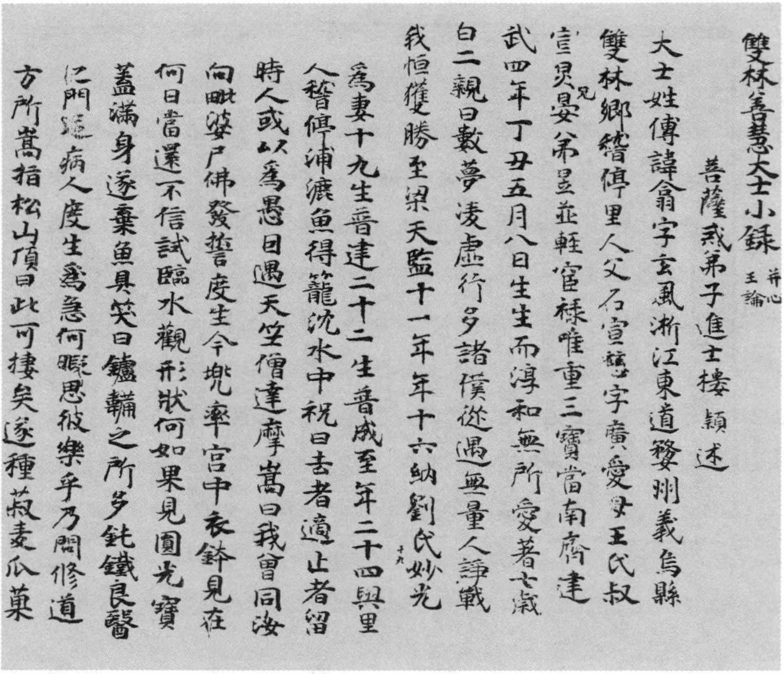
雙林善慧大士小錄 并心王論
菩薩戒弟子進士樓穎述
大士姓傅諱翕字玄風浙江東道婺州義烏縣
雙林鄉稽停里人父名宣慈字廣愛母王氏叔
宣兄晏弟昱並輕官祿唯重三寶當南齊建
武四年丁丑五月八日生生而淳和無所愛著七歲
白二親曰數夢凌虛行多諸侯從遇無量人諍戰
我恒獲勝至梁天監十一年年十六納劉氏妙光
爲妻十九生普建二十二生普成至年二十四與里
人稽停浦漉魚得籠沉水中祝曰去者適止者留
時人或以爲愚因遇天竺僧達摩嵩曰我曾同汝
向毗婆尸佛發誓度生今兜率宮中衣鉢見在
何日當還不信試臨水觀形狀何如果見圓光寶
蓋滿身遂棄魚具笑曰鑪鞴之所多鈍鐵良醫
之門足病人度生爲急何暇思彼樂乎乃問修道
方所嵩指松山頂曰此可棲矣遂種蔬麥瓜菓

图 9 《双林善慧大士小录并心王论》石印本书影

者“驳搜奇迹”的一些内容，如楼颖编次以后才发生的元稹立碣于双林寺事。❶ 其说甚是。虽然如此，《小录》作为楼颖编次本的最早节略抄本，仍具有重要史料价值。

问题是，楼颖编次本去梁陈之际也已有两百余年，可信度如何？这就涉及此书的史料来源问题。《小录》称傅大士去世后，“至六月，率境道俗于寺设无遮会，请智瓒法师结集平生所说法要及无生义、偈颂等”。傅大士碑碑阴的“问答语”，应当来自于这次结集

❶ 张子开：《傅大士研究》(修订增补本)，第 47—51 页。

的"平生所说法要及无生义、偈颂等"。这次结集是否也整理了傅大士和教团主要成员的生平事迹还不清楚，但从程序上来说，法璿、智瓒等奏启陈宣帝立碑时，需要提供相应传记资料，以供撰写碑文的徐陵、王固、周弘正参考。❶ 这些传记资料可能和碑石一起保存于双林寺中，成为楼颖编次《善慧大士录》的资料源。元稹曾说：

> 前进士楼颖为之实录，凡七卷，而侍中徐陵亦为文于碑。翕卒后，弟子菩提等多请王公大臣为护法檀越，陈后主为王时，亦尝益其请，而司空侯安都以至有唐卢熙，凡一百七十五人，皆手字名姓，殷勤愿言。宝历中，余莅越，婺余所刺郡，因出教义乌，索其事实，双林僧挈梁陈以来书诏洎碑录十三轴，与水火珠、扣门椎、织成佛、大水突偕至焉。余因返其珠椎佛突，取其萧、陈二主书洎侯安都等名氏，治背装剪，异日将广之于好古者，亦所以大翕遗事于天下也。❷

元稹提到的"梁陈以来书诏"，应当就是《善慧大士录》卷2提到的诏书。碑录，则分指傅大士、慧集、慧和诸碑拓本和楼颖编次的《善慧大士录》。这些有关傅大士和双林寺教团的文字资料，和傅大士的其他遗物一起，在寺院中得到很好的保管。❸ 元稹的这篇《还珠留书记》，也是"为书其事于寺石"，《宝刻丛编》卷13《婺州》

---

❶ 宗鉴《释门正统》卷3《塔庙志》注亦提到，《善慧大士录》为"弟子结集，进士楼（楼）颖修定"，《卍续藏经》第130册，《中国撰述·史传部》，第791页。参看张子开：《傅大士研究》（修订增补本），第42—47页。
❷ 《善慧大士录》卷3元稹《还珠留书记》，第40页。
❸ 《善慧大士录》卷2："是后僧徒住持，自朝廷至于郡县官司，多护之。"第13页。

引《诸道石刻录》记有元稹撰文的唐还珠记碑,即是此石。

由此推断,楼颖编次本《善慧大士录》的资料源,包括傅大士死后弟子结集的"平生所说法要及无生义、偈颂"(删定本卷2、卷3主体内容),傅大士和教团主要成员的生平传记资料,以及徐陵、周弘正、王固撰傅大士、慧和、慧集三碑。其中,"结集"的传记资料应当不止傅大士、慧和、慧集三人,至少还包括嵩头陀的传记。❶ 张子开对楼颖编次本原貌有一些复原性的推测,认为其中还应当包括序文中提到的傅普敏、徐普拔、潘普成、昌居士及傅大士之子普建、普成等人的传记,这些传记在楼炤刊正时均被删去。❷ 这当然只是一种推测,不过,从楼颖编次本原为八卷、楼炤删定本仅存四卷来看,楼颖编次本包括更多的教团成员传记资料,可能性是存在的。

楼颖编次本有很强的史料原始性。后来楼炤"病其文繁语俚,不足以行远,且岁月或舛焉,乃为刊正",所谓"文繁语俚",亦可证实此点。楼炤"刊正"后,"总为四卷,凡大士应迹终始及所著歌颂悉备矣,一时同道之人,亦附见于末",❸ 篇幅虽然大有缩减,但保留下来的部分,无疑仍有很高的史料价值。

对读《善慧大士录》《续高僧传》和王筠碑文等几种有关慧约的资料,会对这一点有更具体的认识。三者之中,《续高僧传》文辞、叙事更注重修饰,有些文字,如"结宇山椒,疏壤幽岫",明

---

❶ 嵩头陀不属于傅大士教团,如下节所述,他一直在乌伤及周边地区弘法、创建山寺,去世稍早于傅大士。《善慧大士录》卷1称,嵩头陀入灭后,傅大士说"嵩公已还兜率天宫待我"(第11页)。可知嵩头陀行迹为傅大士教团成员知晓。《嵩头陀传》所本资料,也许是其去世后傅大士弟子整理形成的。

❷ 张子开:《傅大士研究》(修订增补本),第52—54页。

❸ 《善慧大士录》书末附录,第51页。

显是承袭自王筠碑文。❶《智者大师》则较为质朴，有楼炤所谓"文繁语俚"特征。考虑到慧约在建康佛教界的地位，去世后会有"行状"呈上，如沈约所撰《南齐禅林寺尼净秀行状》即是一例。❷ 而比较尼净秀的"行状"和《比丘尼传》卷4本传，两者叙事、文辞颇有差异，"行状"更为细致。❸ 这样来看，《智者大师》的文本基础，或许就是慧约去世后弟子结集其生平事迹而形成的"行状"。在这种"行状"基础上，后来形成慧约的单行本传记，即《隋书》卷33《经籍志二》所载"《梁故草堂法师传》一卷"，❹ 乌伤楼氏应存有这种单行本传记。楼颖同样出身于乌伤楼氏，编次八卷本《善慧大士录》所据应为"行状"或《梁故草堂法师传》。这为认识《善慧大士录》所收傅大士、嵩头陀、慧集、慧和传记的史料价值，提供了重要参照。

这些颇具"原始性"的碑传资料，为理解南朝时期江南腹地的民众佛教信仰，提供了极为珍贵的线索。具体来说，佛教以何种方式传入并影响到乌伤民众的信仰世界？为何会在乌伤县形成一个居士、僧人杂糅的佛教团体？教团以何种方式扩散和吸纳成员？日常宗教活动如何展开？影响如何？朝廷、地方官府对这种以法会、苦

---

❶ 张子开对两传做过比对，《傅大士研究》（修订增补本），第83页。《续高僧传》卷6《义解二·释慧约传》有不少碑文文体痕迹，据道宣自序，《续高僧传》对"集传"和"郊郭碑碣"多有参考。当然，他所据未必是慧约碑铭原石，《隋书》卷35《经籍志四》有梁元帝《释氏碑文》等编集，第1086页。道宣所据或是此类碑铭汇编文献，或当时流传的各家文集。

❷《广弘明集》卷23沈约《南齐禅林寺尼净秀行状》，《大正藏》第52册，第270—272页。同卷还有阙名《南齐安乐寺律师智称法师行状》、虞羲《庐山香炉峰寺景法师行状》等，第267—270页。

❸《比丘尼传校注》卷4《禅林寺净秀尼传》，王孺童校注，北京：中华书局，2006年，第164—166页。

❹《隋书》卷33《经籍志二》，第979页。

行为特征的教团持何种态度？傅大士为何要寻求梁武帝的关注？建康之行的史实和意义究竟如何？这些问题关系到南朝时期佛教、王权与地方社会之间的关系，令人极感兴趣。

关于《善慧大士录》和傅大士教团的历史，已有学者进行过一些讨论。其中，尤以张子开的《傅大士研究》最为详尽。此书三编十三章、四十余万字，对傅大士传录资料的流传、诗偈、禅法及其影响等问题进行了细致讨论。❶ 不过，落实到上面提出的问题，仍有很多未涉及或令人困惑之处。本章计划以文本较为稳定的徐陵碑文入手，参据《善慧大士录》《小录》和《高僧传》《续高僧传》等相关记载，❷ 梳理佛教信仰在乌伤县的早期传布和影响，为重新认识南朝时期江南民众的佛教信仰图景，提供一个具体的区域案例。

二　佛教影响乌伤的早期线索

南朝时期，乌伤为东阳郡属县。县之得名，据称与"以淳孝著闻"的孝子颜乌有关："有群乌衔鼓，集颜乌所居之郁，乌口皆

---

❶ 除张子开此书外，还有松崎清浩：《南朝仏教における一考察——特に傅大士を中心として》，《駒沢大学大学院仏教学研究会年報》16，1981年；《傅大士像の一展開》，《駒澤大學佛教學部論集》14，1983年；《傅大士の思想》，《駒沢大学大学院仏教学研究会年報》15，1980年。此外，赵福莲亦撰有《傅大士评传》，上海人民出版社，2012年。敦煌文献中有一些相关内容，参看阿依达尔·米尔卡马力：《敦煌莫高窟北区石窟出土〈梁朝傅大士颂金刚经〉残叶研究》，《新疆大学学报》2006年第3期。另外，何剑平据敦煌本《楞伽师资记》所载神秀语录，考订傅大士《行路易十五首》为唐人伪托作品，《傅大士〈行路易十五首〉及〈颂〉的创作年代》，《宗教学研究》2005年第1期。关于傅大士偈颂在唐代的传承及其个人形象的演变，是需要另外专门探讨的问题，本章暂不涉及。

❷ 宋代禅宗文献中不少载有傅大士传记，均从《善慧大士录》及《小录》流出、改写，史料价值不大，参看张子开：《傅大士研究》（修订增补本），第12—15页。

伤,一境以为颜乌至孝,故致慈乌,欲令孝声远闻,又名其县曰乌伤矣。"❶但语言学者已经指出,吴越地区多有"乌"作为前缀的地名,或为古越语词头。❷乌伤人物见诸文献记载,始于汉末,如"数上书陈政事"的尚书杨乔、其弟渤海太守杨璇,❸以及有"文武才干"的陈相骆俊。❹

佛教传入乌伤的具体时间不详。目前明确可考的最早僧人,就是被称作智者大师的慧约。据《续高僧传》卷6本传,慧约是乌伤竹山里人,出自当地颇具声望的楼氏家族,"祖世蝉联,东南冠族"。他自幼学习儒史经典,接受佛教的契机,与游方僧人有关:

> 所居僻左,不尝见寺,世崇黄老,未闻佛法,而宿习冥感,心存离俗。忽值一僧,访以至教,彼乃举手东指云:"剡中佛事甚盛。"因乃不见,方悟神人。至年十二,始游于剡,遍礼塔庙,肆意山川,远会素心,多究经典。故东境谣曰:"少达妙理娄居士。"宋泰始四年,于上虞东山寺辞亲剪落,时年十七。事南林寺沙门慧静。

这些情节亦见于《善慧大士录》卷4《智者大师》,细节要丰富很多:

> 家世本奉道。法师幼童之时,忽白其父母言:"儿欲事佛。"父母怪而问曰:"汝家世世奉道,汝那独知佛耶?"答

---

❶ 杨守敬、熊会贞:《水经注疏》卷40《浙江水》,第3288—3289页。
❷ 周振鹤、游汝杰:《古越语地名初探》,《复旦学报》1980年第4期;郑张尚芳:《古吴越地名中的侗台语成份》,《民族语文》1990年第6期。
❸ 《后汉书》卷76《循吏·孟尝传》注引谢承《后汉书》、卷38《杨璇传》,第2474、1287—1288页。
❹ 《三国志》卷57《吴书·骆统传》注引谢承《后汉书》,第1334页。

曰："儿心中自如此耳。"年八岁，遇游僧过门乞饮，法师欢喜，自将饮与之，欲问佛法而来。及言，道人因举手指东方曰："剡中有佛法。"法师当时不触剡中是何处，更欲发问，便失道人所在。还问其父母曰："剡在何处？"遂言见道人之状。举家惊怪，寻觅道人，并无见者。因语法师："剡县此去二百余里，境内多事佛。"法师请父母，求往剡，父母以其尚幼不许。至年十二，始许焉。法师既至剡中，遍游诸寺，弥年忘返，家人亦遂其雅操，粮饷优给，不复禁也。法师乃穷究经藏，妙尽根本，阖境道俗，咸相敬重，号为居士。乃为谣曰："少达妙理楼居士。"在剡六年，年十七，始有出家之志。……泰始四年，遂往上虞东山寺，落发出家，法名慧约，师事比丘慧静为和尚。

比较两段引文可知，较之《续高僧传》，《智者大师》叙事的确"文繁语俚"，可证《智者大师》的资料性更为原始一些。综合二者记载，可知乌伤楼氏本来信奉道教，慧约八岁至十二岁左右，亦即刘宋大明三年至七年（459—463），乌伤地区似乎还没有佛教寺院，他最早接触的僧人是"过门乞饮"的游僧。游僧并未向慧约传布佛法，只是指引说"剡中有佛法"。以此为契机，慧约十二岁开始以居士身份到距离乌伤县"二百余里"的剡县游学，十七岁时，亦即刘宋明帝泰始四年（468），于上虞东山寺出家。❶

乌伤县及其周边地区的道教信仰传统，有一些相关史料可以佐证。虞预《会稽典录》载，朱朗之父"为道士，淫祀不法，游在

---

❶ 慧约卒于大同元年，享年八十四岁。据此推算，当生于元嘉二十九年（452）前后。《续高僧传》卷6《义解二·慧约传》称其十七岁出家，《智者大师》系之于泰始四年，时间相符。

诸县，为乌伤长陈颢所杀"，❶时在汉末孙吴之际。《后汉书》卷82下《方术列传》载有东阳人赵炳，"能为越方"，与闽中人徐登"遇于乌伤溪水之上"，注引《抱朴子》称赵炳为道士。❷宋齐时有东阳道士楼惠明，本在金华山修行，后受宋明帝、齐文惠太子招引，齐武帝"敕为立馆"。❸陶弘景之师、曾任建康兴世馆主的孙游岳是东阳人。❹太末人徐伯珍，"好释氏、老庄，兼明道术"。❺南齐时东阳金华山中有道士丁德静馆，当地又有"大治祭酒"。❻这是乌伤楼氏"世世奉道"的背景。

慧约自十二岁到十七岁的六年间，一直游学于剡县，"遍礼塔庙""多究经典"。从他接触佛教的过程中，可以感觉到剡县佛教活动对于周边地区的影响。如所周知，东晋中期以来，竺法潜、支遁等高僧先后在剡县弘法，创建寺院，成为建康、庐山、江陵等地以外的一处佛教中心。如竺法潜"隐迹"于剡东仰山，"率合同游，论道说义"，弟子竺法友后又建"剡县城南台寺"。❼仰山又有王导之弟释道宝修行。❽支遁先在沃洲小岭"立寺行道，僧众百余，常随禀学"，后又建石城山栖光寺，"宴坐山门，游心禅苑"。❾于法兰居于石城山元华寺，❿弟子法开"续修元华寺"，后"移白山灵鹫

---

❶《太平御览》卷482《人事部·仇雠下》，第2208页。
❷《后汉书》卷82下《方术列传》，第2741页。
❸《南齐书》卷54《高逸·楼惠明传》，第946页。
❹《云笈七签》卷107《华阳隐居先生本起录》，第2326页。
❺《南齐书》卷54《高逸·徐伯珍传》，第945页。
❻《续高僧传》卷6《义解二·释慧约传》，第183—184页。
❼《高僧传》卷4《义解一·竺法潜传》，第157页。
❽《高僧传》卷4《义解一·竺法崇传》，第171页。
❾《高僧传》卷4《义解一·支遁传》，第160—161页。
❿《高僧传》卷4《义解一·于法兰传》，第166页。

寺"。❶竺法崇在葛岘山，"东瓯学者，竞往凑焉"。❷剡县佛教的兴盛，得益于其山水之美，同时也与这里是王、谢等不少渡江士族的侨寓之地有关，《宋书》卷93《王弘之传》载谢灵运与庐陵王义真笺曰："会境既丰山水，是以江左嘉遁并多居之。"同书同卷《戴颙传》："会稽剡县多名山，故世居剡下。"这是"剡中佛事甚盛"的基础。❸而上面提到的一些寺院，如仰山寺、台寺、石城山栖光寺、元华寺、白山灵鹫寺等，应当就是慧约游学时的"遍礼"之地。

慧约后来出家是在上虞东山寺，业师慧静，《高僧传》卷7有传，称其本姓邵，吴兴余杭人，最初在庐山游学，后来到建康"进业"，"初止治（冶）城寺"。他"解兼内外，偏善《涅槃》"，受到颜延之、何尚之等名流的"钦慕"：

> （颜）竣出镇东州，携与同行，因栖于天柱山寺。及大明之中，又迁居剡之法华台。后憩东仰山，处处般（磐）游，并以弘法为务。年过知命，志节弥坚。宋太始中卒，春秋五十有八。所著文翰，集为十卷。❹

慧静从建康到会稽的契机，是颜延之之子颜竣任职于会稽。本传列举了慧静在会稽先后弘法的寺院，但没有提及上虞东山寺。前面提到，慧约依慧静出家是在泰始四年，本传则记慧静卒于"太（泰）始中"，泰始是刘宋明帝的年号，行用七年，可知慧约出家是在慧

---

❶《高僧传》卷4《义解一·于法开传》，第168页。
❷《高僧传》卷4《义解一·竺法崇传》，第171页。
❸ 关于剡县佛教的早期分布，参看严耕望：《魏晋南北朝佛教地理稿》，第121—122页。
❹《高僧传》卷7《义解四·释慧静传》，第285页。本卷有两慧静，此为山阴天柱山慧静。《出三藏记集》卷12有释慧静《佛性集》，或即《命源佛性论》，苏晋仁、萧炼子点校，北京：中华书局，1995年，第431页。

静去世前数年。《智者大师》说:"慧静,吴兴余杭人也。本姓邵氏,秣陵南林寺业法师弟子也,才识清远,为宋世名僧,著《命源佛性论》,见重于世。"所记慧静本姓及籍贯,与本传相同。接下来称其为南林寺业法师弟子,与《慧约传》所云"南林寺沙门慧静"契合。南林寺业法师即法业,《高僧传》卷7《义解四·释慧观传》:"又有法业,本长安人,善《大(品)》、《小品》及《杂心》。蔬食节己,故晋陵公主为起南林寺,后遂居焉。"法业为长安人,又附于鸠摩罗什弟子慧观传记之后,这样来看,慧静之佛学应当与鸠摩罗什所传"关河之学"有关。❶《慧约传》说"静于宋代,僧望之首,律行总持,为特进颜延年、司空何尚之所重",结合《智者大师》《高僧传》本传来看,是有依据的。

据《慧约传》,他在上虞东山寺出家后,"又随静住剡之梵居寺,服勤就养,年逾一纪。及静之云亡,尽心丧之礼,服阕之后,却粒岩栖",《智者大师》记事更详细一些:

> 慧静乃与法师还山阴天柱寺,后复同住梵居精舍,寻移西台寺,讲经看论,穷观山水,所至辄采杂果,捣治服之。慧静深相赏异,谓法师曰:"非直吾遗声余论,因子不朽,其兴崇释氏,非子而谁?"及慧静泥洹之后,法师复还天柱,方覃思于《大品》诸经,穷尽奥义。

泰始四年慧约在上虞东山寺出家后,慧静携其在山阴天柱寺、剡县梵居精舍、西台寺等多处山寺之中修行。慧静去世后,慧约又回到

---

❶ 关于慧静的师承关系,参看松崎清浩:《南朝仏教における一考察——特に傅大士を中心として》,《駒沢大学大学院仏教学研究会年報》16,1981年,第62—69页。

慧静到会稽后最初居住的山阴天柱寺。上述几所寺院或精舍中，梵居精舍缺考。西台寺即剡县人释昙斐所居的"乡邑法华台寺"，❶位于剡县西部，故又称西台寺。❷天柱寺位于山阴城南的山中，此寺是会稽城南的七所山寺之一，萧詧《游七山寺赋》云：

> 尔乃傍林横出，舣轻上泝，历秦王之旧陌，缘越池之昔路，望涂山而斜绕，迳南湖而回渡。连天台之华岭，引若耶之长注。乍泛瀁而瞻望，或凌峰而一顾。于是历乐林而南上，升法华而望西，有硉硉之奔涧，复亹亹之长溪。……既释教之兴华，乃法轮之宣盛，寺既凭山而构造，山亦因寺而有七。❸

这首赋文写于梁武帝中大通年间，萧詧时任东扬州刺史。❹七山寺位于会稽城南山中，《水经注》卷40《浙江水》："又有玉笥、竹林、云门、天柱精舍，并疏山创基，架林栽宇，割涧延流，尽泉石之好，水流径通。"《梁书》卷50《王籍传》："随府会稽。郡境有云门、天柱山，籍尝游之，或累月不反。"云门、天柱精舍均因山得名。赋文中提到的"乐林""法华"，也都是七山寺之一，《高僧传》卷13《兴福·释僧翼传》：义熙十三年（417），僧翼、昙学"至秦望西北，见五岫骈峰，有耆阇之状，乃结草成庵，称曰法华精舍。太守孟顗、富人陈载，并倾心挹德，赞助成功"；昙学"后移卜秦望之北，号曰乐林精舍"。刘宋末期释慧集出家于会稽乐林山，当即

---

❶ 《高僧传》卷8《义解五·释昙斐传》，第342页。
❷ 《出三藏记集》卷7《合微密持经记》即称"剡西台昙斐"，第279页。关于西台寺，承蒙陈志远先生指正并检示本条史料，谨致谢意。
❸ 《广弘明集》卷29萧詧《游七山寺赋》，《大正藏》第52册，第338页。
❹ 《周书》卷48《萧詧传》，第855页。

乐林精舍之所在。❶ 此外，王羲之曾孙释道敬，"情爱丘壑，栖于若耶山，立悬溜精舍"❷，若耶山亦在山阴城南。这样就可以考知七山寺之名，即乐林、法华、玉笥、竹林、云门、天柱、悬溜七寺（精舍）。

宋齐之际天柱山寺中的僧人，可考的还有释法慧，《高僧传》卷12《诵经·释法慧传》：

> 以宋大明之末，东游禹穴，隐于天柱山寺，诵《法华》一部。蔬食布衣，志耽人外，居阁不下三十余年。王侯税驾，止拜房而反。唯汝南周颙，以信解兼深，特与相接。时有慕德希礼，或因颙介意，时一见者。

法慧卒于南齐建武二年（495），时年八十五岁。他自大明末年开始，一直居于天柱山寺。慧静、慧约居天柱山寺，正好在这一时段之内。法慧与汝南周颙颇有交往。令人感兴趣的是，慧约声望的提升，也与周颙有关，《慧约传》：

> 齐竟陵王作镇禹穴，闻约风德，雅相叹属。时有释智秀、昙纤、慧次等，并名重当锋，同集王坐。约既后至，年夏未

---

❶ 《高僧传》卷8《义解五·释慧集传》，第341页。《嘉泰会稽志》卷9 "秦望山" 条注引陆参《法华山碑》："夏后氏巡狩越山，方名会稽。后世分而为秦望，厘而为云门、法华，其实一山。然则秦望亦可以会稽名之。自秦始皇登此山，以望南海，又陟天柱之高峰，以望秦中，始有秦望、望秦之名，而秦望最著。" 同卷 "望秦山" 条："在县东南三十二里。旧《经》云：秦始皇与群臣登此，以望秦中也。一名天柱峰，一名卓笔峰，盖会稽山之别峰。" 同卷 "宛委山" 条："在县东南一十五里。旧《经》云：山上有石簣，壁立于云，升者累梯而至。《十道志》：石匮山，一名宛委，一名玉笥，有悬崖之险，亦名天柱山。"《宋元方志丛刊》第7册，第6859—6860页。
❷ 《高僧传》卷13《兴福·释僧翼传》，第483页。

隆，王便敛躬尽敬，众咸怀不悦之色。王曰："此上人方为释门领袖，岂今日而相待耶？"故其少为贵胜所崇也如此。齐中书郎汝南周颙为剡令，钦服道素，侧席加礼，于钟山雷次宗旧馆造草堂寺，亦号山茨，屈知寺任。❶

据此，慧约先后得到任职于会稽的萧子良、周颙提引。这是他后来得以进入建康佛教界的重要契机。而据《高僧传》来看，士族官僚与会稽、剡县等寺院僧人的交往，是当时一个普遍的文化现象。如居于"乡邑法华台寺"的释昙斐：

> 本姓王，会稽剡人。少出家……其方等深经，皆所综达，老庄儒墨，颇亦披览。后东西禀访，备穷经论之旨。居于乡邑法华台寺，讲说相仍，学徒成列。斐神情爽发，志用清玄，故于《小品》《净名》尤成独步。加又谈吐蕴藉，辞辩高华，席上之风，见重当代。梁衡阳孝王元简及隐士庐江何胤，皆远挹徽猷，招延讲说。吴国张融、汝南周颙、颙子舍等，并结知音之狎焉。❷

---

❶ 智秀为京兆人，"寓居建业"，天监初卒于冶城寺；慧次本在彭城，大明中至建康谢寺，"文慧、文宣悉敬以师礼，四事供给"；昙纤等僧"为文宣所敬，迭兴讲席"，《高僧传》卷8《义解五》释智秀、释慧次、释僧钟诸传，第332—333、326、307页。可知他们的确受到萧子良崇奉。但弘法地点均在建康，而据《慧约传》叙事，"同集王坐"似乎是在会稽。这一点令人生疑。《智者大师》本条小异，云："齐竟陵文宣王出镇会稽，闻法师名德，深相敬重。后有释智秀等诸僧，亦负当时德望，同在王所，见王致殊礼于法师，有不悦之色。"本条"后有"云云，似应理解为前后两句叙事并不同时，疑萧子良最初礼敬慧约是在会稽，后慧约随周颙至建康后，与智秀等"同集王坐"，有所谓"不悦"之事。

❷ 《高僧传》卷8《义解五·释昙斐传》，第341—342页。昙斐为慧基弟子。

昙斐所居的剡县法华台寺，是刘宋时释法宗所建，因其"常升台讽咏"《法华经》，故名法华台寺。❶ 昙斐卒于天监十七年，时年七十六岁，周颙任职于会稽是在宋齐之际，以此推算，他与周颙的交往，当在其青年之时。此外，刘宋后期受到会稽太守孟𫖮供养、居于山阴灵嘉寺的释超进，"宋太始中，被征出都，讲《大法鼓经》。俄而旋于会稽，还绍法化。以《大涅槃》是穷理之教，每留思踟蹰，累加讲说。"❷ 被"敕为僧主，掌任十城"的释慧基，宋齐之际先后居于会稽法华寺、宝林精舍，"周颙莅剡，请基讲说。……刘瓛、张融并申以师礼，崇其义训。司徒文宣王钦风慕德，致书殷勤，访以《法华》宗旨"。❸ 超进、慧基活跃于会稽诸寺的时间，与慧静、慧约亦相近。

慧约最终进入建康佛教界，得益于会稽的这种文化环境。从区域上来说，他的佛教之路与乌伤地区关系不大，主要是在剡县、会稽进行的，从中可以明显看到会稽、剡县作为江南佛教中心对于周边地区的影响。

慧约自游学"剡中"开始，与乌伤故里的联系不多。出家之前，回乡里"辞亲友"，曾苦劝"迷于射猎"的叔父止杀。去建康后，据《慧约传》，仅有两次返乡，一次是父母去世之时，"二亲丧亡，并及临诀，孺慕婴号，不交人世，积时停乡，以开慈道。后还都，又住草堂"，为父母营办丧事后，在乌伤停留了一段时间，似乎有弘法活动。第二次是沈约隆昌中任职东阳太守之时，"携与同行"，"在郡惟以静漠自娱，禅诵为乐"，未言是否回过乌伤。《智者

---

❶ 《高僧传》卷12《诵经·释法宗传》，第461—462页。
❷ 《高僧传》卷7《义解四·释超进传》，第297—298页。与释超进差不多同时，还有郡守琅邪王琨供养、居于城西嘉祥寺、"善《法华》《毗昙》"的昙机法师。
❸ 《高僧传》卷8《义解五·释慧基传》，第324页。

大师》未记载第一次返乡,只提到随沈约至郡的一次,称:"法师二亲既没,坟垄未修,乃欲东归改葬。到隆昌元年,促装登途。会沈约除东阳太守,闻法师此行,遂与之同舟。及到郡,营葬事,赙赠甚厚。墓成,法师遂游金华山,住赤松涧,采药服饵。"与《慧约传》颇有差异。❶ 后沈约调任建康,"因更相随出都,还居草堂寺",❷ 此后未再见有返乡记载。中大通四年(532),慧约启请梁武帝于乌伤竹山里故居建本生寺,敕改竹山里为智者里。慧约去世之后,大同四年(538)梁武帝下敕,在乌伤故里为慧约营造招魂葬墓地。这些"荣耀性"的举措,也许会影响到乌伤民众对佛教的崇奉。不过,从傅大士接受佛教的过程来说,这种影响并不明显。❸

三 头陀、山寺与村邑佛教信仰

徐陵《东阳双林寺傅大士碑》:❹

---

❶ 慧约随沈约在东阳期间,曾应邀居丁德静道馆降伏山精。但慧约在这个事件中表现并不主动。

❷ 沈约出任东阳太守及在郡、离任的具体时间,诸家考证颇有争议,参看林家骊:《沈约研究》,杭州大学出版社,1999年,第44—51页。

❸ 《善慧大士录》收入慧约传记,感觉颇为不类。张子开认为,傅大士与慧约"可能有着某种意义上的师徒关系",见《傅大士研究》(修订增补本),第346—347页。慧约卒于大同元年秋,傅大士同年春在建康停留数月,在此期间两人或曾见面,但从现有史料来看,完全未见两人有交往记载。《善慧大士录》的编者楼颖,与慧约同出乌伤楼氏,或是因此收入慧约传记。

❹ 本章所引《傅大士碑》,主要依据《善慧大士录》卷3所载徐陵碑文,第35—39页。《艺文类聚》卷76所摘引的内容,以下加着重号标出,《类聚》异文则以括号出之。徐陵文集已佚,现存明人重辑本《徐孝穆集》亦收入此碑,所据不详,具体校勘参看许逸民:《徐陵集校笺》卷10《东阳双林寺傅大士碑》,北京:中华书局,2008年,第1224—1235页。

东阳郡乌伤县双林寺傅大士者，即其县人也。昔岩溪蕴德，渭浦程祥，天赐殷宗，诞兴元相。景侯佐命，樊胜是埒；介子扬名，甘陈为伍。东京世载，西晋重光。惟是良家，降神所托。若如本生、本行，或示缘起，子长、子云，自叙元系，则云补处菩萨，仰嗣释迦，法王真子，是号弥勒。虽三会济济，华林之道未孚，千尺岩岩，穰佉之化犹远，但分身世界，济度群生，机有殊源，应无恒质。自叙因缘，大宗如此。按《停水经》云：观世音菩萨有五百身，在此阎浮提地，示同凡品，教化众生。弥勒菩萨亦有五百身在阎浮提，种种示现，利益众生。故其本迹，难得而详言者也。尔其蒸蒸大孝，肃肃惟恭，厥行以礼教为宗，其言以忠信为本，加以风神爽朗，气调清高，流化亲朋，善和纷诤，岂惟更盈毁璧，宜像下丸而已哉。至于王戎吏部，邓禹司徒，同此时年，有怀栖遁，仍隐居松山双林寺。弃舍恩爱，非梁鸿之并游；拜辞亲老，如苏耽之永别。自修禅远壑（豁），绝粒长斋，非服流霞，若餐（食）朝沆（沉）。

碑文没有提及傅大士接受佛法的契机，只是提到傅大士"自叙因缘"，称自己为补处菩萨、弥勒化身。至于"本迹"，则"难得而详言"。傅大士的"自叙"，显然来自于南北朝时期流行的弥勒系经典，特别是弥勒下生、龙华三会之说。这就让人很感兴趣：弥勒信仰如何影响到乌伤地区？又如何形成以弥勒下生为核心的佛教团体？

比对《善慧大士录》卷1傅大士传记和《小录》可知，碑文对傅大士接受佛法过程的省略，应当是一种有意的"书写"。傅大士于南齐建武四年（497）出生于乌伤县稽停里，小于释慧约四十五岁。其家"世为农"，傅大士本人"无所爱著，少不学问，时与里人渔",是一位普通的农人。《小录》称其父母及叔父、兄弟,"并轻宦禄",是"世为农"的一种委婉说法。徐陵碑文开始将乌伤傅氏追溯到汉晋高门北地傅氏,略去其出身和早年经历,只是称其"厥行以礼教为宗,其言以忠信为本,加以风神爽朗,气调清高,流化亲朋,善和纷诤"云云,这种写法的修饰用意是很明显的。

傅大士"领悟"到自己为弥勒化身,其实是由于一位"胡僧"嵩头陀的点化。《善慧大士录》卷1傅大士传记称:

> 普通元年,年二十四,泝水取鱼,于稽停塘下遇一胡僧,号嵩头陀,语大士曰:"我昔与汝于毗婆尸佛前发愿,度众生,汝今兜率宫中受用悉在,何时当还?"大士瞪目而已。头陀曰:"汝试临水观影。"大士从之,乃见圆光宝盖,便悟前因,乃曰:"炉鞴之所多钝铁,良医门下足病人,当度众生为急,何暇思天官之乐乎?"于是弃鱼具,携行归舍,因问修道之地。头陀指松山下双梼树曰:"此可矣。"即今双林寺是。大士于此结庵,自号双林树下当来解脱善慧大士。

结合这段记载来看徐陵碑文中的"有怀栖遁,仍隐居松山双林寺""自修禅远壑,绝粒长斋",会对徐陵的笔法有所理解。傅大士遇到嵩头陀,是在普通元年(520),正是慧约在建康成为梁武帝菩萨戒师不久。但傅大士对弥勒信仰的"领悟",显然和释慧约无关,而是受了游化于乌伤地区的头陀僧人影响。《善慧大士录》卷4有嵩头陀的传记,名为达摩,"不知何国人"。他本来在双林以北四十里处的香山"岩谷丛林之间"行头陀,"居此已久,无人知者,后有采薪人遇见,形甚枯槁,神气爽迈,独坐大树下"。他曾对楼偃自云"贫道是外国凡僧,头陀至此",可知是在江南行头

陀的外国僧人。❶

这种头陀僧人，在《高僧传》《续高僧传》中记有不少。头陀僧人"独处山林，头陀人外"，❷ 往往多有神异行迹。东晋时期，帛僧光（一名昙光）、昙猷、昙兰等在剡县石城山、始丰赤城山与山神的接触，就是很典型的例子。一般来说，早期的山居僧人往往先是暂住于石室即山洞之中，后来在信众支持下建立精舍、山寺。剡县石城山隐岳寺就是如此，《高僧传》卷11《习禅·帛僧光传》：

> 光于山南见一石室，仍止其中，安禅合掌，以为栖神之处。……尔后薪采通流，道俗宗事。乐禅来学者，起茅茨于室侧，渐成寺舍，因名隐岳。

帛僧光事迹又见于刘勰《梁建安王造剡山石城寺石像碑》，称其"历游岩壑，晚届剡山，遇见石室，班荆宴坐"，后来山神皈依，"奉以崖窟，遂结伽蓝，是名隐岳。后兰公创寺，号曰元花"。❸ 嵩头陀本来在香山"岩谷丛林"间行头陀，有意建寺而"力寡不能自致"，后来是在"梁常侍"楼偃的帮助下，在修行之地创建了香山

---

❶《善慧大士录》卷4《嵩头陀传》，第45页。一些当地传说认为嵩头陀即禅宗始祖菩提达摩。此说显为附会，禅宗文献中称达摩先至梁境，未获梁武帝崇奉而入北。嵩头陀自天监后期到陈初去世，一直在金衢盆地的乌伤、金华、龙丘等地弘法，未曾入北。

❷《高僧传》卷11《习禅·竺僧显传》，第401页。《广弘明集》卷29萧詧《游七山寺赋》："其徒众则乍游乍处，或贤或圣，并有志于头陀，俱勤心于苦行。"《大正藏》第52册，第338页。具体如昙游居若耶悬溜山，"蔬食诵经，苦节为业"；释弘明居山阴云门寺，"诵《法华》，习禅定"，分见慧皎《高僧传》卷12《诵经篇》释法慧、释弘明诸传，第472、468页。参看王建光：《魏晋南北朝时期的头陀僧》，《华林》（第2卷），北京：中华书局，2002年，第59—67页。

❸《会稽掇英总集》卷16刘勰《梁建安王造剡山石城寺石像碑》，《影印文渊阁四库全书》第1345册，第114页。

南朝佛教与乌伤地方 *237*

寺。《嵩头陀传》：

> 乃与偃期，来岁八月至所居松林下相见。于时佛法尚劣，偃犹未识心之所期，又疑其或是圣人，故至时芟薙剒棘开路，向二十里，方达法师所。见法师披粪扫之衣，加趺而坐……乃与偃等瞻视地势，见千岩秀出，四向环绕，因号向者四桌所钉之地为龙腋，遂共立一精舍，名香山寺。

楼偃其人不见于南朝史传，但应当与慧约同族。嘉庆《义乌县志》记载，香山有"梁兵部侍郎楼堰墓"，明万历年间曾立碑纪念。❶ 梁代并无兵部侍郎之职，碑记显然有讹误。不过，不管是"常侍"还是"侍郎"，他在乡里应当颇有影响力。❷ 乌伤地区此时"佛法尚劣"，佛教信仰仍处于筚路蓝缕阶段。这种说法与慧约传记正好可以相印证。在楼偃的帮助下，嵩头陀建造了香山寺，"寺中共建灵刹，设无遮法会，道俗万众"，一时香火颇为兴旺。香山寺位于双林寺北四十里处，在今义乌市区以西山麓，邻近慧约故里竹山里（今夏演乡）。香山寺是确切可考的乌伤地区最早的佛教场所，建立时间是在梁武帝天监后期。

嵩头陀建立香山寺和在此驻锡一段时间后，离寺南行，前往乌伤"南山"游方。行经稽停里时，遇到正在"沰水取鱼"的傅大士，点化其"领悟"弥勒信仰，"并示以修道之所"。之后前往莱山，"立精舍于其山顶"，即莱山寺，一般认为在双林寺西南方向，

---

❶ 嘉庆《义乌县志》卷19《丘墓》，台北：成文出版社，1970年，第454页。
❷ 南朝时期乌伤楼氏有多人出仕，《南齐书》卷54《高逸·徐伯珍传》提到同郡楼幼瑜"亦儒学。著《礼捃遗》三十卷。官至给事中"，第946页。楼幼瑜是慧约族祖。另据慧约传记，其祖叔楼道一曾为东阳郡孝廉。

莱山村附近的山中。接着,又沿南山之麓西行,在"金华县界南山下"建造南山龙盘寺。之后又西行至龙丘(今龙游)县境,建南山龙丘岩寺,后又建万善山离六尘寺、孟度山三藏寺。建成三藏寺后,嵩头陀回到龙丘岩寺,在此灭度。❶ 可以说,《嵩头陀传》的主要内容就是创建山寺。本传称其先后建立七所山寺,"得山川之形胜,黑白供养,逮今犹然"。从地理上来看,这些寺院位于金衢盆地南北两侧的山脉边缘,尤以南山之麓居多。❷

以这些山寺的创建为标志,佛教信仰也随之在乌伤村邑传布。香山寺建立后,"村邑聚落信向者,多舍稻田,以给四方学道者"。这些学道者不少应来自附近地区,如香山寺僧人慧凯,"暂辞还家","及明还山",可知其家距离香山寺不远。嵩头陀对傅大士的点化也是一例。嵩头陀后来想在万善山创建精舍,有三位自称为"此间地主"的檀越,"共发愿言,当给施粮食,以奖成此功德",资助建成离六尘寺。❸ 有意思的是,山寺所能获得的布施和供养,与选址颇有关系。嵩头陀曾预言香山寺与莱山寺,"莱山王而不久,香山久而不王"。莱山寺建于山顶,开始"信施者多,财物殷赡",

---

❶ 嵩头陀灭度之年,张子开比较诸家记载后,认为以光大二年(568)为妥,次年傅大士即去世。另外,嵩头陀所建诸山寺,在明清地方志中有颇多记载,《傅大士研究》(修订增补本),第347—353页。

❷ 需要指出的是,本传其实仅记有香山寺、莱山寺、龙盘寺、龙丘岩寺、万善山离六尘寺、孟度山三藏寺六所寺院。还有一所是否漏记?笔者推测,漏记的这所寺院也许就是稽停里附近的双林寺。上引傅大士传记提到,嵩头陀"指松山下双梼树",示以修道之地,傅大士后在此建立双林寺。

❸ 在嵩头陀建寺的过程中,没有见到官府力量的支持。但寺院建立后,吸引了官府的注意,据《嵩头陀传》,普通元年五月,乌伤县令萧子睦"往寺顶礼法师",先在山下村落"受百姓酒食之馈,醉饱,然后入寺",嵩头陀闭门不见。萧子睦"心欲放火焚寺",这件事被嵩头陀利用,通过楼偃向萧子睦宣称,由于其意图焚烧寺院,"后此境当三十年大旱(旱)"。萧子睦"大恐,即驰至寺,虔诚礼请忏悔,师因为说菩提妙道","悦受而去",《善慧大士录》卷4,第46—47页。

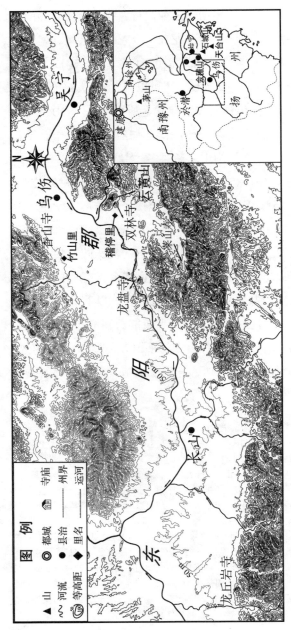

地图 7 乌伤周边早期山寺示意图（林昌丈绘）

240

非常兴盛，但由于"依据林岭，或时有鬼物，故居者甚不安稳，稍稍引去，遂至荒废"，后来"近村长老共移此寺额于直北十里平川中置，乃得安堵"。香山寺则"贫富适中，至今如初"。

布施、供养背后是民众信仰世界的变动。从嵩头陀对傅大士的点化来看，弥勒信仰应当是嵩头陀传布的信仰内容之一。令人感兴趣的是，距离乌伤县"二百余里"的剡县石城山，齐梁之际开凿有江南最大的弥勒坐像。刘勰《梁建安王造剡山石城寺石像碑》：

> 至齐永明四年，有僧护比丘，刻意苦节，戒品严净，进力坚猛，来憩隐岳。游观石城，见其南骈两峰，北叠峻崿，东竦圆岑，西引斜岭，四嶂相衔，郁如鹫岳，曲间微转，焕若龙池，加以削成青壁，当于前巘。天诱其衷，神启其虑，心画目准，愿造弥勒，敬拟千尺，故坐形十丈。❶

前面提到，石城山是早期江南禅僧较为集中的地区之一。僧护是一位"刻意常苦节"的僧人，他发愿建造弥勒大像，但未获成功。后来在梁建安王萧伟的支持下，由僧祐主持，于天监十五年最终建成，规模宏大，"坐躯高五丈，立形十丈，龛前架三层台，又造门阁殿堂，并立众基业，以充供养"。石像建成后，对周边民众产生很大影响："其四远士庶，并提挟香华，万里来集。供施往还，轨迹填委。"❷ 嵩头陀弘法于乌伤并创建香山寺，是在天监后期，正好

---

❶《会稽掇英总集》卷16刘勰《梁建安王造剡山石城寺石像碑》，《影印文渊阁四库全书》第1345册，第114页。

❷《高僧传》卷13《兴福·释僧护传》，第491—492页。参看陈金华：《神话、疾病、转世观念与佛教圣迹：新昌弥勒大佛考》，刘学军、李瞳译，收入陈金华、孙英刚编：《神圣空间：中古宗教中的空间因素》，第299—332页。

与石城山弥勒大像建成的时间相近。

据傅大士传记来看,嵩头陀似乎只是"开示"傅大士为弥勒化身,并未传授具体的弥勒系经典。细想起来,事情应当不会这样简单。傅大士的佛教知识必然有一个学习过程。换言之,即便傅大士没有直接跟随嵩头陀学习,❶也必然是通过其他途径接触到与弥勒下生有关的佛教知识。❷关于这个问题,《冥祥记》载东晋时会稽剡县人周珰事迹,可资参考。周珰"家世奉法",十六岁时"便菜食持斋,讽诵《成具》":

> 正月长斋竟,延僧设受八关斋。至乡市寺,请其师竺佛密及支法阶。竺佛密令持《小品》,斋日转读。至日三僧赴斋,忘持《小品》。至中食毕,欲读经方忆,意甚惆怅。珰家在坂怡村,去寺三十里,无人遣取。至人定烧香讫,举家恨不得经。密益踧踖。有顷闻有叩门者,言送《小品》。……道俗惊喜。密经先在厨中,缄钥甚谨,还视其钥,俨然如故。于是村中十余家,咸皆奉佛。❸

由于乞食、斋会等需要,僧人与村落之间有较多接触。帛僧光在石城山石室坐禅,却要"入村乞食,夕复还中",采薪人请嵩头陀出山,"向俗人家供养",均是如此。永明三年(485)七月,始兴郡

---

❶ 前引《善慧大士录》卷1提到,傅大士领悟后,"弃鱼具,携行归舍,因问修道之地",可知嵩头陀去过傅大士家。嵩头陀和傅大士后来还有过一次接触,时在嵩头陀创建莱山寺后,"于寺南山中,多种果树,每晨夕躬自履行。于道上重逢大士,甚悦,因摩大士顶曰:自念余当西迈,不值菩萨道兴。遂各还其所",第47页。这次接触似乎只是偶然见面,未见佛法传授。

❷ 东晋南朝时期,有《弥勒赞》《龙华会记》等礼赞弥勒的文本,参看任继愈主编:《中国佛教史》(第三卷),北京:中国社会科学出版社,1988年,第601—602页。

❸ 周叔迦、苏晋仁:《法苑珠林校注》卷18《敬法篇》引《冥祥记》,第592页。

民龚玄宣称："去年二月，忽有一道人乞食，因探怀中出篆书真经一卷，六纸，又表北极一纸，又移付罗汉居士一纸，云从兜率天宫下，使送上天子，因失道人所在。"❶ 这是一个乞食僧人传布佛经的例子。周珰家在剡县坂怡村，距离竺佛密等僧人弘法的寺院有三十余里。村民在斋日延请僧人至村落之中，转读所携带的佛教经典，可知斋会诵经是村民接触僧人和佛教知识的一个途径。嵩头陀创建香山寺后，"始在近村赴斋会"，情形正与竺佛密等三僧相似。再如释净度，"诵经三十余万言。常独处山泽，坐禅习诵。若邑中有斋集，辄身然九灯，端然达曙，以为供养，如此者累年"。❷ 这样理解的话，傅大士在遇到嵩头陀之前，也可能已经在村落斋会场合接触到一些包括弥勒下生在内的佛教知识。❸

对于识字率较低的普通民众而言，深奥的佛教义学，无论是般若、成实，还是三论、毗昙，实际上都缺乏吸引力。吸引他们皈依的契机，最主要的还是僧人的神异事迹。❹ 在周珰故事中，村民

---

❶ 《南齐书》卷18《祥瑞志》，第364页。
❷ 《高僧传》卷11《习禅·释净度传》，第416页。禅诵往往并称，如释净度"常独处山泽，坐禅习诵"。再如释法绪在蜀中，"于刘师冢间头陀山谷"，"诵《法华》《维摩》《金光明》，常处石室中，且禅且诵"；赤城山支昙兰，"蔬食乐禅，诵经三十余万言"；释法悟在武昌"头陀山泽"，"诵《大（品）》《小品》《法华》"；竺法旷居於潜青山石室，"每以《法华》为会三之旨，《无量寿》为净土之因，常吟咏二部，有众则讲，独处则诵"，以上记载分见《高僧传》卷11《习禅》释法绪、支昙兰、释法悟诸传及同书卷5《义解二·竺法旷传》，第408、407、422、205页。
❸ 弥勒信仰在江南地区的传布，可能是相当广泛的。《岁华纪丽》卷2"四月八日·浴释迦"条引《荆楚岁时记》："荆楚以四月八日，诸寺各设会，香汤浴佛，共作龙华会，以为弥勒下生之征也。"《丛书集成新编》第7册，第202页。参看守屋美都雄：《中國古歲時記の研究——資料復元を中心として》，東京：帝国書院，1963年，第349页。可知长江中游地区的弥勒信仰也有相当的传布。
❹ 在民众观念中，神异僧人大概与民间神祇相似，汤用彤说："最初佛教势力之推广，不能不谓因其为一种祭祀方术，而恰投一时风尚也。"《汉魏两晋南北朝佛教史》，北京：中华书局，2016年，第39页。这是民众接受佛教的重要背景。

奉佛的契机就是《小品》经的神奇出现。竺法旷居若耶山时，遇到会稽地区疾疫，"旷既少习慈悲，兼善神咒，遂游行村里，拯救危急……有见鬼者，言旷之行住，常有鬼神数十，卫其前后"。❶嵩头陀也同样多有神异，如创治常满仓、系缚山贼、折服县令萧子睦等等。他对傅大士的"开示"，或许也有一些神异之举作为契机，只是现在已无从得知。傅大士"得道"后也是如此，徐陵碑文说：

> 又自叙云："七佛如来，十方并现，释尊摩顶，愿受深法，每至犍槌应节，法鼓载鸣，空界神仙，共来行道。"其外人所见者，拳握之内，或吐异香，胸臆之间，乍表金色。时有信安县比丘僧朔，与其同类，远来观化。未及祗肃，忽见大士身长丈余，朔等惊惭，相趋礼拜，虔恭既毕，更睹常形。又有比丘智鳃、优婆夷钱满愿等，伏膺累载，频睹异仪，或见脚长二尺，指长五寸余，两眼光明，双瞳照耀，皆为金色，并若金钱。譬李老而相侔，同周文而等状。姜嫄所履，天步可以为俦；河流大戾（履），神足宜其相比。支郎之彦，既耻黄精，瞿昙之师，有惭青目。

傅大士的这些神迹，是其能够吸纳信众、形成一个村邑佛教团体的重要基础。令人感兴趣的是，傅大士的神异事迹，徐陵碑文中往往称之为"自叙"。类似的情形，《冥祥记》所载刘宋元嘉九年（432）东官曾城人宋仑氏二女事迹，值得参照：

> 姊年十岁，妹年九岁。里越愚蒙，未知经法。忽以二月

---

❶ 《高僧传》卷5《义解二·竺法旷传》，第205—206页。

八日，并失所在。三日而归，粗说见佛。……既而，经月乃返。剃头为尼，被服法衣，持发而归。自说见佛及比丘尼曰："汝宿世因缘，应为我弟子。"举手摩头，发因堕落。与其法名，大曰法缘，小曰法彩。临遣还曰："可作精舍，当与汝经法也。"女既归家，即毁除鬼座，缮立精庐，夜齐诵经。夕中每有五色光明，流泛峰岭，若灯烛。……刺史韦朗就里并迎供养。闻其谈说，甚敬异焉。于是溪里皆知奉法。❶

宋仑氏二女"自说"为佛弟子的情节，与傅大士"自叙"为补处菩萨以及"空界神仙，共来行道"，从性质上是颇为相近的。这种"自叙"得道者，往往是以乡里宗亲为基础，逐渐扩展其影响。傅大士教团最初就是以家庭、家族、乡里同姓为基础，逐渐扩展而形成。徐陵碑文说："既而四空妙定，熏修已成，八解明心，庄严斯满，时还乡党，化度乡亲，俱识还源，并知回向，或立舍须发，如闻善来，大倾财宝，同修净福。"这里说"时还乡党，化度乡亲"，就指出了教团的早期扩散途径。据《善慧大士录》卷1所记，最初与傅大士一起禅修的是其妻留妙光。❷ 得道之后，"同里傅昉、傅子良等入山供养"，大通二年（528）其妻妙光"鬻身助会"之时，"同里傅重昌、傅僧举母，以钱五万买之"。此外，他还化度了叔父和从祖孚公。他的两个儿子普建、普成也是教团的重要成员。❸

嵩头陀和傅大士的行迹，提供了一个弥勒信仰在江南村邑传布

---

❶ 周叔迦、苏晋仁：《法苑珠林校注》卷5《六道篇》引《冥祥记》，第146—147页。
❷ 《小录》称其妻妙光姓"刘"，似误。东阳有留氏，如东阳长山人留异，"世为郡著姓"，"为乡里雄豪"，《陈书》卷35《留异传》，第483页。
❸ 该地今名稽亭村，现在是一处以丁姓为主的大型村落，据称傅姓人口宋代已经迁出。笔者考察时曾询问村民，当地仍有关于傅大士出生地点和相关活动情形的传闻。

南朝佛教与乌伤地方

的具体案例。嵩头陀得到村邑民众的布施和供养，在金衢盆地的山脉边缘建立多所山寺，通过山寺僧人"近村赴斋会"等方式，佛教信仰逐渐深入村邑之中。在此影响下，借助于乡土社会的血缘和地缘关系，衍生出以傅大士和弥勒信仰为核心的村邑佛教团体。❶

这种以弥勒下生、龙华三会为信仰核心的宗教团体，由于其组织化特征和潜在的除旧布新思想，对于朝廷、官府而言具有相当大的危险性。以弥勒信仰为号召的宗教性反乱，南朝虽不多见，北朝后期却有不少。❷ 徐陵碑文说：

> 太守王㷊言其诡诈，乃使邦佐幽诸后曹，迄至兼旬，曾无段食。于是州乡愧伏，远迩归依，逃迹山林，肆行兰若。

傅大士受嵩头陀点化，苦修七年"得道"，开始传法的时间是在普通七年（526）、大通元年（527）左右。他被东阳太守"幽诸后曹"，当是在其苦修期间。这个事件表明官府对于傅大士"自叙"为补处菩萨、弥勒下生，是颇为警惕的。《善慧大士录》卷4《慧集传》载，傅大士"舍财宝为三界受苦众生"设法会后，"心小忧"，当夜梦见释迦安慰："汝勿忧也，我当遣一沙门来助汝。"傅大士"小忧"的是什么呢？"释迦"提到的沙门是指慧集，大通二年投

---

❶ 从亲近、相熟之人逐渐扩散，是宗教团体形成的一般路径。佛陀得道后其教团的早期扩展，也经历了这样一个过程。另外，佛教传入中国后，出家的中国僧尼中，有不少是受家庭影响。如释慧远，其弟慧持、其姑道仪，均为僧尼（《高僧传》卷6《义解三·释慧持传》，第229页）。其实不仅是宗教信仰团体，乡里社会中的组织化团体，大都是以家族、邻里为基础扩散的。

❷ 参看唐长孺：《北朝的弥勒信仰及其衰落》，《魏晋南北朝史论拾遗》，第198—209页；塚本善隆：《北魏の佛教匪》，《支那佛教史研究·北魏篇》，第241—291页；佐藤智水：《北魏仏教史论考》第四章《大乘の反乱》，冈山大学文学部，1998年，第173—204页。

傅大士为弟子。❶《小录》载大通二年营法会，慧集宣称："我师弥勒应身耳"，"师意不许，恐损于法身"。《景德传灯录》卷27"善慧大士"条则作"大士恐惑众，遂呵之"。❷《善慧大士录》卷4《慧集传》又说："道俗谓大士是白衣人而有沙门弟子，多生疑惑，及兴毁谤。"从道俗"毁谤"以及傅大士"恐""呵"的态度来看，他"小忧"的，或许就是官府对村邑弥勒教团的态度。

这让人想到梁天监年间的僧人妙光事件。妙光"戒岁七腊，矫以胜相"，即苦修七年后，宣称得道，伪造《萨婆若陀眷属庄严经》，称其父为萨婆若陀长者，弟弟为金刚德体，侄子为师子，最终被裁决"依律摈治。天恩免死，恐于偏地复为惑乱，长系东冶"。❸ 妙光事件可与傅大士被"幽诸后曹"的经历相参照。傅大士教团如何摆脱这种困境呢？

四 "影响人王"始末

徐陵碑文：

> 大通元年，县中长宿傅普通等一百人，诣县令范胥，连名

---

❶ 据《善慧大士录》卷4《慧集传》，其本名王虺之，吴郡富春右乡大括里人，"家本贫贱"，"于时身有郡县徭役，恐被追captured，逃匿天台山，髡发为僧，头陀苦行，精勤佛法。既避官事，不恒一处"，第48页。从他的经历可以获知，头陀苦行者之中，多有避役之人。

❷《景德传灯录》卷27"善慧大士"条，《大正藏》第51册，《史传部三》，第430页。

❸《出三藏记集》卷5《萨婆若陀眷属庄严经》，第231页。这件事惊动了建康二十多位高僧大德，参与"辩问"的高僧有僧正慧超及昙准、僧祐、法宠、慧令、慧集、智藏、僧旻、法云等人。

荐述。又以中大通四年，县中豪杰傅德宣等道俗三百人，诣县令萧诩，具陈德业。夫以连城之宝，照虎之珍，野老怪而相捐，工人迷而不识。胥等体有流俗，才无鉴真，亟欲腾闻，终成亏怠。梁高祖武皇帝绍隆三宝，弘济四生，迹冠优填，神高仙豫。夫以陈蕃静室，犹怀天下之心，伊尹躬耕，思弘圣王之道，况我有慧日明炬，如风宝车，济是沉舟，能升彼岸，固宜光宜正法，影响人王者乎。于是以中大通六年正月二十八日，遣弟子傅暀出都，致书高祖。……皇心欢悦，遽遣招迎，来谒宸围，亟论经典。

傅大士教团为获得官府支持而进行的努力，首先是由"县中长宿""县中豪杰"等主持组织，向县令集会请愿，大通元年、中大通四年（532）各有一次。从时间上看，大通元年的一次，是傅大士结束七年苦修、宣称得道后不久，参与的是"傅普通等一百人"；中大通四年的一次，参加者是"傅德宣等道俗三百人"。从主持者姓氏可以推知，参加者应当是以稽停里傅氏为核心的村邑奉佛民众。这两次集会请愿均未获成功。❶徐陵碑文接下来以近三分之一的篇幅，记述傅大士被梁武帝招请至建康弘法的经历，所谓"光宜正法，影响人王"，在这种背景下理解，颇耐寻味。

关于傅大士的建康之行，存在诸多疑义。傅大士出身江南腹地社会底层，远在建康的宫廷几乎是遥不可及的，他如何会想到去建康"影响人王"？又如何获得梁武帝招引？既然受到梁武帝崇重，为何不以"王者师"身份留在建康？梁武帝对他的态度究

---

❶ 傅普通、傅德宣请愿事，不见于《善慧大士录》记载。《小录》仅记"后四年，傅德寅三百人诣县令萧诩举荐，诩守常不肯闻奏"，傅德寅或即碑文中的傅德宣。

竟如何？理解这些问题，需要仔细梳理徐陵碑文和《善慧大士录》的书写立场。

傅大士被梁武帝招至建康的过程，并非如徐陵碑文记述的这样简单，而是经历了颇多波折。《善慧大士录》卷4《慧集传》：

> 是时梁武帝广招英俊，四方云集，唯双林大士尚未延请。大士从容为法师曰："上人若能修习无漏圣道者，当为我诣国，舍头相证，誓使解脱。"法师因尔依止大士为苦行弟子，乃发菩提之心，弘阐正法，不吝躯命，遂求诣国，自陈说大士行，愿度众生之意。法师至都突进，自陈大士德业，因被呵责，自理得免，续诣官门击鼓，将陈所由，得罪，付钱署一年。在役中教化，造立砖塔数层。主者伏其勇猛精进，启请释放。后得还山。

前面提到，慧集投傅大士为弟子是在大通二年，亦即傅普通等诣县令范胥集会请愿未果的次年。傅大士对他提出的期望，是"为我诣国，舍头相证"，即前往建康陈说傅大士道行，以及"愿度众生之意"。这是一个很大胆的策略。如果傅大士能够为梁武帝招引至建康弘法，困扰教团的官府支持问题自然会迎刃而解。不过，对于身处社会底层的傅大士而言，要想得到梁武帝的招引谈何容易。从"舍头相证""不吝躯命"等记述可知，慧集做好了为此付出生命的心理准备。事实上结果也并不理想。❶

回到乌伤以后的慧集，又和傅普愍商议，试图以"苦行"方式获取官府和"道俗"的承认。《善慧大士录》卷4《慧集传》：

---

❶ 慧集去建康一事，徐陵碑文、《小录》均未提及，也许是未获成功的缘故。

乃与居士傅普愍共议，于三宝前立志誓曰："若大士道法不弘，各随苦行，弘布正道。"普愍乃劓鼻烧指，广作佛事，续诣县令萧诩弘道布教，普愍曰："实心为法。"左右曰："君心在内，云何见？"普愍即出外借刀，割耳一只，以表心志。萧令及左右赞美。先大士常谓人曰："慧集是观音，普愍是文殊。"及此迭相证明，毁伤发肤，非此不能也。法师自是布施放生，救苦治病，游行郡国，不以艰苦告劳。

慧集和傅普愍似乎有所分工。慧集游走各地，"处处教化，常言大士是弥勒应身大士"（《善慧大士录》卷1），试图以此扩大傅大士的影响力；傅普愍则在乌伤"劓鼻烧指，广作佛事"。慧集先后去过的地点有会稽龙华寺、太末县、信安县、长山县丰江村、东阳县、浧溪、於潜县等，大同四年正月在於潜上牧里灵山尼寺烧身灭度。❶这种游方苦行，有助于扩大傅大士在乌伤周边地区的影响。傅普愍在县令萧诩面前"割耳一只"，其事与中大通四年"县中豪杰傅德宣等道俗三百人，诣县令萧诩，具陈德业"，可能差不多同时。据徐陵碑文"体有流俗，才无鉴真"之说来看，"萧令及左右赞美"，似有夸大之嫌。

不过，无论是慧集的苦行游方，还是傅普愍的劓鼻割耳的激烈举措，都没有真正解决官府认同问题。在这种情况下，中大通六年

---

❶ 这些地点主要是在金衢盆地，此外也远到会稽和於潜。自乌伤至会稽，可以沿浦阳江而下；至於潜，则可以自东阳沿谷水、浙江水而下，交通均比较便利。慧集灭度的於潜上牧里灵山尼寺，应当就在他与别人立券约定"取直"的白山附近，后葬于於潜印渚。於潜印渚是一处水陆转运接点，行旅众多，《世说新语·言语》注引《吴兴记》："於潜县东七十里，有印渚，渚傍有白石山，峻壁四十丈。印渚盖众溪之下流也。印渚已上至县，悉石濑恶道，不可行船；印渚已下，水道无险，故行旅集焉。"余嘉锡：《世说新语笺疏》（修订本），第138—139页。

(534)正月,亦即傅德宣等诣县集会请愿未果之后一年多,傅大士又派弟子傅暀去建康,致书梁武帝,仍试图从朝廷方面打开局面。为了达成目的,傅暀采取的是御路烧手的策略。徐陵碑文:

> 尔时国师智者法师,与名德诸众僧等,言辞谨敬,多乖释远之书,文牒卑恭,翻豫山公之启。大士年非长老,位匪沙门,通疏乘舆,过无虔恪,京都道俗,莫不嗟疑。暀至都,投太乐令何昌,并有弘誓,誓在御路烧其左手,以此因缘,希当闻达。昌以此书呈同泰寺僧皓法师。师众所知识,名称普闻,见书随喜,劝以呈奏。

此事《善慧大士录》卷1、《小录》均有记载。可知傅大士致书由于陈辞甚高,何昌本不愿呈送,"殊不谦谦,岂敢呈达"(《小录》)。❶ 无奈之下,傅暀采取了御路烧手的极端举措。在这种情况下,何昌才与同泰寺僧皓法师商量,上呈傅大士书于梁武帝。此事成功的关键是烧手。当时朝廷、官府对僧人烧身比较关注,如释慧益"精勤苦行,誓欲烧身",曾引起宋孝武帝和江夏王义恭的礼敬。他在大明七年烧身之前,自寺院往宫城云龙门前,向宋孝武帝告辞,"重以佛法凭嘱"。在钟山的烧身现场,更是"诸王妃后,道俗士庶,填满山谷,投衣弃宝,不可胜计"。❷ 汤用彤指出:"烧身并以骇众要誉。烧身乃宗教情绪热烈之表现,往往煽动群心,致举国若狂。故

---

❶ 傅暀为何会先投太乐令何昌,有些令人费解。据《宋书》卷39《百官志上》,太乐令"掌凡诸乐事",第1229页。其职掌似与僧人推举无关。傅大士弟子中有一位"昌居士",傅大士比之为阿难,《景德传灯录》卷27"善慧大士"条称"昌居士"即何昌,未知所据,《大正藏》第51册,第431页。若此说有据,则太乐令何昌或同为乌伤县人。

❷ 《高僧传》卷12《亡身·释慧益传》,第453页。

不免有人愿舍身形，以激誉流名也。"❶僧人烧身所造成的轰动效果，应当是傅暀采取御路烧手策略并最终取得成功的原因。

傅大士为何会想到冒险去建康的策略？这个问题令人很感兴趣。《善慧大士录》卷1的说法是："双林僻处，教化众生不广，乃欲诣阙，见天子，宣扬正教。"但结合傅大士出身和上面提到的教团处境来看，此说显然还值得再考虑。徐陵碑文载傅大士给梁武帝的信，起首说"双林树下当来解脱善慧大士白国主救世菩萨，今条上中下善，希能受持"，表现出一种很强烈的"王者师"意识。这也许是受到了慧约的影响。稽停里与竹山里相距不过数十里，慧约通过佛教途径成为"王者师"，在乌伤当地必然家喻户晓。中大通四年，在乌伤竹山里慧约旧宅敕建本生寺，并敕改竹山里为智者里，亦是影响很大的事件。傅大士再次派傅暀去建康的时间是在中大通六年，或受此影响。

傅大士在建康的活动及其境遇究竟如何呢？徐陵碑文：

> 同泰寺前临北阙，密迩南宫，仍请安居，备诸资给。后徙居钟山之下定林寺，游岩倚树，宴坐经行，京洛名僧，学徒云聚，莫不提函负帙，问慧谘禅。……帝于华林园重云殿自开讲《三慧般若经》，穷须真之所问，御法胜之高堂，百千龙象，围绕餐听。黑貂朱纹，王侯满筵，国华民秀，公卿连席。乃令大士独榻，对扬天庥，并遣传诏及宣传左右四人，接受言论……以大士绝世通人，故加其殊礼矣。及王辇升殿，云跸在阶，宴然箕坐，曾不山立。宪司讥问，愈见凝跱，但答云："法地若动，则一切法不安。"应对言语，皆为爽异。……帝又于寿光殿独延大士讲论玄

---

❶ 汤用彤：《汉魏两晋南北朝佛教史》，第592—593页。

赜，言无重颂，句备伽陀，音会宫商，义兼华藻。

据碑文所云，傅大士到建康后，先后居于同泰寺和钟山下定林寺。此后参加了梁武帝在华林园重云殿的御讲，此后又在寿光殿被梁武帝单独召见。《善慧大士录》卷1所载与碑文有较大出入，下面按照先后次序列表如下：

表2　《善慧大士录》所记傅大士在建康的活动

时间	主要活动
中大通六年（534）十二月	十二月十九日至蒋山，闰十二月八日辰时到阙。……直入善言殿，唱拜不从，径登西国所贡宝榻，此榻昭明太子、智者法师洎大士得坐耳。帝问大士师事从谁，答曰："从无所从，师无所师，事无所事。"设食竟，遂还钟山定林寺，诏令资给。自是天下名僧云集此处，常降甘露。
大同元年（535）正月	帝幸华林园重云殿，请四部众，自讲《三慧般若经》。于时公卿连席，貂绂满座，诏特为大士别设一榻，四人侍接。时有刘中丞（丞）至，问大士："何以不臣天子，不友诸侯？"大士对曰："敬中无敬性，不敬无不敬心。"讲众既集，帝升殿，唯大士不起。中丞（丞）又问其故。大士对曰："法地若动，一切法不安。"时诸王公送俸，请大众诵经，唯大士嘿然。人问其故，对曰："语默，皆佛事也。"太子遣人问曰："何不论议？"对曰："当知所说非长非短，非广非狭，非有边非无边，如如正理，夫复何言。"讲众既散，帝因赐水火之珠，大逾径寸，圆明洞彻，以大士山居，水火难致，故以此珠赐之。大士常用取水火于日月。时王公贵人有至大士所，见大士坐不正，问曰："何不正坐？"答曰："正人无正性，侧人无侧心。"一日，帝延至寿光殿说法，至夜方出。
大同元年四月	还云黄山。
大同元年九月	又遣傅暀奉书于帝……帝诏曰："若欲见顾，甚佳也。"
大同五年	始重入都，行至钟山，以状上帝。
大同五年三月	三月十六日，帝于寿光殿共论真谛。大士曰："息而不灭。"帝曰："若息而不灭，此则有色故钝。"大士曰："一切诸法，不有不无。"帝曰："谨受旨矣。"……帝默然。大士退。至十八日，大士作偈进帝，答息而不灭义。

续表

时间	主要活动
大同六年	辞帝东归。
大同六年	（东归）后数月，以功德事，复至都下，止蒋山。遣傅暅奉书于帝……时何昌使外，此书未达。

根据上表来看，傅大士曾先后三次至建康，而徐陵碑文所记述的仅是第一次至建康的活动内容，时间是中大通六年十二月至大同元年四月，在建康停留约五个月。其间主要活动有四项：①善言殿设食；②参加重云殿御讲；③王公贵人拜访；④寿光殿说法。①③两项不见于徐陵碑文。其中，最主要的是第②项重云殿御讲。徐陵碑文记述的几个主要情节，如"令大士独榻"，梁武帝升殿时傅大士"宴然箕坐"，"宪司"质问及其答语，碑文与《善慧大士录》完全一致。王公送傔及请大众诵经、太子遣人问语等，❶则不见于徐陵碑文记载。根据相关问答等内容来看，让人怀疑傅大士的这次建康之行，可能是有司为筹备大同元年正月的重云殿御讲，广求异僧参与的一项举措。

重云殿和同泰寺是梁武帝御讲的两个主要场所。❷ 大同七年（541）三月十二日，梁武帝在重云殿御讲《金字波若波罗蜜三慧经》的情形，❸ 陆云公有详细记述：

---

❶ 《广弘明集》卷19萧子显《御讲金字摩诃般若波罗蜜经序》亦提到，重云殿御讲时，太子奉傔玉经及施僧钱绢等，《大正藏》第52册，第237页。

❷ 参看陈金华：《梁武帝内道场中的无遮大会》（陈志远、刘学军译）、《梁武帝御花园中的佛教设施》（石建刚译），《佛教与中外交流》，第123—168、169—181页。

❸ 御讲的地点重云殿，本是东晋以来的华林园，后改建为道场。《广弘明集》卷19陆云公《御讲波若经序》："华林园者，盖江左以来后庭游宴之所也，自晋迄齐，年将二百世……舍兹天苑，爰建道场，庄严法事，招集僧侣。"《大正藏》第52册，第235页。

> 凡听众自皇太子、王侯、宗室、外戚，及尚书令何敬容、百辟卿士、虏使主崔长谦、使副阳休之及外域杂使一千三百六十人，皆路逾九驿，途遥万里，仰皇化以载驰，闻天华而踊跃，头面伸其尽礼，赞叹从其下陈。又别请义学僧一千人于同泰寺，夜覆制义，并名擅龙象，智晓江河，传习譬于泻瓶，讽诵同于疾雨。❶

这次御讲持续了二十三天，参与人员包括宗室、文武百官、外国使臣等，同时也有不少"异僧"参与，如来自关塞之北、年近百岁的释法隆，"闻中国应讲《摩诃波若经》，故自远而至，时僧正慧令犹未启讲，京师道俗亦不知御应讲也"。此外，"发讲之日，又有外国僧众，不可胜数，并众所不识，同集法座"。序文特别提到了会稽鄮县阿育王寺释法显，"修习苦行，志求慧解"，"乃于讲所自陈愿力，刺血洒地，用表至诚"。释法显在御讲场所"刺血洒地，用表至诚"，让人想起傅普愍割耳、傅眰烧手之举。

还有一次御讲可以参照。中大通五年（533）二月二十六日，梁武帝至同泰寺御讲般若，"设道俗无遮大会"，参与者达到三十余万人：

> 自皇太子王侯以下，侍中司空袁昂等六百九十八人，其僧正慧令等义学僧镇座一千人，昼则同心听受，夜则更述制义。其余僧尼及优婆塞众、优婆夷众、男官道士、女官道士、白衣居士、波斯国使、于阗国使、北馆归化人，讲肆所班，供帐所

---

❶ 《广弘明集》卷19陆云公《御讲波若经序》，《大正藏》第52册，第236页。《大正藏》本未署此序作者，宋碛砂本作"梁陆云"，上海古籍出版社，1991年，第242页。

设,三十一万九千六百四十二人。❶

萧子显在序文中特别提到了一位"异僧",即"年将百岁"的外国道人沙呵耶奢,他本来在檀特山中坐禅,听说"中国应有大讲,故自远而至"。据此来看,为了增加御讲的声势,有司在御讲之前访求异僧参会,或许是一种习惯性的举措。果真如此的话,傅大士得到梁武帝的招引,很可能是在为大同元年正月的重云殿御讲做准备,不能看作特殊礼遇。《慧集传》说"是时梁武帝广招英俊,四方云集,唯双林大士尚未延请",《善慧大士录》卷1称傅大士居钟山,"诏令资给,自是天下名僧云集此处"。结合这些来看,像傅大士这样被"招引"参加御讲、暂时安排住在钟山下定林寺的"异僧",应当为数不少。

中大通五年同泰寺御讲时,亦有皇帝、太子布施、奉傔等内容,与《善慧大士录》所载相合。由此理解,所谓"设食"、获得"资给"、御讲时为"别设一榻",都可以看作御讲时招引异僧的程序性安排,并非针对傅大士个人的殊礼。傅大士第二次至建康,活动更为简略,唯一一次与梁武帝见面,是在寿光殿共论真谛。❷ 仔

---

❶ 《广弘明集》卷19萧子显《御讲金字摩诃般若波罗蜜经序》,《大正藏》第52册,第236—237页。"中大通五年",有的版本作"七年",结合"癸丑"来看,当以"五年"为是。据《梁书》卷3《武帝纪下》,中大通五年二月癸未,梁武"行幸同泰寺,设四部大会,高祖升法座,发《金字摩诃波若经》题,讫于己丑"(第77页),可与萧子显此序相印证。

❷ 《小录》:"帝后于寿光殿请志公讲《金刚经》,答不能,指大士善此,师登座执板,唱经成四十九颂。"与《小录》同一系统的《景德传灯录》卷27"善慧大士"条亦载此事,文字相同(《大正藏》第51册,第430页)。此事不见于《善慧大士录》及徐陵碑文。据《高僧传》卷10《神异下·释保志传》,保志卒于天监十三年(第397页),其时傅大士尚未受嵩头陀点化,受梁武帝之招到建康更在二十余年之后,时间明显不合。宗鉴《释门正统》卷8《护法外传》"傅翕"条(《卍续藏经》第130册,第896页)、志磐《佛祖统纪》卷37《法运通塞志》"陈宣帝大建元年"条(《大正藏》第49册,第352页),均已指出此点。保志以其神异受到梁武帝崇重,前引萧子显《御讲金字摩诃般若波罗蜜经序》亦特别提及。但保志一直活动于建康,南齐时已颇有声名,与皇室和贵族官僚多有来往,这一点与傅大士不同。

细揣摩两人的对答语，以及梁武帝"谨受旨矣""默然"的态度，可以感觉到梁武帝对傅大士的思想并不太感兴趣。第三次至建康遣傅暀致信梁武帝，信甚至没有送达。

这样来看，傅大士的建康之行效果并不理想。智瓒称傅大士"频诣梁武帝弘宣正道，多逢恼郜"，❶所谓"恼郜"，颇含深意。梁武帝热衷于般若义学，"游心佛理，陶思幽微。于重云殿千僧讲众，月建义筵，法化通洽，制《五时论》，转四方等，注解《涅槃》，情用未惬，重申《大品》，发明奥义"。❷当时建康佛教界最有权势的多为义学僧人。傅大士"少不学问"，与此本非同道。道宣指出："逮于梁祖，广辟定门，搜扬寓内有心学者总集扬都，校量深浅，自为部类。又于钟阳上下双建定林，使夫息心之侣栖闲综业。于时佛化虽隆，多游辩慧，词锋所指，波涌相陵，至于征引，盖无所筹，可谓徒有扬举之名，终亏直心之实，信矣。"❸梁武帝对"定学"僧人多有招引，但实未重视。

傅大士的姿态也有很大的问题。他自称补处菩萨，以弥勒化身自居，将自己放在与梁武帝对等的位置，致信均以"白"结尾，完全没有考虑到梁武帝的心态。碑文就指出，当时建康高僧致书梁武帝时，"言辞谨敬，多乖释远之书，文牒卑恭，翻豫山公之启"，都是非常"谦卑"的。傅大士的对等意识，在一些具体行为上还有表现，如"直入善言殿，唱拜不从，径登西国所贡宝榻"，同泰寺御讲时"王辇升殿，云跸在阶，宴然箕坐，曾不山立"，这些现象引起徐陵的注意，赞之为"方其古烈，信可为

---

❶《善慧大士录》卷2，第12页。
❷《续高僧传》卷15《义解十一》卷末"论曰"，第547页。
❸《续高僧传》卷21《习禅六》卷末"论曰"，第810页。

侼"。但碑文写作毕竟不是现实政治。傅大士的这种姿态是梁武帝所不能接受的。颜尚文指出,梁武帝试图建立一个佛教与王权合一的国家,他自己受戒,企图通过大乘菩萨戒巩固王权。他选中慧约而不是更有声望的法云、智藏等人,应当也是由于慧约出身更低,更易驱策。❶

由于未能"影响人王",傅大士建康之行没有取得理想结果,宗教"地位"最终也与慧约相去甚远。❷ 不过,尽管"多逢恼郜",傅大士被招引至建康参加御讲的经历,足以让其教团解决"合法性"问题,获得生存空间。傅大士去世前,乌伤县令陈钟耆"来求香火结缘",❸ 就表明地方官府的认同。从这一点来说,傅大士的建康之行仍有收获。

这种收获至少可以举出两点。其一是受梁武帝的"礼遇",这一点不管具体情形如何,在地方上总会产生一定影响。据《善慧大士录》卷2所记,傅大士遗物中有"扣天门槌一双""武帝水火珠一颗""西国献独楊床一张"。这三件物品都与傅大士的建康之行有关,其中,"扣天门槌"是中大通六年十二月梁武帝设食召见时所携之物;"西国献独楊床"亦是此次召见时在善言殿所坐之榻;"水火珠"是参加同泰寺御讲时梁武帝所赐。三件物品是傅大士受梁武帝"礼遇"的实物见证,受到珍视。其二是在定林寺遇到僧人慧和。慧和在建康佛教界颇有影响力,"皇太子数请和阇黎,尚不能致",后来北齐文宣帝高洋"遣使迎接","既至邺郡,深见礼接",

---

❶ 颜尚文:《梁武帝受菩萨戒及舍身同泰寺与"皇帝菩萨"地位的建立》,《中国中古佛教史论》,第250—319页。
❷ 徐陵碑文称,傅大士居钟山定林寺,"京洛名僧,学徒云聚,莫不提函负帙,问慧谘禅"。其说容有夸张,但从慧和"请为弟子"来看,傅大士在建康禅僧中有一定影响。
❸ 《善慧大士录》卷1,第11页。此事亦见于徐陵碑文。

后在邺城定国寺灭度。❶ 慧和在其师隐法师灭度后，曾至乌伤依傅大士为弟子，他的到来极大地提升了傅大士的声望。❷

五 法会与苦行
——村邑佛教团体的运作问题

傅大士教团的活动中心是双林寺。关于双林寺的创建经过，碑、录所记有些差异。徐陵碑文称傅大士"有怀栖遁，仍隐居松山双林寺"，似乎傅大士最初接受佛法之时双林寺已经存在。但接下来又说傅大士得道后，"于山根岭下，创造伽蓝，因此高柯，故名双林寺矣"，前后矛盾。《善慧大士录》卷1称，大同六年傅大士第三次至建康之后，"因启帝置寺于双梼间，号双林寺"，《小录》称双林寺是大同五年"奏舍宅于松山下"而立。两录所记时间虽有差异，但都是傅大士"影响人王"以后的事。

其实，双林寺的建立，经过了一个从庵舍到寺院的改建过程。据《善慧大士录》卷1，傅大士在嵩头陀指示下，最初是在松山双梼树间"结庵"。同书卷2记其"闲居"时谓弟子之语，所云更为具

---

❶ 陈金华指出，慧和即《续高僧传·惠可传》中提及的"和禅师"，见《和禅师考》，收入佛光大学佛教研究中心编：《汉传佛教研究的过去与未来》，宜兰：佛光出版社，2015年，第331—373页。
❷《善慧大士录》卷4《慧和传》，第50—51页。慧和至乌伤前，傅普愍告知上申侯，称"和阇黎于都立誓，为大士弟子，今当故来供养家师，今将至矣"，上申侯感到不可思议，"抗声骂言"，称"皇太子数请和阇黎，尚不能致，岂有远来见大士义"。十余日后，慧和到达乌伤，上申侯"往礼问讯"，"心大惭愧"，后随慧和"入山顶礼，并设檀会"。上申侯其人不详，从他对建康情事的熟悉来看，或曾在建康任官的乌伤名望。从其"抗声骂言"可知，傅大士声望仍很有限。慧和的到来，提升了傅大士在当地的影响。傅大士听说慧和到来，"至欢喜赞叹"，正说明其心境。

图10　云黄山双林寺遗址（笔者摄）

体："我初学道，始于寺前起一草庵及守苽屋，内外泥治甚周尔。"《小录》所谓"舍宅"，应当就是指"草庵及守苽屋"。《小录》：

> 大同五年奏舍宅于松山下，目双梼树而创名，号双林寺矣。此树根株异植，条干连理，各一孔，祥气每腾，有鹤一双，旦夕栖止。置寺既毕，弟子问："圣像若为？"答："吾自有意。"攸忽匠来，问："何迟？"曰："天宫有缘，今方获至。"殿前原出白杨两本，师恒宴坐其下，常闻天乐异香，兼降甘露。可伐此树，为宝殿功德。仍于根上垒砖浮图，高九级，能出光明，至今如初。

《小录》此段与今本《善慧大士录》文字颇有差异。但一些基本要素是相同的，如寺建于双梼树之地，有佛殿、佛像和九层砖塔。❶ 结合

---

❶ 据《善慧大士录》卷2，双林寺佛殿及九层砖塔等遗迹，唐宋仍存，第13页。

《善慧大士录》卷1来看，《小录》所称伐双梼树"为宝殿功德"，其实就是建造佛像。换言之，殿中佛像为木质。殿、像和砖塔的建立，都需要一定财力。徐陵碑文说："大士亦还其里舍，货贸妻儿，营缔支提，缮写尊法，尝以聚沙画地，皆成圆果，芥子庵罗，无疑褊陋，乃起九层砖塔，形相岿然，六时虔拜，巡绕斯托。"似乎双林寺是傅大士"货贸妻儿"而建。❶ 不过，双林寺并非一次建设完成的，而是持续了很长时间，《善慧大士录》卷1记傅大士病重之时，二子问曰："脱不住世，众或离散，佛殿不成，若何？"大士回答："我去世后，或可现相至二十四日。"可知一直到傅大士去世前后，仍在建造佛殿。

至迟大同六年以后，由于"影响人王"未果，傅大士教团的重心集中于双林寺与乌伤地区。据徐陵碑文所叙，讲经是其日常内容之一：

> 又以大乘方等，灵药宝珠，眷言山谷，希得传写，龙乡思其晓照，象驾乏其流通，复造五时经典，千有余卷。……门徒肃肃，学侣诜诜，通被慈悲，义无偏党。

《善慧大士录》卷1称"躬写经律千有余卷"，与碑文所记可相印证。积聚经典和讲学、问辩是学团的基本活动，徐陵碑文又说：

> 大士小学之年，不游黉舍，大成之德，自通坟典。安禅合掌，说偈论经，滴海未尽其书（辞），悬河不穷其义。前后讲《维摩》《思益》经等，比丘智瓒传习受持。

---

❶ 傅大士"舍卖妻子"事，《善慧大士录》卷1、《小录》均系之于大通二年，但都未提及建寺。

碑阴及《善慧大士录》卷2、卷3所载傅大士与弟子"问答语"和偈颂,应当就是傅大士讲学的记录。从这些资料来看,傅大士的讲论与一般佛教义学有很大差异。《善慧大士录》卷2说:"大士凡所有著述,不以文字为意,但契微妙至真之理,冀学者因此得识菩提之门耳。其所为众生说法,亦不过数句,所听者各随性分得解也。"傅大士出身农人,"小学之年,不游黉舍",并没有接受教育,很可能并不识字,所证得的佛理带有很强的自悟色彩,这一点稍读"问答语"和偈颂就会有所认识。

根据碑、录来看,傅大士教团最重要的活动,其一是法会,其二则是苦行。前者尤为频繁。下表是《善慧大士录》卷1所载法会一览:

表3 傅大士所设法会

时间	法会活动
大通元年（527）	大士欲导群品,先化妻子,令发道心,即舍田宅,请四众设大会。
大通二年	大士化谕妻子,鬻身助会……得钱,即营设大会。
大同十年（544）	以屋宇田地,资生什物,悉皆捐舍,营立精舍,设大法会。
	俄有劫贼群至……乃舍米百斛,为诸劫贼设会,供养三宝,为忏罪恶。
	舍前小塘,偶自枯涸,大士尽取虫鱼投大江中,死者葬于山下。牛犬死者,亦葬之。……又舍米二百斛,为鱼犬等设会。
太清二年（548）	大士复舍田园产业,以十五日设会。
承圣元年（552）	大士又舍田园家业,牛犊仓库,奉设法会。自是每年正月十日舍米二千斛,奉设法会。
天嘉四年（563）	大士又舍五百斛米、三十束绢,奉设法会。
天嘉五年	正月十七日营斋,至二月八日转《法华经》二十一遍。又于会稽铸宝王像十躯,设无遮法会。其月九日,又建禳灾无碍法席。十日转《涅槃经》一部,燃长命灯。自后五年,凡设六会,如前供养。

这些法会徐陵碑文中均未记载，《小录》则仅记傅大士证道后所设第一次法会和大通二年法会，其他当是省略。从上表可以看出，傅大士证道后的大通元年、二年曾几次设会，此后自中大通三年（531）一直到大同十年，则没有法会记录。这或许是传记的遗漏。不过，这段时间内其教团面临着官府认同问题，再加上力图"影响人王"，活动重心面向建康，法会记录的缺失或非偶然。大同六年以后，由于建康之路不畅，活动重心回到乌伤，法会记录开始频繁出现。大同十年有三次，太清二年一次，承圣元年以后每年正月一次，天嘉四年、五年一直到傅大士去世，每年也都举行法会。可见法会是傅大士教团后期最重要的宗教活动。法会集中大量人群参加，是宣扬信仰的一种极好方式。

需要指出的是，乡里社会中的信仰性集会，有着很古老的传统。《荆楚岁时记》载，社日之时，"四邻并结综会社，牲醪，为屋于树下，先祭神，然后飨其胙"。❶ 刘宋时丹阳有袁双庙，"道俗常以二月晦，鼓舞祈祠"。❷ 南朝时茅山外围村墟有多所白鹤庙，"并岁事鼓舞"。❸ 前面提到，乌伤地区有奉道传统，而道民定期集会是天师道的重要活动，《陆先生道门科略》规定，每年正月七日、七月七日、十月五日三会，"民各投集本治"，"天官地神，咸会师治，对校文书"。虽然陆修静强调道民集会时，"不得饮酒食肉，喧哗言笑"，但实际上"高尚酒食"是很常见的。❹ 葛洪就提到，"或数十人

---

❶ 《太平御览》卷30《时序部十五·社》，第142页。
❷ 《异苑》卷5"袁双庙"条，第43页。
❸ 吉川忠夫、麦谷邦夫编：《真诰校注》卷11《稽神枢第一》，第361页。
❹ 《陆先生道门科略》，《道藏》第24册，第780页。关于集会与共食，参看小南一郎：《〈汉武帝内传〉的形成》，《中国的神话传说与古小说》，孙昌武译，第363—379页。

厨，费亦多矣"。❶ 这种乡里社会中久已存在的信仰性集会习惯，❷ 是佛教法会为民众接受的一种民俗契机。

村邑中的佛教斋会，其时是广泛存在的。前引剡县周珰故事，提到"正月长斋竟，延僧设受八关斋"，请僧人转经。这种斋会一般由奉佛者举办，主要内容是设食饭僧和转经。《冥祥记》载，晋南阳滕普和妻子全氏敬信佛法："每设斋会，不逆招请。随有来者，因留供之。后会僧数阙少，使人衢路要寻。见一沙门荫柳而坐，因请与归。净人行食，翻饭于地，倾箪都尽，罔然无计。"❸ 这是一个斋会时设僧食的有趣事例。❹ 刘宋时江陵长沙寺僧人慧远，"或一日之中赴十余处斋。虽复终日竟夜行道转经，而家家悉见黄迁在焉。"❺ 傅大士以居士身份舍家财举行法会，其主要内容应当也是转经和饭僧。如天嘉五年正月营斋会，至二月八日，"转《法华经》二十一遍"，十日"转《涅槃经》一部"。❻ 而《杂宝藏经》载，羼夷罗夫妇自卖得钱，"至彼塔寺，施设作会"，夫妇两人"自共捣米"，

---

❶ 王明：《抱朴子内篇校释》（增订本）卷9《道意》，第173页。
❷ 参看葛兰言（Marcel Granet）：《古代中国的节庆与歌谣》，赵丙祥、张宏明译，赵丙祥校，桂林：广西师范大学出版社，2005年，第136—182页。这种村落集会，至今在少数族群中仍很普遍，一个具体的研究案例，可以参看田汝康：《芒市边民的摆》，昆明：云南人民出版社，2008年，第1—104页。
❸ 周叔迦、苏晋仁：《法苑珠林校注》卷42《受请篇》引《冥祥记》，第1327页。
❹ 这种僧会设食其时已颇有流弊，《广弘明集》卷24沈约《述僧设会论》就对此提出了批评："今之僧众，非惟持中者少，乃有腆恣甘腴，厨膳丰豪者。今有加请召，并不得已而后来。以滋腴之口，进蔬蕨之具，延颈蹙頞，固不能甘。"《大正藏》第52册，第273页。
❺ 周叔迦、苏晋仁：《法苑珠林校注》卷97《送终篇》引《冥祥记》，第2808页。
❻ 与此相关，据称傅大士鉴于"经目繁多，人或不能遍阅"，发明"轮藏"方便之法，"就山中建大层龛一柱，八面实以诸经，运行不碍"，并发愿说："登吾藏门者，生生世世不失人身。从劝世人有发菩提心者，志诚竭力，能推轮藏，不计转数。是人即与持诵诸经，功德无异，随其愿心，皆获饶益。"《善慧大士录》卷1，第12页。轮藏是诵经的替代，比较而言更简便易行，花费亦少，对于经济不宽裕的民众更有吸引力。关于轮藏，参看张子开：《傅大士研究》（修订增补本），第318—340页。

"昼夜勤办会具",大通初年傅大士让妻子妙光"鬻身助会",与之也有相似之处。此外,还有一点值得注意,傅大士教团法会的频繁化,是在大同十年之后,如所周知,梁武帝自天监后期奉佛起,经常在同泰寺等地举行法会。傅大士数次至建康,参加过重云殿讲经等法会,傅大士教团法会的频繁化,是否受到梁武帝的影响?❶ 这是一个让人颇感兴趣的问题。

举行法会需要一定财力。从上表来看,法会的经济来源多是傅大士施舍的田宅财物。这让人对傅大士及其教团的经济问题产生兴趣。傅大士本以耕作、捕鱼为生,受嵩头陀点化后,"植蔬果,为人佣作,与妻妙光,昼作夜归",生活清苦。大通元年得道后,第一次"舍田宅,请四众设大会",正好遇到灾荒,"五谷涌贵,甘心守绝,里人傅子良减割供给,免至殒矣"(《小录》)。此后,傅大士让妻子"鬻身助会",同里傅重昌、傅僧举之母,"以钱五万买之",傅大士用这笔钱再次"营设大会"。后来又得到同里傅昉、傅眭"罄产来施",傅昉还质其妻子,"得米来作供养,大士复转给诸修道者"。由此来看,傅大士传道初期的经济来源,主要是乡里信众的供养。❷

前引《嵩头陀传》提到,香山寺建立后,"村邑聚落信向者,多舍稻田,以给四方学道者"。嵩头陀建立的莱山寺,更是"信施者多,财物殷赡"。这种乡里社会对佛教寺院、教团的"供养"和财富布施,南朝史料虽然记载不多,但同时期的华北有相当多的事

---

❶ 张子开已注意到这一点,《傅大士研究》(修订增补本),第34—35页。重云殿法会亦有饭僧之举,《南史》卷51《梁宗室上·萧正德传》:"寻会重云殿为净供,皇储以下莫不毕集。"第1282页。

❷ 据《善慧大士录》卷1,他和弟子于"云黄山所居前十许里,开凿为精舍,乃种麻豆、芋菜等"(第3页)。云黄山即松山,《小录》载天嘉二年(561)傅大士于松山顶行道,"其山忽起黄云,盘旋若盖,因号云黄山矣"。这种自垦田地,收入应当不会太多,无法支撑法会这样需要花费大量钱财的活动。

例。著名者如北齐标异乡义慈惠石柱所记的田地施舍。❶ 傅大士教团的运作应当也与之类似，通过信仰影响吸纳信众，由他们布施财物，即徐陵碑文所云信众"大倾财宝，同修净福"。这些财物通过傅大士之手，以建造寺舍和举行法会等形式周转出去。❷

根据法会的施舍计算，傅大士教团累积的财富颇为可观。如大同十年，傅大士将"屋宇田地，资生什物，悉皆捐舍"，"倾舍既尽，无庇身之地，创立草庵，妙光亦自立庵，草衣木食，昼夜勤苦，仅得少足"，陷入了赤贫状态。可是稍后遭遇劫盗，❸ "贼去家空，犹有米二百余斛"。他分出百斛再做法会。太清二年，他又舍"田园产业，以十五日设会"。太清三年，"所有资财，散与饥贫"，但承圣元年正月十六日，"又舍田园家业，牛犊仓库，奉设法会。自是每年正月十日舍米二千斛，奉设法会。"天嘉四年正月十二日，大士又"舍五百斛米、三十束绢，奉设法会"。傅大士不停地在施舍财产，常常为了奉设法会而散尽全部资财，可是一两年后仍有数量可观的"田园产业、牛犊仓库"可供施舍，承圣元年以后更是每年舍米二千斛。由此可以获知，其教团财富的积累、周转速度颇为可观。

与法会的举行相伴随，太清二年以后，傅大士教团数次有持不食上斋、毁伤身体、烧身等苦行，成为徐陵碑文特别强调的内容：

---

❶ 唐长孺：《北齐标异乡义慈惠石柱颂所见的课田与庄田》，《山居存稿》，第123—132页；刘淑芬：《五至六世纪华北乡村的佛教信仰》，《"中央研究院"历史语言研究所集刊》第63本第3分，1993年。

❷ 《小录》提到一位"邑中云麾将军贾会"，曾率八十人去见傅大士，后由于傅大士的神异，"舍荣求道"，成为其信徒。关于贾会事迹，参看张子开：《傅大士研究》（修订增补本），第355—356页。类似贾会这样的信徒想必会有不少财物供养。关于中古寺院的供养与施舍，参看谢和耐（Jacques Gernet）：《中国5—10世纪的寺院经济》，耿昇译，上海古籍出版社，2004年，第198—232页。

❸ 民众施舍使得教团成为财富积聚之所，往往成为盗贼劫掠对象。《嵩头陀传》载香山寺得到民众供养，颇有财富，"后有山贼数十人，皆持军器，来劫财物"，第46页。

自火运将终，民无先觉，虽复五湖（胡）内飙，苍鹅之兆未萌；四海横流，夷羊之狓（牧）匪现。大士天眼所照，预睹未来，摩掌之明，凤鉴时祸。哀群生之版荡，泣世道之崩沦，救苦为怀，大悲为病，誓欲虚中闭气，识食为斋，非服名香，但资禅悦。方乃烧其苦器，制造华灯，愿以此一光明，遍照十方佛土，劝请调御，常住世间，救现在之兵灾，除当来之苦集。于是学众悲号，山门踊叫，弟子居士徐普拔、潘普成等九人，求输己命，愿代宗师。其中或馘耳而刊鼻，或焚臂而烧手。善财童子，重睹知识，忍辱仙人，是冯相辈。大士乃延其教化，更住阎浮，弘训门人，备行众善。于是弟子居士范难陀、弟子比丘法旷、弟子优婆夷严比丘，各在山林，烧身现灭；次有比丘宝月等二人，穷身系索，挂锭为灯；次有比丘慧海、菩提等八人，烧指供养；次有比丘尼昙展、慧光、法纤等四十九人，行不食斋法；次有比丘僧拔、慧品等六十二人，割耳出血，用和名香，奉依师教。并载在碑阴，书其名品。

比对《善慧大士录》卷1可知，碑文所述其实是先后三次持斋烧身活动。第一次是太清二年三月，傅大士于二月设法会后，计划持不食上斋、烧身，"为大明灯，为一切供养三宝"，并在双林寺山顶营造火龛，准备烧身。为了"留师久住，阐扬正教"，四月份弟子留坚意、范难陀等"请奉代师主，持不食上斋及烧身"。碑文提到的"或馘耳而刊鼻，或焚臂而烧手"，即发生于此时。❶由于弟子代替，

---

❶ 太清二年的这次持不食斋、烧身牵涉人员众多。《小录》称："徐普拔、潘普成、僧慧光道俗六十余人代师不食烧身，刘和穆、周坚固四众三百人然指刺心割耳沥血和香，请师住世。师憨而从之。"《善慧大士录》卷1提到的则有：留坚意、范难陀等十九人"持不食上斋及烧身"；朱坚固烧一指；陈超卖身；姚普、熏智朗等佣赁；（转下页）

南朝佛教与乌伤地方

傅大士得以"延其教化，更住阎浮"。第二次是绍泰元年（555），四月二十日傅大士告众云"佛法欲灭，先有众灾云集，人民困苦，死亡者多，次有水灾。如今所见，次第当至"，问弟子："谁能普为一切众生不惜身命，复持不食上斋，烧身灭度，以此身灯，普为一切供养三宝，请佛住世，普度众生？"在他的推动下，六月二十五日弟子范难陀"奉持上斋"，于双林山顶"烧身灭度"；九月十五日弟子比丘法旷于始丰县天台山下"烧身灭度"；次年即太平元年（556）三月，弟子优婆夷子严（即严比丘）于双林山顶"赴火灭度"。第三次是在永定元年（557），二月十八日傅大士告众："今世界众灾不息，人民困剧，谁能苦行烧指为烧，普为一切供养三宝，请佛住世，普度群生？"这次苦行烧身牵涉人员最多。❶徐陵碑文所记比丘宝月、慧海、昙展、僧拔等人的苦行烧身之举，即发生于此时。经过绍泰元年至永定元年的两次苦行烧身之后，傅大士教团的不少元老均灭度，"同度众生之伴去将尽矣"。自此一直到傅大士去世，虽然仍在频繁举行法会，持斋烧身之事则未再见记载。

傅大士教团为何会在太清二年以后多次有毁坏身体的苦行，以

（接上页）留和睦（当即《小录》中的"刘和穆"）、周坚固烧一指；楼宝印刺心；葛玄杲割左右耳；比丘菩提、优婆夷骆妙德割左耳；比丘智朗、智品等二十二人割右耳；比丘尼法脱、法坚等十五人"各持三日不食上斋"，比丘普济、居士傅长、傅远等四十二人"刺心洒血涂地"，第7—8页。

❶ 第二、三次苦行烧身，在时间上具有一定连续性，因此徐陵碑文、《小录》都将其记作一次。但据《善慧大士录》卷1的相关记述来看，应当分为两次。《小录》对此记述简略，只是说"范难陀六日不食，后三十二人蚁次赴火，誓取涅盘"。据《善慧大士录》卷1，第三次即永定元年的苦行烧身，牵涉人员有：比丘慧海、菩提法解、居士普成等八人"谨奉命（苦行烧指）"；比丘法如、居士宝月二人"钩身悬灯"；比丘智云等一十二人，沙弥慧普等十人，普知慧炬等二十三人，小儿善觉等一十七人，总六十二人，"割耳出血，和香洒地"；比丘昙展等二十六人，沙弥尼慧坚等九人，小儿法极、妙贞，优婆夷平等、法瑱等十人，道士陈令成、徐尹等，总四十九人，"奉持不食上斋"，第9页。

至很多教团"元老"因此去世？徐陵的解释是，傅大士预感到会发生侯景之乱，为众生祈福，"救现在之兵灾，除当来之苦集"。❶ 这个说法经不起推敲。第一次苦行烧身酝酿于太清二年二月，此时建康局势平稳，前一年高欢去世、侯景来降，南北虽有战事，但完全看不出有衰亡之象。据《善慧大士录》卷1，这次持斋烧身，是由于"昔闻月光大士舍头弘施，太子救穷济乏，无悋命财，经之所明，此人不久成佛。故余不揆凡微，仰慕圣则，乃立心誓，舍身命财，普为一切供养诸佛"，主要是为了舍身成佛，与"火运将终"看不出有任何关系。第二、三次发生于绍泰元年至永定元年，此时政局变幻，梁元帝政权为西魏所灭，建康又遭遇高齐军队的围攻，还算符合"救现在之兵灾"的说法。这样来看，第一次和第二、三次的苦行烧身，或许是基于不同的考虑。而且，第一次苦行烧身虽然参与者不少，但并没有人灭度，这一点与第二、三次苦行烧身数十人灭度，也是很大的不同。

太清二年的苦行烧身，让人想到前一年梁武帝舍身同泰寺之举。据《南史》卷7《梁本纪中》，太清元年三月，梁武帝"幸同泰寺，设无遮大会。上释御服，服法衣，行清净大舍"；四月，群臣"以钱一亿万奉赎皇帝菩萨"，"百辟诣凤庄门奉表，三请三答，顿首，并如中大通元年故事。丁亥，服衮冕，御辇还宫。幸太极殿，如即位礼，大赦，改元"。这次大规模的舍身活动于四月结束，消息传到乌伤想必要经过一段时间。傅大士次年二月十五日设法会，"为此国土遍十方普佛世界六道四生怨亲平等，供养三宝，诸佛住世，普度群生"，紧接着又舍身"普度一切"，时间上是契合的。前面提到，僧人毁坏身体的苦行在当时往往会引起朝廷、官府关注。

---

❶ 张子开先生亦承袭徐陵之说，《傅大士研究》（修订增补本），第32—35页。

这就让人有一个推测：傅大士在太清二年推动的苦行烧身，是否受到前一年梁武帝舍身同泰寺的影响，❶试图以此吸引朝廷注意？果真如此的话，太清二年的傅大士可能仍未放弃"光宜正法，影响人王"之念。

第二、三次苦行烧身，带有浓厚的"佛法欲灭"的拯救意识。绍泰元年四月，他告弟子大众说："经言：佛法欲灭，先有众灾云集，人民困苦，死亡者多。次有水灾。如今所见，次第当至。"天嘉四年正月设法会时所作偈语也说："窃闻佛法将欲灭，忧愁怖畏实难当。众灾乱起数非一，含识遭值尽中伤。如何众生遭此苦，悲念切抱益皇皇。"❷ 自中大通末力求"光宜正法，影响人王"，到绍泰、永定年间的幻灭感，不过二十年，为何傅大士的心态会发生如此之大的变化？或许与梁陈之际的政治变动有关。太清二年第一次苦行烧身后不久即发生侯景之乱，此后几年局势动荡，梁武帝、简文帝、梁元帝先后在动乱中去世。傅大士出生于南齐末年，自孩提时代起，一直生活于梁武帝近五十年的漫长统治之下，从心理上来说，梁武帝的去世及其着力建设的佛教国家的崩溃，可能会让傅大士产生绝望感。第二、三次苦行烧身自我毁灭式的做法，或与此有关。

这样理解的话，徐陵所说的"救现在之兵灾，除当来之苦集"，

---

❶ 傅大士似乎受到梁武帝佛教行为的很大影响。如所周知，大约傅大士开始佛教活动的普通年间，梁武帝撰有《断酒肉文》，极力推动奉佛者素食，参看康乐：《素食与中国佛教》，林富士主编：《台湾学者中国史研究论丛·礼俗与宗教》，北京：中国大百科全书出版社，2005年，第128—172页。傅大士特别提倡素食，或许与此有关，《善慧大士录》卷2关于菜食有三段记载，其一是"大士常劝戒诸人令菜食，说法开示"；其二则是有人提出疑问，"天下人民学道，不尽菜食，大士何独执菜食耶"；其三是有人问，"菜食经久或致病，其事如何"，第15、20页。
❷《善慧大士录》卷1，第9—10页。

用于第二、三次苦行烧身是比较准确的。这一点让人颇感兴趣。傅大士教团的构成相当复杂，有别于一般意义上的僧团，更应当看作以弥勒信仰为核心的民众信仰团体。维系教团的纽带，则是傅大士的弥勒化身。❶ 根据本节的讨论来看，这种在佛教知识影响下的信仰团体，虽然仍具有相当的民间信仰色彩，其信仰内涵却已从单纯的个体祈福转变为普遍的社会救济。换言之，信仰观念已从"为己"转向了"为人"。对于习惯了祈神禳灾的底层民众而言，这无疑是一个很重要的观念转变。从这种意义上来说，傅大士教团频繁的法会和苦行、烧身等激烈宗教行为，展现出的正是佛教知识影响下部分江南民众的观念变动。

六　结语

永嘉之乱以后，中国南方和北方地区经历了不同的发展轨迹，在政治、社会和文化诸多层面上呈现出明显的差异。❷ 不过，南方和北方并非完全隔绝的世界，而是互相影响的。这使得"异"的背后也存在诸多的"同"。佛教信仰亦然。

乌伤佛教史料群的意义正在于此。以往由于史料的限制，学界对于北方民众的佛教信仰讨论较多，南方则相对模糊。乌伤佛教史料群则细致展现了江南腹地民众在佛教影响下的信仰变动问题。具

---

❶ 唐宋以后，傅大士的形象逐渐提升，被奉为禅学宗师，已非其本来面貌。汤用彤指出："(傅大士)自谓为弥勒降生，颇显神通，以致奉者若狂。唐初道宣作《续高僧传》，亦以列入《感通》门中。而后世禅宗人乃言大士曾见达磨，唱《金刚经》颂，而所记大士之言，始颇有宗门风味焉。"这个判断大体是准确的，《汉魏两晋南北朝佛教史》，第592页。
❷ 唐长孺：《魏晋南北朝隋唐史三论》，第78—227页。

体来说,佛教对乌伤地方的影响,存在内、外两条线索。

释慧约出身乌伤大族楼氏,刘宋后期游学于剡县、会稽寺院,后经士族官僚推扬,进入建康佛教界,"游朱门为贵宠",梁武帝天监末年成为"王者师"。他的佛教之路主要是在"外部"完成的,与乌伤乡里的联系并不密切。而释慧约"王者师"地位的获得,固然有很多原因,但有一点很值得注意,即从身份上说,他出自江南地方大族。实际上,出身于南方土著的僧人,通过宗教途径逐渐上升为释门领袖,进而影响到"人王",是南朝佛教史上的显著现象。以梁代的三位名僧庄严寺僧旻、开善寺智藏、光宅寺法云来说,僧旻出自富春孙氏,智藏出自吴郡顾氏,法云出自义兴阳羡周氏,❶均为江南大族。这种佛教领域内江南大族的兴起,与南朝政治社会结构的变动是相关联的。

傅大士佛教团体的出现,则是受到游方于乌伤的头陀僧人影响。这种乌伤"内部"的佛教传布,嵩头陀是一个关键人物。他通过苦行、神异得到民众供养,以创建多处山寺为标志,逐渐在乌伤及其周边地区传布佛法。傅大士的弥勒下生说即受其点化。从相关史料来看,弥勒信仰在江南民间可能有相当广泛的传布。傅大士以补处菩萨、弥勒化身为号召,通过亲族、乡里途径,建立起一个颇具规模的村邑佛教团体。

上述内、外两条线索,围绕梁武帝而出现了交集:慧约于天监末年担任梁武帝戒师;傅大士则在中大通、大同之际致力于"影响人王"。与慧约在建康"游朱门为贵宠"的长期声望积累不同,傅大士试图进入建康佛教界的最初动机,可能只是为自己创建的村邑

---

❶ 《续高僧传》卷5《义解初》释僧旻、释法云、释智藏诸传,第153—174页。这种现象也不限于佛教,道教领域同样如此,如陆修静出自吴郡陆氏,陶弘景出自丹阳陶氏。

272

弥勒信仰团体寻求官府支持。借助于梁武帝御讲访求异僧的契机，通过弟子傅暀的烧手苦行，傅大士最终得到梁武帝招引。❶但他"少不学问"，所悟佛法与梁武帝相去甚远，加上以弥勒化身自居，处处表现出与梁武帝对等的姿态，结果并不理想。

从慧约和傅大士的经历来看，佛教为南方民众提供的社会流动途径，显然也存在阶层差异。大致来说，佛教领域可以分为知识、信仰两个层面。齐梁皇室和高门士族最崇重的主要还是"知识"，即义学僧人。要想成为"名僧"，不仅需要相当的文化修养，也需要士族社会的推扬。慧约和僧旻、智藏、法云一样，均出自江南大族，慧约族祖、南齐给事中楼幼瑜对其亦多有推举。❷傅大士佛教团体孕育于江南乡里社会之中，成员绝大多数都是身份卑微的底层民众。为获取官府对教团的认可，他们所能够采取的途径，除了集会请愿，就是割耳烧身等激烈行为。由于"影响人王"未果，大同六年、七年之后，傅大士佛教团体的主要活动是法会和苦行，特别是多次持不食上斋、割耳、刺心、烧身等激烈行为，不少人因此灭度。这些行为当然是受到虔诚的宗教情绪驱动，但如果考虑到他们身份的卑微，也会让人有另一层感悟。颜之推指出，南朝权力结构中寒人兴起的一个原因，是"纵有小人之态，皆可鞭杖肃督，故多见委使"，❸换言之，寒人进入权力的方式是很卑微的。佛教领域为寒人的上升提供了新的路径，但身份带来的卑微感却仍然存在。

---

❶ 傅大士的地位上升是在陈代，由于智瓒启请，陈宣帝成为双林寺"护法檀越"，影响所及，"自朝廷宰贵以下至于士庶，具题爵里，愿为护法檀越者甚众"，《善慧大士录》卷2，第12页。联系到陈朝统治者的出身，傅大士身后地位的认同和表彰，显得耐人寻味。

❷ 《善慧大士录》卷4《智者大师》，第42页。

❸ 王利器：《颜氏家训集解》（增补本）卷4《涉务》，北京：中华书局，1993年，第318页。参看唐长孺：《南朝寒人的兴起》，《魏晋南北朝史论丛续编》，第107—140页。

钟山与建康东郊

梁武帝天监六年（507）前后，政治上日感疏离的沈约，"立宅东田，瞩望郊阜"，在建康东郊、钟山之下建造了一所园宅，并写下了著名的《郊居赋》。❶ 这首颇获时誉的赋文，❷ 详细描述了园宅内部景观，并以"骋目""徙睇""望""眺"的览景手法，依次记述土山谢安别墅、方山津、商飙馆、孙权墓、齐文惠太子博望苑、钟山、晋宋陵寝、祠庙等东郊景观。这幅以文字描画的建康东郊景观长卷，提示了一个迄今为止建康城市史研究中尚未受到足够关注的课题——郊外的发展。

近代学者自朱偰、冈崎文夫以来，在六朝建康城的古迹踏察、发掘与研究领域，已有七十多年的学术积累。这些工作有相当一部分集中于建康宫城、都城的复原，❸ 得益于南京地区持续的考古发

---

❶《梁书》卷13《沈约传》，第236—242页。沈约"立宅东田"及撰作《郊居赋》的时间，史载不详，铃木虎雄认为在天监六年冬以后，《宋沈休文先生约年谱》，马导源编译，第52—53页。

❷ 据《梁书》卷50《文学下·刘杳传》，王僧孺称赞刘杳《林庭赋》说："《郊居》以后，无复此作。"可见其对《郊居赋》的推重，第716页。

❸ 相关成果很多，无法一一列举，相关梳理参看张学锋：《六朝建康城的发掘与复原新思路》，《南京晓庄学院学报》2006年第2期；中村圭爾：《六朝江南地域（转下页）

现，建康城的空间布局正在逐渐明晰。但总体而言，已有学术积累更侧重于宫城、都城的空间布局和复原，至于流动的建康城市社会史图景，仍相当模糊。具体到郊外而言，如何充分利用文物考古积累的成果，重新钩稽、发掘传世文献提供的历史信息，深入描画发生于建康郊外的人与自然的互动过程，仍是需要进一步探索的课题。❶ 在这方面，沈约以东郊生活者身份写下的《郊居赋》，显得弥足珍贵。

建康四郊之中，钟山到秦淮河两岸的东郊，具有特别的意义。自孙吴时期在钟山建蒋子文庙以后，历经东晋至南朝的发展，这一地区逐渐从林野之地演变为《郊居赋》所描述的汇聚礼仪活动、寺院、道馆、祠庙、皇室和士族官僚园宅、墓葬等多元景观的地理空间。从某种意义上说，郊外景观的变迁，可以理解为城内力量向郊外"溢出"的过程。相应地，郊外景观中也蕴含着理解城内历史的丰富线索。本章正是基于这一考虑，尝试以沈约《郊居赋》为触点，探讨建康东郊和钟山的景观变化，借此理解从城内到郊外的六朝史。

（接上页）史研究》第四编《建康研究》，第 453—553 页。近年讨论建康布局的论著，主要有杨国庆、王志高：《南京城墙志》（六朝部分由王志高执笔），南京：凤凰出版社，2008 年；卢海鸣：《六朝都城》，南京出版社，2002 年；武廷海：《六朝建康规画》，北京：清华大学出版社，2011 年；陈刚：《六朝建康历史地理及信息化研究》，南京大学出版社，2012 年；佐川英治：《中国都城史上における六朝建康城の位置づけについて》，《中国古代都城の設計と思想——円丘祭祀の歴史的展開》，東京：勉誠出版，2016 年，第 197—227 页；妹尾達彦：《江南文化の系譜——建康と洛陽（一）》，《六朝學術學會報》14，2013 年。

❶ 这方面的尝试，如刘淑芬：《六朝建康的园宅》、《六朝的城市与社会》，台北：学生书局，1992 年，第 111—134 页；吉川忠夫：《五、六世紀東方沿海地域と佛教——摂山棲霞寺の歴史によせて》，《東洋史研究》42-3，1983 年；蔡宗宪：《中古摄山神信仰的变迁——兼论人鬼神祠的改祀与毁撤》，《唐研究》第十八卷，北京大学出版社，2012 年，第 1—20 页；盐泽裕仁：《六朝建康的城市防卫体系试探》，《东汉魏晋南北朝都城境域研究》，洛阳博物馆，2009 年，第 149—171 页。

一　建康的都城空间与"郊外"

首先要明确的，是建康"郊外"的地理范围。"郊"是与"邑"相对的概念，《尔雅·释地》："邑外谓之郊。"东晋南朝时期，建康邑、郊分界以五十六所篱门标示，《太平御览》卷197《居处部二十五》引《南朝宫苑记》：

> 建康篱门，旧南北两岸篱门五十六所，盖京邑之郊门也，如长安东都门，亦周之郊门。江左初立，并用篱为之，故曰篱门。❶

五十六所篱门跨越秦淮河两岸，构成的边界即是建康外郭。刘宋时傅亮"乘车出郭门，骑马奔兄迪墓"；❷梁武帝大同初年（535），"都下旱蝗，四篱门外桐柏凋尽，唯邃墓犬牙不入"。❸篱门即郭门，"四篱门外"即指郭外。

五十六所篱门标示的建康外郭，范围如何？上引《南朝宫苑记》接着提到了东、西、南、北、国门、三桥、白杨、石井等篱门，对其位置有简略说明：

---

❶《太平御览》卷197《居处部二十五·藩篱》引《南朝宫苑记》，第950页。较简略的引文，又见于《舆地纪胜》卷17《江南东路·建康府·景物上》，北京：中华书局，1992年，第748页；《景定建康志》卷20《城阙志一·古篱门》引《宫苑记》，《宋元方志丛刊》第2册，第1632—1633页。长安东都门，指西汉长安外郭门，《后汉书》卷11《刘盆子传》注引《三辅黄图》："宣平门，长安城东面北头第一门也，其外郭门名东都门。"第481页。关于汉长安、洛阳外郭，参看杨宽：《中国古代都城制度史研究》，上海人民出版社，2003年，第115—126、139—149页。
❷《宋书》卷43《傅亮传》，第1338页。
❸《南史》卷58《裴邃传附子之礼传》，第1440页。

南篱门在国门西；三桥篱门在今光宅寺侧；东篱门本名肇建篱门，在古肇建市之东；北篱门今覆舟东头、玄武湖东南角，今见有亭，名篱门亭；西篱门在石头城东，护军府在西篱门外路北；白杨篱门外有石井篱门。

此外，《梁书》卷2《武帝纪中》还提到了一个后渚篱门。显然，确定这些篱门的位置，即可大致获知外郭范围。目前绘有外郭的建康复原图，主要依据上述史料。但已有复原图很少附考证说明，篱门位置亦有不准确之处。❶ 下面按照顺序，重新考订如下：

南篱门　国门　《南朝宫苑记》："南篱门在国门西。"《隋书》卷7《礼仪志二》记天监三年何佟之论议："案《礼》，国门在皋门外，今之篱门是也。"可知国门也是篱门之一。《梁书》卷2《武帝纪中》载天监七年二月"新作国门于越城南"，《南朝宫苑记》所载应是这个新国门。越城位置确定，在今长干桥南、江宁路西侧。《太平寰宇记》卷90昇州上元县"故越城"条："在县西南七里。……在今瓦官寺东南，国门桥西北。"同书同卷江宁县"梅岭冈"条："在县南九里，周回六里。《舆地志》云：在国门之东。"❷ 国门位于越城以南二里左右、梅岭冈以西。

三桥篱门　《南朝宫苑记》："三桥篱门在今光宅寺侧。"光宅寺是梁武帝天监六年舍三桥旧宅所建，❸ 沈约《光宅寺刹下铭并序》

---

❶ 绘有外郭的代表性复原图，如杨国庆、王志高：《南京城墙志》附"南朝梁代建康城布局示意图"，第37页；妹尾達彦：《江南文化の系譜——建康と洛陽（一）》附"東晉南朝建康推測図"，《六朝學術學會報》14，2013年；盐泽裕仁：《六朝建康的城市防卫体系试探》，《东汉魏晋南北朝都城境域研究》，第152—158页。卢海鸣《六朝都城》复原图未绘外郭，但有简略的文字考证，第86—88页。

❷《太平寰宇记》卷90昇州上元县、江宁县，第1790、1777页。

❸《梁书》卷49《文学上·周兴嗣传》，第698页。

称其在"南郭",❶"郭"就是由篱门构成的外郭。《太平寰宇记》卷90昇州上元县"舰澳"条:"梁武帝所开,今在光宅寺东二百五十步,其寺即武帝旧宅。……其澳两岸隈曲一十有一,砌石为之,至今不毁。其水源出自娄湖,下达秦淮,纡回五里。"明城墙东南角老虎头现有光宅寺遗址,位置大体相当。梁代由宫城前往南郊祭坛,要经过三桥篱门,《南史》卷58《裴邃传》:"邃庙在光宅寺西,堂宇弘敞,松柏郁茂。范云庙在三桥,蓬蒿不翦。梁武帝南郊,道经二庙。"侯景之乱时"修南郊路",曾伐文宣太后庙柏树"以立三桥",❷亦是佐证。南郊坛始建于东晋,梁武帝普通二年(521)改作,位于宫城东南巳地十五里。❸

东篱门 《南朝宫苑记》:"东篱门本名肇建篱门,在古肇建市之东。"古肇建市缺考。《梁书》卷6《敬帝纪》:"齐军进据兒塘,舆驾出顿赵建故篱门。"这个"赵建"当为"肇建"之异写。《南齐书》卷45《萧遥光传》:"太子右卫率左兴盛屯东府东篱门。"东府城位置比较确定,在"青溪桥东,南临淮水"。❹左兴盛所屯篱门在东府附近,但是否即东篱门,不详。按,东府之东有东冶,《建康实录》卷9《孝武皇帝》:太元七年(382)"三吴士大夫置东冶(亭),以为钱送所",❺注引《地图》云,其地在"汝南湾东南,西临淮水,去今县城东八里,桃花园东二里"。桃花园即芳林苑,《太平寰宇记》卷90上元县"芳林苑"条:"一名桃花苑。本齐高帝旧

---

❶ 《广弘明集》卷16沈约《光宅寺刹下铭并序》,《大正藏》第52册,第212页。
❷ 《南史》卷80《贼臣·侯景传》,第2013页。
❸ 卢海鸣:《六朝都城》,第127—129页;姜波:《汉唐都城礼制建筑研究》,北京:文物出版社,2003年,第110—143页。
❹ 《建康实录》卷10《晋下·安皇帝》引《图经》,第343页。
❺ 引文中"东冶",当为"东冶亭"之误,《景定建康志》卷20《城阙志一·冶城》:"又有东冶亭,晋太元七年立,在县东八里,为士大夫钱别之所。"第1625页。

宅，在废东府城东边秦淮大路。"按照习惯，饯送之亭当设于郊外，东府、东冶间应当有通"秦淮大路"的篱门存在。值得注意的是，东篱门附近有东晋、梁代先后敕修的卞壸墓，❶《南齐书》卷54《何点传》："隐居东离门卞望之墓侧。"《南史》卷30《何点传》："从弟遁以东篱门园居之，德璋为筑室焉。园有卞忠贞冢，点植花于冢侧，每饮必举酒酹之。"后来讹传卞壸墓在西冶，不确。❷

北篱门 《南朝宫苑记》："北篱门今覆舟东头、玄武湖东南角，今见有亭，名篱门亭。"北篱门位于都城东北，位置确定，在覆舟山东，钟山、玄武湖之间。《太平御览》卷179《居处部七·观》引《建康宫阙簿》："商飙观，在东北十三里篱门亭后亭墩上，齐武帝筑。"据《南齐书》卷3《武帝纪》，商飙馆（观）又称九日台，南齐永明中立，在孙陵岗。由北篱门沿玄武湖东南、钟山西麓北出，是通往京口的重要道路。南齐末年崔慧景入攻建康，东昏侯遣中领军王莹"率众军屯北篱门"，又遣右卫将军左兴盛"率台内三万人，拒慧景于北篱门"。❸ 东晋至刘宋初期，北郊坛设在覆舟山南。❹ 综上判断，篱门北线在覆舟山一线。

西篱门 《南朝宫苑记》："在石头城东，护军府在西篱门外路北。"石头城、护军将军府均位于西篱门外。❺ 齐梁之际，陈伯之率

---

❶ 《晋书》卷70《卞壸传》，第1873页；《文选》卷39任昉《为卞彬谢敕修卞忠贞墓启》，第556页。

❷ 陆游：《入蜀记》卷2，《丛书集成新编》第96册，第62页。陆游也指出，西冶卞壸墓只是传闻。据《六朝事迹编类》卷12《祠庙门·晋卞忠贞庙》，西冶卞壸墓始于南唐，此地发现碑石，上有卞壸之名，故重建冢墓，第121—122页。推想起来，可能是卞壸墓所在的东冶也被称作冶城，导致了混淆。

❸ 《南齐书》卷7《东昏侯纪》、卷51《崔慧景传》，第100、875页。

❹ 《宋书》卷14《礼志一》，第346页。

❺ 关于护军府位置，《异苑》卷8"寡妇严"条称"在建阳门内"，第77页。本条记事为元嘉初年。建阳门在都城东，方位不合，可能有过迁移。据《南史》卷27《殷景仁传》，元嘉十二年（435）后，护军府一度迁至"西掖门外晋鄱阳主第"，第739页。

兵至建康,"顿篱门,寻进西明门",❶ 这处篱门当位于石头城东,或即西篱门。《南齐书》卷26《陈显达传》:"退走至西州后乌榜村,为骑官赵潭注稍刺落马,斩之于篱侧,血涌湔篱。"陈显达被斩于西州后乌榜村,但"篱侧"不确定是否就是篱门。❷ 总之,西篱门应当位于石头城通往西明门的道路上,准确地点则难以考知。

  白杨篱门　石井篱门　《南朝宫苑记》:"白杨篱门外有石井篱门。"白杨、石井为地名,《梁书》卷50《谢几卿传》:"居宅在白杨石井。"白杨石井连称,或可理解为白杨之石井。《南齐书》卷1《高帝纪上》载,袁粲"疏放好酒,步屟白杨郊野间",可知"白杨"已近郊外。《陈书》卷36《始兴王叔陵传》:"驰车还东府,呼其甲士……叔陵有部下兵先在新林,于是率人马数百,自小航度,欲趣新林,以舟舰入北。行至白杨路,为台军所邀。伯固见兵至,旋避入巷。"小航即东府城后的骠骑航,新林指新林浦。叔陵的行进路线是自东府后航渡秦淮,西南趋新林,中间经过白杨路。《景定建康志》称白杨路"在城南十里,石岗之横道",❸ 位置符合。陈伯固避入之"巷",应当就是白杨巷,《北史》卷82《何妥传》:"时兰陵萧眘,亦有俊才,住青杨巷,妥住白杨头。时人为之语曰:'世有两俊,白杨何妥,青杨萧眘。'"陶弘景旧宅在"白杨巷南冈之东"。❹ 这样可以获知,白杨篱门在国门之东、今雨花台西北附近。石井篱门与之相邻。

---

❶ 《梁书》卷20《陈伯之传》,第311页。
❷ 《景定建康志》卷20《城阙志一·古篱门》径称陈显达被斩于"篱门侧",当系误引,第1632页。《至正金陵新志》卷12上《古迹志》"乌榜村"条引《庆元志》:"按《图经》:初立西州城,未有篱门,立乌榜与建康分界,后名其地为乌榜村。"《宋元方志丛刊》第6册,第5740页。
❸ 《景定建康志》卷16《疆域志三·白杨路》,第1539页。
❹ 《云笈七签》卷107《华阳隐居先生本起录》,第2321页。

后渚篱门 《梁书》卷2《武帝纪中》：天监九年（510）正月，"新作缘淮塘，北岸起石头迄东冶，南岸起后渚篱门迄三桥"。后渚位于秦淮河南岸近长江处，是与石头并称的码头。据《南齐书》卷51《崔慧景传》、卷55《乐颐传》，全名是陶家后渚。从陶家之名来看，后渚当在瓦官寺附近，《高僧传》卷5《义解二·竺法汰传》："瓦官寺本是河内山玩公墓为陶处，晋兴宁中，沙门慧力启乞为寺，止有堂塔而已。"《建康实录》卷8《哀皇帝》：兴宁二年（364），"诏移陶官于淮水北，遂以南岸窑处之地施僧慧力，造瓦官寺"。❶瓦官寺旧址在今集庆门里花露岗，❷六朝时这里临近长江。

虽然还有一些疑问，但综合上述考订，再结合考古发现的建康墓葬分布，❸大体可以推断建康外郭（篱门线）范围：雨花台北麓为篱门南线，由西往东依次有南篱门、国门、白杨篱门、石井篱门；由明城墙东南角、富贵山构成的连线（经过东府城东、燕雀湖以西），大致即是篱门东线；富贵山以西，覆舟山、鸡笼山以南，为篱门北线；由鸡笼山折向南，经今朝天宫附近，❹跨越秦淮河至集庆门附近，大致是篱门西线。总体上，外郭呈南北长而东西窄的狭长形状。❺但必

---

❶ 此地不止瓦官一寺，《高僧传》卷3《译经下·求那跋陀罗传》："于秣陵界凤皇（凰）楼西起寺……今陶后渚白塔寺，即其处也。"第133页。

❷ 参看郭黎安：《六朝建康》，香港：天马图书公司，2002年，第222、226页。

❸ 参看陈刚：《六朝建康历史地理及信息化研究》所附"六朝建康都城位置与墓葬考古发掘点空间关系图"，第88页。

❹ 南京大学北园鼓楼岗南麓西段发现过东晋大墓，这里很可能是东晋陵墓区，参看罗宗真、王志高：《六朝文物》，南京出版社，2004年，第67—73页。

❺ 相关的一个问题是，外郭是直线还是弯曲的？《世说新语·言语》提到王导"初营建康，无所因承，而制置纡曲"（余嘉锡：《世说新语笺疏》（修订本），第155—156页)，这种"纡曲"理念是否也体现在外郭上，已无从考知。有的学者根据建康水道推断，都城有可能是很不规则的形状，参看中村圭尔：《建康的「都城」について》，《六朝江南地域史研究》，第453—475页。但更多的学者认为都城为长方形，参看张学锋：《六朝建康城的发掘与复原新思路》，《南京晓庄学院学报》2006年第2期。

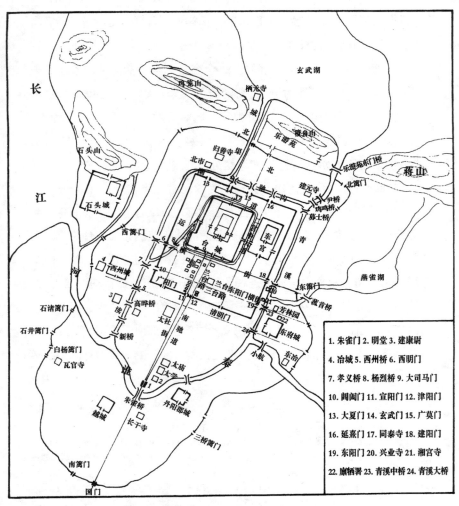

地图 8　南朝梁代建康城布局示意图❶

----

❶ 杨国庆、王志高：《南京城墙志》附图 2—8，第 37 页。

须指出的是，由于能够考证的篱门只是五十六所篱门中很小的一部分，❶ 上述推断仍只能是大概而言。《南朝宫苑记》提及的几处篱门及后渚篱门，应当是一些重要外出道路的起点。

建康都城空间的复原，目前仍有不明之处。地图 8 是王志高绘制的梁代建康城复原图，所绘外郭北段与本章考证大体吻合，南段则有几点不合：（1）东篱门线中部似应穿过东府城、东冶之间，东冶在篱门外；❷（2）白杨篱门、石井篱门应位于国门之东；（3）后渚篱门应位于瓦官寺以西，近长江之处（六朝江岸更为内切）。

东晋初年确立的外郭，应当是根据当时的城市规模确定的，四至范围有限，东西尤其局促。刘宋以后，篱门沿线建筑日益密集。前面提到，梁武帝故宅在三桥篱门附近；何点、何遁居"东篱门园"；谢几卿宅在白杨、石井篱门附近。此外，宋武帝为周续之"开馆东郭外，招集生徒"，❸ 宋文帝为何尚之"立宅南郭外，置玄学，聚生徒"。❹《金陵记》云："梁都之时，城中二十八万余户，西至石头城，东至倪塘，南至石子冈，北过蒋山，东西南北各四十里。"❺ 所记建康边界要远大于篱门线。

不过，尽管城市的规模在扩大，外郭并未随之变动。篱门之外，无论制度还是观念上都属于郊外。梁天监三年何佟之议云：

---

❶ 在会议报告时，松下宪一曾向笔者提问：篱门为何设置为五十六所？是否过于密集？《太平御览》引文会不会有误？《御览》引文错误确实很多，但"五十六所"亦见于《舆地纪胜》《景定建康志》，应该不会有误。大体推算，本章考订的外郭长度，在五六十里上下。如果篱门数量无误，是否可以提出一种假设：建康外郭长为五十六里，每隔一里设一座篱门？

❷ 东篱门线中部穿过东府城、东冶之间，以此为参照，西篱门线中部是否也会对应地穿过西冶、西州城之间？这个问题令人很感兴趣。遗憾的是，现存史料已难以考知。

❸《宋书》卷 93《隐逸·周续之传》，第 2281 页。

❹《宋书》卷 66《何尚之传》，第 1734 页。

❺《太平寰宇记》卷 90 昇州引《金陵记》，第 1774 页。

"今古殊制，若禁凶服不得入篱门为太远，宜以六门为断。"❶可知篱门、六门（都城门）在礼制上具有空间分野意义。"郊外"一词，南朝史料出现较多，如周山图"于新林立墅舍，晨夜往还"，齐武帝批评说："卿罢万人都督，而轻行郊外。"❷陈显达之乱后，东昏侯"渐出游走，所经道路，屏逐居民，从万春门由东宫以东至于郊外，数十百里，皆空家尽室"。❸上述记载中的郊外，应当均以篱门为分界。

篱门以外的近郊地区，由于与都城在空间上的邻近，具有特殊的区域意义。谢灵运《山居赋》云："古巢居穴处曰岩栖，栋宇居山曰山居，在林野曰丘园，在郊郭曰城傍，四者不同，可以理推。"❹这里将城邑之外的居住空间，分为岩栖、山居、丘园、城傍四种，城傍特指郊郭。陶弘景《肘后百一方序》："今辇掖左右，师药易寻，郊郭之外，已自难值，况穷村迥陌，遥山绝浦，其间夭枉，焉可胜言。"❺从生活便利性上来说，郊郭是介于"辇掖左右""穷村迥陌，遥山绝浦"之间的区域。❻

建康四郊的自然环境存在很大差异。玄武湖南岸至篱门北线之间，空间逼仄，主要是皇家苑囿。玄武湖以北土地较多，但湖面阻隔，距离秦淮两岸的人口密集区比较远。南郊多丘陵冈地，六朝时

---

❶《隋书》卷7《礼仪志二》，第131页。
❷《南齐书》卷29《周山图传》，第543页。
❸《南齐书》卷7《东昏侯纪》，第103页。
❹《宋书》卷67《谢灵运传》，第1754页。
❺《艺文类聚》卷75《方术部·疾》，第1291页。
❻礼制上有远郊、近郊之分，《魏书》卷55《刘芳传》载刘芳上疏引宋氏《含文嘉》注云："近郊五十里，倍之为远郊。"第1224页。这只是一种礼制理想。《南齐书》卷2《高帝纪下》：建元元年六月诏收埋骸骨，"有司奏遣外监典事四人，周行离门外三十五里为限"（第34页）。"离门"即"篱门"，篱门以外三十五里，或许可以理解为当时观念上的建康近郊。

西面迫近长江，缺乏开阔土地。西郊环境与南郊相近，空间上更加局促。比较起来，钟山脚下一直到秦淮河两岸的东郊，地形平坦开阔，溪泉密布，北有钟山林壑之美，南得秦淮水道之便，条件最为优越。而且如前所述，建康外郭呈南北长而东西窄的狭长形状，这无形中也使得观念上的东郊范围很大。东郊优越的自然条件，使其在建康四郊的开发进程中显得颇为突出。

二 "东田"释义
——建康东郊的园宅化问题

沈约郊园所在地，被称作"东田"。《梁书》卷13《沈约传》："立宅东田，瞩望郊皋。"这里的"郊"指东郊，"皋"指钟山。《郊居赋》有不少篇幅描述郊园内部景观。根据描述来看，郊园由居住性园宅和三十亩田地组成。❶园宅有门户和篱墙，有阁斋、高轩、堂室，阁斋墙壁上题写有多位文士的诗作，❷园池中有多种竹木、水草、陆卉、林鸟、水禽和鱼类。问题是，郊园所在地为何被称作"东田"呢？

一般认为，"东田"指南齐文惠太子的东郊园宅。《南史》卷5《齐本纪下》："文惠太子立楼馆于钟山下，号曰东田，太子屡游幸之。"《续高僧传》卷5《义解初·释智欣传》亦云"永明末，太子

---

❶ 《艺文类聚》卷81《药香部上·药》引沈约《憩郊园和约法师采药诗》："郭外三十亩，欲以贸朝饘。繁蔬既绮布，密果亦星悬。"第1382页。逯钦立辑《先秦汉魏晋南北朝诗·梁诗》卷7录此诗，误作"三千亩"，北京：中华书局，1983年，第1662页。

❷ 其中有王筠的草木十咏（《梁书》卷33《王筠传》，第485页）、刘显的《上朝诗》（《梁书》卷40《刘显传》，第570页）、何思澄的《游庐山诗》（《梁书》卷50《何思澄传》，第714页）、刘杳的赞二首（《梁书》卷50《刘杳传》，第715页）。

数幸东田",可见文惠太子很喜欢这处园宅。不过,这处园宅带给他的不仅是游赏之乐。《南齐书》卷21《文惠太子传》:

> 以晋明帝为太子时立西池,乃启世祖引前例,求东田起小苑,上许之。……后上幸豫章王宅,还过太子东田,见其弥亘华远,壮丽极目,于是大怒,收监作主帅,太子惧,皆藏匿之,由是见责。❶

这段史料中有两处提到东田,分别是"求东田起小苑""还过太子东田",据前者可知,东田之名在文惠太子建苑之前已经存在,后者则限定为"太子之东田"。这就让人怀疑,东田究竟是否专指文惠太子园宅?其实,不仅只有太子东田。据《宋书》卷29《符瑞志下》,宋孝武帝孝建二年(455),"嘉禾二株生江夏王义恭东田",这是"东田"之名的最早记载。《南齐书》卷35《武陵王晔传》:"世祖幸豫章王嶷东田宴诸王。"豫章王嶷答表亦有"前在东田,承恩过醉"之语。❷ 梁代徐勉曾在"东田间营小园"。❸ 由此可知,"东田"并非专指文惠太子园宅,而是钟山脚下某一地理空间的概称。

"东田"的具体地理范围如何?文惠太子的东田小苑,位于燕雀湖之侧、钟山脚下。❹ 据《郊居赋》"睇东巘以流目"之说,沈约

---

❶ 文惠太子东田后被拆除,"以东田殿堂为崇虚馆",《南齐书》卷21《文惠太子传》,第401—402页。
❷ 《南齐书》卷22《豫章文献王嶷传》,第411页。
❸ 《梁书》卷25《徐勉传》,第384页。
❹ 《建康实录》卷2《吴中·太祖下》:菰首桥,"桥东燕雀湖,湖连齐文惠太子博望苑,隋末辅公祏筑其地为城",第49页。《元和郡县图志》卷25润州上元县"辅公祏城"条:"其地本齐文惠太子苑地也。公祏构乱,筑以为城。"第596页。

286

郊园当在文惠太子东田之西。❶ 上引文提到，齐武帝去豫章王萧嶷东田游宴后，"还过太子东田"，可见豫章王萧嶷东田较之太子东田距离宫城更远。《南齐书》卷22《豫章王嶷传》：

> 北宅旧有园田之美，乃盛修理之。……上数幸嶷第。宋长宁陵隧道出第前路，上曰："我便是入他冢墓内寻人。"乃徙其表阙骐驎于东岗上。

豫章王萧嶷东田在长宁陵附近。长宁陵是宋文帝刘义隆的陵墓，《建康实录》卷12《太祖文皇帝》称其"在今县东北二十里"，《元和郡县志》称在"县东北二十二里蒋山东南"，❷ 具体位置有不同意见。❸ 不过，结合颜延年《宋文皇帝元皇后哀策文》中的"南背国门，北首山园"之说，❹ 应位于钟山东南麓。这样来看，"东田"的地理范围是比较大的，钟山南麓的开阔地带似乎均包括在内。

"东田"之名由来不详。最简单的解释是"东"指方位，"田"指田地，"东田"即"建康东郊田地"。《春秋》哀公二年二月："季孙斯、叔孙州仇、仲孙何忌帅师伐邾，取漷东田及沂西田。"❺ 这里的"东田""西田"即指邑外之土地。《梁书》卷13《范云传》称文惠太子曾"出东田观获"，沈约东园也有农业用地。不过，令人感到奇怪的是，东晋南朝史料中从未出现相应的"西田""南田""北田"等记载。为何只有钟山脚下的东郊之地被称作"东田"呢？

---

❶ 博望苑、东田小苑可能是同一园宅的不同称呼，位置在燕雀湖东南、钟山脚下。
❷ 《元和郡县图志》卷25 润州上元县"宋文帝长宁陵"条，第597页。
❸ 曾布川宽：《六朝帝陵》，傅江译，南京出版社，2004年，第3—7页。
❹ 《文选》卷58《宋文皇帝元皇后哀策文》，第798页。
❺ 《春秋左传正义》卷57，《十三经注疏》下册，第2155页。

一种可能是与籍田礼制有关。籍田设于东郊，《白虎通·耕桑》："耕于东郊何？东方少阳，农事始起。"故籍田又被称作东田，《曾子问》："天子耕东田而三反之。"❶ 东晋南渡之后诸事草创，并未在建康设立籍田。❷ 一直到宋文帝元嘉二十年（443），"将亲耕，以其久废，使何承天撰定仪注"，才得以重建：

> 于是斟酌众条，造定图注。先立春九日，尚书宣摄内外，各使随局从事。司空、大农、京尹、令、尉，度宫之辰地八里之外，整制千亩，开阡陌。立先农坛于中阡西陌南，御耕坛于中阡东陌北。❸

新设置的籍田位于"宫之辰地八里之外"，即宫城东南八里。据《隋书》卷7《礼仪志二》，梁普通二年"又移籍田于建康北岸"，可知此前籍田位于秦淮河南岸。《梁五礼籍田仪注》："其田东去宫八里，远十六里，为千亩……立方坛，以祠先农。"❹ 从正东的震地到正南的午地，中间有辰地、巳地，相隔30度。再考虑到建康宫城、都城大致呈北偏东25度倾斜，可以大致推知位于秦淮河南岸的刘宋新置籍田位置。

这处籍田的方位在东南，规模为"千亩"，是沿袭晋武帝泰始四年（268）新制。《宋书》卷14《礼志一》录泰始四年诏：

---

❶ 《白虎通》卷6《耕桑》引《曾子问》，陈立：《白虎通疏证》，第276—277页。本条不见于今本《曾子问》，当是佚文。
❷ 《晋书》卷19《礼志上》，第589页。
❸ 《宋书》卷14《礼志一》，第354页。
❹ 《初学记》卷14《礼部下·籍田》，第339页。

> 古之圣王，躬耕帝籍，以供郊庙之粢盛，且以训化天下。近代以来，耕籍止于数步中，空有慕古之名，曾无供祀训农之实，而有百官车徒之费。今修千亩之制，当与群公卿士，躬稼穑之艰难，以帅先天下。主者详具其制，并下河南处田地于东郊之南，洛水之北，平良中水者。若无官田，随宜便换，不得侵民人也。❶

籍田本来只具有象征意义。晋武帝泰始四年改制，使之扩展成为具有"千亩"规模的广阔田地。刘宋籍田同样如此，任豫《籍田赋》描述说："膏壤千亩，与式既同。区势平易，畎陌修通。提携丘泽，眺岭面松。"❷ 这处籍田延续到梁初，直到普通二年被迁移改置"于东郊外十五里"。❸ 这次改动的原因，是由于"平秩东作，义不在南。前代因袭，有乖礼制，可于震方，简求沃野，具兹千亩，庶允旧章"，❹ 即认为刘宋创建、南齐沿袭的籍田，方位不在正东震地，不合礼制。❺

籍田位于建康东郊，或许由此概称东郊之地为"东田"。不过，通过上述考察来看，即便"东田"之名得自于籍田，有一个现象也不能忽视，即东篱门外、钟山脚下的开阔地带，东晋南朝时应当有大片农田存在。

---

❶ 本条又见于《晋书》卷19《礼志上》，文字有脱略，第589页。
❷ 《艺文类聚》卷39《礼部中·籍田》，第704页。籍田中种植着多种作物，《隋书》卷7《礼仪志二》载北齐籍田之制："籍于帝城东南千亩内，种赤梁、白谷、大豆、赤黍、小豆、黑穄、麻子、小麦，色别一顷。"第144页。由于南北水土气候差异，建康籍田中的作物会有所不同。据《宋书》卷29《符瑞志下》所载，元嘉二十二、二十三、二十五、二十六年籍田连续出现嘉禾、嘉黍祥瑞，由籍田令褚熙伯奉闻。籍田令隶属于司农，大明五年（461），籍田"芙蓉二花同蒂，大司农萧邈以献"，第829—835页。
❸ 《南史》卷7《梁本纪中》，第202页。
❹ 《梁书》卷3《武帝纪下》，第64—65页。
❺ 《隋书》卷7《礼仪志二》，第143—144页。

东晋政权始建之时，建康的土地所有状况已无从得知。按照常理来说，近郊的肥沃土地往往会被皇室和权贵士族占有，《梁书》卷7《太宗王皇后传附王骞传》："高祖于钟山造大爱敬寺，骞旧墅在寺侧，有良田八十余顷，即晋丞相王导赐田也。"王导钟山赐田有八十余顷，即八千余亩，面积是刘宋籍田八倍之多，相当广阔。❶ 而且，应当不会只有琅邪王氏在建康近郊拥有大片田地。❷ 谢安有别墅在东郊土山。❸ 刘宋时沈庆之"广开田园之业"，地产位于三桥篱门外娄湖一带。❹ 建康四郊之中，东郊环境最为优越，又有钟山林泉之美和秦淮水道之便，应当会成为皇室和大族土地占有的重点。江夏王义恭、文惠太子和豫章王萧嶷的东田，沈约和徐勉的东田园宅，应置于这一背景下理解。

这些土地当然不会由皇族、高门士族自己耕作。王骞继承的八十余顷钟山赐田，是"与诸宅及故旧共佃之"。❺《国清百录》载，陈至德三年（585）智𫖮应后主之请至建康，住钟山灵曜寺。后主派主书送去赐物，其中有"东田口二"，并宣口敕："不许让口，且

---

❶ 王导钟山赐田在大爱敬寺之侧，大爱敬寺在钟山西北麓、湖头以北。侯景之乱时，萧纶自京口入援建康，"顿钟山爱敬寺"，大败侯景军于寺下，又进军"湖头"，与"阵于覆舟山北"的侯景军对峙（《梁书》卷3《武帝纪下》，第94页；《南史》卷80《侯景传》，第2002页）。湖头当指玄武湖东南角与钟山连接处。南齐时崔慧景自京口进攻建康，中领军王莹"据湖头筑垒，上带蒋山西岩"（《南齐书》卷51《崔慧景传》，第875页）。据此推断，大爱敬寺当在钟山西北麓、湖头以北。《元和郡县图志》卷25润州上元县"钟山"条称其位于钟山西麓（第594页），是大致准确的。大爱敬寺规模宏大，空间广阔，"中院之去大门，延袤七里"（《续高僧传》卷1《译经初·释宝唱传》，第9页）。王导钟山赐田多达八千余亩，其地当在今钟山西北、玄武湖东岸一带。

❷ 《晋书》卷10《安帝纪》提到"罢临沂、湖熟皇后脂泽田四十顷"，第264页。建康周边的皇室占田必然有不少。关于东晋南朝江南的大土地占有，参看唐长孺：《三至六世纪江南大土地所有制的发展》，北京：中华书局，2011年，第53—71页。

❸ 《晋书》卷79《谢安传》，第2075页。

❹ 《宋书》卷77《沈庆之传》，第2003页。

❺ 《南史》卷22《王骞传》，第596页。

留山中使役，勿劳输送。"❶ 这里所说的"东田口"，当是耕作于"东田"的农人。

"东田"最初是以农业景观为主。不过，田地上往往会附设有简单住所。任昉《奏弹刘整文》："寅第二庶息师利，去岁十月往整田上，经十二日。"其中"往整田上"，在婢女采音供词中作"往整墅停住"。❷ 庾诜"尝乘舟从田舍还，载米一百五十石"，邓元起"少时又尝至其西沮田舍"，舍中有稻米二十斛。❸ 这种田间房舍大概只是供佃作时休息、看护作物和暂时储存粮食之用，比较简单。❹

田舍位于郊外，多具田园之美。将田舍扩建为较为精致、舒适的建筑，可得游赏之乐。随着城内空间的逼仄化，郊外园宅的舒适意义会日渐凸显。徐勉曾说："中年聊于东田间营小园者，非在播艺，以要利人，正欲穿池种树，少寄情赏。又以郊际闲旷，终可为宅，傥获悬车致事，实欲歌哭于斯。慧日、十住等，既应营婚，又须住止，吾清明门宅，无相容处。"❺ 正说出了郊外园宅发展的动力。《宋书》卷77《沈庆之传》："居清明门外，有宅四所，室宇甚丽。又有园舍在娄湖，庆之一夜携子孙徙居之，以宅还官。悉移亲戚中表于娄湖，列门同闬焉。"沈庆之的居住空间由清明门宅与娄湖园舍构成，清明门宅似乎是官方所赐。他后来选择将娄湖作为常住之所。

郊外园宅对于建康士族而言具有双重意义，一方面是游赏闲居

---

❶《国清百录》卷1《至开阳门舍人陈建宗等宣少主口敕》，《大正藏》第46册，第799页。
❷《文选》卷40任昉《奏弹刘整文》，第560页。
❸《梁书》卷51《庾诜传》，第751页；同书卷10《邓元起传》，第200页。
❹ 关于南朝的墅舍，参看唐长孺：《南朝的屯、邸、别墅及山泽占领》，《山居存稿》，第9—13页。颜之推《冤魂志》中的一则故事，提供了有关南朝墅舍运作的具体细节。刘宋元嘉中，永康富人吕庆祖"当使一奴名教子，守视墅舍"，庆祖"往案行"时，"见教子畦畤不理，许当痛治奴"，反为奴所杀，见罗国威：《冤魂志校注》，成都：巴蜀书社，2001年，第72—74页。
❺《梁书》卷25《徐勉传》，第384页。

之所，另一方面则有经济意义。南朝建康的土地价格很高，"王畿陆海，亩号一金，泾渭土膏，豪杰所竞"。❶ "创辟田园"是重要治生手段之一。由于多年经营，徐勉东田郊园售出时获资不菲，有百金之多。❷ 由此来看周山图的新林墅舍，"去京师三十里"、江乘县界的何迈墅舍，❸"江宁县北界赖乡齐平里三成逻门外路东"的南齐太常萧惠基园，❹ 丹阳秣陵的临川王义庆园、尚书谢庄园、太子家令刘征园等郊园，❺ 对其经济意义会有更进一步的认识。

东郊的发展受到这两种力量的推动。南朝时期，东郊已成为别墅密集之地。除了前面提到的一些，再如刘勔"经始钟岭之南，以为栖息。聚石蓄水，仿佛丘中，朝士爱素者，多往游之"；❻ 范云，"东皋数亩，控带朝夕，关外一区，怅望钟阜"；❼ 伏挺"于东郊筑室，不复仕"；❽ 南齐太尉徐公"爱重琴棋，流连情赏，拓宇东郊，暧然闲素"。❾ 朱异在东田亦筑有园宅，并曾有诗提及：

> 曰余今卜筑，兼以隔嚣纷。池入东陂水，窗引北岩云。槿篱集田鹭，茅檐带野芬。原隰何迤逦，山泽共氤氲。❿

---

❶《艺文类聚》卷 65《产业部上·园》引张缵《谢东宫赉园启》，第 1164 页。
❷《梁书》卷 25《徐勉传》，第 384 页。
❸《宋书》卷 41《前废帝何皇后传附何迈传》，第 1293 页。
❹《南齐书》卷 18《祥瑞志》，第 360 页。
❺《宋书》卷 28《符瑞志中》、卷 29《符瑞志下》，第 819、821、857 页。
❻《宋书》卷 86《刘勔传》，第 2195—2196 页。
❼《文选》卷 38 任昉《为范尚书让吏部封侯第一表》，第 537 页。
❽《梁书》卷 50《文学下·伏挺传》，第 720 页。
❾《艺文类聚》卷 46《职官部二·太尉》引沈约《齐太尉徐公墓志》，第 822 页。
❿《文苑英华》卷 247 朱异《还东田宅赠朋离》，北京：中华书局，1966 年，第 1247—1248 页。"曰"，原作"日"，"芬"，原作"氛"，据逯钦立辑《先秦汉魏晋南北朝诗·梁诗》卷 17 改，第 1860 页。《梁书》卷 38《朱异传》称其及诸子"自潮沟列宅至青溪，其中有台池玩好，每暇日与宾客游焉"（第 540 页），这些宅舍位于都城之侧的潮沟、青溪沿线，可知朱异在郭内、郭外均有宅舍。

徐勉描述其东田小园说：

> 桃李茂密，桐竹成阴，塍陌交通，渠畎相属。华楼迥榭，颇有临眺之美；孤峰丛薄，不无纠纷之兴。渎中并饶菰蒋，湖里殊富芰莲。❶

张缵"面郊负郭"的郊园：

> 左带平湖，修陂千顷，右临长薄，清潭百仞，前逼逸陌，朝夕爽垲。后望钟阜，表里烟霞。每剩春迎夏，华卉竞发，背秋向冬，云物澄霁，窥眺户牖，不异登临，升降阶墄，已穷历览。舟楫所届，累日不能究其源，鱼鸟之丰，山泽不能逾其美。❷

这些郊园具有大体相似的景观，除了内部园林之美，一个共同的特征是以钟山作为借景。经过这种园宅化开发的东郊，既延续了"野径既盘纡，荒阡亦交互"的农业景观，又间杂着"槿篱疏复密，荆扉新且故"的郊外园宅。❸《文选》卷22谢朓《游东田》诗："戚戚苦无悰，携手共行乐。寻云陟累榭，随山望菌阁。远树暧仟仟，生烟纷漠漠。鱼戏新荷动，鸟散余花落。不对芳春酒。还望青山郭。"描绘的正是农田与园宅相结合的东郊之美。

与东郊的园宅化过程相伴随，寺院、道馆等宗教建筑也逐渐在东郊蔓延。刘宋初期，始兴公王恢为释智严"于东郊之际，更起

---

❶《梁书》卷25《徐勉传》，第384页。
❷《艺文类聚》卷65《产业部上·园》引张缵《谢东宫赉园启》，第1164—1165页。
❸《文选》卷22沈约《宿东园》，第320页。

精舍,即枳园寺也"。❶南齐时期,豫章王萧嶷邀请慧绪尼至建康,
"为起精舍","在第东田之东,名曰福田寺"。后来,"皇帝以东田
郊迥,更起集善寺,悉移诸尼还集善,而以福田寺别安外国道人阿
梨"。❷豫章王萧嶷为慧绪尼创建的福田寺,位于其东田园宅附近,
寺院与园宅形成了非常紧密的信仰关联。沈约由于疾病,亦曾在
东郊园宅中举行过佛事。❸永明年间,文惠太子"数幸东田,携诸
内侍,亟经住寺"。❹另据前述,文惠太子的东田后被改建为崇虚
馆;❺宋武帝曾为周续之"开馆东郭外,招集生徒"。很明显,齐梁
时代,东田已由原先比较纯粹的农业性郊区,发展成为融合皇室贵
族园宅、寺院、道馆、学馆等多种文化性建筑的地理区域。

  这种变化的背后是建康作为都城的政治、经济和文化积淀。求
田问舍的内在动力,对于舒适化生活的本能需求,以及佛教、道教
的影响,都成为建康东郊开发的"推手"。需要指出的是,经历这
一过程的当然不仅是东郊。只是东郊位处宫城、都城与钟山之间,
"虽云人外,城阙密迩",❻兼具庙堂、山林之优势,变化最为显著。

三 钟山的建筑累积与"疆界"整理

  前面提到,"东田"开发和园宅化的一个重要背景,是依傍

---

❶《高僧传》卷3《译经上·释智严传》,第99页。
❷《比丘尼传校注》卷3《集善寺慧绪尼传》,第149—150页。
❸《广弘明集》卷28沈约《千僧会愿文》,《大正藏》第52册,第324页。
❹《续高僧传》卷5《义解初·释智欣传》,第148页。
❺ 崇虚馆为陆修静所建,本来在潮沟,"齐永明中敕立于蒋陵里",参看《茅山志》卷15
《采真游》"张绎"条,《道藏》第5册,第617页。本条为梁普通三年刻立的《九锡
真人三茅君碑》题名内容。
❻《梁书》卷25《徐勉传》,第384页。

钟山林泉之美。沈约《郊居赋》:"惟钟岩之隐郁,表皇都而作峻。……亘绕州邑,款跨郊坰;素烟晚带,白雾晨萦。近循则一岩异色,远望则百岭俱青。"那么,对于钟山这样一处临近都城的山林来说,六朝时期又经历了怎样的"开发"过程呢?

东晋初期,钟山的自然环境并不太好。《太平御览》卷41《地部六·蒋山》引《金陵地记》:"蒋山本少林木,东晋令刺史罢还都种松百株,郡守五十株。"❶《出三藏记集》卷12《杂录·法苑杂缘原始集目录序》有《齐武皇帝敕断钟山玄武湖渔猎记》,可见东晋一直到南朝,朝廷对于钟山的自然环境保护颇为用力。而东晋开始种植的松林,南朝后期已颇为繁盛。《陈书》卷2《高祖纪下》:永定元年十一月,"甘露降于钟山松林,弥满岩谷";《南史》卷10《陈本纪下》:"覆舟山及蒋山柏林,冬月常多采醴,后主以为甘露之瑞。"从自然环境来说,从东晋到南朝有很大的变化。

钟山目前可考的最早建筑是蒋子文庙。蒋子文孙吴时被封为中都侯,"为立庙堂,转号钟山为蒋山,以表其灵"。❷ 蒋子文庙在东晋南朝一直受到崇祀,但当时的具体位置一直难言其详。朱偰说:"旧在钟山之阴半山上,清中叶迁至太平门外四里路东。今其地犹有蒋王庙。"❸《景定建康志》称其"在蒋山之西北,去城一十二里",北宋景祐二年(1035)春重修庙记称"庙去冶城北,走据钟山之趾",南宋乾道八年(1172)重修庙记云:"乃行城东,直蒋

---

❶ 本条见于多种宋代地理书征引,文字颇有差异,如《太平寰宇记》卷90《江南东道二》昇州上元县"蒋山"条引《丹阳记》称刺史栽松三十株(第1783页);《舆地纪胜》卷17《江南东路·建康府·景物上》"钟山"条引《舆地志》则作刺史栽松"三千株"(第751页),同卷"五愿树"条引《舆地志》又称刘宋时诸州刺史、郡守罢还者栽松三十株(第769页)。

❷ 李剑国:《新辑搜神记》卷6"蒋子文"条,第107—108页。

❸ 朱偰:《金陵古迹图考》,北京:中华书局,2006年,第76页。

山，得高亢地以为营。循山而北，以谒于蒋帝之庙。"❶ 可知宋代蒋庙亦在钟山之西北山麓，而宋代蒋庙是自南唐一直延续下来的。❷

实际上，东晋南朝的蒋庙差不多也在此处，《真诰》卷14《稽神枢第四》：

> 未至庙第一高山西头龙尾北汧，洪水一所，发地长六丈余，广五丈，入土六尺，水流势抵地二百余步，去路三里。
>
> 对庙后第二高山西头汧，洪水一所，发地长四丈余，广三尺余，入土四尺，水势抵地三百余步，去路二里。
>
> 近庙后汧胁，一所洪水，发地长五丈余，广四丈余，入地二尺余，水势流入汧中，去庙一百五十步。
>
> 右蒋山北凡三处发洪，水流势西北行。❸

本条并非杨、许手迹，陶弘景对其由来也不清楚，称："此三条是异迹。既不见真手，未审是非，又不知此发洪当是何时事。山南乃经有发处，以积石塞之，世呼为蒋侯饮马汧。而山后不见有此，或当是将来期运之时乎。"这些暂且不论。这条记载为认识东晋南朝蒋庙的位置提供了非常珍贵的线索。其中，"路"当指出北篱门、湖头，沿钟山西北麓通往京口的大路；"未至庙第一高山"当指今紫金山天文台所在的天堡山，"西头龙尾"指今富贵山；❹ "对庙后

---

❶ 《景定建康志》卷44《祠祀志一·蒋帝庙》，第2051—2053页。
❷ 《六朝事迹编类》卷12《庙宇门·蒋帝庙》，第121页。
❸ 吉川忠夫、麦谷邦夫编：《真诰校注》卷14《稽神枢第四》，第467页。
❹ 钟山龙尾历来是军事要地，《南齐书》卷51《崔慧景传》载慧景入攻建康，至临沂，"台遣中领军王莹都督众军，据湖头筑垒，上带蒋山西岩，实甲数万"，猎者万副儿建议，"今平路皆为台军所断，不可议进。唯宜从蒋山龙尾上，出其不意耳"，慧景听从这一建议，"分遣千余人鱼贯缘山，自西岩夜下，鼓叫临城中。台军惊恐，即时奔散"（第875页），可知西岩亦即龙尾。

第二高山",应指钟山主峰头陀岭。据此,东晋南朝蒋庙同样位于钟山西北麓,京口大路之侧。这与南唐以降的蒋王庙位置相当。

稍后建造的孙权陵墓,也位于钟山。明代以来,多认为孙权墓在明孝陵前的梅花山。不过,据《初学记》卷8《州郡部·江南道》引《舆地志》,"(九日)台当孙陵曲衍之傍,故蒋陵亭亦名孙陵亭"。《南史》卷4《齐本纪上》载,齐武帝永明中"立商飙馆于孙陵冈,世呼为九日台"。九日台近北篱门,《六朝事迹编类》称,孙陵冈"即吴大帝蒋陵,今在钟山乡蒋庙之西南",❶结合九日台位置来看,大致准确。山谦之《丹阳记》称孙权"葬(蒋)山南",❷可能是建康城呈北偏东倾斜之故。东晋至刘宋初,钟山西麓仍是重要的陵墓区。1960年,富贵山南麓曾发掘晋恭帝玄宫石志。据石志铭文,这里被称作"钟山之阳"。❸宋武帝刘裕也葬于这一区域。❹

一直到刘宋初期,钟山的文化景观主要就是蒋庙和陵墓,而且集中在富贵山及其以北的钟山西麓。❺这种情况在刘宋元嘉年间发生了变化。自元嘉初年创建定林寺,佛教寺院以今明孝陵、紫霞湖一带为中心逐渐在钟山蔓延,"自梁以前,立山寺七十所"。❻举其知名者,有上定林寺和下寺、明庆寺、道林寺、宋熙寺、灵曜寺、

---

❶ 《六朝事迹编类》卷4《楼台门·九日台》引《十道四番志》,第49页。《景定建康志》卷43《风土志二·步夫人陵》:"今蒋庙西南有孙陵冈,上有步夫人墩。"第2019—2020页。据《三国志》卷50《吴书·吴主权步夫人传》,步夫人与孙权合葬蒋陵,第1198页。所谓步夫人墩,或即蒋陵。
❷ 《太平御览》卷41《地部六·蒋山》,第197页。
❸ 罗宗真、王志高:《六朝文物》,第67—70页。1964年在石志西约400米处又发掘一座东晋大墓。
❹ 《景定建康志》卷43《风土志二·宋武帝陵》:"政和间,有人于蒋庙侧得一石柱,题云初宁陵西北隅。以此考之,其坟去蒋庙不远。"第2020页。
❺ 《晋书》卷21《礼志下》载晋海西公于钟山"立流杯曲水",第671页。地点不详。
❻ 《太平寰宇记》卷90昇州上元县"蒋山"条,第1783页。

草堂寺、开善寺、大爱敬寺、飞流寺等。❶ 这些密集的"殿房禅室", ❷ 完全改变了钟山的景观。其中最为壮丽的,自然是释宝唱在"钟山北涧"为梁武帝之父创建的大爱敬寺:

> 纠纷协日,临睨百丈,翠微峻极,流泉灌注,钟龙遍岭,铁凤乘空,创塔包岩壑之奇,宴坐尽林泉之邃,结构伽蓝,同尊园寝,经营雕丽,奄若天宫。中院之去大门,延袤七里,廊庑相架,檐溜临属。旁置三十六院,皆设池台,周宇环绕。千有余僧,四事供给。中院正殿有栴檀像,举高丈八,匠人约量,晨作夕停,每夜恒闻作声,旦视辄觉功大。及终成后,乃高二丈有二。相好端严,色相超挺,殆由神造,屡感征迹。帝又于寺中龙渊别殿,造金铜像,举高丈八。❸

这些寺院多由皇家或士族官僚建立和供养,如大爱敬寺是梁武帝敕建,集善寺为齐武帝敕建,福田寺为齐豫章王萧嶷所建。延贤寺为到溉"家世创立,故生平公俸,咸以供焉";❹ 别号"山茨"的草堂寺,是周颙在钟山雷次宗学馆旧址所建。❺

除了佛教寺院的蔓延,刘宋以后钟山还有一些新的祭祀建筑。宋孝武帝时重修蒋庙,❻ 又建钟山通天台,《宋书》卷34《五行志五》:大明七年,"风吹初宁陵隧口左标折。钟山通天台新成,飞

---

❶ 关于钟山寺院的建立情况,具体可以参看《南朝佛寺志》的考证,《中国佛寺史志汇刊》第1辑第2册,台北:明文书局,1980年。
❷ 《出三藏记集》卷14《昙摩蜜多传》,第546页。
❸ 《续高僧传》卷1《译经初·释宝唱传》,第9页。
❹ 《梁书》卷40《到溉传》,第569页。
❺ 《续高僧传》卷6《义解二·释慧约传》,第183页。
❻ 《宋书》卷17《礼志四》,第488页。

倒，散落山涧"。此台后来是否复建则不详。

钟山的学馆和隐舍也多建于刘宋以后。宋文帝为雷次宗"筑室于钟山西岩下，谓之招隐馆，使为皇太子、诸王讲《丧服》经"。❶雷次宗去世后，学馆遗址仍以其文化意义见于诗咏之中。❷齐始安王萧遥光等于钟山南麓为吴苞立学馆，"自刘瓛卒后，学者咸归之"。❸刘訏、刘歊兄弟"听讲于钟山诸寺，因共卜筑宋熙寺东涧，有终焉之志"。❹汝南周颙，"于钟山西立隐舍，休沐则归之"。❺

钟山也有道士活动。东晋太元年间有蒋山道士朱应子。❻《太平御览》卷978《菜茄部三·瓜》引《五行记》："梁吏部尚书何敬容，夏患疟疾，寄在蒋山道士馆。"天监十一年（512），梁武帝于钟山筑西静坛。❼遗憾的是钟山道馆的地理分布已难确知。

无论是寺院、道馆还是学馆、隐舍，其建立都需要土地。而这么多建筑在钟山的蔓延，必然带来一个问题，即用地的紧张。《比丘尼传》卷3《华严寺妙智尼传》提到，齐竟陵王萧子良"疆界钟山，集葬名德"，妙智尼卒于建武二年，被葬于这处位于"定林寺南"的墓地。这件事令人很感兴趣。

这处墓地可能规划于永明二年（484）左右。《高僧传》卷8《释僧远传》载僧远永明二年正月卒于上定林寺，萧子良上书称：

---

❶《宋书》卷93《隐逸·雷次宗传》，第2294页。
❷《谢宣城集》卷4录有萧子良《登山望雷居士精舍同沈右卫过刘先生墓下作》，曹融南：《谢宣城集校注》，上海古籍出版社，1991年，第293页。
❸《南齐书》卷54《高逸·吴苞传》，第945页。
❹《梁书》卷51《处士·刘訏传》，第747页。
❺《南齐书》卷41《周颙传》，第732页。
❻《异苑》卷8"桓谦"条，第75页。
❼《梁书》卷2《武帝纪中》，第52页。吴均有《登钟山宴集望西静坛》诗，见《艺文类聚》卷28《人部十二·游览》，第505页。

> 远法师一代名德，志节清高……弟子意不欲遗形影迹，杂处众僧墓中。得别卜余地，是所愿也。方应树刹表奇，刻石铭德矣。

僧远法师生前受到宋明帝、齐太祖、文惠太子、萧子良等崇奉。他死后萧子良希望"别卜余地"，最终"为营坟于山南，立碑颂德，太尉琅琊王俭制文"。❶ 妙智尼的葬地正是位于"定林寺南"。南齐时期葬于此处的大德还有不少，如永明四年（486）去世的僧敬尼，"葬于钟山之阳。弟子造碑，中书侍郎吴兴沈约制其文焉"。❷ 僧敬尼生前住崇圣寺，受到文惠太子和萧子良的供奉。她死后没有葬在旧寺附近，而是"葬于钟山之阳"，应当就是集葬。情况相似的，还有永明十年去世的建福寺智胜尼，她同样受到文惠太子和萧子良的供奉，"每延入宫讲说众经"，死后"葬于钟山"。❸ 释法献，建武末年卒，与法畅"同窆于钟山之阳，献弟子僧祐为造碑墓侧，丹阳尹吴兴沈约制文"；❹ 释超辩，齐永明十年终于上定林寺，"葬于寺南。沙门僧祐为造碑墓所，东苋（莞）刘勰制文"。❺

这处墓地梁陈时期仍然延续使用。如竹园寺净行尼"梁天监八年而卒，葬于钟山"，她生前也曾受到萧子良的"厚加资给"；❻ 闲居寺僧述尼，"梁天监十四年而卒，葬于钟山之阳"，文惠太子、萧子良曾对其"大相礼遇"；❼ 顶山寺释道贵尼，"梁天监十五年而

---

❶ 《高僧传》卷8《义解五·释僧远传》，第319—320页。
❷ 《比丘尼传校注》卷3《崇圣寺僧敬尼传》，第125页。
❸ 《比丘尼传校注》卷3《建福寺智胜尼传》，第133—134页。
❹ 《高僧传》卷13《兴福·释法献传》，第489页。本卷有两法献，此为上定林寺法献。
❺ 《高僧传》卷12《诵经·释超辩传》，第471页。
❻ 《比丘尼传校注》卷4《竹园寺净行尼传》，第199页。
❼ 《比丘尼传校注》卷4《闲居寺僧述尼传》，第205页。

卒，葬于钟山之阳"，她曾受到萧子良的"善相推敬"。❶ 再如释宝亮，天监八年卒于灵味寺，"葬钟山之南，立碑墓所。陈郡周兴嗣、广陵高爽并为制文，刻于两面"；❷ 释法通，天监十一年卒于上定林寺，"葬于寺南。弟子静深等立碑墓侧，陈郡谢举、兰陵萧子云并为制文，刻于两面"；❸ 释僧祐，天监十七年卒于建初寺，"因窆于开善路西定林之旧墓也，弟子正度立碑颂德，东莞刘勰制文"；❹ 释慧弥，天监十七年卒于定林寺山舍，"葬于寺南。立碑颂德"。❺ 释宝琼，陈至德二年（584）卒，"以四月五日窆于钟山之阳名僧旧墓"。❻ 葬于这处"名僧旧墓"的僧人，一般都会由弟子立碑，而且往往由著名文士撰写碑文。可以想象，经过齐梁陈三朝的积累，这处墓所必然会形成碑石林立的景观。

这处"名僧旧墓"的具体位置和"疆界"如何？已很难准确考知。但也并非完全无迹可寻。其实，萧子良创建名僧墓所之前，钟山之南已有僧人墓地。昙摩蜜多元嘉十九年（442）卒于上定林寺，"仍葬于钟山宋熙寺前"。❼ 宋熙寺由僧伽罗多于刘宋元嘉年间创建，据《高僧传》卷3《畺良耶舍传》，罗多于"以元嘉十年卜居钟阜之阳，剪棘开榛，造立精舍，即宋熙寺是也"。其位置大致在今明孝陵西侧。❽ 昙摩蜜多卒于定林上寺，却葬于宋熙寺前，可见宋熙寺前有一处沿用

---

❶ 《比丘尼传校注》卷4《顶山寺释道贵尼传》，第211页。
❷ 《高僧传》卷8《义解五·释宝亮传》，第338页。
❸ 《高僧传》卷8《义解五·释法通传》，第340页。
❹ 《高僧传》卷11《明律·释僧祐传》，第440页。
❺ 《高僧传》卷12《诵经·释慧弥传》，第474页。
❻ 《续高僧传》卷7《义解三·释宝琼传》，第232页。
❼ 《高僧传》卷3《译经下·昙摩蜜多传》，第122页。
❽ 《至正金陵新志》卷5下《山川志二·溪涧》："东涧，在钟山宝公塔西，宋熙寺基之东。"《宋元方志丛刊》第6册，第5564页。宝公塔的位置比较确定，在钟山独龙阜开善寺旧基，今明孝陵寝宫所在地。

钟山与建康东郊

图 11　钟山六朝建筑遗址（笔者摄）

的僧人葬地。萧子良上书中说不愿意让远法师"杂处众僧墓中"，说的应当就是宋熙寺前墓地比较凌乱的现状。萧子良的"疆界"之举，应当是在旧墓地之侧划定一块新区域，专门用以埋葬高僧大德。❶

萧子良"疆界钟山"和名僧墓所的创建，显示出钟山之南区域的发展。在佛教的推动下，钟山之南即今明孝陵区域逐渐成为重要的宗教场所。❷

---

❶ 梁代名僧保志单独葬于附近的独龙阜，墓前立开善精舍，显示其地位超出一般名僧，《高僧传》卷10《神异下·释保志传》，第397页。后来梁武帝戒师慧约亦葬于独龙阜，《续高僧传》卷6《义解二·释慧约传》，第186页。

❷ 《金陵梵刹志》卷3《钟山灵谷寺》："钟山有寺七十所，齐梁以降，递有废兴。……国朝摭其地为孝陵，乃归并灵谷寺。昔之棋置星列者，遗址俱在禁垣内。"何孝荣点校，天津人民出版社，2007年，第151页。近年在钟山发现六朝建筑遗址，张学锋认为是寺院建筑遗存，《论南京钟山南朝坛类建筑遗存的性质》，《文物》2006年第4期。另参贺云翱：《南京钟山二号寺遗址出土南朝瓦当及与南朝上定林寺关系研究》，《考古与文物》2007年第1期。

以寺院为主体，再加上道馆、学馆和隐舍的蔓延，使得钟山成为一处汇聚权力与信仰的多元空间。天台智𫖮清楚地认识到这一点，指出"蒋山过近，非避喧之处"。❶ 不过，钟山的兴起本来也就在于其密迩宫阙的空间意义。钟山佛教寺院的创建和发展，主要是由皇族和官僚士族支持的。宋孝武帝大明七年，释慧益烧身于钟山之南，"帝亦续至，诸王妃后，道俗士庶，填满山谷，投衣弃宝，不可胜计"，是一个有代表性的事例。慧益烧身前，考虑到"帝王是兆民所凭，又三宝所寄"，专程至云龙门启闻孝武帝，"以佛法凭嘱"。❷ 他的行为正说明钟山佛教对于建康政治、社会权力的依赖。

　　即便是钟山隐舍，也呈现出明显的权力内涵。中大同元年（546），谢郁劝诫"冀其复用"的何敬容说："君侯宜杜门念失，无有所通，筑茅茨于钟阜，聊优游以卒岁，见可怜之意，著待终之情……如此，令明主闻知，尚有冀也。"❸ 这段话生动地表达出钟山隐居的政治意义。《北山移文》讥刺"于钟山西立隐舍，休沐则归之"的周颙说："偶吹草堂，滥巾北岳，诱我松桂，欺我云壑。虽假容于江皋，乃缨情于好爵。"❹ 周颙"虽有妻子，独处山舍"，却又"常游侍东宫"，❺ 这种游走于庙堂与山林之间的生活方式，如果联系到南朝时期皇权的上升和高门士族权力的低落，极为耐人寻味。

　　齐梁时期，建康上层社会与钟山之间已经形成了非常密切的文化关系。齐武帝宠姬何美人葬于钟山，武帝幸其墓，歌者在

---

❶ 《隋天台智者大师别传》，《大正藏》第50册，第193页。
❷ 《高僧传》卷12《亡身·释慧益传》，第453页。
❸ 《梁书》卷37《何敬容传》，第533页。
❹ 《文选》卷43孔稚珪《北山移文》，第613页。
❺ 《南齐书》卷41《周颙传》，第732页。

墓前为"吴声鄽曲",❶并与随臣为悼亡诗唱和。❷特别是钟山寺院,成为皇室、士族流连之地。萧纲说:"比往开善,听讲涅槃,纵赏山中,游心人外。"❸《广弘明集》卷30录有陆倕、萧子显、刘孝绰、刘孝仪等和昭明太子钟山解讲诗,其中刘孝绰诗云:"御鹤翔伊水,策马出王田。……停銮对宝座,辩论悦人天。"江总、姚察年轻时均曾在钟山寺院受戒,"留连山寺,一去忘归"。❹在皇族、士族官僚的推动之下,齐梁时期的钟山,的确已成为智颛所批评的喧闹之所。不过也必须承认,"喧"正是南朝钟山的文化意义所在。

四　结语

永嘉之乱以后,"衣冠席卷过江",❺进入建康之时,面临的是一个弃置三十多年的废都,童谣说"宫门柱,且莫朽",❻只是一种政治期望。孙吴时期着力建设的秦淮河以北宫苑和政治区域早已经成为废墟,存余的聚落、人口和市廛,集中在南部的秦淮河沿岸。由于东晋初期统治力量不足,建康的城市空间呈现出明显的因袭、权宜特征。宫城建设缓慢,成帝时才开始用砖垒砌宫墙,而都墙则

---

❶ 许逸民:《金楼子校笺》卷1《箴戒篇第二》,第333页。歌者为朱硕仙和朱子尚,《乐府诗集》卷46《清商曲辞三·读曲歌》,第671页。
❷ 《南史》卷47《崔祖思传》,第1172页。
❸ 《广弘明集》卷21晋安王《答广信侯书》,《大正藏》第52册,第252页。
❹ 《陈书》卷27《江总传》《姚察传》,第347、352页。
❺ 《建康实录》卷5《晋上·中宗元皇帝》引《南徐州记》,第134页。
❻ 《宋书》卷31《五行志二》,第914页。

直到南齐时期仍被取笑为"竹篱穿不完"。❶在这种背景下建立的建康外郭，由五十六所篱门标示，跨越秦淮河两岸，呈南北长而东西窄的狭长形状，成为区别城郊的分界。❷

篱门以外的四郊，自然环境存在差异，钟山到秦淮河两岸的东郊，农业条件最为优越，经历了一个从田地到园宅的"开发"过程。从性质上说，这个过程也可以视作农业形态的进一步扩展，即田地上附建的墅舍的扩大化和舒适化。与之伴随的，则是寺院、道馆、学馆等宗教、文化性建筑的建立和扩展。沈约《郊居赋》所描述的，就是这种多元化的东郊景观。郊外发展的动力来自都城内部，是城内政治、经济和文化力量向城外"溢出"，对郊外景观进行塑造的结果，其中政治权力的影响尤为显著。这使得南朝时代的建康东郊，成为一处具有特殊政治、文化意味的都城"郊区"，一方面是皇室、士族官僚的优游休憩之地——"聊可闲余步"，同时又是重要的权力展演场所——"非避喧之处"。"闲"与"喧"的交汇与重叠，共同构成了南朝时期建康东郊的文化图景。

这种文化性的都城"郊区"，在中国都城史上具有怎样的意义呢？妹尾达彦研究唐长安城郊外时指出，8、9世纪的长安近郊，

---

❶ 《南齐书》卷23《王俭传》："宋世外六门设竹篱，是年初，有发白虎樽者，言'白门三重门，竹篱穿不完'。上感其言，改立都墙。"第434—435页。外六门指都城六门，其中宣阳门又称白门，《宋书》卷8《明帝纪》："宣阳门，民间谓之白门。"第170页。细味本条前所接齐高帝"坏宋明帝紫极殿，以材柱起宣阳门"事，可知是说白门重修后规模宏大，可是连接白门等六门的都墙，仍是竹篱，形成鲜明对比，故齐高帝又有改立都墙之举，并非是说宣阳门亦由竹篱建造。

❷ 建康外郭在中国都城制度史上的意义，令人极感兴趣。遗憾的是，由于建康外郭形制及其与都城、宫城的关系还难以落实（如外郭是否为长方形制，是否与都城、宫城构成中轴线对称），这个问题目前只能暂时存疑。佐川英治最近提出，建康为中国历史上"首个环状布局的人口密集型城市"，是一个值得注意的思路，《中国都城史上における六朝建康城の位置づけについて》，《中国古代都城の設計と思想——円丘祭祀の歴史的展開》，第197—227页。

由密集的别庄、庄园、宗教设施、名胜地、墓葬地等构成的多元化郊外景观，具有一定近代意义上所说的"大都市郊区"性质，并认为这可能是"中国郊外的诞生"。❶ 根据本章论述来看，南朝时期的建康东郊，在很多方面都类似于8、9世纪的长安近郊。这种"相似性"的意义何在呢？是城内权力向郊外"溢出"带来的普遍性变化，还是可以理解为唐代都城郊外的"南朝化"倾向？如所周知，西晋洛阳郊外金谷涧中有石崇所建的"别庐"，"娱目欢心之物备矣"，❷"冠绝时辈，引致宾客，日以赋诗"。❸ 建康郊外的园宅化现象，是否早有渊源？遗憾的是，由于这一时期建康以外的都城郊外史料相当缺乏，上述疑问还很难做出明确回答，有待于今后继续研究。❹

这里可以指出的一点，是宗教因素对郊外景观的塑造。如所周知，佛教寺院在西晋尚未得到显著发展，道馆的出现亦始于南朝。这样来说，建康东郊特别是钟山区域密集的寺院、道馆建筑，就成

---

❶ 妹尾達彦：《隋唐长安城と郊外の誕生》，橋本義則編：《東アジア都城の比較研究》，京都大学学術出版会，2011年，第106—140页。
❷ 《世说新语·品藻》"谢公云金谷中苏绍最胜"条注引石崇《金谷诗叙》，余嘉锡：《世说新语笺疏》（修订本），第529页。
❸ 《晋书》卷62《刘琨传》，第1679页。
❹ 佐川英治讨论过平城郊外的鹿苑，指出其具有放牧地的功能，《北魏平城の鹿苑の機能とその変遷》，《中国古代都城の設計と思想——円丘祭祀の歴史的展開》，第133—168页。西晋洛阳除石崇别馆外，潘岳位于城南的园宅，"背京泝伊，面郊后市"，《晋书》卷55《潘岳传》，第1504—1506页。北魏洛阳郊外有一些寺院，参看《洛阳伽蓝记》卷5《城北》"京师东西二十里"条，范祥雍：《洛阳伽蓝记校注》，上海古籍出版社，1978年，第349—350页。东魏北齐时期，邺城郊外有不少文化性设施，如高澄"于邺东起山池游观，时俗眩之"，高齐诸帝常于邺城郊外的"东山"游宴，"东山"设有射堂、射埒，相关记载见于《北齐书》卷11《河间康舒王孝瑜传》、卷18《高隆之传》、卷30《崔昂传》，北京：中华书局，1972年，第144、237、411页。郊外开发和景观变迁需要较长时间的积淀，从这一点来说，发生于东晋南朝建康和唐长安郊外的文化变迁，相较于其他中古都城而言，会更显著。

为都城郊外的一种新样貌。佛教在其中扮演了尤为重要的角色。从某种意义上理解，甚至可以看作一种外来文化影响下的景观同化过程。这种新都城景观的早期"样本"，就是南朝建康与北魏洛阳。考虑到北魏洛阳的建设时间较晚，建康的意义显得更为突出。在这种背景下理解，杜牧吟唱的"南朝四百八十寺，多少楼台烟雨中"，就不仅仅是怀古的感叹，而有了新的历史内涵。

　　附记：书稿修订过程中，又陆续读到一些有关建康郊外的论著，读者可以参看。如刘淑芬：《东晋南朝"钟山文化区"的形成》，《南京晓庄学院学报》2018年第1期；小尾孝夫：《墓葬区变迁所见六朝建康的郊外扩展与城市空间》，中国魏晋南北朝史第十二届年会暨国际研讨会论文，2017年8月17—19日。

IV

山居与记述

山居与生活世界
——读刘孝标《东阳金华山栖志》

东晋到南朝，山中寺院、道馆以及学馆等建筑的兴起，使得"山中"汇聚了大量组织化生活的宗教、文化性山居者。那么，由这类山居者构成的山中人群，或者说山中宗教、文化共同体，其日常性的生活图景如何？深入描画这种新形态的"山中"生活，最重要的一类史料，是山居者自己留下的文字记述。谢灵运《山居赋》、刘孝标《东阳金华山栖志》（以下简称《山栖志》），均属于此类。前者广为人知，文史学者讨论很多。❶ 后者是梁武帝前期刘孝标隐居金华山期间所撰，"其文甚美"，详细描述了金华山的历史传说、文化景观和以孝标山舍为中心的生活图景。❷《艺文类聚》摘抄了此文一些片段。❸ 释道宣编集《广弘明集》时，完整收录了此文，是目前所见最早的完整文本。❹

---

❶ 如康达维（David R. Knechtges）：《中国中古文人的山岳游观——以谢灵运〈山居赋〉为主的讨论》，刘苑如主编：《游观：作为身体技艺的中古文学与宗教》，台北："中央研究院"中国文哲研究所，2009年，第1—63页。关于《山居赋》写作的社会经济背景，参看唐长孺：《南朝的屯、邸、别墅及山泽占领》，《山居存稿》，第1—26页。
❷《梁书》卷50《文学下·刘峻传》，第702页。
❸《艺文类聚》卷36《人部二十·隐逸上》，第654—655页。
❹《广弘明集》卷24刘孝标《东阳金华山栖志》，《大正藏》第52册，第276—277页。此文不同版本间异文较多，参考罗国威：《刘孝标集校注》，上海古籍出版社，1988年，第27—50页。本章引用，主要依据罗国威校注本，不另出注。

《山栖志》为理解南朝时期的"山中"景观和生活，提供了难得的内部视角。刘孝标隐居的金华山，位于今浙江省金华市北三十里处，现在是以双龙溶洞群和黄大仙（皇初平）传说闻名的旅游风景区。该山很早便以神仙道教知名，"蕴灵藏圣，列名仙谍"，是三十六小洞天之一，❶ 也是《唐六典》所记载的江南道名山十三所之一。从影响来说，相对于茅山、庐山、天台山等更加著名的江南山岳，金华山显得较为普通。不过，普通自有普通的意义。刘孝标对金华山的记述，对于理解江南山林的文化形态和内部生活，更具有一般性的参照意义。这也是《山栖志》的样本价值所在。

山林本来具有多元化的内涵，既是神圣的信仰之地，也是山中隐修者的生活场所。这些宗教、文化性的隐修者，其日常活动和山内、山外的关系网络，构成了"山中"特殊的生活世界，❷ 有别于一般的城邑和村落。这也正是寺院和道馆兴起之后，"山中"的重要历史变化之一。而相对于宗教领域内的山林记述，《山栖志》的记述更具有生活性。本章计划以《山栖志》为中心，以金华山作为一个案例，分析"山中"文化景观的构成和生活场所的扩展过程，以及"山中"生活与山外世界的关系。

---

❶ 《云笈七签》卷27《洞天福地·三十六小洞天》，第618页。
❷ "生活世界"（life world）是由胡塞尔（Edmund Husserl）提出，经舒茨（Alfred Schutz）引入社会理论的概念，用以指"人所牵连的种种日常事务的总和"。参看李猛：《舒茨和他的现象学社会学》，杨善华主编：《当代西方社会学理论》，北京大学出版社，1999年，第17页；侯旭东：《北朝村民的生活世界——朝廷、州县与村里》，北京：商务印书馆，2005年，第326—369页。

一 《山栖志》所见金华山的文化景观

《山栖志》对金华山文化景观的记述，是以刘孝标所居山舍作为主线。在概述金华山的历史和传说后，先介绍从山麓登山到达其山舍的线路，然后以山舍为中心描述周边的文化和自然景观。这种偕游式的手法，使得此文叙述生动而富有场景感。

要想通过此文了解梁代前期金华山文化景观的构成，最好的方法是把自己想象为一个初到的访问者，随着孝标的讲述游览。《山栖志》说：

> 金华之首，有紫岩山，山色红紫，因此为称。靡迤坡陀，下属深渚，巑岏隐嶙，上亏日月。登自山麓，渐高渐峻。垄路迫隘，鱼贯而升。路侧有绝涧，闻閒庠豁。俯窥木杪，焦原石邑，匪独危悬。至山将半，便有广泽大川，皋陆隐赈。予之葺宇，实在斯焉。所居三面，回山周绕，有象郛郭。前则平野萧条，目极通望，东西带二涧，四时飞流泉。清澜微霅，滴沥生响，白波跳沫，汹涌成音。

前半段移动的场景以"登自山麓"作为起点，"至山将半"，到达孝标山舍。后半段则记述山舍位置及其景观。现在金华山有多条山路可以登山，要想知道文中描述的路线，首先要确认山舍的具体位置。从上述描述来看，有几点值得注意：（1）是沿溪涧攀登；（2）山舍位于半山；（3）山舍三面环山，前为平地，临近湖泊，东西有两涧水。由这几个地理特征再结合稍晚的一些文献记载，大致可以确认，孝标山舍位于金华山半山的九龙村。❶ 南宋陈亮《北山普济院记》云：

> 梁刘孝标以不合当世，弃官居金华北山，今其故居是为清修院。盖尝溯流缘磴，欲以尽发山水之奇，结庐紫微岩，吴、会人士多从之学。岩有石室，因以为讲书之堂，所谓刘先生讲堂是也，至今其山号讲堂原。而陈隋及唐泯然置之不问。周显德二年，吴越王建寺于岩麓，曰九龙。本朝庆历六年，郡守关公尝命河南许归以毡笔书"紫微岩"三巨字，镌之石。治平二年，又改赐普济院额。❷

据陈亮叙述，清修院沿袭自刘孝标故宅。《山栖志》说孝标隐居于"山色红紫"的东阳紫岩山，与九龙紫微岩也正好符合。《太平寰宇记》卷97婺州金华县"徐公湖条"："山中有灵岩寺，即梁文士刘峻字孝标，弃官居此湖东山之上。"灵岩寺与清修院、九龙寺、普济院存在沿袭关系。❸ 这些记载虽然时代较晚，但应当是有地方传承的脉络。综合来看，《山栖志》描述的登山路线，可能是从今寺

---

❶ 徐霞客曾到访过讲堂洞，地点在双龙洞之西，"昔为刘孝标挥麈处，今则塑白衣大士于中"，朱惠荣：《徐霞客游记校注》，第132页。
❷ 《龙川文集》卷16，《宋集珍本丛刊》，北京：线装书局，2004年，第558—559页。
❸ 光绪《金华县志》卷5《建置·寺观》"清修寺"条："在县西北二十五里白竹村，其故址在紫薇岩下九龙村，梁刘峻舍宅建。周显德二年吴越王复建于岩麓，曰九龙。宋太平兴国七年赐号灵岩。治平二年改额普济。"台北：成文出版社，1970年，第231页。同书卷15《艺文·金石》"刘少（孝）标诗文石刻"条称清修院内刻有刘孝标《山栖志》及《始营山居诗》，第874页。同书卷4《建置·宅墓》"刘峻寓宅"条："在县北二十五里灵岩古刹，峻舍宅建。"注引何基语："灵岩古刹，闻昔乃孝标之故宅，此地上接紫薇岩、双龙洞天。"第195页。《方舆胜览》卷7《婺州》"紫微岩"条："在金华县北二十五里。有石室。梁孝标弃官舍其下，撰《类苑》。"施和金点校，北京：中华书局，2003年，第130页。

山村或双龙水库附近出发,沿山涧到达位于半山的九龙村。❶ 此地附近有湖泊,有可观的可耕田地——"至山将半,便有广泽大川,皋陆隐赈"。

九龙水库—九龙村三面环山,目前是一个规模不小的山村。明代徐霞客游览九龙时,附近"坞中居室鳞次,自成洞壑",一派幽静的山中田园景象,"晋人桃源不是过"。❷ 从《山栖志》结尾"岁始年季,农隙时闲,浊醪初酝,清醳新熟。则田家有野老,提壶共至。班荆林下,陈镈置爵。酒酣耳热,屡舞谨呹。晟论箱庚,高谈谷稼"的描述来看,此地在南朝时期已经形成一处农业聚落。孝标建舍于此,正符合隐居者的桃源理想。

山舍利用了山涧水源,《山栖志》说:

> 漕渎引流,交渠绮错。悬溜泻于轩甍,激湍回于阶砌。供帐无绠汲,盥漱息瓶匜。

孝标的《始居山营室》诗对此也有描述:

> 凿户窥嶕峣,开轩望崭崟。激水檐前溜,修竹堂阴植。香风鸣紫茑,高梧巢绿翼。泉脉洞沓沓,流波下不极。仿佛玉山隈,响像瑶池侧。❸

---

❶ 从《山栖志》的记述来看,似乎是沿着寺山村、九龙水库之间的山涧登山。但笔者实地考察时,当地村民告知,在九龙村通往山下的公路修通之前,村民一般是向东翻过山岭,沿双龙洞附近的山涧下山。现在九龙、双龙间有隧道相连,隧道所在山体低平,未修隧道前两村往来亦很便利。
❷ 徐霞客:《浙游日记》,朱惠荣:《徐霞客游记校注》,第132页。
❸ 《艺文类聚》卷36《人部二十·隐逸上》,第642页。

诗中展现的山舍布局，如背山、种竹等，隐含着隐居者的理想。谢灵运《山居赋》引仲长子语："欲使居有良田广宅，在高山流川之畔。沟池自环，竹木周布，场圃在前，果园在后。"❶ 孝标的山舍与这种理念是契合的。现在九龙村仍有一条山涧流过，村民房舍主要即沿山涧两侧分布。孝标山舍应当也距离山涧不远。根据《山栖志》和《始居山营室》诗的描述来看，孝标的山舍并不简陋，而是具有一定规模。山舍附近还有茂密的果木药材。

据《梁书》卷50本传所云，"峻居东阳，吴、会人士多从其学"，可知孝标隐居金华山时有不少追随者。从这种意义上来说，孝标山舍似乎也具有学馆的性质。此地后世所留存的"讲堂洞"地名，也可以印证这一点。无论如何，孝标的山居生活并不像之前隐居金华山的庐陵人匡昕那样，"服食不与俗人交"，❷ 而是具有一定的团体性。这一点让人想到同一时代何胤在会稽秦望山的生活。《梁书》卷51《何胤传》："以若邪处势迫隘，不容生徒，乃迁秦望山。山有飞泉，西起学舍，即林成援，因岩为堵。别为小阁室，寝处其中，躬自启闭，僮仆无得至者。山侧营田二顷，讲隙从生徒游之。"何胤先居若邪山云门寺，应当是建造山舍前的过渡。他的秦望山舍在选址上也是临"飞泉"，靠近树林和山体。在建筑结构上，学舍和私人住所是分开的，附近有田地可供耕作。

在孝标的山舍附近，寺院和道馆并存。其中，寺院距离较近，《山栖志》：

宅东起招提寺，背岩面壑，层轩引景，邃宇临空，博敞闲

---

❶《宋书》卷67《谢灵运传》，第1755页。
❷《南史》卷73《孝义·匡昕传》，第1822页。

虚，纳祥生白。左睇右睐，仁智所居。故硕德名僧，振锡云萃，调心七觉，诋诃五尘。郁烈戒香，浴滋定水。至于熏炉夜蓺，法鼓旦闻，予跕屣抠衣，躬行顶礼。询道哲人，钦和至教。

寺名叫作招提，由"背岩面壑"来看，此寺可能位于九龙村东侧，寺院建筑依山而建，"层轩引景，邃宇临崖"。刘孝标与寺中僧人亦多有来往。但寺院建于何时、有过哪些"硕德名僧"驻锡，文中并未提及。据《续高僧传》卷6《释慧约传》，慧约于南齐中期曾随沈约在东阳郡，❶"常入金华山采枯，或停赤松涧游止"，❷但不清楚此时山中是否有寺院存在。❸招提寺和后来的九龙寺—普济院地理位置相近，可能有承袭关系。地方志有刘孝标舍宅为寺的记载，结合《山栖志》中"起招提寺"的用语推测，招提寺也许就是孝标山居期间出资建造和供养。此寺也是金华山最早可考的寺院。

招提寺东南有道馆，《山栖志》：

> 寺东南有道观，亭亭崖侧，下望云雨。蕙楼兰榭，隐映林篁。飞观列轩，玲珑烟雾。日止却粒之氓，岁次祈仙之客。饵星髓，吸流霞，将乃云衣霓裳，乘龙驭鹤。

可知道馆建于山崖之侧，掩映于竹林之中。从"蕙楼兰榭""飞观列轩"的描写看，建筑规模颇为可观。道馆的名称和馆中道士的情

---

❶ 沈约出任东阳太守及在郡、离任的具体时间，仍有争议，参看林家骊：《沈约研究》，第44—51页。
❷ 《善慧大士录》卷4《智者大师》称，慧约随沈约回东阳，为父母营墓后，"遂游金华山，住赤松涧，采药服饵"，似乎在郡期间常住赤松涧，记事颇有差异，存疑。
❸ 从慧约的经历来看，他从一开始就是在剡县、会稽等地的寺院修行，并非头陀于山林洞穴之中的苦修禅僧。参看本书所收《南朝佛教与乌伤地方》。

况，文中均未提及。❶《续高僧传》卷6《释慧约传》提到，慧约隐修金华山期间，道士丁德静于金华山道馆暴亡，不详是否就是《山栖志》提到的道馆。沈约任东阳太守之时，曾与隐居金华东山的留真人多有往来，诗文中提示了一些可能相关的线索。《留真人东山还》诗云："我来岁云暮，于此怅怀归。霜雪方共下，宁止露沾衣。待余两歧秀，去去掩柴扉。"❷《文馆词林》卷699录有沈约《赠留真人祖父教》，提到了这位留真人的相关情况：

> 贵郡区寓秀邈，含奇隐异，鸿轩接轸，鹤驾成群。金华东山留真人，诞钟灵性，独悟怀抱，日饮霞食卅余载，假形剑杖，蜕景登云，敬想徽尘，翘仰弥结。真人门基绪胄，此邦冠冕，而祖祢栖迟，荣命不及，言念追远，增怀无已。……可赠真人祖功曹史，父孝廉，庶厥幽灵，薄尉丘陇。❸

可知这位留真人"门基绪胄，此邦冠冕"，是当地有名望的家族。沈约在东阳时，这位留真人已经在金华山中"日饮霞食卅余载"，大概刘宋后期已经开始隐居山中。沈约提到，留真人隐居于"金华东山"，也许就是孝标提到的道馆。此外，南齐时期楼惠明亦在金华山隐居，"藏名匿迹，人莫之知"。❹前面提到，慧约随沈约在郡时亦隐居金华山中。而沈约在郡期间访问过金华山，至少到过慧约

---

❶ 道观是唐代以后的习称，南朝时期一般称为道馆，陈国符指出："至唐代始不用馆字，而以观字代之。及唐以后人撰文，辄改馆为观字。"《道藏源流考》下册附录二《道藏札记·道馆考原》，第268页。参看孙齐：《唐前道观研究》，第26—28页。
❷《艺文类聚》卷7《山部上·总载山》，第124页。
❸《影弘仁本文馆词林》卷699，東京：古典研究会，1969年，第443页。
❹《南史》卷75《隐逸·楼惠明传》，第1872页。他于宋末时居金华山，但没有提到道馆。东阳楼氏也是当地大族，慧约就是出自东阳乌伤楼氏。

居处和留真人的道馆。这样也可以知道,在刘孝标隐居之前,金华半山已经是一处受到官僚士族关注的宗教文化区域。

九龙村向东翻过一处低平的山丘,就是金华山最著名的双龙溶洞群所在地。双龙洞旁现在仍有一所金华观,传说与黄大仙、赤松子有关。而在《神仙传》的记述中,赤松子与皇初平(黄大仙)被认为是同一位仙人:

> 皇初平者,丹溪人也。年十五,家使牧羊,有道士见其良谨,便将至金华山石室中,四十余年,不复念家。其兄初起,行山寻索初平……就初平学。共服松脂茯苓,至五百岁,能坐在立亡,行于日中无影,而有童子之色。后乃俱还乡里,亲族死终略尽,乃复还去。初平改字为赤松子,初起改字为鲁班。其后服此药得仙者数十人。❶

在这个叙事中,皇初平得道后改名为赤松子。《晋书》卷15《地理志下》称,东阳郡长山"有赤松子庙"。《太平御览》卷69《地部三十四·涧》引《水经注》:"赤松子游金华山,以火自烧而化,故山上有赤松子之祠。"❷《山栖志》还特别提到,山中有赤松子("雨师寄此乘烟")、黄帝("帝鸿游斯铸鼎")的传说,因此有赤松涧("涧勒赤松之名")、缙云山("山贻缙云之号")的地名。赤松子祠庙可与赤松涧之名对照。虞荔《鼎录》提到一尊传为黄帝所铸的金华山大鼎,

---

❶ 《太平广记》卷7"皇初平"条引《神仙传》,第44—45页。
❷ 此条不见于今本《水经注》,《太平寰宇记》卷97婺州金华县"赤松涧"条引用亦未注明出处,第1950页。杨守敬怀疑《太平御览》引注有误,杨守敬、熊会贞:《水经注疏》卷40《浙江水》,第3294页。今本《水经注》称"山下水际"为赤松子羽化之处,"后人立庙于山下"。

"高一丈三尺""篆书三足",铭称"真金作鼎,百神率服"。❶总之,皇初平、赤松子和黄帝的传说,南朝时期在当地显然流传广泛。❷

由此可知,金华山的神仙道教活动起源很早。《山栖志》提到,金华山"蕴灵藏圣,列名仙谍",并说:"左元放称此山云:可免洪水五兵,可合神丹九转。"这个说法可以在《抱朴子内篇·金丹》中得到印证,该篇引《仙经》,详细列举"可以精思合作仙药"的山岳,就提到了东阳长山,❸亦即金华山。左元放—葛玄—郑隐—葛洪之间存在着仙道知识的传授关系,《山栖志》所载左元放之语,应有其知识渊源。唐前期司马承祯编著的《天地宫府图》中,金华山为三十六小洞天之一,"名曰金华洞元天","属戴真人治之"。❹而杜光庭《洞天福地岳渎名山记》则改"属戴真人治之"一句作"有皇初平赤松观"。❺一直到现在,金华山仍是以皇初平(黄大仙)信仰著称的宗教圣地。

《山栖志》描述的孝标山舍、招提寺和道观,加上双龙等溶洞群,还有附近的山民村落,构成了一处复合性的山中空间。从地图上可以清楚看到,东部为溶洞群和道馆,是修道者"圣地";西部是

---

❶ 虞荔《鼎录》,《影印文渊阁四库全书》第840册,第9页。
❷ 皇初平最主要的事迹之一是"叱石羊",即叱白石而变为"羊数万头",《太平广记》卷7"皇初平"条引《神仙传》,第45页。这个传说有自然地貌基础,徐霞客曾记述鹿田寺附近的"石浪","大者如狮象,小者如鹿豕",具有多种动物形态,见徐霞客《浙游日记》,朱惠荣:《徐霞客游记校注》,第128页。据报道,1991年重修金华观时,在旧址发现过众多"石羊",大概就是酷似石羊的山石,参看唐梓桑:《神奇的道观——金华观》(双龙风景名胜区网页"黄大仙研究会"栏目)。双龙洞西部山侧的二仙洞,传说是皇初平所居石室。洞中近年曾发现刻写图案,当地学者认为与道教有关,参看陈德松:《试解金华山二仙洞神秘图案之谜》(双龙风景名胜区网页"黄大仙研究会"栏目)。
❸ 王明:《抱朴子内篇校释》(增订本)卷4《金丹》,第85页。
❹ 《云笈七签》卷27《洞天福地·三十六小洞天》,第618页。
❺ 罗争鸣:《杜光庭记传十种辑校》,第391页。

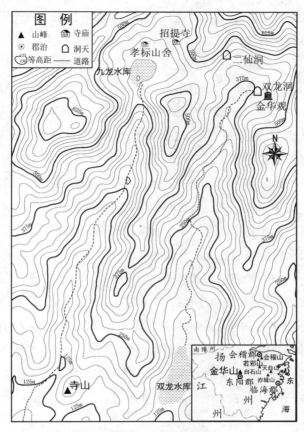

地图9 《山栖志》与金华山文化景观示意图（林昌丈绘）

孝标的山舍和招提寺。❶ 这种空间格局的基础是自然环境。双龙溶洞群由于天然的神秘感，为早期入山道士提供了极佳的修行场所。徐霞客曾描述诸洞景观说："朝真以一隙天光为奇，冰壶以万斛珠玑为异，而双龙则外有二门，中悬重崿，水陆兼奇，幽明凑异者

---

❶ 据谢灵运《山居赋》所云，谢氏的始宁别墅附近也有寺院："面南岭，建经台；倚北阜，筑讲堂。傍危峰，立神室；临浚流，列僧房。"自注中还提到："仙学者虽未及佛道之高，然出于世表矣。"《宋书》卷67《谢灵运传》，第1765页。

矣。"❶《抱朴子内篇》卷4《金丹》引"元君"之说:"此道至重,百世一出,藏之石室,合之,皆斋戒百日,不得与俗人相往来,于名山之侧,东流水上,别立精舍,百日成,服一两便仙。"《山栖志》中说金华山"蕴灵藏圣,列名仙谍",左元放称其"可免洪水五兵,可合神丹九转",主要应当与双龙溶洞群有关。金华观紧邻双龙洞之侧,从茅山早期道馆的分布来看,道馆依傍于洞天,是一种常见形态。❷

西部的九龙地区,由于水库蓄水的影响和至迟明清以来山民的"烧石",❸地貌有一些改变,但仍大体可见《山栖志》所描述的自然环境。这里土地平整,田地面积较大,目前仍是一个颇具规模的山中聚落。考虑到孝标隐居金华山期间有不少追随者,山舍选址于此,也许有耕作田地等生计方面的考虑。

金华半山的地理空间及其文化景观差异,对于理解山岳信仰空间很有启发。早期山林空间的开拓和建筑选址,涉及生计、供养和信仰关系等多种因素。庐山早期信仰空间就呈现出明显的南北差异。不过,庐山南北空间相隔较远,金华山则揭示出在更狭小的山林空间内多种文化景观的分布格局。而从过程来说,这种文化景观构成是逐渐积累的结果。下面结合相关资料,对此稍做讨论。

二　石室·精舍·寺馆·田园
——"山中"生活场所的拓展

考察"山中"文化景观的积累,应当以原始性的山林为起点,

---

❶ 徐霞客:《浙游日记》,朱惠荣:《徐霞客游记校注》,第131页。
❷ 参看本书《句容茅山的兴起与南朝社会》章。
❸ 徐霞客:《浙游日记》,朱惠荣:《徐霞客游记校注》,第132页。

观察有哪些"变量"——人类活动会逐渐附加进去，从而导致了后来的景观形态和空间格局。这有点类似于经济学中的供给—需求分析方法，首先将复杂的经济现象抽绎为供给—需求曲线，然后逐渐加入变量，分析坐标曲线由简单到复杂的变化过程。

在众多的山林中，有一些能够成为"名山"，汇集多种文化因素，首先要具备一定的自然条件。以金华山为例，至少有以下几点值得注意：（1）山中有相对平整的谷地，有田地、水源，可以进行农业活动；（2）有被赋予信仰意义的洞穴；（3）容易到达。具备这些条件的山中，大都很早就有山民聚落存在，毋庸多言。本章关注的是文化、宗教性的山居者。他们最初的山居生活，需要哪些基本的生活条件呢？

首先是水源。《真诰·稽神枢第一》多次提到茅山中适合建造精舍之地，共同的特点就是靠近水源，如"其山左右有泉水，皆金玉之津气，可索其有小安处为静舍乃佳。若饮此水，甚便益人精，可合丹"。❶ 天门山中："有一石泉，方丈余，清水湛然，常无增减，山居者资以给饮。北有石室二间，旧是隐者念一之所，今无人矣。"❷ 临近井（泉）等清洁水源，是山居的重要条件。前面提到，《山栖志》对山舍的水源和引水设施有较多描述。此外，还特别提到了道观之下的石井：

> 耸跱中涧，雕琢刻削，颇类人工。跃流潆洿，濟涌泱咽，电击雷吼，骇目惊魂。

金华观下、双龙洞前现在仍有大小石井两口，位于双龙洞流出的

---

❶ 吉川忠夫、麦谷邦夫编：《真诰校注》卷11《稽神枢第一》，第362页。
❷ 杨守敬、熊会贞：《水经注疏》卷9《清水》，第808页。

图12 金华山双龙洞，洞口左侧为金华观（笔者摄）

水源之侧，不知是否即刘孝标描述的石井。井对于修道者而言，还具有洁净的宗教意义。《洞玄灵宝三洞奉道科戒营始》说："凡道士女冠，居住先须有泉井，每令清净，勿使秽杂。"道士"凡犯秽及汗垢"必须入浴，否则"夺算一百二十"。❶宋孝武帝撰有《洞井赞》。❷茅山的天监井栏，刻有陶弘景弟子之名，以求"悠悠历代，讵勿识焉"。❸

除了临近清洁水源，山中气候变化无常，找到一处可以躲避风雨的起居场所，对早期山居者也是一项切实的需要。相对于燕济那样在山中"寝息无常所，或因积石，或倚大树"而言，❹山洞是更好的选择，它们在文献中有更为雅致的名字——石室。文献中有很多早期隐士、道士、僧人居于石室的例子。崔琰《述初赋》说

---

❶《洞玄灵宝三洞奉道科戒营始》卷3《居处品》，《道藏》第24册，第755页。
❷《艺文类聚》卷78《灵异部上·仙道》，第1340页。
❸《茅山志》卷8《稽古篇》，《道藏》第5册，第590页。天监年间带铭文的茅山井栏还有两件，参看罗宗真、王志高：《六朝文物》，第56—58页。
❹《太平御览》卷666《道部八·道士》引《道学传》，第2973页。

郁洲"上有仙士石室":"乃往观焉。见一道人独处,休休然不谈不对,顾非己所及也。"❶《抱朴子内篇》卷17《登涉》:"昔张盖蹋及偶高成二人,并精思于蜀云台山石室中,忽有一人着黄练单衣葛巾,往到其前曰:劳乎道士,乃辛苦幽隐!于是二人顾视镜中,乃是鹿也。"晋帛僧光在剡县石城山,"见一石室,仍止其中,安禅合掌,以为栖神之处。至明旦雨息,乃入村乞食,夕复还中";竺昙猷,"后移始丰赤城山石室坐禅"。❷如果山中有适合生活起居的石室,又比较容易到达,就会受到早期山居者的重视。

石室的基本功能是遮蔽风雨。但对神仙道教而言,石室以其天然幽深,更成为神秘的宗教性场所。《抱朴子内篇》卷19《遐览》:"诸名山五岳,皆有此书,但藏之于石室幽隐之地,应得道者,入山精诚思之,则山神自开山,令人见之。"永嘉中任敦居云阳山:"所居山舍西十五里,有一石室。西南二里,复有一石室。皆容数十人。……敦往二室祈祷,皆仿佛真形。"❸石室被认为是藏有仙书或仙人显形的神秘之地。可见在神仙道教观念中,石室具有宗教圣地的意味。❹《抱朴子内篇》卷4《金丹》说:"服此二物,能居名山石室中者,一年即轻举矣。止人间服亦地仙,勿妄传也。"服食同样的仙药,居于石室和"人间"有不同的效果。这使得神仙道教对石室的重视远远超过其他山居者。

对于早期苦修的山居者,水源和石室两个条件基本可以满足。但从舒适性上来说,石室和食物短缺毕竟不太理想。《抱朴子内篇》

---

❶ 杨守敬、熊会贞:《水经注疏》卷30《淮水》,第2564—2565页。
❷ 《高僧传》卷11《习禅》帛僧光、竺昙猷诸传,第402、403页。
❸ 《太平御览》卷667《道部九·斋戒》引《道学传》,第2978页。"任",原文讹作"左"。
❹ 关于山中洞穴的信仰意义,参看三浦國雄:《洞庭湖と洞庭山——中国人の洞窟観念》,《中国人のトポス》,第113—153页;姜生:《论道教的洞穴信仰》,《文史哲》2003年第5期。

中曾提到"道士山居，栖岩庇岫，不必有绸缪之温"，因而风湿病多见。❶ 而且，适合居住的石室也不是每座山中都会有的，如果在缺乏石室的山林之中修行，就往往需要建立简单的房舍遮蔽风雨，陶弘景就指出："茅山通无石室，则必应起庐舍。"❷ 南岳邓先生"隐居衡山极峻之岭，立小板屋两间，足不下山，断谷三十余载，唯以涧水服云母屑，日夜诵《大洞经》"。❸ 他虽然辟谷，却修建了简陋的房舍。而山中修行者为了生存，也需要采集储备或种植简单的作物。吴睦逃亡山林，在石室中遇到"隐学"的孙先生，"左右种黍及胡麻，室中恒盈食"，❹ 就是一个例子。

文献中有时把隐修者在山中建造的住所称为精舍。❺ 竺昙猷试图进入天台山获取精舍而与神僧接触的故事，曲折地表达了山中僧人与房舍的关系。❻ 最早的山中房舍，当然是山民的聚落住所。❼ 由文化性的隐士建造山中房舍，东汉时期已经有不少记载，如东汉中期蜀郡张楷（字公超），"隐居弘农山中，学者随之，所居成市，后华阴山南遂有公超市"。❽ 东汉末郑玄在不其山的学舍也很有名。❾ 道

---

❶ 王明：《抱朴子内篇校释》（增订本）卷17《登涉》，第307页。
❷ 吉川忠夫、麦谷邦夫编：《真诰校注》卷13《稽神枢第三》，第425页。
❸ 《南史》卷76《隐逸下·南岳邓先生传》，第1896页。
❹ 吉川忠夫、麦谷邦夫编：《真诰校注》卷14《稽神枢第四》，第451页。
❺ 关于精舍、静舍，参看吉川忠夫：《静室考》，许洋主译，《日本学者研究中国史论著选译》第7卷，北京：中华书局，1993年，第446—477页；王承文：《汉晋道经所见"静室"各种名称及其与斋戒制度的关系》，《魏晋南北朝隋唐史资料》第34辑，2016年。
❻ 《高僧传》卷11《习禅·竺昙猷传》，第404页。
❼ 关于古代山居的情况，参看钱穆：《中国古代山居考》，《中国学术思想史论丛》（一），合肥：安徽教育出版社，2004年，第32—81页。
❽ 《后汉书》卷36《张楷传》，第1243页。
❾ 《太平御览》卷994《百卉部一·草》引《三齐略记》，第4400页。参看吉川忠夫：《鄭玄の學塾》，川勝義雄、礪波護編：《中國貴族制社會の研究》，京都：京都大學人文科學研究所，1987年，第321—359页。

士入山建造房舍，时间亦较早，《抱朴子内篇》卷4《金丹》提到："于名山之侧，东流水上，别立精舍，百日成，服一两便仙。"不过山林文化、信仰世界的真正拓展，要依赖于更强烈的组织化和定居化的内在需求。对于江南名山而言，汉末特别是西晋永嘉之乱以后北人南迁的持续影响，是一个重要契机。

在《抱朴子》的观念中，适合炼丹的名山主要是在北方，只是由于"今中国名山不可得至"，不得已才在江南名山修行。如左元放："于天柱山中精思，而神人授之金丹仙经。会汉末乱，不遑合作，而避地来渡江东，志欲投名山以修斯道。"❶ 葛玄在江南多处山林的修道活动，似乎就受到左慈的影响。❷ 南迁道士及其名山访求，是南方山林道教发展和山中道馆出现的重要推动力。❸ 有明确记载的江南山寺，最早出现于东晋时期，剡县和庐山是早期的两个中心，❹ 最早的山居僧人很多也都来自北方。❺

在刘孝标的时代，山中寺院和道馆已经是江南相当普遍的宗教景观。山中学馆也有不少，如刘宋时沈驎士隐居余不吴差山："讲经教授，从学士数十百人，各营屋宇，依止其侧"，时为之语曰："吴差山中有贤士，开门教授居成市。"❻ 南朝时期，山中学馆有时达到相当大的规模。《南齐书》卷54《顾欢传》："遂隐遁不仕。于剡天台山开馆聚徒，受业者常近百人。"同书同卷《徐伯珍传》：

---

❶ 王明：《抱朴子内篇校释》（增订本）卷4《金丹》，第71页。
❷ 陶弘景：《吴太极左仙公葛公之碑》，王京州：《陶弘景集校注》，第164页。
❸ "南岳"衡山最早的三位真人陈兴明、施存、尹道全，陈、尹都是来自北方，施未详籍贯，参看本书《山岳记述的形成》一章。
❹ 严耕望：《魏晋南北朝佛教地理稿》，第118—122页。
❺ 永嘉之乱后非宗教性的南渡北人进入江南山林隐居，郭文是一个著名的例子："洛阳陷，乃步担入吴兴余杭大辟山中穷谷无人之地，倚木于树，苫覆其上而居焉，亦无壁障。"《晋书》卷94《隐逸·郭文传》，第2440页。
❻ 《南史》卷76《隐逸下·沈驎士传》，第1891页。

"叔父瑶之……还祛蒙山立精舍讲授,伯珍往从学,积十年,究寻经史,游学者多依之。"伯珍是东阳太末人,他后来移居九岩山,"受业生凡千余人"。这也让人想到孝标带有学馆性质的山舍。

山中寺院、道馆和学馆的兴起,一个共同的特征是其组织性和团体性,换言之,是一些集体性生活的山中文化共同体。这就对山居生活有了更进一步的物质要求,除了扩大房舍之外,还有食物也就是田地、农作物种植的需求。如天门山"上有比丘释僧训精舍,寺有十余僧,给养难周,多出下平,有志者居之"。❶

金华山半山特别是九龙村一带,具备相应的自然条件,而山居者也确实很好地利用了山中田地和水源。《山栖志》说:

> 寺观前皆植修竹,檀栾萧飂,被陵缘阜。竹外则有良田,区畛通接。山泉膏液,郁润肥腴。郑白决漳,莫之能拟。致红粟流溢,凫雁充厌。春鳖旨擅碧鸡,冬蕈味珍霜鹅。縠巾取于丘岭,短褐出自中园。莞蒋逼侧池湖,菅蒯骈填原隰。养给之资,生生所用,无不阜实蓄篱,充牣崖巇。

这段带有田园诗意的描述,背后是很实际的山中日常生计。关于山居道士耕作田地的情况,《道学传》中有不少记载,如褚雅:"梁末时隐句曲山,重施轻财,拯物无厌。营田若熟,以乞贫者。与人共居,常早起洒扫,取水遍以周给。觅樵薪乞人。或夏月种瓜,恣人来取也。"许明业:"身率门人,作田播种。稻粟微熟,自往远近要呼贫者,任力收获。"双袭祖:"范氏所给水牛,在山耕积年

---

❶ 杨守敬、熊会贞:《水经注疏》卷9《清水》,第807页。

也。"❶ 茅山中的赤石田,"今塘尚决,补筑当用数百夫,则可溉田十许顷。隐居馆中门人亦于此随水播植,常愿修复此塘"。❷ 早期汉地僧人虽然由于教义限制,一般不参加田地耕作,❸ 但仍由馆户、净人等附属劳动者代行。❹

山居者对田地的经营,最初是为了保障基本的生活需要。但从《山栖志》的描述来看,山中出产的食物和生活用品,有的已经超出了简单生活的水准,所谓"养给之资,生生所用,无不阜实蕃篱,充牣崖巘",山中生活在朝着舒适化的方向发展。其中生活场所的园林性尤其值得注意。《山栖志》说:

> 枫栌椅杨之树,梓柏桂樟之木,分形异色,千族万种。结朱实,包绿果,扤白蒂,抽紫茎。楄蠹苯蓴,捎风鸣籁,垂条櫺户,布叶房栊。中谷涧滨,花蕊攒列。至于青春受谢,萍生泉动,则有都梁含馥,怀香送芬,长乐负霜,宜男簪露,芙蕖红华照水,皋苏缥叶从风,凭轩永眺,蠲忧忘疾。

林木幽雅原本就是山居的环境优势。如所周知,南朝吴、会一带的士族喜欢在山中建立精舍别墅,如谢灵运《山居赋》中就提到郗景兴精舍、王敬弘精舍等多处,其中昙济道人的孟埭精舍,"芋薯之

---

❶ 《三洞珠囊》卷1《救导品》引《道学传》"褚雅""许明业"条,同书卷3《服食品》引《道学传》"双袭祖"条,《道藏》第25册,第297、317页。
❷ 吉川忠夫、麦谷邦夫编:《真诰校注》卷11《稽神枢第一》陶弘景注,第376页。"补",中译本误作"捕"。
❸ 参看吉川忠夫:《一日不作一日不食——佛教与劳动的问题》,徐谷芃译,《日本中国史研究年刊》(2007年度),上海古籍出版社,2009年,第36—50页。
❹ 关于寺院庄园经济及其附属劳动者,参看谢重光:《中古佛教僧官制度和社会生活》,北京:商务印书馆,2009年,第160—375页。

畴田。清溪秀竹，回开巨石，有趣之极"。❶ 梁天监中道士张裕的招真馆"植名果，尽山栖之趣"。❷ 唐长孺注意到，果园种植是这种山中精舍别墅的一个特点。❸ 谢灵运《山居赋》说："北山二园，南山三苑，百果备列，乍近乍远。……杏坛、棕园、橘林、栗圃，桃李多品，梨枣殊所，枇杷林檎，带谷映渚，椹梅流芬于回峦，椑柿被实于长浦。"山中寺馆与士族别墅一样，具有类似的园林景观形态。值得注意的是，道馆的园林化还列入了道教科戒之中，药圃、花果、名菜瓜瓠、华树绿竹等等，"皆须种植"。❹

山居者的园林中有一类不可缺少的植物——药材。《山栖志》说：

> 丘阿陵曲，众药灌丛。地髓抗茎，山筋抽节。金盐重于素璧，玉豉贵于明珠。可以养性消疴，还年驻色。不藉崔文黄散，勿用负局紫丸。

服食上述药材既是缓解日常病痛之需，又是延寿或修仙之道。如萧廉贞入遗山学道："年四十，唯饵栢叶，采诸花为丸。又取桑叶，杂黄精、术煎等服。"❺ 燕济入华阴山修行："服术及大黄精，种云母、雄黄、丹沙、芝草也。"❻ 戴颙兄弟隐居桐庐山中，则由于生病"医药不给""难以养疾"，被迫出居吴下。❼ 刘孝标隐居金华山时已

---

❶ 谢灵运《山居赋》，《宋书》卷67《谢灵运传》，第1759页。
❷ 《太平御览》卷666引《道部八·道士》引《道学传》，第2973页。
❸ 唐长孺：《南朝的屯、邸、别墅及山泽占领》，《山居存稿》，第1—26页。
❹ 《洞玄灵宝三洞奉道科戒营始》卷1《置观品》，《道藏》第24册，第746—747页。
❺ 《仙苑编珠》卷中引《道学传》"萧廉贞"条，《道藏》第11册，第32页。"煎等"，陈国符指出当作"等煎"，《道藏源流考》下册，第503页。
❻ 《三洞珠囊》卷3《服食品》引《道学传》"燕济"条，《道藏》第25册，第317页。
❼ 《宋书》卷93《隐逸·戴颙传》，第2276—2277页。

近五十岁,自序中称"有犬马之疾,溘死无时",据说这也是他隐居金华的原因之一。❶ 考虑到此点,《山栖志》对药材的描述显得非常真切。❷

随着山中建筑及附属田地、园林的拓展,逐渐形成了《山栖志》中所展现的舒适化了的山中生活图景。这比起早先的石室苦修生活,已不可同日而语。一个集合山民村落和寺院、道馆、学馆等多种文化、宗教景观的新型"山中"世界形成了。这种"山中"世界依存于山岳相对封闭的自然环境,与城邑、山外村落相对疏离,形成独立的运行系统。从这一点来说,这种新型的"山中"世界,也是城邑、村落之外的一种新型生活场所。值得注意的是,虽然后来的山中建筑逐渐走向样式化,但在最初阶段,修行隐居者很可能受到了山民聚落生活方式的启发。无论是精舍建造还是山田耕作,都可以从山民那里借鉴经验。从石室到山中建筑的形成,在某些方面也可以看作是隐居修行者对山民生活借鉴学习的结果。

无论是僧人、道士或者隐士,选择居住山中的初衷都是为了避开俗世,带有自我解脱的理想。如《洞玄灵宝道学科仪》就说:"栖息山中,以求静念。不交常俗,引命自安。避诸可欲,去诸秽乱。"❸ 可是随着山中生活的舒适化,特别是田地、园林的普遍化,修道者似乎越来越背离了入山的本来目的。可以说,以寺院、道馆为核心的山中宗教景观的形成,意味着山林修行的世俗化和生活化。当然,所谓神圣与世俗,是相对而言。以寺院、道馆(观)为

---

❶ 《梁书》卷50《文学下·刘峻传》,第707页。
❷ 王羲之在会稽隐居期间,就经常写信求药,提到的病痛之多令人印象深刻,《法书要录》卷10《右军书记》,第155—191页。
❸ 《洞玄灵宝道学科仪》卷上《山居品》,《道藏》第24册,第769页。

核心的神圣空间,成为南北朝以后山林宗教的主要形态。❶

三 "山中"生活与山外世界

在《山栖志》结尾处,刘孝标感慨说:

> 若夫蚕而衣,耕而食。日出而作,日入而息。晚食当肉,无事为贵。不求于世,不忤于物,莫辨荣辱,匪知毁誉。浩荡天地之间,心无怵惕之警。岂与嵇生齿剑,杨子坠阁,较其优劣者哉。

脱离世俗社会束缚的闲适感,是人们对山居的一般印象。不过,有些问题也是很实际的:山中日常生活是否如此理想?山中的"桃花源",究竟在多大程度上远离了山外世界?

刘孝标所处的"山中"世界,由隐士、僧人、道士和山民共同构成。从生活圈的层级上来说,这四类人群分别构成了基本的团体单位。相应地,学馆、寺院、道馆和山民家庭分别是基本的生活场所。❷ 下面先来了解寺馆学舍内部的生活。

前面提到,何胤的若邪山学馆中,讲读、起居和耕作场所是分开的。这三者是学馆师徒的基本生活场所。道馆的情况类似,时代

---

❶ 刘震认为,苦行观念在印度也经历了一个变化过程,"原先适合林居生活、带有僧人佛教色彩的苦行,逐渐在寺院之中、居士佛教色彩日益浓重的僧团里失去了修持的土壤",《〈菩萨苦行〉文献与苦行观念在印度佛教史中的演变》,《历史研究》2012年第2期。

❷ 刘孝标对自己的家庭似乎不太满意,自序中说:"余有悍室,亦令家道辘轳""祸同伯道,永无血胤",《梁书》卷50《文学下·刘峻传》,第707页。

稍晚的《要修科仪戒律钞》卷13"杂科"："共居观舍堂殿园林田地，三宝众殿属天尊，堂属道士。若其营造，尊卑有等。其私房是道士自造，广狭等级，出自己身。"❶ 殿、堂和私房，加上田地园林，构成了道士的基本生活场所。寺院建筑也有类似的功能区分，如"方丈茅茨""经行之室""禅诵之堂"等等。❷ 寺院中的僧人由于不参加劳作，显得有所差别。

维系学馆、道馆和寺院日常运作的，均为"师—同学—弟子"关系。儒家的学馆自不必论，弟子对于师和同学者，要遵循《管子·弟子职》那样的日常行为规范，如："先生将息，弟子皆起。敬奉枕席，问所何趾。俶衽则请，有常则否。先生既息，各就其友。相切相磋，各长其仪。"❸ 道教、佛教团体同样也是如此，葛洪自叙跟随其师郑君学习之时："他弟子皆亲仆使之役，采薪耕田，唯余尪羸，不堪他劳，然无以自效，常亲扫除，拂拭床几，磨墨执烛，及与郑君缮写故书而已。"❹ 阴长生求学于马鸣生之家，"便执奴仆之役，亲运履之劳"。其自叙诗记述了这段经历：

> 惟余束发，少好道德。弃家随师，东西南北。委放五浊，避世自匿。三十余年，名山之侧。寒不遑衣，饥不暇食。思不敢归，劳不敢息。奉事圣师，承欢悦色。面垢足胝，乃见褒

---

❶《道藏》第6册，第986页。
❷《文选》卷59王简栖《头陀寺碑文》，第813页。
❸ 黎翔凤：《管子校注》卷19《弟子职》，梁运华整理，北京：中华书局，2004年，第1162页。参看宇都宫清吉：《〈管子·弟子职篇〉探研》，黄金山译，《日本学者研究中国史论著选译》第3卷，第214—253页。
❹ 王明：《抱朴子内篇校释》（增订本）卷19《遐览》，第332页。参看吉川忠夫：《師受考——『抱朴子』内篇によせて》，《六朝精神史研究》，第425—461页。

饰。遂受要诀,恩深不测。❶

诗中对弟子辛苦生活的描述是令人感慨的。周子良十二岁入山成为陶弘景弟子,也是"旦夕承奉,必尽恭勤"。只是在"家中表亲族来投山居"后,才"出就西阿别廨住"。❷ 僧团最典型的是庐山慧远僧团,如释昙邕:"南投庐山,事远公为师。……然远神足高扰者其类不少,恐后不相推谢,因以小缘托摈邕出,邕奉命出山,容无怨忤,乃于山之西南营立茅宇,与弟子昙果澄思禅门。"❸ 这里就提到昙邕与慧远"神足"之间的复杂关系。这种"同学"关系,是基于"师—弟子"而衍生出来的。❹ 可以想象,在较大或几代累积的知识或宗教团体中,"同学"关系可能会变得更为复杂。

跨出各自的学馆、寺院、道馆空间,就进入了更高一层的山中生活圈。孝标与招提寺的关系很密切。《山栖志》说:

> 至于熏炉夜爇,法鼓旦闻,予跕屣抠衣,躬行顶礼。询道哲人,钦和至教。每闻此河纷梗,彼岸永寂。熙熙然若登春台而出宇宙,惟善是乐,岂伊徒言。

招提寺邻近其山舍,很方便到寺中参拜谈论。现在保存下来的孝标

---

❶ 《太平广记》卷 8"阴长生"条引《神仙传》,第 55 页。
❷ 麦谷邦夫、吉川忠夫编:《〈周氏冥通记〉研究(译注篇)》卷 1,第 5 页。茅山中陶弘景的弟子,据井栏记,还有吴郡陆敬游,"供奉阶宇"的杨、王、吴、戴、陈、许诸生,湖孰潘逻;此外还有"不可具记"的"远远宗禀",即亲戚追随者,《茅山志》卷 8《稽古篇》,《道藏》第 5 册,第 590 页。
❸ 《高僧传》卷 6《义解三·释昙邕传》,第 236—237 页。
❹ 以"师—弟子"为核心的僧团,逐渐发展出新的团体组织规范,即三纲(寺主、上座与维那),参看谢重光:《中古佛教僧官制度和社会生活》,第 23—29 页。

《与举法师书》，对举法师极为推崇，不知举法师是否就是招提寺僧人。❶ 后世地方志说孝标死后曾舍宅为寺，虽然无法证实，但参照前述何胤事迹和孝标经历来看，是很有可能的。

与此同时，孝标对于神仙思想也很有兴趣，《始居山营室》诗说："夜诵神仙记，旦吸云霞色。将驭六龙舆，行从三鸟食。谁与金门士，抚心论胸臆。"《山栖志》中提到道馆时也说："日止却粒之氓，岁次祈仙之客。饵星髓，吸流霞，将乃云衣霓裳，乘龙驭鹤。"可见他也接受神仙说。他与曾任建康兴世馆主的东阳道士孙游岳有过交往。❷ 以双龙洞为核心的神仙修道圣地距其山舍不远，他也许经常游览溶洞并拜访馆中道士，谈论"神仙可学"的问题。❸《山栖志》对道观石井的描述极为形象，可知有过细致观察。

可以想见，山中隐居修行者会经常与山民产生接触。其中，寺院、道馆所属田地可能就有山民承佃耕作，此点暂且不论。竺法护隐居深山，"山有清涧，恒取澡漱，后有采薪者，秽其水侧，俄顷而燥"。❹ 这是一个山僧与采薪者接触的故事。释宝云在六合山寺："山多荒民，俗好草窃，云说法教诱，多有改更，礼事供养，十室而八。"❺ 前面提到，刘孝标所处的"山中"世界，其特殊性就在于山居者的文化宗教性。这类山居者的言谈形象，与一般山民相比

---

❶《广弘明集》卷 24 刘孝标《与举法师书》，《大正藏》第 52 册，第 274—275 页。
❷《历世真仙体道通鉴》卷 24 "孙游岳"条："至齐武帝永明二年，诏主兴世馆。由是奇逸之士，争相趋赴，若孔德璋、刘孝标辈，皆结方外之好。"《道藏》第 5 册，第 240 页。刘孝标为何选择在金华山隐居，传记和《山栖志》都没有提及，他跟东阳地区的社会联系，可考的就只有道士孙游岳。金华山是神仙道教兴盛之地，刘孝标选择此地，是否与孙游岳有关？让人很感兴趣。
❸ 关于"神仙可学"的问题，参看吉川忠夫：《古代中国人の不死幻想》，東京：東方書店，1995 年，第 153—184 页。
❹《高僧传》卷 1《译经上·竺法护传》，第 23 页。
❺《高僧传》卷 3《译经下·释宝云传》，第 103 页。

自然有很大的差异。特别是早期的石室修行者,在山民眼中是很难不与鬼神、仙人联系在一起的。《水经注》卷37《夷水》载:"东迳石室,在层岩之上,石室南向,水出其下,悬崖千仞,自水上径望见。每有陟山岭者,扳木侧足而行,莫知其谁,村人骆都,小时到此室边采蜜,见一仙人,坐石床上,见都,凝瞩不转。都还,招村人重往,则不复见。乡人今名为仙人室。"❶ 这位仙人应当就是道士。《水经注》卷2《河水》提到,积书岩内,"时见神人往还","盖鸿衣羽裳之士,练精饵食之夫耳。俗人不悟其仙者,乃谓之神鬼"。❷ 与文化宗教性山居者的接触,会给山民朴素的信仰世界增添很多新的内容。❸ 在新型"山中"世界逐渐形成的六朝时代,入山遇仙型的传说变得颇为流行,也许并不仅仅是一个巧合。

在狭小的山林空间中,有时候也不可避免地会发生不同信仰间的接触。释慧约随沈约在东阳郡时,"常入金华山采桔,或停赤松涧游止":

> 有道士丁德静,于馆暴亡,传云山精所毙,乃要大治祭酒居之,妖犹充斥。长山令徐伯超立议,请约移居。曾未浃旬,而神魅殚息。后昼卧,见二青衣女子从涧水出礼,悔云:"夙障深重,堕此水精,昼夜烦恼。"即授以归戒,自尔灾怪永绝。❹

道士丁德静在山馆中暴亡,引发一场大治祭酒和僧人在信仰方面的较量。在显然是宣扬僧人法力的叙事中,慧约最终度化水精。这种

---

❶ 杨守敬、熊会贞:《水经注疏》卷37《夷水》,第3057页。
❷ 杨守敬、熊会贞:《水经注疏》卷2《河水》,第138页。
❸ 关于山民信仰世界,参看大林太良:《山の民 水辺の神々——六朝小説にもとづく民族誌》,東京:大修館書店,2001年,第11—19页。
❹ 《续高僧传》卷6《义解二·释慧约传》,第183—184页。

度化事迹其实是一种僧传叙事的"模式",具有明显的制作痕迹。❶尽管如此,其中所体现的信仰势力接触却是很值得注意的。出场的有四种角色:(1)道士和道士系统的大治祭酒;(2)水精;(3)高僧;(4)官员。他们分别属于道教、民间信仰、佛教和官府权力。值得注意的是,这个原本发生于山林的信仰事件,一开始就是由山外世界的力量干预解决的。先是道教系统的大治祭酒,最后长山县令的介入导致慧约出场,使事件的发展朝向了另外的方向。

这里就提出了山居者与山外世界的联系问题。从慧约故事可以了解到,山居者的文化宗教优势,使其具有特殊的影响力,是朝廷、官府重点关注的一类人群。何尚之就说,"山薮故多奇士"。❷南岳邓先生在衡山时,"梁武帝敬信殊笃,为帝合丹,帝不敢服,起五岳楼贮之供养,道家吉日,躬往礼拜"。❸《高僧传》中经常提到山居僧人死后由地方官员撰写碑记的情况,如支遁晚年居剡县山中,死后有"郗超为之序传,袁宏为之铭赞,周昙宝为之作诔"。❹庾承先居荆州土台山:"鄱阳忠烈王在州,钦其风味,要与游处。又令讲《老子》。远近名僧,咸来赴集,论难锋起,异端竞至,承先徐相酬答,皆得所未闻。忠烈王尤加钦重。"❺由于很多官员及其幕僚本身具有知识人身份,他们在地方任职期间与山居者的交游是非常普遍的。《梁书》卷49《钟嵘传》:"衡阳王元简出守会稽,引为宁朔记室,专掌文翰。时居士何胤筑室若邪山,山发洪水,漂拔树石,此

---

❶ 拙撰:《安世高的江南行迹——早期神僧事迹的叙事与传承》,《武汉大学学报》2012年第4期。
❷ 《南史》卷76《隐逸下·沈麟士传》,第1891页。《南齐书》卷54本传此句作"山东故有奇士也",第943页。
❸ 《南史》卷76《隐逸下·南岳邓先生传》,第1896页。
❹ 《高僧传》卷4《义解一·支遁传》,第163页。
❺ 《梁书》卷51《处士·庾承先传》,第753页。

室独存，元简命嵘作《瑞室颂》以旌表之，辞甚典丽。"据同书卷51《何胤传》，这篇文章被"刻石"宣扬。沈约与金华东山留真人的交游，亦是如此。

"山中"世界与外部世界的联系，还体现在一些更加日常的方面。有些生活物品必须从山外才能获得。如杜契等三人居茅山之中，"或自采伐，货易衣粮于虚曲，而人自不知之耳"。❶九龙村是一处相对封闭的地理空间，孝标及其追随者的日常生活，相当程度上需要依赖于山下东阳郡邑的物资流通或供养。❷比如说，书写需要纸笔，孝标要在山中讲学著述，纸笔墨和书籍都是必要的。❸道士们还有其他需求，《真诰》卷14《稽神枢第四》："剡小白山中有学道者赵广信……或卖药出入人间，人莫知也。多来都下市丹砂，作九华丹。"为了购得纸笔、炼丹物品以及其他各种生活必需品，山居者会经常前往"买卖所之也"的市。

如果说物品交换导致了"山中"与城邑的联系，"山中"世界的文化宗教优势则对周边聚落显示出更为广泛的影响。僧人和道士的游化传教，是主要表现之一。永嘉年间任敦居云阳山修道，"服赤石脂。时复出入人间，皆手执经科，教示愚民。于是远近穆然从化"。方谦之在於潜天目山，"化被乡村，改恶行善，请业依仁，回向大法"。❹

---

❶ 吉川忠夫、麦谷邦夫编：《真诰校注》卷13《稽神枢第三》，第424页。
❷ 笔者考察时曾跟当地村民详谈，双龙洞附近的洞前村，田地和粮食产量很少，依赖于跟外界的物资交换。九龙村的情况好一些，但也无法自给自足。刘孝标及其追随者并不是一般的底层民众，他们生活所需要的物资，会更加依赖于东阳郡邑的市场或供养。
❸ 《法书要录》卷1晋卫夫人《笔阵图》说："笔要取崇山绝仞中兔毛，八九月收之。其笔头长一寸，管长五寸，锋齐腰强者。其砚取煎涸新石，润涩相兼，浮津耀墨者。其墨取庐山之松烟，代郡之鹿胶，十年已上强如石者为之。纸取东阳鱼卵，虚柔滑净者。"第3页。山居时期的刘孝标固然不必这样讲究，但著述对纸笔的需求是必然的。
❹ 《三洞珠囊》卷1《救导品》引《道学传》"任敦""方谦之"条，《道藏》第25册，第296、297页。

慧远弟子释法安降伏村落虎患后，村民改神庙为寺院，舍田地供养。❶山寺的斋会、讲经活动也会影响到地方社会的信仰生活和民俗，释净度"常独处山泽，坐禅习诵。若邑中有斋集，辄身然九灯，端然达曙，以为供养，如此者累年"。❷释超进在山阴灵嘉寺，"停止浙东，讲论相续，邑野僧尼，及清信男女，并结菩萨因缘，伏膺戒范"。❸这样日复一日地积累，就会在山岳周边形成呈波心扩散的信仰圈。与此同时，学馆也有自己的地方影响。如沈道虔的学馆就有"乡里年少，相率受学"。这种基于周边区域社会的文化信仰圈，以及附近城邑中的士族官僚、市场等，与"山中"世界形成了紧密的日常联系。

与这种波心扩散方式同时存在的，还有山居者与更远处的世界——朝廷、官员、朋友圈——的联系。最主要的方式之一是书信。相关史料很多，如慧远在庐山、陶弘景在茅山与朝廷的往复应答人所熟知，毋庸赘述。刘孝标作为著名文士，隐居金华山也不意味着与建康等地的隔绝。他与刘沼关于《辨命论》的问难申析，书信"再反"，就是证明。❹而特别值得指出的是，"山中"世界的文化宗教特性，往往受到朝廷和官府关注，有时候甚至还会成为符瑞的出现地。前文曾提到，南齐永明六年（488），赤城山"云雾开朗，见石桥瀑布"，山道士上报后，就被官员看作"神瑞"。❺类似的事情也曾在金华山发生。刘宋泰始二年（466）金华山中出现六眼龟，"文如爻卦"，太守刘勰将此瑞献给朝廷。❻这些事例表明，

---

❶《高僧传》卷6《义解三·释法安传》，第235页。
❷《高僧传》卷11《习禅·释净度传》，第416页。
❸《高僧传》卷7《义解四·释超进传》，第297页。关于这个问题更进一步的讨论，参看本书所收《南朝佛教与乌伤地方》。
❹《梁书》卷50《文学下·刘峻传》，第706—707页。
❺《南齐书》卷11《乐志》，第195页。
❻《宋书》卷28《符瑞志中》，第801页。

"山中"世界在朝廷、官府视野中，具有特殊的文化意义。而孔稚珪在《北山移文》中讽刺的"虽假容于江皋，乃缨情于好爵"的周先生，❶也生动诠释了某些山中隐居者与政治权力之间的微妙关系。

还有一种方式是名山游历。如孔淳之"性好山水，每有所游，必穷其幽峻，或旬日忘归。尝游山，遇沙门释法崇，因留共止，遂停三载"。❷杜京产在始宁东山"开舍授学"，曾邀请儒士刘瓛"至山舍讲书，倾资供待"。❸僧人的游学也非常普遍，如释昙斌，"就吴兴小山法珍，研访《泥洹》《胜鬘》，晚从南林法业，受《华严》《杂心》"。❹释道猷，"初为生公弟子，随师之庐山，师亡后隐临川郡山，乃见新出《胜鬘经》，披卷而叹"。❺道猷自庐山到临川郡山，他见到新出《胜鬘经》之事，表明当时在名山、城邑间存在着佛经流通的途径。陶弘景在浙东寻访时，曾拜访过多位山中修道者："至会稽大洪山谒居士娄慧明，又到余姚太平山谒居士杜京产，又到始宁岲山谒法师钟义山，又到始丰天台山谒诸（朱）僧标，及诸宿旧道士，并得真人遗迹十余卷。"❻通过这种游历活动，原本是独立发展的"山中"世界，成为一个更大的山岳文化网络、宗教网络中的一环。都筑晶子指出："江南这种在山中或城市营建的道馆，并不是孤立的，从《真诰》的编纂过程就可以看出，有超越地域，有时候甚至超越流派的关系网存在。"❼这个判断适用于更广泛的山

---

❶《文选》卷43孔稚珪《北山移文》，第612—614页。
❷《宋书》卷93《隐逸·孔淳之传》，第2283—2284页。
❸《南齐书》卷54《高逸·杜京产传》，第942页。
❹《高僧传》卷7《义解四·释昙斌传》，第290页。
❺《高僧传》卷7《义解四·释道猷传》，第299页。
❻《云笈七签》卷107《华阳隐居先生本起录》，第2326—2327页。
❼都築晶子：《六朝後半期における道館の成立——山中修道》，《小田義久博士還暦記念東洋史論集》，第339页。

居者——隐居知识人、僧人和道士。

四　结语

对于山林开发导致山林生活环境的改变，陶弘景曾深有感触，他说："昔时山下远近诸处，长林榛芳，遮天蔽日，无处不可隐密。即今斫伐耕稼，四通九达，山中亦皆显露，时移事异，不复可准，乃言未久如此，正复五六十年来渐剧耳。"山中修行场所往往建在世俗世界与山林世界的边缘。而随着山林空间的开拓，这种边缘也在逐渐推移。他在另一处注中又说："今此中以去多荒芜，渐近村堁，并不足复居。昔时言去县小近，往来为易，又近洞口，所以屡及之耳。"❶ 这一现象的背后，除了山民砍伐山林的一般性背景，就是寺馆、田园等"山中"生活场所的日渐扩展。陶弘景在发出上述感慨时，不知是否意识到他自己也是"山中亦皆显露"的制造者。

分析起来，有两种因素在推动着这种变化。其一，山居者内在的居住、生计需求，有从简单走向舒适化的趋势。从性质上说，这种趋势与入山的初衷是背离的。其二，随着佛道信仰的传播，信众供养日渐普遍化，导致了宗教建筑在山林的蔓延。很多道馆、寺院都是"敕建"或得到官僚士族支持，❷ 这种支持和一般民间信众的供养一样，基本动力都是来源于宗教热情。官民供养者的本意，是

---

❶ 吉川忠夫、麦谷邦夫编：《真诰校注》卷11《稽神枢第一》，第364—365页。
❷ 山中学馆有不少也会受到朝廷或官府支持。《梁书》卷51《何胤传》说："有敕给白衣尚书禄，胤固辞。又敕山阴库钱月给五万，胤又不受。"第737页。《宋书》卷93《隐逸·沈道虔传》："乡里年少，相率受学。道虔常无食，无以立学徒。武康令孔欣之厚相资给，受业者咸得有成。太祖闻之，遣使存问，赐钱三万，米二百斛，悉以嫁娶孤兄子。"第2292页。

在山中建立一个参拜祈福的圣地（神圣空间），但这种供养性运作本身，就已经意味着世俗性。为了解决这个问题，不少山中修道者又在敕建道馆外另建修道馆舍。❶ 求那跋摩从南海到始兴虎市山，"于山寺之外，别立禅室，室去寺数里，磬音不闻，每至鸣椎，跋摩已至"，❷ 情形类似。

兼具宗教性与世俗性的"山中"世界，一方面是知识、宗教的圣地，另一方面又成为与山外世界相通的生活场所。刘孝标《东阳金华山栖志》记述和呈现的，就是这种复合性的"山中"世界。结合谢灵运《山居赋》来看，这种山居者的空间和生活记述具有一定的写作模式和类型化特征。两者相比，《东阳金华山栖志》的空间场景集中于金华半山，记述更为紧凑，也更有画面感。这也是本章以之作为分析线索的原因。

虽然说"山居良有异乎市廛"，❸ 但南朝时期的"山中"世界，并非完全独立于外部世界的存在。山居者通过各种途径保持着与山外世界的联系。首先，"山中"的文化磁场效应，通过波心扩散的方式影响着周边聚落的知识和信仰生活，形成围绕某一山林的文化信仰圈。其次，经由书信、游历和官府交流，山林又成为更大的文化网络的一环。这让人想起施坚雅（G. William Skinner）以"中心地"理论分析明清地方城市层级时，曾提出存在行政治所和经济城市两种类型的蜂巢状网络。❹ 这一区分为观察东晋南朝新兴起的"山中"世界的意义，提示了新的理解角度。

---

❶ 参看都築晶子：《六朝後半期における道館の成立——山中修道》，《小田義久博士還曆記念東洋史論集》，第334—335页。
❷ 《高僧传》卷3《译经下·求那跋摩传》，第107页。
❸ 谢灵运：《山居赋》，《宋书》卷67《谢灵运传》，第1754页。
❹ 施坚雅（G. William Skinner）：《城市与地方体系层级》，《中华帝国晚期的城市》，叶光庭等译，陈桥驿校，北京：中华书局，2000年，第401页。

"山中"世界属于的文化网络,可以分为两个层级。内圈的第一层级,是由不同山林构成的名山网络,根据影响力的不同形成等级。最有代表性的是神仙道教的洞天福地体系,由最初的三十六洞天,逐渐发展出十大洞天、三十六小洞天和七十二福地的层级体系。这种区分背后,似乎就隐含着舆论对名山修道者的关注和评价。外圈的第二层级,则是包括城邑、山林等在内的整体文化网络。前面提到,山居最初的意义,是在世俗世界以外重建一处精神生活的场所。但"山中"世界的文化宗教"圣地"性质,又使其成为一处处受到朝廷、官府关注的"文化岛"。东晋南朝身份制社会下的边缘者和失意者,既可以通过进入"山中"世界,在一定程度上摆脱和消泯身份限制,同时也经由山林文化网络,形成了一种特殊的社会流动途径。❶ 东晋南朝兴起的新型"山中"世界,应当从这两个层级的文化网络中观察和理解其意义。

---

❶ 释慧约从剡县、会稽山寺进入建康佛教界,是一个典型例子,参看本书所收《南朝佛教与乌伤地方》。

山岳记述的形成
——以"南岳"衡山的早期文献为例

中古早期，与山中寺馆的兴起相伴随，单独记述某所山岳自然和文化景观的山岳记开始出现。据《水经注》《艺文类聚》等书征引，就有《庐山记》《南岳记》《衡山记》《嵩高山记》等十余种，成为后世山岳志编纂的滥觞。此外，随着山中寺院、道馆的兴起和山中隐居、游历的流行，与山岳有关的宗教传记和碑铭、诗赋等也开始大量出现。这些类型多样的山岳文献，成为魏晋以降文化史上的新现象。

这一现象令人颇感兴趣：这些山岳文献最初是如何形成的？又如何记述正在变化中的山岳景观？本章打算以"南岳"衡山❶为例，对此稍做探讨。除去颇有争议的岣嵝碑，"南岳"衡山目前已知的最早文献，有年代不明的南岳真形图，东晋桓玄《南游衡山诗序》等诗文，❷宋齐时期徐灵期、宗测撰述的两种衡山山岳记。最早的碑

---

❶ 湘中衡山确定为南岳是在隋文帝开皇九年（589），见《唐六典》卷3《尚书户部》，陈仲夫点校，北京：中华书局，1992年，第69页。由于唐以前衡山之名有过移动，仅称衡山容易引起歧义，本章以加引号的"南岳"衡山指称此山。

❷ 《初学记》卷5《地理上·衡山》，第98页。

铭,则是梁元帝萧绎撰文的《南岳衡山九真馆碑》。❶ 相对于道教而言,佛教领域对"南岳"衡山的记述出现较晚,是在陈光大二年(568)慧思到衡山之后。除《续高僧传·释慧思传》外,《释门正统》卷1、《佛祖统纪》卷6所载慧思传记中,提到一通陈代石刻——《陈朝皇帝赐南岳思大禅师降伏道士铁券记》(仅存标题),❷ 这是有记载的"南岳"衡山最早的佛教石刻。不过,此石刻仅见于《释门正统》《佛祖统纪》,考虑到二书明显的宗门书写立场,真伪尚难判断。

由于慧思在天台宗谱系中的特殊地位,陈光大二年成为"南岳"衡山宗教史的一个重要转折。那么,慧思进入"南岳"衡山时,所见到的是一幅怎样的宗教地理"剖面"?其时衡山道馆的空间构成如何?换言之,《续高僧传·释慧思传》和《南岳思大师降伏道士铁券记》所描述的"南岳"衡山佛教、道教紧张关系,发生于何种信仰格局之下?

关于中古时期"南岳"衡山的信仰历史,罗柏松已有细致论述。❸ 他主要利用唐末李冲昭《南岳小录》(以下简称《小录》)、宋代廖偁《南岳九真人传》(以下简称《九真人传》)和陈田夫《南岳总胜集》(以下简称《总胜集》)等几种文献。❹ 这些晚出文

---

❶ 《艺文类聚》卷78《灵异部上·仙道》,第1341页。
❷ 《续高僧传》卷17《习禅二·释慧思传》,第621—622页;《释门正统》卷1《南岳慧思》,《卍续藏经》第130册,第732—733页;《佛祖统纪》卷6《东土九祖传·三祖慧思》,《大正藏》第49册,第179—180页。
❸ James Robson, *Power of Place: The Religious Landscape of the Southern Sacred Peak*(*Nanyue* 南嶽)*in Medieval China*, pp.129-154, 213-256.
❹ 《南岳小录》《南岳九真人传》,均收入《道藏》第6册,第861—866、859—861页。《南岳总胜集》,收入《大正藏》第51册,《史传部三》,第1055—1092页。《续修四库全书》"史部地理类"影印收入宛委别藏影印宋抄本(第725册),书前附有六幅地图,为《大正藏》本所无,第429—495页。此外,《道藏》中亦收录有一个删节本,仅存道教相关的部分内容,第11册,第111—120页。

献对衡山早期文化景观的追溯，存在不少歧见。如前所述，"南岳"衡山有几种确切的早期文献佚文传世。桓玄等的诗文主要描述自然景观，徐灵期和宗测两种山岳记佚文、南岳真形图、梁元帝《南岳衡山九真馆碑》佚文则更有文化记述意义。本章打算以后几种资料为线索，辨析中古早期"南岳"衡山文化变迁过程中的记述和知识建构。

一　山岳记与真形图

徐灵期、宗测所撰两种衡山山岳记中，宗测所撰《衡山记》（一卷）见于《隋书》卷33《经籍志二》。宗测是宗炳之孙，《南齐书》卷54有传，称其"尝游衡山七岭，著衡山、庐山记"。宗测于永明三年不应太子舍人之征，"欲游名山"，往庐山寓于宗炳旧宅。后还江陵，卒于建武二年。他游衡山、撰述《衡山记》的具体时间不详，但应当是在南齐永明、建武之间。

徐灵期所撰要稍早于此。据《南岳九真人传》，徐灵期为"宋时人也，修道于南岳岁久，遍游岳之岩洞及诸山谷一十五年，无不周览，作《衡山记》，元徽二年（474）九月九日升举。❶徐灵期据称曾于东晋隆安（397—401）末年从葛巢甫受经法，❷至衡山修道的时间，推算是在刘宋大明三年（459）左右。可知徐灵期撰述衡山山岳记，要早于宗测一二十年。徐氏所撰山岳记之题名，现存引文多有

---

❶ 《南岳小录》"前代九真人"条所记徐灵期升举时间相同。
❷ 《道教义枢》卷2《三洞义》："至从孙巢甫，以晋隆安之末，传道士任延庆、徐灵期之徒，相传于世，于今不绝。"《道藏》第24册，第813页。相似记载又见于《云笈七签》卷3《道教本始部·灵宝略纪》，第41页。本条承蒙刘屹先生指正。

歧异，上引《九真人传》作《衡山记》，《总胜集》称其"来往南山，积有年矣，采访山洞岩谷，作《衡岳记》"，❶《艺文类聚》卷78、《初学记》卷5、《太平御览》卷39及卷185则均引作《南岳记》。由于本来题名难以确考，本章为行文方便，统一作"徐灵期《南岳记》"。

徐灵期《南岳记》是"南岳"衡山可考的最早山岳记。徐灵期的身份是道士，这就让人对其撰写《南岳记》的意图和知识来源很感兴趣。《初学记》卷5《地理上·衡山》引徐灵期《南岳记》及盛弘之《荆州记》云：

> 衡山者，五岳之南岳也。其来尚矣。至于轩辕，乃以灊霍之山为其副焉。故《尔雅》云：霍山为南岳，盖因其副焉。或云衡山，一名霍山。至汉武南巡，又以衡山南远，道隔江汉，于是乃徙南岳之祭于庐江灊山，此亦承轩辕副义也。干宝《搜神记》云：汉武徙南岳之祭著庐江灊县之霍山。郭璞《尔雅注》云：霍山在庐江郡潜县，别名天柱山。汉武以衡山辽远；谶纬以霍山为岳，故祭之。故南岳衡山，朱陵之灵台，太虚之宝洞，上承冥宿，铨德钧物，故名衡山；下踞离宫，摄位火乡，赤帝馆其岭，祝融托其阳，故号南岳。周旋数百里，高四千一十丈。东南临湘川，自湘川至长沙七百里，九向九背，然后不见。禹治水，登而祭之，因梦遇玄夷使者，遂获金简玉字之书，得治水之要。山有三峰，其一名紫盖；天景明澈，有一双白鹤，徊翔其上。一峰名石囷，下有石室，中常闻讽诵声。一峰名芙蓉，上有泉水飞流，如舒一幅练。❷

---

❶ 《南岳总胜集》卷中"上清宫"条，第1072页。
❷ 《初学记》卷5《地理上·衡山》，第96—97页。

本条"故南岳衡山"之前、"山有三峰"以下的内容，分别见于《太平御览》卷39《地部四》引徐灵期《南岳记》、盛弘之《荆州记》；"山有三峰"以下，又略见于《艺文类聚》卷7引盛弘之《荆州记》。❶ 中间自"故南岳衡山"至"高四千一十丈"，亦见于现存《南岳记》佚文，如《元和郡县图志》卷29引《南岳记》："衡山者，朱阳之灵台，太虚之宝洞。"又云："赤帝馆其岭，祝融托其阳，以其宿当翼、轸，度应机、衡，故为名。"又云："上如车盖及衡轭之形，山高四千一十丈。"❷ 结合上述比对来看，《初学记》此条前面的部分引自徐灵期《南岳记》，后面的部分引自盛弘之《荆州记》。

徐灵期《南岳记》的这段佚文，主旨是辨析衡山作为南岳的正统性。如所周知，五岳之中，汉晋以前文献关于南岳的记载最具歧义。具体来说，集中于两个方面：其一是山名，有衡山、霍山等异说；其二是地点，有庐江、会稽、湘中诸说。❸ 但对照秦汉政区可知，汉武帝以前的衡山主要应指庐江之衡山。❹ 以湘中衡山为南岳正统的观念，具体出现时间不详，东汉以后在知识阶层中逐渐流

---

❶《艺文类聚》卷7《山部上·衡山》引盛弘之《荆州记》，第133页；《太平御览》卷39《地部四·衡山》，第189页。

❷《元和郡县图志》卷29衡州衡山县"衡山"条，第706页。《南岳总胜集》卷上开始部分引《湘中记》，与"朱陵之灵台"至"故号南岳"文字相当，但《初学记》未言引《湘中记》。

❸ 关于南岳位置的变动，历来有不少考订，较近的讨论可参见 James Robson, *Power of Place: The Religious Landscape of the Southern Sacred Peak*（*Nanyue* 南嶽）*in Medieval China*, pp.57-89；孙齐：《〈五岳真形图〉的成立——以南岳为中心的考察》，《燕园史学》第20期；牛敬飞：《论衡山南岳地位之成立》，《社会科学论坛》2014年第2期；田天：《秦汉国家祭祀史稿》，北京：生活·读书·新知三联书店，2015年，第306—312页。

❹ 秦置衡山郡，汉初因之，《汉书》卷28下《地理志下》"六安国"条："故楚，高帝元年别为衡山国，五年属淮南，文帝十六年复为衡山，武帝元狩二年别为六安国。"第1638页。衡山郡国的中心，在今鄂豫皖三省交界的大别山周边，衡山应在其境内。汉武帝迁南岳，是在衡山郡废置十几年后的元封五年（前106）。

行。如《周礼·职方氏》郑玄注:"衡山在湘南。"❶《左传·昭公四年》杜预释云:"南岳,长沙湘南县衡山也。"❷《山海经·中次十一经》郭璞注:"今衡山在衡阳湘南县,南岳也,俗谓之岣嵝山。"❸由此也出现多种调和之说,应劭《风俗通义》认为"南方衡山,一名霍山","庙在庐江灊县";❹《尔雅》郭璞注:"南岳本自以两山为名,非从近也。而学者多以霍山不得为南岳,又言从汉武帝始乃名之。"❺不过,东汉至南朝官方祭祀体系中,庐江霍山一直是南岳庙祭所在。❻湘中衡山正式确定为南岳,是在隋文帝开皇九年。

徐灵期提到的霍山、潜山为衡山副储之说,很明显是受到汉晋时期南岳衡、霍争议的影响。这种副储安排又见于五岳真形图,称黄帝征讨天下,"察四岳并有佐命之山,而南岳独孤峙无辅,乃章祠(词)三天太上道君,命霍山、潜山为储君。奏可,帝乃自造山,躬写形像,连五图之后"。具体职责分工是:(1)南岳衡山君,"领仙官七万七百人";(2)霍山南岳储君,"衡岳之副主也,领群灵三万人";(3)潜山储君,"为衡岳储贰,时参政事,令职以辅佐者也"。❼据所附文字说明,衡、霍、潜三山分别位于"长沙界"、"会稽界"(一说平阳)、"庐江北界"。其中,衡、潜分别对应着汉

---

❶ 《周礼注疏》卷33,《十三经注疏》上册,第862页。又,《汉书》卷28下《地理志下》长沙国湘南县条引《禹贡》云"衡山在东南",第1639页。
❷ 《春秋左传正义》卷42,《十三经注疏》下册,第2033页。
❸ 《山海经·中次十一经》,第225页。
❹ 王利器:《风俗通义校注》卷10《山泽》,第447页。
❺ 《尔雅注疏》卷7,《十三经注疏》下册,第2618页。《水经注》卷40称"霍山为南岳,在庐江灊县西南",同时指出"衡山在长沙湘南县南",杨守敬、熊会贞:《水经注疏》,第3346、3367页。
❻ 《汉书》卷6《武帝纪》,第196页;《晋书》卷19《礼志上》,第598页;《宋书》卷6《孝武帝纪》,第130—131页。
❼ 《洞玄灵宝五岳古本真形图》,《道藏》第6册,第735—743页;序文内容,另参《云笈七签》卷79《符图·五岳真形图序》,第1790—1793页。

晋南岳争议的衡、霍二山，会稽霍山则是道教系统内新出现的观念。有的学者认为，这种统合衡、霍、潜为"君—储"的五岳真形图体系，渊源可能来自徐灵期。❶ 不过，细读《初学记》引文，感觉此说似非徐灵期首创。换言之，徐灵期撰述《南岳记》的刘宋末期，很可能已有南岳"君—储"说存在。但不管如何，两者存在相似性是很明确的。

如所周知，"南岳"在上清系道教文献中具有特殊的宗教意味。在《真诰》等上清系文献的神仙世界中，南岳夫人魏华存处于重要的宗师地位。魏夫人作为东海方诸青童属下的司命之一，"治所"被设置于会稽东南之"霍山赤城"，《真诰》卷9《协昌期第一》："霍山赤城亦为司命之府，惟太元真人、南岳夫人在焉。"这里所说的南岳，均指位于会稽东南滨海之"霍山赤城"。如褚伯玉"初游南岳，路入闽中，飞湍走险。……入霍山而去"。❷ 东晋末年以降上清系经典在知识界广泛传布，使得位于会稽东南的"南岳"——"霍山赤城"在南朝知识界的影响也日益广泛。❸

在徐灵期《南岳记》和五岳真形图体系中，晋安霍山与庐江潜山一起被安排为湘中衡山之储君，是一种非常有趣的调和。《五岳

---

❶ 孙齐：《〈五岳真形图〉的成立——以南岳为中心的考察》，《燕园史学》第20期。

❷ 《太平御览》卷666《道部八·道士》引《太平经》，第2974页。相关讨论，参看本书所收"不死之福庭"：天台山的信仰想象与寺馆起源。罗柏松认为，庐江霍山位于建康之西，方位上与"南岳"不合，故而有此迁移，*Power of Place: The Religious Landscape of the Southern Sacred Peak(Nanyue 南嶽)in Medieval China*, pp.57-89. 朱溢书评指出其说不确，南朝官方文献未见南岳迁移记载，《中国学术》第33辑，北京：商务印书馆，2013年，第316—317页。会稽东南沿海的南岳霍山，应该只是道教领域内的观念。

❸ 如萧纶《贞白先生陶隐居碑铭》："先生七年暂游南岳。兹山也，譬阆风之地轴，若昆陵之天镇，八表旁临，九纯间设，树有琅玕，草生车辖，遗世独往，是用忘归。"即指陶弘景天监七年的浙东游历，《茅山志》卷21《录金石》，《道藏》第5册，第637页。

真形序论》还指出:"吴越人或（谓）霍山为岳，其实非正也。"❶
不管这种调和的始作俑者究竟是谁，其对"南岳"异说的统合，借
助于衡山山岳记和五岳真形图的流传，必然会产生广泛影响。❷

徐灵期撰述《南岳记》的知识来源如何？《九真人传》称其
"修道于南岳岁久，遍游岳之岩洞及诸山谷一十五年，无不周览，
作《衡山记》"。从现存《南岳记》佚文来看，亦具有明显的修道
色彩。令人感兴趣的是，其中不少内容与南岳真形图的细字标注对
应。五岳真形图现有多种版本传世，年代最早的是《洞玄灵宝五岳
古本真形图》。❸该书载有两组真形图，一种名为《灵宝五岳古本真
形图》，无细字标注，一种名为《洞元灵宝五岳真形图》，有细字标
注（图13）。下面按照从右到左的顺序，录出细字标注如下：❹

1　空青　白石英
2　仙会　地方三千里❺
3　昆（？）池（？）水甘香　芝英　石流丹❻
4　头陂　上有石室
5　名之天津玉❼

---

❶《道藏》第32册，第634页；《云笈七签》卷79《符图·五岳真形图法并序》，第1810页。
❷ 孙齐认为，陶弘景就受到五岳真形图这种调和的影响，认为正统的南岳应指湘中衡山，《〈五岳真形图〉的成立——以南岳为中心的考察》，《燕园史学》第20期。
❸ 现存有三种南岳真形图文献，另两种分别收入《上清灵宝大法》卷17和《灵宝无量度人上经大法》卷21，为道教类书转载，分别收入《道藏》第30册和第3册，第814、737页。
❹《洞玄灵宝五岳古本真形图》，《道藏》第6册，第741页。因为缩印的缘故，图中文字模糊不清，录文参据上海涵芬楼的影印版，多谢东京大学博士生付晨晨提供的帮助。
❺ "地方三千里"处于两图拼接处，模糊不清，释读参考了《上清灵宝大法》图。
❻《上清灵宝大法》图无此行文字。
❼《上清灵宝大法》图作"名玄天津"。

山岳记述的形成　**351**

6　石室

7　甘泉　石英　石室　夏禹到此高四千丈

8　地方三千里　流丹

9　南岳君宫❶

10　曾青

11　曾青

12　仙人坛□　神津水味甘❷

13　从此上

14　飞节

上述标示文字，有不少又见于《总胜集》卷上开始部分引《五岳真形图》："上有流丹，方四十里，生芝英。南有天津甘泉，得饮之长生不死。东有玉砂、曾青、白石英。西有昆水。北有赤芝。"可知陈田夫所引亦是细字标注内容。❸

　　细字标注中的不少内容见于徐灵期《南岳记》。如第9条"南岳君宫"，《元和郡县图志》卷29衡州衡山县"衡岳庙"条引《南岳记》："南宫四面皆绝，人兽莫至，周回天险，无得履者。"南宫当即南岳君宫。第7条"夏禹到此高四千丈"，《九真人传》引徐灵期《衡山记》："天柱峰高四千一百丈，有夏禹治水碑铭，皆科斗文字。"❹《初学记》卷5《地理上·衡山》引《南岳记》："夏禹导水通渎，刻石书名山之高。"所谓"夏禹到此"，当指夏禹刻碑铭于此的

---

❶ 《上清灵宝大法》图此处无文字。
❷ 《上清灵宝大法》图"坛"下无字，"味甘"二字缺。
❸ "方四十里"，图注中对应的有两处"方三千里"，从文意来看，作"方四十里"似更合适，疑"方三千里"为"方三十里"传写之误。
❹ 《南岳总胜集》卷中"上清宫"条引徐灵期《衡岳记》及《南岳小录》均称夏禹碑铭位于云密峰，疑是。

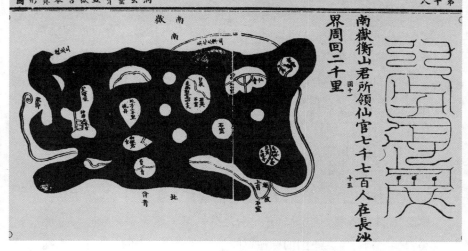

图 13 南岳真形图（《洞玄灵宝五岳古本真形图》）

传说。第 12 条 "仙人坛" "神津水"，杜公瞻《编珠》卷 1 引《南岳记》："仙人坛，青石而有白石文，可容人坐。东望湘水如白带，水声如琴，鸟鸣如歌。"❶《总胜集》卷上 "祝融峰" 条引 "徐真人云"："融顶西南昆池、甘泉、神津之水，饮之长生升仙。"第 3、8 条 "流丹"，《初学记》卷 8《州郡部·江南道十》引《南岳记》："流丹崖南五里，得仙人宫。"此外，图中有多处标有 "石室" 及 "飞节" "芝英" 等仙药，❷《艺文类聚》卷 70《服饰部下·香炉》引

---

❶ 杜公瞻《编珠》卷 1 "圣渚水仙坛石" 条引《南岳记》，《影印文渊阁四库全书》第 887 册。衡山石坛不止一处，下文提到有碧玉坛。此外，《南岳总胜集》卷中 "上清宫" 条引徐灵期《衡岳记》载，禹碑下有 "石坛，流水萦之，最为胜绝"，第 1072 页。《太平御览》卷 185《居处部十三·坛》引《南岳记》："南岳山上有飞流坛，悬水激石，飞湍百仞，即孙温伯所丧身处也。又有曲水坛，水行石上成沟渎，如世人临河坛也，三月三日时来逍遥。"第 900 页。关于杜公瞻《编珠》所引《南岳记》几条佚文的使用，承蒙孙齐先生提示，谨致谢意。
❷ 图注第 10、11 条 "曾青"，《艺文类聚》卷 6《地部·冈》引《衡山记》："衡山有曾青冈，出曾青，可合仙药。"第 105 页。《类聚》引用过《南岳记》，此《衡山记》当是宗测书。

《南岳记》:"衡山之(芝)岗有石室,有古人住处,有刀锯铜铫,及瓦香炉。"《北堂书钞》卷133《服饰部二·榻》引《南岳记》:"衡山有仙人石室,中有白玉床榻。"《九真人传》引徐灵期《衡山记》:"紫盖峰常有白鹤翔集其顶,而神芝灵草生焉。又言有石室,在其下,香炉、臼杵、丹灶具存。"❶可知衡山石室中留有修道者遗迹。从上述对比来看,南岳真形图细字标注和徐灵期《南岳记》之间,存在一定的知识相关性。

二者的先后关系难以判定。有的学者认为,《洞玄灵宝五岳古本真形图》所载两组图,有先后之分,第一组无字图较早,可能是六朝之物;第二组图的标注可能是后来添加上去的。❷不过,据《灵宝五岳古本真形图》后文字说明:"黑者山形,赤者水源,白者是室穴口也。……画神草及石室之处,自是后来仙人辈于其图处画识之耳。"可知《灵宝五岳古本真形图》本来也应有细字标注。《洞元灵宝五岳真形图》后云:"右前七道三天太上道君长生符,上士佩之头上入山林江海,横行天下,众神奉卫焉。……诸佩之者,与五岳真形共盛。后仙人题山中名芝物处细字,不得佩之。"这段话又略见于《灵宝五岳古本真形图》,最后一句作"唯仙人题山中名物之处作汉字,一不得上之耳",意思则是相同的,即有细字标注的真形图不能用于佩戴。这种区分说明,无字、有字的五岳真形图存在功能差异。无字图有法力,佩戴后"所在召山神,及按鬼录,召州社及山卿宅尉问之,则木石之怪,山川之精,不敢来

---

❶ 本条又见于《南岳总胜集》卷中"上清宫"条引徐灵期《衡岳记》,第1072页。
❷ 井上以智爲:《五嶽眞形圖に就いて》,《內藤博士還曆祝賀支那學論叢》,京都:弘文堂書房,1926年,第43—91页;姜生、汤伟侠主编:《中国道教科学技术史·南北朝隋唐五代卷》,北京:科学出版社,2010年,第907—943页。后者认为,两种图虽有先后,但都经过了唐代人的编订。

试人";❶ 有字图则属于修道指南,《五岳真形序论·鲍氏佩施用》说:"诸入山采八石,石众、石脑、流丹、流珠、飞节、黄子、石髓、桂英,及芝草诸神药,自无五岳佩之,此仙物终不可得也。"南岳真形图多处标有水源和石英、流丹、飞节等仙药,并有"从此上"等提示,就表明这一特征。❷ 图上细字标注应来自于山居道士的地理踏察和知识积累。❸

这让人想到徐灵期的道士身份和撰述《南岳记》的"周览"背景。《南岳记》多记山中神仙洞府、石室、仙药等内容,显然也具有地理指南色彩,如以下佚文:

1　祝融峰上有碧玉坛,方五尺,东有紫梨,高三百尺,乃夏禹所植。实大如斗,赤如日,若得食,长生不死。❹

2　流丹崖南五里,得仙人宫。道士休粮绝谷,身轻清虚,便得入此宫。❺

3　义熙中,山人潘觉至峰西,石裂有物,出如紫泥,香软可食,觉不知其石髓,竟不食弃去。忽悟而还,已不见。❻

衡山中的修道者并不始于徐灵期。据《九真人传》,此前已有陈兴

---

❶ 王明:《抱朴子内篇校释》(增订本)卷17《登涉》,第300页。
❷ 张勋燎认为,有细字标注的五岳真形图出现较早,后来逐渐符箓化,《道教五岳真形图和有关两种古代铜镜材料的研究》,《南方民族考古》第3辑,成都:四川科学技术出版社,1991年,第92—101页。
❸ 关于此点,参看曹婉如、郑锡煌:《试论道教的五岳真形图》,《自然科学史研究》第6卷第1期,1987年;姜生:《东岳真形图的地图学研究》,《历史研究》2008年第6期。
❹ 《南岳总胜集》卷中"上清宫"条引徐灵期《衡岳记》,第1072页。本条亦见于《南岳九真人传》引徐灵期《衡山记》,文字较简略。碧玉坛或即图注中的仙人坛。
❺ 《初学记》卷8《州郡部·江南道》引《南岳记》,第190页。
❻ 《南岳总胜集》卷中"上清宫"条引徐灵期《衡岳记》,第1072页。

山岳记述的形成　　355

明、施存、尹道全。三人修道于衡山均在西晋以前，最晚的尹道全可能升举于永嘉元年（307）。其中，施存"得三皇内文驱策虎豹之术，居衡岳西峰洞门观石室"；尹道全"于衡岳观后峰修洞真还神彻视之道"，蒙仙人授予五岳真形等符图。时间最早的陈兴明，"林谷幽栖，禽兽为伍，饥渴毕至，寒暑辛勤"。这一时期山中道馆尚未兴起，三人的修道方式，可以参照《抱朴子内篇·登涉》所记山林修道形态——"道士山居，栖岩庇岫"。❶

南岳真形图标注文字和徐灵期《南岳记》相关内容，应当是陈兴明、施存、尹道全以来衡山修道者长期积累的结果。❷《总胜集》卷中"衡岳观"条载，天真曾仙降尹道全，告知关于五岳真形图的五条内容，其三云："五岳山形，取其峰峦洞室之所在，神芝灵草之所生，高下丈尺等级之数，东西南北里舍之限也。"其五云："五岳山水穴贯之图，取其泉液之所出，金宝之所藏，地脉之所通，而为之图也。"上述内容与南岳真形图细字标注、徐灵期《南岳记》颇为吻合。这类道士间传承的有关衡山石室、仙药、神仙洞府的知识，与汉晋以来有关南岳的争议一起，成为徐灵期撰述《南岳记》的知识背景。

宗测此后不久撰《衡山记》，可能参考过徐灵期《南岳记》，至少现存《南岳记》《衡山记》佚文颇有相同之处。遗憾的是，由于唐宋类书引用《衡山记》未注作者名，相关引文是否均属于宗测《衡山记》，很难确定。根据现存佚文来看，《衡山记》中有一些"传闻"性质的条目，也许是宗测新增入的内容：

  1 桂英岩上，凿石作白，有铁杵倚置岩畔，石白边有两

---

❶ 王明：《抱朴子内篇校释》（增订本）卷17《登涉》，第307页。
❷ 上引第3条提到了义熙年间的"山人"潘觉，《南岳总胜集》卷上"祝融峰"条称"衡阳令潘觉"，是否道士尚有疑问，第1057页。

人脚迹。

  2　鸡头陂西有石室，有人采药，暮宿其中，晓见一锯悬在壁上，示有形，无复铁贯。

  3　有人采药，暮宿石室中，见一铜铫，是煮药处。蛮人闻之，取铫还用，举村尽病，送返乃已。❶

第1、2条记桂英岩和鸡头陂，徐灵期《南岳记》亦有记载，如："仙岭数百步得桂英岩，昔人于此采桂英。"又云："衡山县白马山，山上有泉，名鸡头水。"❷比较起来，《南岳记》所记偏重于与修道有关的仙药和水源；《衡山记》则颇有"志怪"色彩，所叙内容并不直接与修道相关。后者的知识来源似乎是采药者。而采药者除了道士，还有山民和隐居者。第3条提到了蛮人和蛮村；"隐居衡山之阳，登高岭，绝人迹，为小屋居之，采药服食"的刘凝之，❸属于后者。山民或隐居者对于仙药、修道场所的关注度，与道士应当是有差异的。这或许是二者撰述意旨之别。

  这样大致可以勾勒出衡山山岳记出现的知识过程。早期的山岳记与修道者关系最为密切。山居修道者对于石室、药材、水源和炼丹之处的访求，成为衡山山岳记最早的知识来源。这种修道知识一方面被标注在相关的山岳真形图中，一方面被记录为山岳记。❹最早的山岳记和真形图，实际上具有修道指南的性质。后来的山岳隐

---

❶ 以上数条，分见《太平御览》卷762《器物部七·杵臼》、卷763《器物部八·锯》、卷757《器物部二·铫》引《衡山记》，第3384、3388、3360页。
❷ 杜公瞻《编珠》卷1 "桂英岩枫林岭"条、"燕尾洲鸡头水"条引徐先生《南岳记》。
❸ 《宋书》卷93《隐逸·刘凝之传》，第2285页。
❹ 这种修道知识可能也会流传到修道团体之外，如晋宋时期成书的罗含《湘中记》、盛弘之《荆州记》等地记中也记录有一些这类知识。当然，州郡地记载有这类知识已与修道无关。

居者、游历者在继承这种修道知识的同时,又采择、记录了相关的传闻,使内容进一步丰富化。

二　山中道馆与碑铭

梁元帝萧绎撰文的《南岳衡山九真馆碑》(以下简称《九真馆碑》),是衡山除岣嵝碑外最早的碑铭。此碑全文已不存,《艺文类聚》卷78《灵异部上·仙道》摘录有部分文辞,具引如下:

> 箫鼓腾空,烟霞相接,星辰夺采,灯烛非明。风牖云梁,千门万户。楼施九柱,已同赖乡之地;山带五城,复类玄洲之所。玉版之经犹蕴,金丹之处存焉。上月台而遗爱,登景云而忘老,欣欣然不知所以而然。日晖石瓦,东眺灵寿之峰;月荫玉床,西瞻华盖之岭。竹类黄金,既葳蕤而防露;木似红莲,且芬披而拂日。杯传九酝,隐沦之车晨至;堂开四扇,西楹之钟夜响。

结合南朝寺馆碑铭的一般内容来看,《九真馆碑》应当会叙述九真馆的由来和建筑景观,并推而及之衡山的自然景观和神仙遗迹。上引文辞中,"楼施九柱"云云,疑属于前者;"竹类黄金""木似红莲""玉版之经犹蕴,金丹之处存焉",属于后者。遗憾的是,有关九真馆由来和萧绎撰文缘起的内容已经不存。

《总胜集》卷中"衡岳观"条末记"观有碑文六",首列此碑,题作《九真观记》,注明为"梁湘东王萧纬(绎)撰"。两种著录所记萧绎身份,一为"梁元帝",一为"梁湘东王萧绎"。从《总胜集》对另外几通碑刻撰者、书者的详细记述来看,所据应当是碑刻题款。换言之，萧绎撰写此碑时的身份应为湘东王。这就为此碑撰立年代提供了线索。萧绎被封为湘东王是在天监十三年（514），普通七年出任荆州刺史，大同五年（539）以后在建康、江州任职，太清元年（547）复任荆州刺史，一直到承圣元年（552）称帝。❶九真馆碑铭应撰写于萧绎两次任荆州刺史期间。

《九真馆碑》刻立于梁代，是慧思到来之前"南岳"衡山宗教地理最重要的见证。遗憾的是，由于碑全文已不存，无法进一步获知衡山九真馆的相关信息。而陈代马枢所撰《道学传》佚文，有两条提到衡山九真馆，其一云：

> 王僧镇，梁州晋寿人也，乃于荆州安陆起福堂馆，还过郢州，又起神王馆，并极华整。又于衡岳起九真馆。❷

这里明确说衡山九真馆为道士王僧镇所建。此人又见于《梁书》卷51《庾承先传》："与道士王僧镇同游衡岳。晚以弟疾还乡里，遂居于土台山。"庾承先离开衡山回江陵，应在天监十八年（519）至普通七年萧恢第二次任荆州刺史期间，时年五十岁左右。❸根据本传

---

❶《梁书》卷3《元帝纪》，第113—131页。其中，太清三年（549）四月至大宝元年（550）五月，萧绎与时任湘州刺史的河东王萧誉处于战争状态，衡山位于湘州，碑文不太可能是这段时间内所撰。此外，《艺文类聚》卷78《灵异部上·仙道》又有梁元帝《青溪山馆碑》（第1341页），青溪山位于荆州之西，"林徒栖托，云客宅心，泉侧多结道士精庐焉"，杨守敬、熊会贞：《水经注疏》卷32《沮水》，第2698页。参看孙齐：《六朝荆襄道上的道教》，《隋唐辽宋金元史论丛》第8辑，上海古籍出版社，2018年。

❷《上清道类事相》卷1《仙观品》引《道学传》，《道藏》第24册，第878页。

❸ 庾承先卒于中大通三年，时年六十。他先与王僧镇"同游衡岳"，后因"弟疾"返江陵，先后受到鄱阳忠烈王萧恢、湘东王萧绎崇敬。萧恢于天监十一年（512）至十三年、天监十八年至普通七年两度出任荆州刺史（《梁书》卷22《鄱阳王恢传》，第351页），普通七年"薨于州"后，由萧绎接任。从下文"湘东王闻之"判断，庾承先离开衡山回江陵，应在萧恢第二次任荆州刺史期间。

山岳记述的形成　**359**

来看，庾承先居衡山的时间不会太短。《道学传》佚文又载，荆州长史柳悦"启割城西栖霞楼下罗含章台为国家造馆，留梁州晋寿人王僧镇为馆主也"。❶ 柳悦为柳世隆长子，"早卒"，天监初年曾任湘州刺史，❷ 任荆州长史当在此之前，或为南齐之末。庾承先是江陵人，从时间上看，王僧镇或是在荆州任馆主期间与庾承先相识，后一同游历衡山。

《道学传》的另一条佚文是：

> 九真馆，晋陵曲阿人王灵璵字善宝之所住，专修上道也，敕给馆民，二百馆户，金缯香药，事事丰多。❸

王灵璵，《九真人传》等一般写作"王灵舆"。他是衡山"前代九真人"之一，去世时间有天监十一年、十三年两说，之前曾在衡山修行十二年。可知他到衡山修道的时间是在南齐末或天监初。九真馆受到朝廷的供养，赐有馆户二百。

综合《道学传》的两条佚文，九真馆建于南齐末年或天监初年，主持建馆的是王僧镇，王灵舆曾在此修道，受到朝廷的供养。❹ 值得参照的是，《小录》《总胜集》记有一些衡山道馆的建置时间，列表如下：

---

❶《上清道类事相》卷2《楼阁品》引《道学传》，《道藏》第24册，第879页。
❷《南齐书》卷24《柳世隆传》，第453页；《梁书》卷47《孝行·吉翂传》，第652页。
❸《上清道类事相》卷1《仙观品》引《道学传》，《道藏》第24册，第878页。
❹ 据《南岳总胜集》卷中"衡岳观"条，九真馆原名华薮馆，第1068页。梁天监二年由住持周静真（南朝一般应称"馆主"）"再加弘葺"，得到梁武帝支持，"赐三百户庄田充基业"（《南岳小录》，第862页）。此条可以与上引"敕给馆民二百馆户"参看。不过，本条记事有让人疑惑之处，九真馆究竟是新建还是改额？主其事者是王僧镇还是周静真？这个问题涉及九真馆沿革，详参下节讨论。

表4 "始建"于六朝的衡山道观

馆名	建立时间	详细记载
衡岳观	西晋太康八年	《总胜集》:"晋太康八年,吴人徐灵期、新野先生邓郁之开古王母殿基建,怀帝元(永)嘉中赐额为华薮观,至梁改为九真观。"
九真观	西晋太康中	《总胜集》:"旧记云:晋太康中新野先生建。"
招仙观	西晋或刘宋	《小录》:"按旧碑文曰:肇基刘宋,分字萧齐。又别传:晋咸亨间徐真人建置。"❶《总胜集》:"旧记云:启基刘宗(宋),卜字(宇)萧济(齐)。"
普贤观	南齐永明年间	《总胜集》:"齐永明中道士许嗣先、张志昊开山,至梁周静真住持,武帝师之。……帝赐名普贤。"
玉清观	南齐永明初	《总胜集》:"齐永兴初建。"❷
西灵观	梁天监五年	《小录》:"按图经云,梁天监五年建置。"《总胜集》:"《湘中记》云:晋女贞薛炼师冲举之处,梁天监五年建观。"
中宫	梁天监中	《总胜集》:"梁天监中建。"
九仙宫	梁天监中	《总胜集》:"梁天监中建。"
西台观	陈朝	《总胜集》:"传云周穆王所建,陈改为太初观。"

  这些记述由于是较晚时代的追溯,可信性有待辨析。从时间上来说,上述道馆主要可以分为两组,一组建置于西晋时期,一组建置于宋齐至梁天监年间。第一组有华薮观、九真观、招仙观三所,其建置均与徐灵期、邓郁之有关。这种说法明显存在讹误。如后所述,二人修道于衡山的时间不早于刘宋中期,不可能在西晋时期创建道馆。有记载的道馆始见于刘宋时期,《小录》引"旧碑记"称招仙观"肇基刘宋,分宇萧齐",结合徐灵期、邓郁之的生活年代来看,是较为合理的。

---

❶ 两晋时期无"咸亨"年号,或为"咸宁"之误。
❷ 南齐无"永兴"年号,本条称陈惠度修道于此,永明三年上升,"永兴"或为"永明"之误。

在"南岳"衡山道教史上,"九真人"是一个至迟于唐中期已形成的集体。其中五位,即陈兴明、施存、尹道全、徐灵期、王灵舆,前节已有涉及。为便于讨论,下面参考《九真人传》及《小录》《总胜集》,再列出九人的简要情况,并稍做考订:❶

陈兴明 《九真人传》称其为颍川人,在南岳天柱峰遇二真人,"授明镜玄真之道,修之十八年",西晋泰始元年(265)三月一日"升举"。以此推算,他到衡山修行的时间,至迟是在曹魏正始九年(248)左右。

施 存 号胡浮先生,《九真人传》称其"得三皇内文、驱策虎豹之术",居衡岳西峰石室,晋永康元年(300)四月七日升举。《小录》引九仙宫碑记,称于晋惠帝永康九年四月上升。按,永康年号仅行用一年,《小录》有误。

尹道全 《九真人传》称其为天水人,于衡岳观后峰"修洞真还神彻视之道","晋时居山",永嘉九年(315)正月九日升举。《小录》引九仙宫碑记,称于晋怀帝元嘉元年正月九日上升。按,怀帝年号为永嘉,行用六年,《小录》显然有误,《九真人传》所记亦不合,不确定是否当为永嘉元年(307)。

徐灵期 《总胜集》"上清宫"条记为"吴人","幼遇神人授以玄丹之要,含日晖之法,守泥丸之道,服胡麻之饭,故得周游海岳,来往南山,积有年矣"。《九真人传》称"修道于南岳岁久,遍游岳之岩洞及诸山谷一十五年,无不周览"。《九真人传》《小录》记其升举时间为刘宋元徽二年(474)九月九日。

陈慧度 "慧"或作"惠"。《总胜集》"玉清观"条记为颍川

---

❶ 关于九真人事迹,罗柏松有过梳理和介绍,Power of Place: The Religious Landscape of the Southern Sacred Peak (Nanyue 南嶽) in Medieval China,pp.129-154。他已经指出,九真人只是修道于衡山的九位道士,不存在严格的谱系传承关系。

人,"初居茅山",后至衡山,"选其幽胜,乃告天而盟炼丹","诵《黄庭经》,佩五岳真形图",永明三年(485)五月十三日冲天。《小录》《九真人传》记上升时间为永明二年。

张昙要 籍贯不详,《九真人传》称"授其内养元和默朝大帝之道,行之十三年",南齐延兴元年(494)七月十三日升举。《小录》《总胜集》所记上升时间为七月三日。❶ 推算起来,至衡山修道的时间,是在齐高帝建元四年(482)左右。

张始珍 《九真人传》《总胜集》均记为南阳人,❷"居南岳,遇神仙降授明镜之道","修之九年而成",梁天监三年(504)十一月十三日升举。《总胜集》作天监十三年十一月十八日,《小录》则记为"天监三年七月十三日",月份颇有差异。

王灵舆 "舆"或作"璵"。《九真人传》称其为九江道士,前引《道学传》佚文记为晋陵曲阿人,先在庐山修道,后迁居南岳衡山"之中宫一十二年,群真下迎",梁天监十一年七月十三日升举。《小录》所记升举年月相同,《总胜集》"中宫"条则作"天监十三年七月十二日"。

邓郁之 《总胜集》记为南阳新野人,与徐灵期为友,修道于衡山。徐灵期于元徽二年升举后,邓郁之继续修行山中,后受到梁武帝供养,天监十一年十二月三十日升举。《小录》记升举时间为天监十年十二月三十日,《总胜集》作天监末十二月三十日。《南史》卷76有《邓郁传》,为"荆州建平人","少而不仕,隐居衡山极峻之岭","足不下山,断谷三十余载",未叙与徐灵期为友事,后为梁武帝合丹,天监十四年"无病而终"。按,元徽二年至天监

---

❶ 延兴年号为本年七月所改,十月又改为建武。张昙要卒于七月十三日,此处用延兴年号,颇为准确。

❷ 《南岳小录》作"张始轸",《南岳总胜集》则作"张如珍",疑字讹所致。

山岳记述的形成 *363*

十四年，中间相隔四十余年，据此推算，邓郁之于徐灵期升举后隐居修行三十余年，受到梁武帝供养差不多是在天监初年。❶

从几种资料对九真人的记述来看，前三位和后六位存在差异。前面已经提到，陈兴明、施存、尹道全三人活动于西晋以前，最晚的尹道全可能升举于永嘉元年。这一时期山中道馆尚未兴起，山居道士多是修道于山林岩穴。自徐灵期开始的六位真人，则多与道馆有关。徐灵期、邓郁之、王灵舆前已提及。据《九真人传》，陈慧度于宋齐之际"修道炼丹于玉清观"，该观初建于南齐永兴（明）初年。张昙要，南齐时"据招仙观，静思感通"，该观"肇基刘宋，分宇萧齐"；《小录》称之为"住持升玄道士张昙要"。张始珍居九仙宫或九真观，升举前"独游山三日不反，弟子求之"，可知其并非个人修行。❷ 这样理解的话，前三位真人是山林石室中的神仙修道者，后六位则是道馆兴起以后的道士。陈田夫《南岳总胜集总序》感慨说："晋之已前未有宫祠，盖可知矣。"他对此感到不解："岂有国家寿山系第三洞天，中有四福地，上历千古，至晋方建宫观乎？必不然也。"他的质疑没有考虑到修道方式的变化。

而且值得注意的是，前三位真人与后六位真人之间，存在一

---

❶《三洞珠囊》卷2《贫俭品》引《道学传》称其："隐南岳，行则独往，居无常室，寒暑唯着弊衲，丧不结发，发长则剪之。齐永明时人也。"《道藏》第25册，第305页。《南史》卷76《邓郁传》称其死后，"武帝后令周舍为《邓玄传》，具序其事"，第1896页。《南史》所据应是周舍之传。《南史》《南岳小录》所记邓郁、邓郁之籍贯有异，罗柏松认为当别为二人，*Power of Place: The Religious Landscape of the Southern Sacred Peak (Nanyue 南嶽) in Medieval China*, pp.150-151。此说证据不足。南朝人名中"之"字常省略，几种文献记载的邓郁、邓郁之修道时间相合，至于籍贯之别，也许是原籍南阳新野、迁居荆州建平。永嘉乱后，南阳一带为兵冲，南迁者甚众，如庾承先本籍颍川鄢陵，实际上居于江陵。

❷《南岳总胜集》卷中"九真观"条，第1074页。《南岳小录》"九仙宫"条称张始珍居此，第863页。

个相当长的空白期。尹道全可能去世于永嘉元年,徐灵期至衡山修道的时间,大致是在刘宋大明三年(459)前后,中间有长达一百五十年左右的时间空白。这种空白期的存在,凸显了徐灵期和邓郁之的位置。换言之,他们应当是衡山道教走向道馆化时期的关键人物。这或许是《总胜集》将最早的几所道馆追溯到徐灵期和邓郁之的原因。从这种意义上来说,徐灵期在衡山道馆兴起初期撰述衡山最早的山岳记,意义也颇为特别。

徐灵期卒于元徽二年,邓郁之卒于天监十年至十四年之间,相差近四十年。按照徐灵期的几种相关年代推算,去世之时也有九十岁以上。两人之间是何关系?《总胜集》"九仙宫"条称,邓郁之幼时,"梦一鸟吐印与之":

> 自是人间有疾,以印治救,不(原误作"求",据《道学传》改)为符章,病者自愈。后与徐灵期结方外友,周游名山,寻访上士,遇至人传金鼎火龙之术,于宋元徽二年徐既上升,郁之隐洞门久之,乃徘徊湖外,洞天福地无不遍历。

本条所记的"以印治救"一事,亦见于《道学传》佚文,可知其来有自。❶ 据此来看,邓郁之早年本是一位以印治病的道士,后来与徐灵期"结方外友"。考虑到他和徐灵期之间的年龄差,在道法上应当受到徐灵期影响(或为其弟子)。《南史》卷76《邓郁传》:

> 神仙魏夫人忽来临降,乘云而至,从少妪三十,并着绛紫罗绣袿襡,年皆可十七八许,色艳桃李,质胜琼瑶,言语良久,谓

---

❶ 《三洞珠囊》卷1《救导品》引《道学传》,《道藏》第25册,第298页。

郁曰："君有仙分，所以故来，寻当相候。"至天监十四年，忽见二青鸟悉如鹤大，鼓翼鸣舞，移晷方去。谓弟子等曰："求之甚劳，得之甚逸。近青鸟既来，期会至矣。"少日，无病而终。

邓郁之去世前曾梦到南岳魏夫人仙降。南岳夫人魏华存是杨羲的仙师，《真诰》中出场很多。根据现存传记资料来看，魏华存为永嘉之乱后到江南的天师道祭酒，主要活动地在建康、京口一带。她为何仙降于衡山？或与徐灵期的影响有关。如前所述，徐灵期本是吴人，又曾在上清系道士的中心地句容学道，❶ 邓郁之多年跟随徐灵期，有关南岳魏夫人的知识很可能来自于徐灵期处。汉晋以来，衡山一直有南岳正统性争议存在，魏夫人"所居"南岳霍山虽位于会稽滨海，但"南岳"的多义性，很容易成为衡山道士附会魏夫人仙迹的知识背景。❷ 在此过程中，徐灵期可能是一个媒介性的人物。

道馆化时期的六位真人，活动地点多集中在衡岳观之东十余里的朱陵洞天附近。唐宋时期，这一区域有三所著名道观——九真观、九仙宫、招仙观。据《总胜集》，招仙观在"庙东八里"，传为徐灵期建置，南齐中张昙要在此修行；九真观位于"庙东十里"，传为邓郁之建置，天监初张始珍居此；❸ 九仙宫位于"庙东十二

---

❶ 据《真诰》卷19《翼真检第一》，上清经晋宋之际在吴越地区已颇为流行，但长江中游流传尚不广，吉川忠夫、麦谷邦夫编：《真诰校注》，第572—575页。衡山修道者有好几位来自句容一带，徐灵期之后，王灵舆是晋陵人，陈慧度虽是颍川人，但"初居茅山"（《南岳总胜集》卷中"玉清观"条）。参看 James Robson, *Power of Place: The Religious Landscape of the Southern Sacred Peak*（Nanyue 南嶽）*in Medieval China*, pp.139-150。
❷ 《南岳小录》《南岳总胜集》等都记有衡山魏夫人遗迹，如《南岳小录》"天柱峰"条："下有魏夫人石坛，或云魏夫人在此处得道。"第862页。据《南岳总胜集》卷中"紫虚阁"条，这里后来建有魏阁。
❸ 《南岳小录》"九真观"条："按碑文，晋太康中邓真人建置，徐真人祠。"第863页。徐真人即徐灵期，若此说可信，则祠庙应建于徐灵期去世后，即刘宋元徽二年以后。

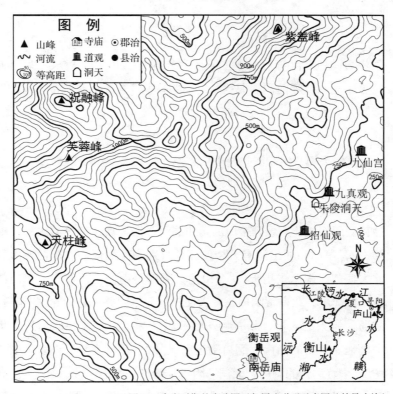

地图10 唐宋时期的朱陵洞天与周边道观示意图（林昌丈绘）

里"，梁天监中建，为王灵舆、邓郁之修行之地。这些记载中提到的"庙"，指南岳庙，亦即位于衡岳观前"百余步"的司天霍王庙。三所道观自西向东依次是招仙观、九真观和九仙宫。

三所道观依傍于朱陵洞天。《总胜集》卷上开始部分引徐灵期《南岳记》："朱陵洞天名太虚小有之天，周回八百里，中有青玉坛、光天坛、洞灵原、洞真墟四福地。"❶又，卷中"招仙观"条："北二里有雪浪亭、洞真涧，瀑布自洞而出……一派飞下，如纹帘，号

---

❶ 《云笈七签》卷27《洞天福地·三十六小洞天》："第三南岳衡山洞。周回七百里，名曰朱陵洞天，在衡州衡山县，仙人石长生治之。"第612页。关于朱陵洞天参看大形徹：《南岳衡山与洞天福地——既是五岳又是洞天》，仇诗琪译，土屋昌明、Vincent Goossaert（高万桑）编：《道教の聖地と地方神》，東京：東方书店，2016年，第191—209页。

朱陵洞,三十六洞天之第三洞也。"❶ 同卷"九仙宫"条:"后有大洞(原注:今呼前洞者是也),丹霞庵基。"《总胜集》卷上载,朱陵洞天有六门:

  大洞 洞天东门 兜率潭 洞天南门 石鼓洞 洞天西门
  龙王山潭 洞天北门 白云潭 东便门 洞门观 西便门

这种洞门构成让人想到茅山的句曲洞天,据《真诰》卷11《稽神枢第一》,茅山句曲山洞有五个便门,分别是南两便门、东西便门和北大便门。陶弘景指出:"今山南大洞即是南面之西便门,东门似在柏枝陇中,北良常洞即是北大便门,而东西并不显。"这些"门"是通往洞天的入口,具有特殊的宗教意味,附近往往成为道馆集中之地。茅山的山南大洞口附近就是如此,"周流数里,廨舍十余坊"。朱陵洞天的洞门"大洞"附近,情形相类。

  萧绎撰文的《九真馆碑》,见证的就是道馆化时期的衡山景观。衡山的道教活动可能始于魏晋时期,但应该只是一些山林隐修者。刘宋后期徐灵期修道于衡山,是衡山道教由石室到道馆的转折期。而道馆化时期的衡山道教,可以明显看到来自长江下游的宗教影响。衡山道馆多集中于南岳庙东北的朱陵洞天附近。❷ 慧思进入衡山后,选择的修行之地位于南岳庙之西北,远离朱陵洞天。这种空间选择可能是有考虑的。《释门正统》卷1、《佛祖统纪》卷6所

---

❶ 据本条,南宋时招仙观中有《洞真瀑布碑》《国家金箓道场齐(斋)醮记》《朱陵宫记》等石刻,第1074页。
❷ 唐宋时期仍然如此,司马承祯的修行地——白云先生药堂,位于九真观之西(《南岳小录》"白云先生药堂"条,第864页),陈田夫亦曾住在这一区域(《南岳总胜集》卷中"九真观"条,第1075页)。

载慧思传记均称,陈太建元年九仙观道士欧阳正则曾阴谋陷害慧思,此事梗概亦略见于《续高僧传·释慧思传》,可知记事有其所据。通过此事,可以想见以朱陵洞天为核心的衡山道馆,在北来的慧思僧团进入后的反应。遗憾的是,由于道馆记述最为集中的《道学传》早已亡佚,萧绎的《九真馆碑》又仅存有少量文辞,道馆化时期衡山道教的实际形态,仍不太清晰,有待于今后继续研究。

三 本来的历史和写的历史

大体而论,自秦汉至唐宋,湘中衡山的文化史可以分为五个阶段。秦汉为第一阶段,主要是圣王传说和山神祭祀;魏晋为第二阶段,是山林岩穴修道时期;南朝为第三阶段,为道馆、寺院兴起时期;隋唐为第四阶段,"南岳"地位确立,兴建官方祭祀设施,宫观、寺院进一步发展;宋代为第五阶段,唐代遗存的祭祀、宗教建筑得到重修或改造。这五个阶段的"历史",类似于考古学上的文化地层,本来是颇为清晰的。不过,由于相关文化遗存不断叠加、重建带来扰动,再加上一些阶段历史记述的缺失,使得依据较晚的追溯性资料,如《南岳小录》《南岳总胜集》等研究早期衡山历史时,存在一定的危险性。

秦汉时期,衡山的圣王传说主要是祝融、虞舜和夏禹。《水经注》卷38《湘水》:"山下有舜庙,南有祝融冢。楚灵王之世,山崩,毁其坟,得《营丘九头图》。禹治洪水,血马祭山,得金简玉字之书。"夏禹登衡山,见于《吴越春秋·越王无余外传》,❶ 但此

---

❶ 周生春:《吴越春秋辑校汇考》,第102页。

衡山或指会稽山。秦汉时期湘中衡山是否有禹庙，并无记载。衡山舜庙，东晋南朝文献记载比较明确，如罗含《湘中记》："衡山、九疑皆有舜庙，太守至官，常遣户曹致敬修祀，则如有弦歌之声。"❶ 杜公瞻《编珠》卷1引《南岳记》："舜涧东出舜庙，庙下有舜溪。"太守遣户曹致祭衡山舜庙，很可能是汉代以来的传统。九嶷山舜庙，由于马王堆西汉初期古地图的发现，可以确知出现很早。❷ 晋宋之际官府祭祀九嶷山舜庙的情形，王歆之《神境记》有详细记载。❸ 从地理位置上来看，衡山、九嶷山均位于湘水、南岭通道之侧，位于衡山之下的舜庙，可能历史也较早。

现存秦汉时期有关衡山文化史的记述，主要有两个线索。其一是知识界对于汉武帝时期迁徙南岳于庐江之霍山的争论。如前所述，尽管这种争论并未改变朝廷的南岳祭祀，但在知识界造成了很大的影响。其二是地方官府的衡山舜庙祭祀。需要指出的是，至迟在西晋时期的上计簿中，已条列郡县山名，《太平御览》卷49《地部十四·阳歧山》引范玄平记："故老相承云，胡伯始以本县境无山，此山上计偕簿。"范玄平是东晋人，胡伯始则指胡广。从郴州出土的西晋上计簿来看，确实列有郡县山川条目。❹ 此外，至迟自东汉光武帝时期起，皇帝每年元会召见计吏时，也往往会问及地方山川等事项。❺ 这些可能促成了山川知识的编纂和传布，成为朝廷和郡县所熟知的文化内容。

---

❶《初学记》卷5《地理上·衡山》，第97页。
❷《风俗通义》卷6《声音》："舜之时，西王母来献其白玉琯。昔章帝时，零陵文学奚景于冷道舜祠下得生白玉管。"王利器：《风俗通义校注》，第284页。近年来九嶷山玉琯岩考古发现了可能始于东汉的建筑遗址，见何强：《印证"舜葬九嶷"的考古发掘》，《人民日报海外版》2005年8月20日。
❸《太平御览》卷526《礼仪部五·祭礼下》，第2389页。
❹ 湖南省文物考古研究所、郴州市文物处：《湖南郴州苏仙桥遗址发掘简报》，《湖南考古辑刊》第8集，长沙：岳麓书社，2009年，第93—117页。
❺ 拙撰：《五条诏书小史》，《魏晋南北朝隋唐史资料》第26辑，2010年。

山中修道的记载,至迟东汉已经出现,魏晋以后愈加增多。山中修道者首先需要面对山中生活的安全性和生存问题。此外,由于居住和服饵、炼丹需要,对于石室、水源、仙药等有相当的需求。"南岳"衡山的早期修道者可以追溯到陈兴明、施存等人。徐灵期《南岳记》和南岳真形图标注文字,对石室、水源、仙药和神仙洞府遗迹最为关注,反映了山中修道者的知识积累。

　　刘宋以后,山中修道逐渐道馆化,供养性的道馆在江南各地广泛兴起。徐灵期可能创建了衡山最早的道馆。山中道馆的兴起,促进了山居道士对衡山地理和神仙传说的整理,徐灵期《南岳记》就撰写于这一背景之下,反映出衡山道馆出现初期对此前宗教知识资源的整合。与此同时,来自江陵等地的荆湘士人,有不少隐居于衡山,他们的记载又进一步丰富了衡山山岳记的内容。宗测《衡山记》即是代表。山中道馆兴起于刘宋,兴盛于齐梁,遗憾的是,关于道馆化时期衡山的宗教地理,目前缺乏相应的考证文献。马枢《道学传》撰于陈代,记有大量道馆内容,但现存佚文关于衡山道馆的内容极少。唯一可考的道馆碑铭《南岳衡山九真馆碑》,有幸被摘录于《艺文类聚》之中,佚文提供的信息也很有限。

　　隋文帝开皇九年衡山上升为南岳之后,在朝廷力量的推动下,祭祀和宗教地理格局发生了很大的变化。最为显著的,是衡山的宗教文化地理重心从以朱陵洞天为中心,转向以南岳庙、衡岳观和衡岳寺区域为中心。❶ 此后,由于唐代对道教的重视,衡山宫观得到进一步发

---

❶ 即今南岳大庙周边区域。衡岳观位于紫霄峰,在岳庙东北一百余步《南岳小录》"司天霍王庙"条,第862页)。衡岳寺在岳庙西北一里,《南岳总胜集》卷中"衡岳禅寺"条称,该寺为"梁天监二年建,惠海尊者道场",第1070页。又,同卷"告成禅寺"条:"古亦以衡岳为名。隋仁寿元年以佛舍利分置诸郡,令各建塔计三十处,南岳即建塔于衡岳寺。"第1069—1070页。隋代分舍利于衡岳寺,可见其重要性。

展,李冲昭《南岳小录》反映的就是唐代衡山宫观的情况。宋代对于衡山宫观又有较大的重修和建设,陈田夫《南岳总胜集》是南宋时期衡山宫观的记录。这两种文献对衡山宫观的早期历史均有追溯性记述。不过,从南朝到唐宋之间,三百余年中衡山宫观的变动是显而易见的。隋唐之际的"扰动",再加上道馆化时期的衡山没有能够留下确切的历史记录,使得唐宋之际的追溯性记述带有很强的不确定性。

九真馆就是一个显著的例子。《小录》《总胜集》都将其起源追溯到徐灵期和邓郁之,建立时间是西晋太康年间,而另据《道学传》佚文,九真馆是齐梁之际王僧镇所"起"。时间和建立者都存在歧异。据《总胜集》所云,萧绎撰文的《九真观记》碑,当时仍立于衡岳观之中。陈田夫应当见过这通碑,他的追溯的根据是否就是碑文?

陈田夫认为,唐宋时期的衡岳观,就是梁代的九真馆:

> 在紫盖峰南下紫霄峰前。晋太康八年,吴人徐灵期、新野先生邓郁之开古王母殿基建,怀帝永嘉中赐额为华薮观,至梁改为九真观。张佐尧诗略云"晋代为华薮,梁朝号九真,宫门频改额,洞口不移春"是也。住持周静真,乃武帝之师。帝心期上善,亲纡黄屋,谒此元都,若轩后之拜崆峒,汉皇之礼河上,异代同时也。奉敕赐庄田三百户充基业。……开皇中,改为衡岳观。后因兵火摧毁。天祐初,府主令公重建之。……宣和六年,准赦敕建昊天殿,改赐衡岳为铨德观。❶

陈田夫记述的衡岳观沿革谱系是:古王母殿—华薮观(西晋至萧梁)—九真观(萧梁至隋初)—衡岳观(隋初至北宋末)—铨德观

---

❶ 《南岳总胜集》卷中"衡岳观"条,第1068—1069页。

（北宋末至南宋）。由于《九真观记》碑南宋时仍保存于衡岳观中，梁代九真馆—隋唐衡岳观的承袭关系看起来非常确凿。不过，更早的《小录》"衡岳观"条，对二者关系却并无记载：

> 按旧碑，晋太康八年，徐真人灵期、邓真人郁之建置。梁天监二年，周真人静真再加弘葺，武帝赐三百户庄田充基业。……观内有田先生得道降真堂、刘天师真堂，后有尹真人上升坛。其观碑文，隋学士曹宪撰，今见存焉。❶

《小录》同样将衡岳观的创建追溯到徐灵期、邓郁之。可是如前所述，徐灵期去世于刘宋元徽二年，之前在衡山修行十五年左右；邓郁之年轻时从徐灵期游，后一直在衡山修道，去世于梁天监十年至十四年之间。从生活年代来说，两人不可能于西晋太康年间（280—289）在衡山创建道馆。而且，现存文献可考的最早的道馆，刘宋时期才开始出现。据《小录》推测，这种讹说出自"旧碑"，由于《小录》中完全没有提及萧绎《九真馆碑》，不确定"旧碑"是否指此，也可能是指隋代曹宪所撰之碑文。

《小录》另外的条目中，则提到华薮观—南岳庙的承袭关系：

> **司天霍王庙** 在岳观前，去观百余步。……本庙在祝融峰上，隋代迁移，废华薮观而建立。今祝融峰顶有古庙基存焉。
>
> **真君庙** 在岳观之东五十余步，本与司天（霍）王同庙各

---

❶ 《南岳小录》称衡岳观有田先生降真堂、刘天师真堂，与《南岳总胜集》"衡岳观"条列有广成先生神道碑、隐真岩田先生记等碑刻吻合。田先生即田良逸，广成先生即刘玄靖（刘天师）。参看雷闻：《山林与宫廷之间：中晚唐道教史上的刘玄靖》，《历史研究》2013年第6期。

殿。开元中,司马天师上言,五岳洞天各有上真所治,不可以血食之神,同其禜祀。既协圣旨,爰创清庙。

可知司天霍王庙(南岳庙)、真君庙本来同在一处,是隋代"废华薮观而建"。❶ 前面提到,隋文帝开皇九年改衡山为南岳之后,需要建立相应的朝廷祭祀场所,"废华薮观而建"南岳庙,是在这一背景之下出现的。而唐玄宗天宝五载(746)敕封南岳之神为司天王后,该庙又被称作司天霍王庙。衡岳观与之相邻仅百余步。

据《小录》推测,华薮观隋初仍存。《总胜集》则称,华薮观梁代已改名九真观。从文意来看,《总胜集》此说所据,似是北宋张佐尧之诗:"晋代为华薮,梁朝号九真,宫门频改额,洞口不移春。"张佐尧的依据又何在,已无从获知。

衡岳观中的萧绎《九真观记》碑,也存在疑问。《宝刻类编》卷8著录有一通唐初所立的"九真观碑",很值得注意:

□整　梁南岳九真观碑　梁萧绎撰　贞观七年七月立　潭 ❷

既云"梁萧绎撰",又称"贞观七年七月立",明显矛盾。一种可能是传写讹误,但错讹如此明显,令人难以置信。还有一种可能是重刻,原石至唐初或已不存,贞观七年(633)七月重新勒石(残缺的"□整",或为重新勒石时的书者)。类似的情况,可以举出唐高宗调露二年(680)重刻的葛仙公碑,《金石录》卷4提到一通"唐葛仙公碑":

---

❶《南岳总胜集》卷上"叙岳祠"条又说:"本在祝融峰上,隋氏迁下便于祭祀,卜古太真观而建。今据祝融峰之左,基址有焉。"第1063页。这里又称南岳庙基址为古太真观。
❷《石刻史料新编》第1辑第24册,第18514页。

唐葛仙公碑　　梁陶弘景撰,陈升正书,调露二年正月。❶

如果衡岳观中的《九真观记》碑为唐贞观七年重刻,是否能够作为九真馆—衡岳观沿革关系的确证,就有待确认。唐代衡岳观地位很高,具有皇家道场的意味,据《小录》"衡岳观"条,贞观二年太宗为之"重书额","请张天师惠朗度道士四十九人,为国焚修";高宗弘道元年(683),"请叶天师法善封岳辟方四十里,充宫观长生之地,禁樵采,断畋猎,罢献琛,以为常典"。❷ 贞观七年重刻九真观碑,可能就与这一背景有关。不管衡岳观是否与九真馆存在沿革关系,萧绎撰文的九真馆碑是唐以前衡山重要的文化遗迹,贞观七年重刻此碑立于衡岳观中,都是可以理解的。❸

　　萧绎碑文中提到了九真馆的位置:

　　　　日晖石瓦,东眺灵寿之峰;月荫玉床,西瞻华盖之岭。

据此,九真馆在灵寿峰之西、华盖岭之东。灵寿峰位置不明,《太平御览》卷53《地部十八·岗》引《衡山记》:"有灵寿岗,有灵寿木,周回数十里。"《总胜集》卷上"柿蒂峰"条:"下通灵寿涧,

---

❶ 金文明:《金石录校证》卷4,第64页。这种碑石重刻的情况不少,南宋时存于剡县金庭观中的金庭馆碑,亦是"本朝重刻",《嘉泰会稽志》卷16"桐柏山金庭馆碑"条引《系地》,《宋元方志丛刊》第7册,第7018页。
❷ 《南岳小录》一般称之为"岳观",叙其他宫观祠庙位置,均以"岳观"为中心。这种叙述方式与《南岳总胜集》叙事以"庙"(南岳庙)为中心颇有差异。
❸ 《艺文类聚》卷78引录时题作《南岳衡山九真馆碑》,《宝刻类编》卷8作"梁南岳九真观碑",《南岳总胜集》省作《九真观记》。根据这些著录来看,原碑名应为"南岳"二字。另外,南朝一般称道馆,原石应题为"南岳衡山九真馆碑"。此外据前文所述,萧绎撰九真馆碑铭或许与庾承先有关。至少王僧镇—庾承先—萧绎构成了一个值得注意的人际关系线索。

山岳记述的形成　375

涧之深阴岩壑中多生灵寿木。"灵寿涧即灵涧、寿涧,其中灵涧"出紫盖峰西,逾圣寿观,合寿涧南下岳观,分注平野"。❶但不敢确定灵寿峰是否就是柿蒂峰,具体位置亦不详。华盖岭,《总胜集》卷上"紫盖峰"条:"其形如盖,亦谓之华盖峰,又云小紫盖者华盖峰也。"可知华盖峰有两处。《小录》称衡岳观在"华盖峰下",《总胜集》称在"紫盖峰南下紫霄峰前"。今衡山西岭之右又有峰名为华盖。❷由于两峰位置很难确认,仅凭碑文的方位记载,也无法获知梁代九真馆的具体位置。

如上节所述,《小录》《总胜集》均提到,唐宋时期还有一所九真观,位于朱陵洞天附近,据称也是西晋太康年间邓郁之所建。司马承祯和陈田夫都在九真观区域修行居住,对这所九真观应该非常熟悉。如果观中存有萧绎的九真馆碑,陈田夫不会不记载。这所九真观与传为衡岳观前身的九真馆之间,是否存在联系,他也完全没有提及。

与此相关,唐宋时期的衡山道观,还有一个现象令人很感兴趣。《总胜集》卷下"王灵舆"条记载,枢密使孙沔梦王姓道士诉田产为"别宫所佃",后来他祭祀南岳:

> 至衡岳观,礼星像,目九仙宫,左右列真仙四人,王中者乃梦中所见,颜貌暗符,而衣冠则异。因观其传记,且曰中尊姓王,始觉其姓与梦中所说契矣。公虽访其本观所在,且撰日受暑,迫于期会,遂不及往。明年孟夏,刺史当奉诏祷岳,以疾不克行,公实代往。……其岳祀事毕,诣观中,见古屋塑像,

---

❶ 《南岳小录》"灵涧""寿涧"条,第862页。
❷ 湖南省地方志编纂委员会编:《南岳志》第二篇《形胜》第一章第一节"华盖峰"条,长沙:湖南出版社,1996年,第76—77页。

> 位于中者，榜曰：王灵舆真人。其颜状衣巾，乃梦中所见，无毫发之差。

此事又见于《九真人传》，叙事较为简略。孙沔曾前后两次至衡山祭祀南岳，第一次观礼于衡岳观，见到纪念九真人的"九仙宫"。据"访其本观所在"可知，衡岳观中的九仙宫是一处"分观"，"本观"另在别处。孙沔第二次至南岳时，访问的就是"本观"。这处"本观"，结合《九真人传》来看，其实就是位于衡岳观东十二里的九仙宫。九仙宫中纪念九真人的"古屋"，亦即李冲昭所说的九仙殿遗存。❶ 有意思的是，新旧两处九仙宫中，九真人的塑像衣冠有所不同。

九仙宫"本观"所在之地，是张始珍、王灵舆和邓郁之的活动之地。《小录》"九仙宫"条："张真人名始珍所居，有石坛，方阔丈余。梁天监三年，有仙者八人迎张真人于石坛上，同升天去。"《总胜集》本条记王灵舆自中宫迁于此，"朝斗思微，一日天真迎之"，又云邓郁之迁此，"有八真人，乘羽盖云峰降于室中，即前得道者八真人也，于是就自然石坛升天"，情节颇有类似之处。九真人中最晚升举的是邓郁之或王灵舆，"八真人"来迎的情节，发生于邓郁之或王灵舆升举时似更合理一些。但值得注意的是，宋代无

---

❶《南岳小录》末列有"前代九真人"姓名、所居宫观、升仙年代等简要事迹，双行小注云："出九仙宫碑，旧有九仙殿。"第865页。《九真人传》亦云曾"取旧碑为定"，第859页。此碑刻立于何时记载不详。与之相关的一个问题，是九真馆之得名，是否与九真人有关？九真人中最晚去世者在天监十三、十四年左右，庾承先离开衡山回江陵，是天监十八年之后，萧绎撰此碑更在普通七年之后。王僧镇所建九真馆，如果说与纪念九真人有关，时间上是可以成立的。不过，"九真"一词也有其他含义，《真诰》中就多次提到《九真中经》，如卷4《运象篇第四》："右三条是长史钞（抄）写《九真经》后服五石胨事。"卷5《甄命授第一》："君曰：道有《九真中经》，老君之秘言也。在世。"吉川忠夫、麦谷邦夫编：《真诰校注》，第159、163页。

论是九仙宫"本观"还是"分观",九真人塑像均以王灵舆为中心。

孙沔的经历提示,衡岳观附设有衡山另外一些重要道观的同名"分观"。❶ 九真观应当也在"分设"之列。如上节所论,衡岳观、南岳庙附近成为衡山文化地理的重心,是隋开皇九年升衡山为南岳之后的变动。南岳庙、衡岳观到朱陵洞天有一些距离,如孙沔就"迫于期会,遂不及往"。衡岳观中附设有其他道观的"分观",也许是为了参拜之便。

唐初重刻的萧绎《九真观记》碑,会不会是作为一种文化遗迹,被重刻建立于衡岳观的九真观"分观"之中?这当然只是一种猜想和可能性而已,但仍然提醒我们,需要慎重对待这通唐初重刻碑刻的地点意义。由于现存史料的缺乏,已经无法考证梁代九真馆的真正位置。陈田夫记载的九真馆—衡岳观沿革说,是一种可能性;而朱陵洞天附近的九真观,作为另一种可能性,也无法完全排除。

九真馆沿革的疑问,只是考察衡山早期历史记述的诸多难点之一。《水经注》卷38《湘水》说:"衡山东南二面临映湘川,自长沙至此,沿湘七百里中,有九向九背。故渔者歌曰:帆随湘转,望衡九面。"由于不同文献记载导致的衡山多面性,正如渔者之歌,让人有"望衡九面"之感。总结起来,至少有四点值得注意。其一是山中道馆兴起后,对衡山文化遗迹的记述;其二是慧思到来后的佛道关系叙事;其三是衡山升为南岳后,官方祠庙寺观建设带来的影响;其四是唐宋间几种衡山地志追溯性记述的影响。

宗教史记述中的立场比较显见。陈田夫《南岳总胜集总序》指出,衡山地记有"《寻胜》《证胜》、大小二《录》、《胜概集》《衡山

---

❶ 今衡山南岳大庙两侧有东八观、西八庙,仍可见这种"附设"之举。唐宋时期规模很大的衡岳观—铨德观,原观已经不存,成为南岳庙的附设之一。

记》"等多种，各有立场，"僧作《寻胜》，则道家之事削而不言；道作《证胜》，则僧舍之境阙而不书。不惟不究二教之始终，抑亦蔽诸峰之殊异"。其实，宗教史记述之"蔽"，不仅是陈田夫感慨的"削而不言"或"阙而不书"。由于吸纳信众、信仰竞争之需，往往会有大量虚构的宗教叙事。这种类型的记述之"蔽"，是记述者有意造成的。阅读者如果抱有足够的警惕，尚不难辨析。

记述者的无意之"蔽"，辨析起来则相当困难。每一个记述者都处在有限度的知识环境之中。由于时间流逝、文献不足征造成的不可知，往往带来记述者的推测和联想。这些带有强烈个人认知色彩的推测性意见，一旦记录为文本，随着文本的流传和经典化，往往会成为遮蔽历史的重要因素。本章考察"南岳"衡山的早期文献和景观，对这一点的感受颇为深刻。由于缺乏道馆化时期的具体记录，隋初衡山上升为南岳，又对宗教地理有较大的"扰动"，使得唐宋间编撰的几种衡山地理书，存在诸多的歧异记载和误导性追溯。本来的历史和写的历史之间，有很多需要警惕的陷阱。

后　论

回到本书开始提出的问题：如何从历史学的角度回答"山中何所有"之问？前面各章，以具体山岳为个案，从不同层面对这一问题进行了探讨。下面在此基础上，尝试做一些初步的综合性观察。

一　"土地所在"与江南地方性

山岳最初都是自然性的山体，文化属性是后起的。在山岳的文化属性中，山神信仰的传统最为久远。原始性的山神信仰往往会进一步形象化和人格化，《山海经》所记述的就是这种过渡形态的山岳祭祀。❶ 而在一定的契机下，有些山岳又会被纳入官方祭祀系统，汉代以来的五岳祭祀体系，就是最显著的例子。❷

---

❶ 伊藤清司：《〈山海经〉中的鬼神世界》，刘晔原译，第144—146页；马昌仪：《〈山经〉古图的"山神"与"祠礼"》，游琪、刘锡诚主编：《山岳与象征》，第417—451页。
❷ 吉川忠夫：《五岳と祭祀》，《ゼロ・ビットの世界》，第112—162页；田天：《秦汉国家祭祀史稿》，第297—327页。

江南地区的山神祭祀，同样有久远的传统。《山经》中的《南山经》《中次十二经》，记述江南山岳和神祇不少，如《中次十二经》记洞庭等山，"其神状皆鸟身而龙首"。❶楚辞《九歌·山鬼》中，山鬼的形象则是"乘赤豹兮从文狸"❷的女性。这些神祇中有一些受到楚国的特别重视，包山、葛陵等地出土的战国楚简中，就有峗山、五山等祭名。❸《越绝书》中亦记有几处与巫有关的山岳，如吴之虞山、越之巫山。❹

　　秦灭六国后，"令祠官所常奉天地名山大川鬼神可得而序也"，制定了一个新的山岳祭祀体系，其中"自殽以东，名山五"，即太室（嵩高）山、恒山、泰山、会稽山、湘山。❺这个新定的名山祭祀体系，以关中诸山为重心的色彩很突出。"自殽以东"名山五所，北方的嵩高山、恒山、泰山后来均位列五岳，但并不包括后来的南岳。

　　会稽山、湘山为何会受到始皇帝的重视，已难确知。不过，两山有一个共同的特征，均与圣王传说有关。湘山之神，传说是"尧女，舜之妻，而葬此"。❻与之相关的是始皇帝望祀过的另一座江南名山——九嶷山，传说是虞舜葬地。马王堆出土西汉初期长沙国地图中，九嶷山地区亦明确标有"帝舜"二字和可能表示祭祀的柱状

---

❶ 《山海经·中次十二经》，第236页。关于《山经》地理，参看谭其骧：《论〈五藏山经〉的地域范围》，《长水集（续编）》，北京：人民出版社，2009年，第391—433页。
❷ 汤炳正、李大明、李诚、熊良智：《楚辞今注》，上海古籍出版社，1996年，第71页。
❸ 杨华：《楚地山神研究》，《史林》2010年第5期。
❹ 李步嘉：《越绝书校释》卷2、卷8，第32、201页。
❺ 《史记》卷28《封禅书》，第1371页。
❻ 《史记》卷6《秦始皇本纪》，第248页。

图案。❶ 会稽山则是大禹葬地,"上有禹冢、禹井"。❷ 这就让人想到楚、越两国的政治影响。如王明珂所说,对华夏圣王传说的地理附会,表达的应当是华夏边缘政权的文化诉求。❸ 圣王传说的附会和认同,取决于传说中可资附会的知识资源。虞舜南征葬于苍梧之野、大禹涂山之会,为此提供了基础素材。越、楚虽然灭国,江南的舜、禹遗迹却流传下来,秦汉之际得到广泛认同。❹ 湘山、会稽山、九嶷山的重要性,应当从这一点来理解。

"名山"是一个文化符号,背后是王朝政治地理的影响。楚、越灭国之后,王朝政治重心位于北方,江南地区在政治、文化上均被边缘化,"名山"的地位也逐渐弱化。湘山、会稽山、九嶷山在两汉国家祭祀中的地位,远不能与位于长江以北的五岳相比。❺

江南再次出现独立政权是在六朝时期。相应地,江南山岳祭祀在以首都建康为重心的政治地理格局下,也出现了独特的文化面貌。孙皓时期的国山祭祀是一个显著的例子。这次颇受讥刺的祭祀活动,折射出江南政权的一个政治文化难题。国山祭祀并非完整的封禅活动,而是"先行禅礼"。《史记》卷28《封禅书》引管仲之说:历来"封"均在泰山,"禅"的位置则多所变更。此说为江南政权举行"禅"提供了依据,但"封"的问题无法解决。国山祭祀

---

❶ 参看姜生:《论马王堆出土〈地形图〉之九嶷山图及其技术传承》,《中国历史地理论丛》第24卷第3辑,2009年。
❷ 《汉书》卷28上《地理志上》,第1591页。
❸ 王明珂:《华夏边缘:历史记忆与族群认同》,北京:社会科学文献出版社,2006年,第163—184页。郭静云认为舜、禹原为南方传说,后进入华夏古史系统,《夏商周:从神话到史实》,上海古籍出版社,2013年,第103—107页。
❹ 关于舜葬于九嶷传说的知识演化,参看于薇:《先秦两汉舜故事南方版本发展与潇水流域的政治进程——兼论零陵九疑舜陵舜庙的实体化》,《学术研究》2013年第7期。
❺ 前面提到,五岳中的南岳有衡、霍争议,但至少自汉武帝以来,南岳祭祀一直是在庐江霍山,参看田天:《秦汉国家祭祀史稿》,第304—312页。

之后，梁武帝时又有人提议"封会稽、禅国山"，一度引起梁武帝的兴趣，但最终遭到学士反对而作罢。❶ 这个封禅难题体现出汉代政治文化传统与江南地方政权的矛盾性。秦汉时期形成的五岳，是以北方为重心的祭祀体系。孙吴、东晋到南朝，江南政权对于五岳祭祀一直兴趣不大，或许就是由于这一尴尬。❷

与之形成鲜明对照的是，"钟山之神"即蒋子文信仰，受到江南政权崇重。❸ 淝水之战前，会稽王司马道子"以威仪鼓吹求助于钟山之神，奉以相国之号"，❹ 刘宋时更加爵"位至相国、大都督、中外诸军事，加殊礼，钟山王"。❺ 沈约《赛蒋山庙文》有"仰惟大王，年逾二百，世兼四代"之辞。❻ 蒋子文生前不过是一位"嗜酒好色"的秣陵尉，为何会受到如此重视？《隋书》卷6《礼仪志一》说：

> 至（天监）十六年，有事北郊，帝复下其议。于是八座奏省四望、松江、浙江、五湖等座。其钟山、白石，既土地所在，并留如故。❼

这里提到保留钟山、白石的原因，是"土地所在"。蒋子文曾自称：

---

❶《梁书》卷40《许懋传》，第575页。
❷ 南岳霍山祭祀在宋孝武帝时受到一定重视，户川贵行认为是宋孝武帝建立新文化传统的举措之一，《東晉南朝における傳統の創造》，東京：汲古書院，2015年，第147—151页。
❸ 参看林富士：《中国六朝时期的蒋子文信仰》，《中国中古时期的宗教与医疗》，第467—498页；梁满仓：《论蒋神在六朝地位的巩固与提高》，《世界宗教研究》1991年第3期。
❹《晋书》卷114《苻坚载记下》，第2918页。
❺《宋书》卷17《礼志四》，第488页。
❻《艺文类聚》卷79《灵异部下·神》，第1355页。
❼《隋书》卷6《礼仪志一》，第110页。

"我当为此土地之神,以福尔下民耳,尔可宣告百姓,为我立祠,当有瑞应也。不尔,将有大咎。"❶ 白石山是建康西北的军事要地,其神白石郎,见于《神弦歌》,❷ 同样也是"土地神"性质。这些"土地所在"的小山被列入朝廷祭祀正是始于东晋。《宋书》卷16《礼志三》提到:"江南诸小山,盖江左所立,犹如汉西京关中小水,皆有祭秩也。""江南诸小山"与汉代长安"关中小水"相比,所云正是建康政权与"土地所在"的关系。刘宋孝武帝时重修蒋山祠,"所在山川,渐皆修复",明帝时"立九州庙于鸡笼山,大聚群神",❸ 这些举措也可以置于"土地所在"的背景下理解。

这一点很值得注意。虽然说"山无大小,皆有神灵",❹ 但秦汉时期,由于江南地区处于文化边缘,很少进入主流历史记述,江南山神绝大多数并不知名。这种情况随着江南政权的建立而发生了变化,"土地所在"的江南神祇越来越多地见诸文献记述,受到关注。除了蒋子文、白石郎,孙皓祭祀过的石印山"下有祠屋,巫祝言石印神有三郎"。❺ 最显著的例子是位于庐山山南的宫亭神。六朝立国江南后,由于庐山地处都城建康通往岭南的交通要道,在《异苑》《幽明录》等书中留下了多条传说,并成为佛教叙述中的感化对象。茅山白鹤庙,首见于《真诰》和《茅君内传》记述,由于茅山道教的影响,一直到唐代仍受到崇重。这些江南神祇应当早已存在,但直到六朝时期才载于文献。

"土地所在"的影响,同样也体现在神仙道教领域。在《抱朴

---

❶ 李剑国:《新辑搜神记》卷6"蒋子文"条,第107页。
❷ 《乐府诗集》卷47《清商曲辞四》,第684页。
❸ 《宋书》卷17《礼志四》,第488页。
❹ 王明:《抱朴子内篇校释》(增订本)卷17《登涉》,第299页。
❺ 《三国志》卷48《吴书·孙皓传》注引《江表传》,第1171页。

子内篇·金丹》中，葛洪引《仙经》，详细列举"可以精思合作仙药"的山岳：

> 华山、泰山、霍山、恒山、嵩山、少室山、长山、太白山、终南山、女几山、地肺山、王屋山、抱犊山、安丘山、潜山、青城山、娥眉山、绥山、云台山、罗浮山、阳驾山、黄金山、鳖祖山、大小天台山、四望山、盖竹山、括苍山。❶

分析这个名单可知，首先是五岳，其次按照地域分列诸名山，太行山脉及其周边、关中、巴蜀、会稽、岭南地区均有分布。葛洪接下来指出，这些山岳，"皆是正神在其山中，其中或有地仙之人。上皆生芝草，可以避大兵大难，不但于中以合药也。若有道者登之，则此山神必助之为福，药必成"。但在葛洪心目中，"上国名山"亦即中原地区的名山，修道环境明显要优于南方名山。如他回答"江南山谷之间，多诸毒恶"问题时说："中州高原，土气清和，上国名山，了无此辈。今吴楚之野，暑湿郁蒸，虽衡霍正岳，犹多毒蛊也。"❷ 只是永嘉之乱后"中国名山不可得至"，修道者只能选择会稽名山和岛屿。

由于"中国名山不可得至"，江南名山获得了发展的契机。《真诰》卷14《稽神枢第四》条列有五岳名山中"一年之得道人"事迹，分别是：（1）霍山：邓伯元、王玄甫（时间不详）；（2）华阴山：尹虔子、张石生、李方回（"并晋武帝时人"）；（3）衡山：张礼正（汉末

---

❶ 王明：《抱朴子内篇校释》（增订本）卷4《金丹》，第85页。其中，位于五岳之列的霍山，据葛洪下文解说，是指晋安霍山（今宁德霍童山），亦即东晋南朝道教观念中的"南岳"。

❷ 王明：《抱朴子内篇校释》（增订本）卷17《登涉》，第306页。

入山）、冶明期（魏末入山）；（4）庐江潜山：郑景世、张重华（晋初受口诀入山）；（5）括苍山：平仲节（"大胡乱中国时渡江"）；（6）剡小白山：赵广信（魏末渡江）；（7）海中狼五山：虞翁生（吴时隐此山）；（8）赤水山：朱孺子（吴末入山）。❶ 上列修道者集中于汉末至西晋，所修道之山多位于"吴楚之野"的庐江和江南地区。真人之诰降示于江南地区，这种神仙地理叙述也让人想到"土地所在"的影响。

这一点更显著地体现在洞天福地体系之中。唐前期司马承祯编录的《天地宫府图》，是洞天福地最早的体系化记载。❷ 从地域分布来看，江南特别是吴越名山在其中占据主导地位。如十大洞天有五所位于吴越地区（另外五所中，岭南、蜀地各有一所；两所为传说之山，地点不明；北方地区比较明确的仅有王屋山一所）；三十六小洞天中江南名山有二十五所，吴越地区占十三所。洞天福地体系经历了一个发展过程，东晋中期仍只有三十六洞天之说，而且只有位列前十的洞天有明确记载。《真诰》卷11《稽神枢第一》："大地之内有地中之洞天三十六所。其第八是句曲山之洞，周回一百五十里，名曰金坛华阳之天。"东晋中期出现的《茅君传》记有三十六洞天中前十位的名称，与司马承祯《天地宫府图》所载十大洞天一致，即王屋、委羽、西城、西玄、青城、赤城、罗浮、句曲、林屋、括苍。❸ 由此来说，山中神仙洞府想象和

---

❶ 吉川忠夫、麦谷邦夫编：《真诰校注》卷14《稽神枢第四》，第447—449页。
❷ 《云笈七签》卷27《洞天福地》，第608—631页。杜光庭：《洞天福地岳渎名山记》稍有差异，见罗争鸣：《杜光庭记传十种辑校》，第385—397页。
❸ 这十所洞天均不在五岳之中，与《抱朴子内篇》列举名山时首举五岳有所不同。《太平御览》卷678《道部二十·传授上》引《茅君传》："五岳及诸名山皆有洞室，或一里、二十里、十里，岳洞方百里也。"第3025—3026页。《白氏六帖事类集》卷2《洞》引《茅君内传》："五岳及名山洞室，或三十里、二十里、十里，难并合神仙之言，又非小天之数。岳洞万里，其岱宗山之洞周三千里，名曰三宫空洞之天。"第76—77页。后者更为细致（本条蒙孙齐先生提示）。虽然还有一些不明之处，但在《茅君传》中，五岳对于修道者的意义显然已经低于十所洞天。

386

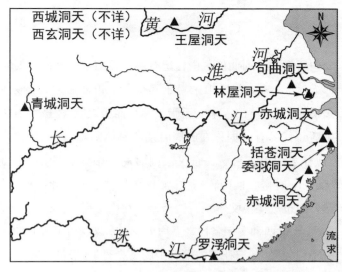

地图11 《天地宫府图》十大洞天示意图（葛少旗绘）

洞天的具体化，应当是道教神仙说在江南地区的新发展。由于"土地所在"的原因，江南山岳被赋予了重要的神圣性。

无论是孙皓的国山禅礼，还是道士对江南名山的寻访，背后其实有一个共同的逻辑起点，即葛洪所说的"中国名山不可得至"，换言之，最初只是作为"上国名山"的替代。这种文化心理当然与楚、越之后江南长期成为文化边缘之地有关，同时也说明"上国"的文化正统性已经成为一种普遍意识。如何摆脱这种边地意识，将"土地所在"的江南地方性融入侨寓政权的文化认同之中，是东晋南朝时期面临的一个文化难题。国家祭祀层面上对蒋子文神的崇重，知识领域内庐山宫亭神传说的广泛传播，道教领域内以江南名山为主体的洞天体系的形成，都出现于这一背景之下。

二 信仰景观的变化及其空间表现

在山中寺馆出现之前，山林修道已经有很长时间的历史。传为刘向所撰的《列仙传》中，记有不少在山中服食修行的学仙者，如邛人菝子，"少在黑山采松子、茯苓，饵而服之，且数百年"；陵阳子明，"上黄山，采五石脂，沸水而服之"。❶ 这些山中修道者的生活年代，有的据称在殷周时期，具体则难以考实。据《神仙传》《抱朴子内篇》来看，东汉三国时期山中修道是相当普遍的现象。"仙"字有僊、仙两种写法，《释名》："老而不死曰仙。仙，迁也，迁入山也。"《说文解字》："仚，人在山上皃。"又云："僊，长生僊去。"❷ 这两种文字名物之书均出现于东汉，可见当时仙（僊）与山的密切关系。《抱朴子内篇》中的《金丹》《登涉》等篇，颇多涉及入山问题，其中说："凡为道合药，及避乱隐居者，莫不入山。"❸ 葛洪还提到，要慎重选择所入之山，"古之道士，合作神药，必入名山，不止凡山之中"，因为"凡小山皆无正神为主，多是木石之精，千岁老物，血食之鬼，此辈皆邪炁，不念为人作福，但能作祸"。❹ 这种对山岳的分类和认识，应来自于入山者长期的经验积累。

山中修道的普遍化，会形成一个庞大的山岳修道网络。有可能是东晋华侨所撰的《紫阳真人内传》，详细记述了紫阳真人周义山的修道经历，列举其先后探访三十四处名山，在山中遇到仙人授以不同的仙经，如在王屋山遇仙人赵他子、黄先生，授以《芝图》十六首及《五行秘符》《黄素神方》五帝六甲、左右灵飞之书四十四诀；在霍山遇司命君，授以《经命青图》《上皇氏纪籍》，等

---

❶ 王叔岷：《列仙传校笺》，第109、158页。

❷ 毕沅疏证，王先谦补：《释名疏证补》卷3《释长幼》，祝敏徹、孙玉文点校，北京：中华书局，2008年，第96页；段玉裁：《说文解字注》，第383页。

❸ 王明：《抱朴子内篇校释》（增订本）卷17《登涉》，第299页。

❹ 王明：《抱朴子内篇校释》（增订本）卷4《金丹》，第85页。

等。❶ 这种周访名山仙人的叙述背景,应当就是当时广泛存在的山中修道现象。

早期的神仙修道者主要居于山中石室(洞穴)或简易房舍之中,类似于佛教寺院的修道形态——道馆,5世纪才开始出现于江南地区,是一个新的历史现象。

关于道馆的起源问题,目前还有一些不明之处。陈国符最早指出,可能起源于早期山居修道者居住的山洞(石室)。❷ 卿希泰主编的《中国道教史》,也提到五斗米道治靖与道馆起源的关系。❸ 都筑晶子则从"馆"的含义入手,敏锐地注意到都邑、山中之"馆"的转化以及背后的供养关系,指出刘宋以后山中修道场所受到皇室和士族官僚的供养而得到发展,原本在都城出现的征召隐逸、传授知识的"馆",开始在山中营造,导致山中修道场所向"道馆"的转化。❹ 以上观察,对于理解道馆的起源都很重要。特别是都筑晶子指出"馆"的语义及其转化过程,很有启发。结合目前的研究来看,在讨论道馆起源时,除了上面提到的几种意见,以下两个因素也许值得特别注意:

(1)早期山中修道者建立的精舍或静舍。葛洪《抱朴子内篇》卷4《金丹》提到,"于名山之侧,东流水上,别立精舍"。《真诰》有很多处提到在茅山中建立静舍,如卷11《稽神枢第一》说:"大

---

❶ 《紫阳真人内传》,《道藏》第5册,第542—548页。关于紫阳真人的这种修道方式,参看张超然:《系谱、教法及其整合:东晋南朝道教上清经派的基础研究》,第89—112页;金志玹:《內傳にみる道教修行の過程と世界の構造》,《종교와 문화》26,서울대학교 종교문제연구소,2014年。
❷ 陈国符:《道藏源流考》下册附录二《道藏札记·道馆考原》,第266—268页。
❸ 卿希泰主编:《中国道教史》(第一卷),成都:四川人民出版社,1996年,第552—566页。
❹ 都築晶子:《六朝後半期における道館の成立——山中修道》,《小田義久博士還暦記念東洋史論集》,第317—352页。

茅山下亦有泉水，其下可立静舍。近水口处乃佳，当小危不安耳。"卷13《稽神枢第三》："近所标静舍地，此金乡之至室，若非许长史父子，岂得居之？"这种静舍也就是静室，王承文认为是道教斋戒静思的场所。❶ 静室有在家和在山野两种，《真诰》卷18《握真辅第二》对山中静舍的形态有详细说明，并指出"此法在名山大泽无人之野，不宜人间"。

（2）想象中的神仙之馆的影响。《真诰》中记述了不少神仙之馆，如桐柏真人王子乔的金庭馆，方丈台第十三朱馆，茅山中的易迁馆、方源馆。这些想象中的神仙之馆，远早于现实中道馆出现的时间，是道馆兴起的信仰渊源。换言之，道馆受到想象中的仙馆的影响。《三洞奉道科戒营始》卷1《置观品四》就说：

> 夫三清上境，及十洲五岳，诸名山或洞天，并太空中，皆有圣人治处，或结气为楼阁堂殿，或聚云成台榭宫房……所以法彼上天，置兹灵观，既为福地，即是仙居，布设方所，各有轨制……皆须帝王营护，宰臣修创，度道士、女冠住持供养，最进善之先首，不可思议者也。

这段话提到了两层意思：一是道馆（观）与想象中的神仙宫馆的关系，所谓"法彼上天，置兹灵观"；一是道馆的建立需要皇室和士族官僚支持，所谓"皆须帝王营护，宰臣修创，度道士、女冠住持供养"。前者是信仰资源，后者是现实推动力，正是这两种力量的结合，共同促成了道馆在江南山林的出现和发展。一个显著的例

---

❶ 吉川忠夫：《静室考》，许洋主译，《日本学者研究中国史论著选译》第7卷，第446—477页；王承文：《汉晋道经所见"静室"各种名称及其与斋戒制度的关系》，《魏晋南北朝隋唐史资料》第34辑，2016年。

子，就是南齐永泰元年（498）齐明帝萧鸾令亲近道士在天台桐柏山建立的金庭馆。天台桐柏山是仙人王子乔治处，南齐金庭馆由皇室敕建和供养，受到王子乔金庭仙馆的影响。

仙馆的信仰想象，与神仙洞天观念的形成有关。由于山林的隔离性和隐秘性，往往被想象为神圣空间之所在。《博物志》卷1《物产》说："名山大川，孔穴相内，和气所出，则生石脂玉膏，食之不死，神龙灵龟行于穴中矣。"在此基础上，逐渐产生出山中神仙洞府的构想。《真诰》卷14《稽神枢第四》说："名山五岳中学道者数百万人……有不乐上升仙而长在五岳名山者，乃亦不可称数。或为仙官使掌名山者，亦复有数千。"❶ 这里就将名山与神仙治所相联系。具体的例子，如东海人王远"常在昆仑山，往来罗浮、括苍等山"，"山上皆有宫室，主天曹事"，"一日之中，与天上相反复者十数过，地上五岳生死之事，皆先来告王君"。❷ 茅山的句曲洞天，"宫室结构，方圆整肃"，左慈感慨："神灵往来，相推校生死，如地上之官家矣。"❸《真诰》对句曲洞天官府构成的记述极为详细。句曲洞天是一个更大的神仙洞府体系中的一环，其他洞天亦当如此。在《真诰》的想象中，主者方诸青童居于会稽海岛之中，定期巡行以句容茅山、天台桐柏山等为代表的洞天，形成"会稽海岛—吴越洞天"的神仙地理，体制上类似于世间的州郡统辖关系。如前所述，这种神仙洞府体系至迟到东晋中期已经形成，具有浓厚的江南地方性色彩。

---

❶ 吉川忠夫、麦谷邦夫编：《真诰校注》卷14《稽神枢第四》，第448—449页。本条是乙丑岁即东晋兴宁三年（365）九月二十日夜清灵真人裴君"疏出"，"掾"（许翙）所写。

❷《太平广记》卷7"王远"条引《神仙传》，第48页。

❸ 吉川忠夫、麦谷邦夫编：《真诰校注》卷11《稽神枢第一》，第357页。

神仙洞府想象影响到山中道馆的选址。道馆往往建于神仙洞府的入口处，最明显的例子，是茅山句曲洞天最重要的入口——山南大洞口。南齐初年，由王文清主持在此"敕建"崇元馆，逐渐发展为"周流数里，廨舍十余坊"的建筑密集之处。❶梁武帝普通三年（522），道士正张绎主持在此刻立纪念性的《九锡真人三茅君碑》。在另一处重要的洞天桐柏（天台）山，可考的几所南朝道馆，如纪念褚伯玉的太平馆、为齐明帝祈福的金庭馆和徐则的山馆，分布在通往山中神圣之地的路线上。"南岳"衡山的早期道馆，亦以朱陵洞天附近最为集中。道馆依傍于洞天，是江南山岳常见的空间形态。❷

　　个体禅僧进入山林，与早期的山林修道者类似，往往选择居于岩穴（石室）之中。而人数较多的僧团进入山林时，起居、生活等方面的问题更为突出，寺院的选址就要考虑僧团的生活与日常维系等因素。

　　山中寺院的出现时间要远早于道馆。西晋时期，洛阳附近已经出现山中寺院。永嘉之乱后，大量僧人南迁，山中寺院在剡县、庐山等地开始出现，并得到迅速发展。不过，相对于道教领域内的神仙洞府想象，佛教领域内对江南山岳的神圣性并无特别的建构。从现有史料来看，有一些入山僧人认为所居之山类似于耆阇崛山（灵鹫山）。如东晋义熙年间，僧翼、昙学"至秦望西北，见五岫骈峰，有耆阇之状，乃结草成庵，称曰法华精舍"。❸刘宋时期，求那跋摩到始兴虎市山，见此山"仪形耸孤，峰岭高绝"，"谓其仿佛耆阇，

---

❶ 吉川忠夫、麦谷邦夫编：《真诰校注》卷11《稽神枢第一》，第356、366页。
❷ 也有不少道馆建立在并非洞府的山中，如潘洪隐居的上虞兰风山、张道裕的虞山招真馆，均为其例。关于后者，参看拙撰：《山中道馆的兴起》，田熊敬之訳，《アジア遊学》213《魏晋南北朝史のいま》，東京：勉誠出版，2017年，第121—125页。
❸ 《高僧传》卷13《兴福·释僧翼传》，第483页。

乃改名灵鹫，于山寺之外，别立禅室"。❶ 南齐时期，僧护到石城山，"见其南骈两峰，北叠峻崿，东竦圆岑，西引斜岭，四嶂相衔，郁如鹫岳，曲间微转，焕若龙池"。❷ 这些记述的共同之处，就是根据山体形貌比附耆阇崛山。❸

许里和（Erich Zürcher）认为，寺院与山林的密切关系是中国佛教的一个特色，可能受到道教神仙说的影响。❹ 据《高僧传》来看，最早的一些山中僧人，如西晋洛阳磐鸱山犍陀勒和娄至山诃罗竭，都是胡僧。他们选择在山中修行，可能只是头陀山林，看不出神仙说的影响。❺ 石赵时期，道安等在太行诸山中修行，避难目的比较突出。❻ 但太行诸山是早期山林修道者的集中地，僧人与修道者的接触在所难免。山中禅修与神仙说的结合，在南岳慧思愿文中表现最为突出。但这种思想应当已有长时间的酝酿过程。北朝后期伪经《首罗比丘经》、北齐天保八年（557）刻立的赵郡王高叡定国寺塔铭碑等，均提到月光童子与天台山的关系，可能就是受到天台山神仙洞府地位的影响。

相对于山神信仰而言，山中修道者和僧人属于后来者。当不同信仰力量汇集在同一地理空间内，如何相处成为一个显见的问题。六朝文献中叙述不同信仰间冲突、感化等情节的故事颇为常见。由于佛教的外来信仰性质，与前两者的冲突、协调关系尤为明显。这

---

❶ 《高僧传》卷 3《译经下·求那跋摩传》，第 107 页。
❷ 《会稽掇英总集》卷 16 刘勰《梁建安王造剡山石城寺石像碑》，《影印文渊阁四库全书》第 1345 册，第 114 页。
❸ 《弘赞法华传》卷 1《图像》提到，刘宋景平元年（423）瓦官寺沙门帛惠高建灵鹫寺，沙门释惠豪"于中制灵鹫山图，奇变无方，郁似睹真"，《大正藏》第 51 册，第 13 页。
❹ 许里和（Erich Zürcher）：《佛教征服中国》，李四龙、裴勇等译，第 328—340 页。
❺ 《高僧传》卷 10《神异下》犍陀勒、诃罗竭两传，第 369—370 页。
❻ 《高僧传》卷 5《义解二·释道安传》，第 178 页。

些叙述往往有各自的信仰立场,如何在这些立场中辨析出"本来的历史和写的历史",也成为研究过程中的一项基础性工作。一般来说,有时候某种信仰力量可能会在山岳空间中占据优势,但更多的情况下是形成共存关系。这一过程往往体现为物化的信仰景观。

茅山就经历了一个为道教逐渐占据的过程。齐梁时期,道馆广泛分布于山中,受到周边村落崇信的神祇信仰——白鹤庙,亦与神仙三茅君传说相融合。建康东北的摄山,则经历了一个逐渐为佛教占据的过程。山顶"旧有周江乘庙",❶ 此外亦有"外道馆地",但后来由于"疫疠"而废弃。刘宋泰始年间平原明僧绍在此"结构茅茨",后将宅舍施于法度禅师,建立寺院。后来其子又与法度一起,在山中刻造佛像,使摄山成为一处受到建康官僚士族崇重的佛教圣地。摄山信仰景观的这一变动过程,按照江总碑文的记述,是"三清遗法,未明五怖之灾;万善开宗,遂变四禅之境"。❷

当多种信仰力量共存时,有时候会呈现出明显的空间分野。如庐山,早期最重要的佛教寺院位于山北,而宫亭庙和修道遗迹多位于山南;江南衡山,道馆多集中在朱陵洞天附近,慧思进入后的修行地明显远离此处。上虞城南的山中,佛教寺院以龙山为著名,道馆则在龙山之南的兰风山。但也并非都是如此,有时候空间区分并不明显,如天台山的早期寺院位于赤城山和瀑布山,瀑布山同时也建有很重要的道馆。在早期的佛道空间关系中,并非只有冲突与区隔,协调共存的图景亦往往可见。

山中寺院、道馆的兴起,意味着道教、佛教的山中修行,从个

---

❶《太平御览》卷46《地部十一·摄山》引《江乘地记》,第222页。

❷《金石萃编》卷132《栖霞寺碑》,《石刻史料新编》第1辑第4册,第2468页。参看蔡宗宪:《中古摄山神信仰的变迁——兼论人鬼神祠的改祀与毁撤》,《唐研究》第十八卷,第1—20页。

体性苦修到团体性、组织性修行的变化。在这一过程中，一方面是神仙洞府构想带来的山岳空间的神圣化及其影响，一方面是在世俗世界特别是皇室和士族官僚的供养和支持下，山岳信仰景观的急速变化。从神庙祭祀到寺馆林立，江南山岳呈现出一种新的景观形态。

三　山林与周边区域的互动关系

　　山中神庙和寺馆的共同之处，是在"山中"构建神圣场所。神庙主要是出于周边民众的祭祀需求，寺院和道馆则具有双重性质，一方面是僧人、道士的修行场所，一方面与神庙相似，也会服务于周边民众的信仰需求。这就使得山林与周边区域存在密切的互动关系。换言之，山林并不是孤立的存在，而是区域历史的一个环节。

　　神庙祭祀起源久远，往往依存于当地的自然环境而生，是民众生活系统的组成部分。其地点选择，则往往与自然地形有关。❶江南最早见诸记载的祠庙之一——湘山祠，虽然被秦博士解释为舜之二妃故事，实际上的信仰起源则是镇护风浪的神祇。为了祈求行船顺利，在沿岸的一些重要地点，如君山、黄陵山、磊石山及以西沙洲、鹿角沙洲等处，先后形成了多处祠庙祭祀中心。由于洞庭湖、湘水下游地区历史环境的复杂变迁，相应的祠庙祭祀随着水道变迁、湖面扩张而出现、升降或消失，展现出民间信仰与自然环境之间的互动关系。❷庐山之下、鄱阳湖岸边的宫亭庙也是如此。

---

❶ 野本寛一将其称之为"圣性地形"，并具体区分为各种类型，进行过逐一解说，《神と自然の景観論：信仰環境を読む》，東京：講談社，2006年，第3—9、49—179页。

❷ 拙撰：《洞庭古祠考——中古湘水下游的祠庙景观》，《历史人类学学刊》第10卷第2期，2012年。

在古代农业社会中，干旱祈雨是最重要的信仰活动之一。山林被认为是能兴云雨之地，山中神庙也往往成为地方官府和民众的祈雨场所。六朝史料中有关这方面的记载，最著名的是谢朓任宣城太守时至敬亭山庙祭赛求雨，《太平御览》卷46《地部十一·敬亭山》引《郡国志》及《宋永初山川记》："宛陵北有敬亭山，山有神祠，即谢朓赛雨赋诗之所。其神云梓华府君，颇有灵验。"谢朓《赛敬亭山庙喜雨》诗："秉玉朝群帝，樽桂迎东皇。排云接虹盖，蔽日下霓裳。会舞纷瑶席，安歌绕凤梁。百味芬绮帐，四座沾羽觞。"❶这应该是当时很常见的祭赛祈雨场景。神庙的信仰事务由巫祝主持，依存于周边区域的民众信仰环境，有时候官府会介入和参与。此外，庙神也会通过信众的流动而传布到区域之外，❷如宫亭庙神和蒋子文神，就随着士族官僚、商人行旅的行迹扩散到江南多地。

在早期山林修道时期，学仙者主要目的在于自我修炼，但由于仙药、炼丹、饮食等方面的需求，也常常与周边区域（特别是市）发生联系。山民入山采药、伐薪等，有时也会接触到学仙者。这一类的记载很多，剡县人刘晨、阮肇入天台山取榖皮遇二仙女，❸王质入山伐木遇仙童弹琴而歌，❹都是很著名的故事。由于学仙者的神异色彩，使他们往往受到民众的崇奉，民众也常常会为之建立神庙。葛由在峨嵋山西南的绥山成仙，"山下立祠数十处"；王子乔

---

❶ 曹融南：《谢宣城集校注》卷3，第236页。
❷ 关于祠神的区域性及其信仰扩散过程，宋代以后的讨论较多，参看韩森（Valerie Hansen）：《变迁之神：南宋时期的民间信仰》，包伟民译，上海：中西书局，2016年，第160—165页；皮庆生：《宋代民众祠神信仰研究》，上海古籍出版社，2008年，第204—271页；朱海滨：《祭祀政策与民间信仰变迁——近世浙江民间信仰研究》，上海：复旦大学出版社，2008年，第140—179页。
❸ 《太平御览》卷41《地部六·天台山》引《幽明录》，第194—195页。
❹ 《太平御览》卷47《地部十二·石室山》引《郡国志》，第230页。

在嵩高山升仙后，曾在缑氏山"举手谢时人"，人们为之"立祠于缑氏山下及嵩高首"；负局先生居于吴山绝崖之上，"悬药下与人"，民众感其神异，"立祠十余处"。❶ 对于民众而言，这些仙人祠的信仰性质，与山神祠祀是相似的。

供养性的山中修道团体兴起之后，与周边的区域社会和朝廷、官府的联系变得更强。南朝时期的茅山，就是最为显著的例子。刘宋初期，茅山出现由皇室和士族官僚供养的道士，如长沙景王檀太妃为陈姓道士在雷平山西北建立道士廨，山南大洞口有广州刺史陆徽供养的女道士徐漂女及其弟子。❷ 这让人想到前面引用的《三洞奉道科戒营始》卷1《置观品四》的说法，"皆须帝王营护，宰臣修创，度道士、女冠住持供养"。虽然不一定非得是帝王和宰臣，但分析齐梁兴盛时代的茅山道馆可知，朝廷、士族官僚阶层的供养，周边区域民众围绕道馆的信仰活动，确实是山中道馆的重要特征。

近年在四川省阆中市发现的南齐隗先生石室铭文，提到道士隗静在阆中地区的修道活动与供养关系，亦提供了一个具体细致的案例：

> 先生乃□□此山，故游步巴土，寓之同义。巴西蒲□□，好事者，于北津为立道官。巴西严道□□云台山为造精舍并诸堂宇。先生住□□功，遂不居。于是巴西鲜祐之、新巴□□□何进达、何弘进等为先生修理石□□□处所，镌祐岩岫，制置房庑，奉安三□，□□之业，斋中之施，以为恒供。❸

---

❶ 以上诸条，均见王叔岷：《列仙传校笺》，第50、65、150页。
❷ 《真诰》卷11《稽神枢第一》，第366页。
❸ 孙齐：《南齐〈隗先生铭〉与南朝道馆的兴起》，《魏晋南北朝隋唐史资料》第31辑，2015年；孙华：《阆中石室观〈隗先生石室记〉》，《文物》2014年第8期。

陆静后来曾短期赴建康，再次返回阆中石室后，又受到巴西谯灵超的"供赡"，"福事更兴，渐就精丽"。谯灵超是"谯周之胤"，当时"试守"巴郡太守，铭文中提到的其他供养陆静的巴西诸人，想来也都是当地的有力阶层。此外，陶弘景《吴太极左仙公葛公之碑》提到，山阴潘洪原来在余姚四明山修道，"国为立观"，天监七年，由于"郡邑豪旧"的邀请，改住上虞县兰风山十五年。❶ 沈约任东阳太守时，曾访问金华东山的留真人，并追赠其祖功曹史，父孝廉。在这些例子中，都提到山居道士与周边区域的士族官僚或地方有力阶层的关系。供养性的山中修道团体，一方面是早期山中修道的延续，另一方面在组织形态和运作方式上有所不同。馆主和馆内道士除去自我修行外，还需要为道馆的建立者和供养者祈福禳灾，❷ 具有相当的世俗性。这就使得山中修道活动与周边区域的信仰关系日趋紧密，正如陆先生铭所说，"道俗归化，莫不洗悦"。而学道信徒规模最为可观的"朝山"活动，则是茅山每年三月十八日的盛会，"公私云集，车有数百乘，人将四五千，道俗男女状如都市之众"，登山"作灵宝唱赞"。❸ 这种吸纳大规模周边民众参与的信仰仪式，已经完全不同于旨在个体升仙的隐修活动。

岩穴禅修的僧人，类似于早期的山林修道者。由于日常饮食的需要，与附近山村民众颇有接触，往往显示神异而获得民众信奉，进而建立寺院。东晋末帛僧光进入剡县石城山，"于山南见一石室，

---

❶ 王京州：《陶弘景集校注》，第160页。
❷ 孙齐认为，灵宝斋法是道馆运作方式的一个基础，即欲求个人解脱不必再亲身修习道法，可以请道士代行灵宝斋，《南齐〈陆先生铭〉与南朝道馆的兴起》，《魏晋南北朝隋唐史资料》第31辑，2015年。另可参看柏夷（Stephen R. Bokenkamp）：《早期灵宝经与道教寺院主义的起源》（孙齐译、秦国帅校），《道教研究论集》，孙齐等译，上海：中西书局，2015年，第40—69页。
❸ 吉川忠夫、麦谷邦夫编：《真诰校注》卷11《稽神枢第一》，第364页。

仍止其中，安禅合掌，以为栖神之处。至明旦雨息，乃入村乞食，夕复还中"，"尔后薪采通流，道俗宗事。乐禅来学者，起茅茨于室侧，渐成寺舍，因名隐岳"。❶ 石城山隐岳寺的建立过程，就揭示了山中寺院形成的一个路径——从修禅石室到茅舍、寺院，在此过程中，周边区域民众的佛教接受和供养活动，是很关键的要素。这也是佛教深入江南民间的重要方式。梁代前期，头陀僧人嵩头陀游方于乌伤地区，以苦行、神异获得民众供养，在金衢盆地山脉边缘建立多所山寺，影响到乌伤地方的信仰生活，出现以傅大士和云黄山双林寺为核心的村邑弥勒信仰团体，就是一个典型的例子。

嵩头陀在金衢盆地建立山寺的过程中，除去一般的村落民众，也可以看到"梁常侍"楼偃等地方官僚大族的供养和支持。庐山可考的最早寺院——西林寺，由寻阳大族陶范（陶侃之子）为慧永所建。❷ 慧远僧团到庐山时，最初住在龙泉精舍，由于"徒属已广，而来者方多"，龙泉精舍和慧永的西林寺，均不足以容纳，因此江州刺史桓伊"复于山东更立房殿，即东林是也"。❸ 寺院房舍建立之后，僧团的日常衣食之资，更是需要持续性的供给。除去寺田收入和周边村落民众的供养，也时时可见朝廷、地方官府的身影。智𫖮僧团二十余人进入天台山时，最初选择的佛陇，是一处褊狭的山间谷地，并不理想。僧团曾一度面临很大的生存困难，后来是陈宣帝下诏用始丰县赋税供养，才得以渡过难关。

朝廷和官府力量对寺院建立和僧团维系的重要作用，大概也就是道安所说的"不依国主，则法事难立"。❹ 换言之，由于僧人不

---

❶《高僧传》卷11《习禅·帛僧光传》，第402页。
❷《高僧传》卷6《义解三·释慧永传》，第232页。
❸《高僧传》卷6《义解三·释慧远传》，第212页。
❹《高僧传》卷5《义解二·释道安传》，第178页。

事劳作,规模较大的寺院和僧团运作,往往需要依靠朝廷和官府积聚的财力资源。仍以石城山为例,前面提到,最初的山寺是以"禅僧—村落信众供养"的方式形成,但后来在开凿大佛像时,最后不得不请求朝廷和官府支持。南齐时期,僧护发愿在石城山"镌造十丈石佛",因此"招结道俗,初就雕剪",但仅仅凿出面部。僧护去世后,僧淑继续开凿,也因为"资力莫由",没有成功。直到天监六年(507),通过始丰县令陆咸和时任扬州刺史的建安王萧伟上奏,梁武帝命令僧祐"专任像事",变成由朝廷敕建,最终顺利完成。石城山佛像转为朝廷敕建的过程,关键就在于仅仅依靠寺僧,"资力莫由"。而地方官府和朝廷介入之后,石城山佛教的影响也最终得以扩大,"其四远士庶,并提挟香华,万里来集,供施往还,轨迹填委"。❶

　　山中寺馆的供养者,可以分为周边区域的信众(包括地方大族)、地方官府、朝廷三个层面,具体则取决于寺馆本身的影响力。江南山寺最早的两个中心——剡县诸山和庐山,分别邻近两个区域性政治中心——寻阳和会稽。前面提到,庐山寺院的建立与江州官府、地方大族的支持有密切关系。剡县较早的山居僧人竺法潜,为王敦之弟,他"隐迹剡山,以避当世",可能与琅邪王氏从朝廷中枢的退场有关。❷ 他在会稽拥有产业,支遁向其"求买仰山之侧沃洲小岭,欲为幽栖之处",即见一斑。支遁本人也与当时名流"皆著尘外之狎",晋哀帝时又被征召至建康近三年。❸ 这种"佛教山林—区域政治中心"的地理格局,似乎显示出东晋时期山林佛教与朝廷在一定程度上的疏离关系。

---

❶《高僧传》卷13《兴福·释僧护传》,第490—492页。
❷《高僧传》卷4《义解一·竺法潜传》,第156—157页。
❸《高僧传》卷4《义解一·支遁传》,第159—164页。

刘宋以后则有一些变化。建康附近的钟山和摄山，逐渐演变为重要的佛教山林。这两处新成长的山林，对建康权力中心的依赖性要远远超过剡县诸山和庐山。如位于建康城外的钟山，南朝时期成为寺院林立之地，是皇室、士族官僚的游览讲经之地，热闹喧哗，被智𫖮认为"非避喧之处"。南齐永明年间开始兴建的摄山造像窟，由"齐文惠太子、豫章文献王、竟陵文宣、始安王等慧心开发，信力明悟，各舍泉贝，共成福业"。❶ 钟山和摄山作为山林佛教中心的兴起，并不仅仅是一个山林现象，而应该作为建康都城内部的权力资源向郊外扩散，并导致郊外文化空间兴起的一个环节来理解。其实，这种现象也存在于不少州郡治所的郊外，如会稽城南的七山寺，郢州城外的头陀寺，就都可以看到州郡治所资源积聚对佛教寺院的影响。其中，慧宗于刘宋时期创建的郢州头陀寺，由后军长史、江夏内史孔觊"为之薙草开林，置经行之室"，安西将军、郢州刺史蔡兴宗"复为崇基表刹，立禅诵之堂"，南齐时期又由郢州地方官府主持扩建，❷ 就是一个典型的例子。只不过，建康作为都城的巨大资源积聚效应，是州郡治所无法相比的。

道馆也是如此。从葛洪的记述来看，早期山中修道阶段适合修道的江南山岳，分布颇为广泛，吴越地区则以会稽地区最为集中。最早的十所洞天，地理分布亦大致相似。而道馆兴起之后，茅山的地位则变得越来越重要，是山中道馆最重要的集中之地，数量庞大，与朝廷的关系也最为密切。这种变化同样发生于刘宋以后。

这是一个很有意思的现象。不少研究者指出，随着晋宋之际

---

❶《金石萃编》卷132《栖霞寺碑》，《石刻史料新编》第1辑第4册，第2468—2470页。参看宿白：《南朝龛像遗迹初探》，《考古学报》1989年第4期；蔡宗宪：《五至七世纪的摄山佛教与僧俗网络》，《台湾师大历史学报》第55期，2016年。

❷《文选》卷59王简栖《头陀寺碑文》，第813—815页。

皇权上升，江南政权的统治方式发生了很大变化。❶ 胡宝国也注意到，政治和文化资源从会稽到建康的移动和集中，是南朝时期的一个显著现象。❷ 建康周边的钟山、摄山、茅山等山林宗教中心的兴起，是否与权力世界的这种变化有关，是一个耐人寻味的问题。这也提示，江南佛教和道教山林的兴起，一方面是宗教领域的信仰现象，另一方面也可能与政治、行政地理有关。这一点其实也很容易理解。在农耕帝国时代，资源的积聚和分配主要由政治权力主导，对于需要依赖供养的宗教团体而言，朝廷和官府是最重要的资源给予者。

四 "山中"文化场与山林记述

前言中提到，谢灵运在《游名山志序》中曾谈到衣食与山水的关系，指出前者是"生之所资"，后者是"性之所适"，并议论说：

> 俗议多云：欢足本在华堂，枕岩漱流者，乏于大志，故保其枯槁。余谓不然。君子有爱物之情，有救物之能，横流之弊，非才不治。故有屈己以济彼，岂以名利之场，贤于清旷之域邪？❸

山林独居的空间隔离感（"清旷之域"），可以避开人群生活带来的

---

❶ 晋宋之际的皇权问题，讨论很多，不赘举。近年户川贵行强调刘宋时期建康的中心化与国家礼仪建设，《東晉南朝における傳統の創造》，第157—173页。
❷ 胡宝国：《从会稽到建康——江左士人与皇权》，《文史》2013年第2期。
❸ 《初学记》卷5《地理上·总载山》，第94页。

困扰("名利之场"),这是山居者基本的理念。每个人都是生活于特定时代的权力和秩序之中,有得意,有失意,有融入,也有逃离,山林为逃离者和隐修者提供了一个可以避世的场所。❶ 在这里,他们可以更多地专意于"性之所适"。陶弘景《寻山志》提到入山的目的,是"倦世情之易挠",而入山之后,"散发解带,盘旋其上。心容旷朗,气宇调畅"。❷

不过,正如小尾郊一所指出的,在这些叙述中很少描述山居生活之苦。❸ 实际上,即便是为了解决单纯的生存问题,山中独居修行也需要面对很多的困难。从这种意义上来说,寺院和道馆的兴起,可以认为是隐修环境的舒适化。《抱朴子内篇》中关于山林隐修各种具体困苦的说明和解决之道,如山居"栖岩庇岫,不必有绸缛之温"带来的风湿病,入山时可能遇到"百邪虎狼毒虫盗贼""隐居山泽辟蛇蝮之道"等等,❹ 寺院和道馆兴起之后已经较少再讨论。而如前所述,舒适化的山中修道,需要得到世俗供养和支持,对权力世界具有相当的依赖性。这也使得"山中"成为一种特殊的文化场。

寺馆碑铭往往由王公官僚或著名文士撰写,就是一个显著的文化现象。庐山慧远去世后,"谢灵运为造碑文,铭其遗德,南阳宗炳又立碑寺门";❺ 南齐永明中释超辩去世后,"僧祐为造碑墓所,

---

❶ 参看 Thomas Michael, "Mountains and Early Daoism in the Writings of Ge Hong", *History of Religions*, 56.1 (2016), pp.29-34。
❷ 王京州:《陶弘景集校注》,第 1 页。《道藏》本注云"年十五作"。
❸ 小尾郊一:《中国文学中所表现的自然与自然观——以魏晋南北朝文学为中心》,邵毅平译,上海古籍出版社,2014 年,第 125—126 页。
❹ 王明:《抱朴子内篇校释》(增订本)卷 17《登涉》,第 299—314 页。参看 Thomas Michael, "Mountains and Early Daoism in the Writings of Ge Hong", *History of Religions*, 56.1 (2016), pp.34-37。
❺ 《高僧传》卷 6《义解三·释慧远传》,第 222 页。

东莞刘勰制文";❶陶弘景去世后,昭明太子、萧绎、萧纶等先后撰写碑铭和墓志;❷陆修静生前居住过的庐山简寂馆,梁代曾立碑于馆作为纪念,司徒右长史、太子仆射沈璇撰文。❸这些寺馆(观)碑铭中还有不少为"敕建"。

山中寺馆是以"师—同学—弟子"关系为纽带构成的文化团体。这种组织化生活的文化团体,有记忆、塑造、传承的内在动力,再加上与世俗权力世界的密切关系,使其成为一个重要的知识生产场所,造就了数量可观的文献记述和知识积累。碑铭之外,《高僧传》《续高僧传》《道学传》等载有大量山中僧人、道士的传记,不待多言。据《弘明集》《广弘明集》《国清百录》《真诰》《周氏冥通记》等书及《艺文类聚》《太平御览》等类书的引用来看,山中寺馆文献包括诏敕、书信、碑铭、檄文、诔文、行状、内传、别传等多种,类型极为丰富,数量亦相当可观。

六朝由此也成为山岳知识记述的转折期。山中寺馆兴起之前,有关山岳的文献记述主要与祭祀有关。古代山岳文献可以追溯到《山海经》,但一直到孙吴时期,记述并不丰富。存世较多的山岳祭祀碑铭,主要分布在北方,❹江南地区可考的仅有秦始皇会稽刻石、蔡邕《九疑山碑》,以及孙皓时期留下的几种山石符瑞题铭。

东晋南朝时期,有一些山岳祭祀诏令、祭文和诗歌留存,如前文提到的沈约的《赛蒋山庙文》,谢朓的《赛敬亭山庙喜雨》《祀敬亭山庙》等诗。一些致祭者的亲践经历也见诸记述,如刘宋时期王

---

❶ 《高僧传》卷12《诵经·释超辩传》,第471页。
❷ 《茅山志》卷21《录金石》,《道藏》第5册,第636—638页。
❸ 《吴兴艺文补》卷4《太子仆射简寂观碑》,《续修四库全书》第1678册,第91—92页。相关讨论,参看孙齐:《唐前道观研究》,第158—161页。
❹ 参看田天:《东汉山川祭祀研究——以石刻史料为中心》,《中华文史论丛》2011年第1期。

歆之祭祀九嶷山舜庙,"亲负劲策,致祠灵堂",将经历写入所撰《神境记》。❶ 东晋永和年间,江州刺史桓伊遣人至庐山踏察,获得的"知识",如"见有莲池在庐山之绝顶""见大湖之侧有褊槽,崇山峻岭,极舟楫之所不到也""下岭见毛人,长大,体悉毛,语不可解"等,❷ 成为此后寻阳地记撰述的重要知识来源。刘宋元嘉年间,宋文帝亦曾遣画工图写各地山状,"时一国盛图于白团扇焉"。❸ 这种知识传统,可以看到上计制度的影响,是州郡地志中山岳记述的重要来源。❹

而山岳知识记述的扩张,关键推动力是寺院、道馆的兴起。这种宗教性因素的重要性,也让人想到东晋中期以后知识阶层中"尽山水之游"风气的兴起。这种风气影响到文学领域,所谓"庄老告退,而山水方滋",对此文学史界已有相当丰富的研究积累。❺ 而大量山岳诗文的出现,既是东晋南朝文学的特征之一,同时也使山岳开始得到细致的描写和记述,成为文化史上的重要现象。山水文学的写作者,多来自士族官僚阶层,他们对山水的重视,除了对自然

---

❶《太平御览》卷526《礼仪部五·祭礼下》引王歆之《神境记》,第2389页。
❷《舆地纪胜》卷25《南康军·景物上》引《寻阳记》,第1095页;《太平御览》卷373《人事部十四·毛》引《寻阳记》,第1719页。
❸《太平御览》卷47《地部十二·石新妇山》引《临海记》,第229页。此事亦见于同卷"天姥山"条引《郡国志》,第229页。
❹ 参看林昌丈:《汉魏六朝"郡记"考论——从"郡守问士"说起》,《厦门大学学报》2018年第1期。魏晋州郡地志撰述的兴起,参看胡宝国:《汉唐间史学的发展》,北京:商务印书馆,2003年,第171—174页。
❺ 参看王瑶:《玄言·山水·田园》,《中古文学史论集》,上海古典文学出版社,1956年,第111—128页;小尾郊一:《中国文学中所表现的自然与自然观——以魏晋南北朝文学为中心》,邵毅平译,第120—136页;康达维(David R. Knechtges):《中国中古文人的山岳游观——以谢灵运〈山居赋〉为主的讨论》,刘苑如主编:《游观:作为身体技艺的中古文学与宗教》,第1—63页。

后论 405

之美的喜好，所谓"溪山之胜，林壑之美，人所同好也"❶，还有一个往往被忽视的推动力，即同一时期的山林佛教和道教的发展。

文学写作中提及山中神仙，曹魏、西晋时期已经存在，毋庸多言。东晋中期，山中神仙洞府想象对士族官僚影响已经相当广泛。孙绰《游天台山赋》："天台山者，盖山岳之神秀者也。涉海则有方丈、蓬莱，登陆则有四明、天台，皆玄圣之所游化，灵仙之所窟宅。"❷ 道士许迈写给王羲之的信中说："自山阴南至临安（海），多有金堂玉室，仙人芝草，左元放之徒，汉末诸得道者皆在焉。"王羲之去官后，曾与许迈"共修服食，采药石不远千里，遍游东中诸郡，穷诸名山，泛沧海"。❸ 如前所述，山中神仙洞府想象的基础，是广泛存在的山中修道现象，访问名山之中的道士和仙人，也是当时流行的修道方式。东晋时期士族官僚与道教关系密切，很难说"山水方滋"没有受到山中修道的影响。❹

山中寺馆兴起后，士族官僚与山中世界的联系更为密切。访问山中寺馆，是当时极为常见的行为。梁武帝中大通年间，萧詧任东扬州刺史之时访问会稽城南山中的七山寺，写下著名的《游七山寺赋》，描述寺院建筑说："瞻朱扉之赫奕，望宝殿之玲珑，拟大林之精舍，等重阁之讲堂。"又说："其徒众则乍游乍处，或

---

❶ 《南岳总胜集》"序"，《大正藏》第51册，第1056页。游观之外，有时也有经济原因。王羲之给谢万的信中说："比当与安石东游山海，并行田视地利，颐养闲暇。"《晋书》卷80《王羲之传》，第2102页。《太平御览》卷47《地部十二·乌带山》引孔灵符《会稽记》称，会稽谢敷"少时经始诸山，往往迁易，功费千计，生业将尽"，后游历至诸暨，获知乌带山多紫石，"遂往掘，果得，其利不訾"，第228页。联系到当时封山占水的风气，谢敷的故事应当并非个例。

❷ 《文选》卷11孙绰《游天台山赋》，第163页。

❸ 《晋书》卷80《王羲之传》，第2101页。

❹ 一个例子是柏夷（Stephen R. Bokenkamp）对洞天和桃花源关系的讨论，《桃花源与洞天》（谢一峰译、魏美英校），《道教研究论集》，孙齐等译，第160—177页。

贤或圣,并有志于头陀,俱勤心于苦行,竞假寐而诵习,咸夙兴而虔敬。"❶ 这次访问并非孤例。萧子良、周颙等人任职会稽时,与天柱山寺僧人慧约、法华台寺僧人昙斐等均有密切交往。天柱山寺即萧詧访问的七山寺之一。法华台寺位于剡县,剡县僧人与士族官僚的关系,东晋时期就已经颇为密切。实际上,山中寺馆很多本来就是由朝廷敕建或在士族官僚支持下建立。"名利之场"和"清旷之域",并不是可以截然分开的两种场所,这是六朝山岳游观和文学写作的重要背景。

单体性山岳记的出现和早期记述,是理解"山中"文化场的一个重要现象。据《水经注》《齐民要术》《北堂书钞》《艺文类聚》等书征引,有慧远、周景式、张野、宗测《庐山记》四种,徐灵期《南岳记》,宗测《衡山记》,以及撰者不详的《庐山南岭精舍记》《罗浮山记》等山岳记。❷ 这些山岳记大多撰写于南朝时期,慧远《庐山记》可能是年代最早的一种,撰写于东晋末期。

这些山岳记大多均已亡佚。从佚文来看,内容主要是记述山岳自然景观、文化遗迹和传说。其中慧远《庐山记》年代最早,内容亦较完整,该文内容可分为自然地理和文化遗迹两部分。对自然地理的细致描述,应来自于慧远"自托此山二十三载,再践石门,四游南岭"的亲践经历。❸ 文化遗迹则多与神仙有关,如匡续先生与"神仙之庐"的得名、董奉治病与杏林传说,最有趣的则是:

---

❶ 《广弘明集》卷29萧詧《游七山寺赋》,《大正藏》第52册,第338页。
❷ 关于六朝山岳记的简要梳理,参看鲁西奇:《隋唐五代山岳志考》,《人群·聚落·地域社会:中古南方史地初探》,厦门大学出版社,2012年,第373—375页。
❸ 《世说新语·规箴》"远公在庐山中"条引远法师《游山记》,余嘉锡:《世说新语笺疏》(修订本),第572页。

有野夫见人着沙门服，凌虚直上，既至则回身踞鞍（峰），良久乃与云气俱灭，此似得道者，当时能文之士咸为之异。❶

慧远以僧人身份撰写山记而多记神仙内容，是一个值得注意的现象。有关山岳自然地理的认识，可以通过山居和游历获得，遗迹和传说则具有很强的继承性。如上节所说，僧人进入山林之前，山中修道已经有一个长期积累过程，慧远《庐山记》多叙神仙内容，与此是相符的。❷ 这也让人对山岳记的知识来源颇感兴趣。

汤用彤在叙列南北朝佛教撰述时，曾将"名山寺塔记"专列一目，并说："僧人超出尘外，类喜结庐深山，故名山记略，恒于佛史有关。"❸ 他举出的例子是慧远的《庐山记》和支遁的《天台山铭序》。但从时间先后性来说，山中修道要远早于山林佛教。以"南岳"衡山为例，仔细比对徐灵期《南岳记》佚文和南岳真形图的细字标注可以发现，《南岳记》佚文主要记述与山中修道有关的山中洞府、石室、仙药、水源等，而这些也正是南岳真形图中标注的内容。此外，现存六朝时期最细致的山岳记述，可能是《真诰·稽神枢》对茅山地理的记载。相关内容来自于《茅君内传》，虽然并非山岳记，但读后仍不难感知，这些有关茅山地理的知识，应当也与山居修道有关。由此来看，早期山岳记的知识来源，除了山民见闻外，山中隐居修道者的地理踏察和认识积累，是很重要的方面。

---

❶ 陈舜俞：《庐山记》卷1《总叙山水》，《大正藏》第51册，第1025页。
❷ 关于慧远的庐山记述，参看刘苑如：《圣人与文人——从〈庐山略记〉与〈游石门诗序〉重看庐山慧远》，《朝向生活世界的文学诠释——六朝宗教叙述的身体实践与空间书写》，台北：新文丰出版公司，2010年，第29—80页。
❸ 汤用彤：《汉魏两晋南北朝佛教史》，第418页。

最早的单体性山岳记，应当是在这些知识基础上综合形成的。而从最早的《庐山记》成于慧远之手、最早的《南岳记》由刘宋时期的衡山道士徐灵期完成来看，山岳记撰述的契机似乎仍与山中寺馆的兴起有关。值得注意的是，稍晚一些的山岳记很多成于士族官僚之手，如慧远之后，周景式、张野、宗测均撰有《庐山记》，徐灵期之后，宗炳撰有《衡山记》。从这种知识承袭中，也可以感觉到士族官僚山水之游与山中寺馆的关系。

　　寺馆碑铭、传记、诗赋、地志，这些类型多样的山岳知识记述的出现和大量积累，影响到中古知识世界的构成。唐初编纂的《艺文类聚》，是最早设立"山部"的类书，❶ 以该部的文献引用为例，"庐山"条引用《山海经》，伏滔《游庐山序》，慧远《庐山记》《神仙传》，张野《庐山记》，周景式《庐山记》，谢灵运、鲍照、江淹游庐山诗三首，支昙谛《庐山赋》以及梁元帝的《庐山碑序》，这十一种资料除《山海经》外，均产生于东晋南朝时期。"罗浮山"条引用《茅君内传》、袁彦伯《罗浮山疏》《罗浮山记》、王叔之游罗浮山诗一首以及谢灵运的《罗浮山赋》，五种资料均为东晋南朝文献。可以说，《艺文类聚·山部》的设立，很大程度上是依赖于六朝山岳文献记述的扩张和知识积累，而其背后的推动力，则是以山中寺馆为核心的山林文化共同体的兴起。

---

❶ 几种主要类书中，《北堂书钞》没有单独的"山部"。《艺文类聚》卷7—8（"山部上""山部下"），以山为纲，分地志、碑铭、赞赋、诗等细目罗列相关史料，征引文献门类最为丰富。《初学记》卷5（"地理上"）仅列五岳和终南山。《太平御览》卷39—卷50（"地部四"至"地部十五"），则以十二卷篇幅，按照五岳、名山、河南宋郑齐鲁诸山、商洛襄邓淮蔡诸山、关中蜀汉诸山、河北诸山、江东诸山、会稽东越诸山、南楚诸山、西楚南越诸山、陇塞及海外诸山的顺序，征引相关文献，罗列山岳数量庞大，条目清晰，但仅摘要征引地志等资料，未收录碑铭、诗文等。

五 山岳历史中的六朝遗产

现代意义上的"名山",包括自然之美和文化遗迹两种不同的景观类型。不过,对于王朝时期而言,"名山"主要是以后者即祭祀、宗教等文化遗迹著称。这些遗迹在"山中"有一个文化累积的过程,成为观察历史变动的线索。

回到本章开始提出的问题。如果把3世纪初作为观察山岳历史的入口,6世纪末作为出口,二者显然存在巨大的景观差异。3世纪初,江南山岳的文化景观主要是湘山、九嶷、会稽等山的虞舜、大禹祭祀,以及大大小小并不知名的山神祭祀。6世纪末,这些祭祀景观仍然存在,也出现了新的祭祀内容(如国山碑),但最引人注目的显然已经是林立于山中的寺院和道馆,以及与后者有关的山中神仙洞府体系。

两种力量共同塑造了这种景观差异,即宗教信仰与政治权力。前者是道教、佛教向山林开拓的结果,后者则是以建康为中心的新政治地理格局的影响。在这两种力量的共同作用下,3至6世纪江南山岳的"名山化",呈现出独特的文化面貌和地理格局。

《唐六典》卷3《尚书户部》"户部郎中员外郎"条列举诸道名山,江南道共有十三所,❶较之秦汉时期可考的湘山、会稽山、九嶷山三所,数量上有了很大的扩展。这个名山体系的入选标准不详,但理解为六朝时期江南文化性名山兴起的一个结果,应当并无太大疑问。相关诸山的文化遗迹,大体如下:

---

❶ 《唐六典》卷3《尚书户部》"户部郎中员外郎"条,第69—70页。

茅山	神仙洞府（第八大洞天）/道馆
蒋山	佛教寺院/民间信仰（蒋子文庙）/神仙洞府（第三十一小洞天）/道馆
天目山	神仙洞府（第三十四小洞天）/佛教寺院
会稽山	大禹祭祀/佛教寺院/神仙洞府（第十小洞天）/道馆
四明山	神仙洞府（第九小洞天）/道馆
天台山	佛教寺院/神仙洞府（讹传第六大洞天）/道馆
括苍山	神仙洞府（第十大洞天）
缙云山	神仙洞府（第二十九小洞天）
金华山	神仙洞府（第三十六小洞天）/道馆/佛教寺院
大庾山	不详
武夷山	神仙洞府（第十六小洞天）/民间信仰
庐山	佛教寺院/神仙洞府（第八小洞天）/道馆/民间信仰
南岳衡山	佛教寺院/神仙洞府（第三小洞天）/道馆

十三所名山中，只有大庾山未见于洞天福地体系，[1]其余除了会稽山延续大禹祭祀，蒋山（钟山）、庐山、武夷山等民间信仰遗迹较为知名外，均与佛教、道教有关，尤其是道教洞天体系的影响最为显著。[2]

---

[1] 大庾山（岭）未见有较为著名的信仰遗迹，被列入江南道名山，应当主要是交通因素。六朝定都建康，大庾山（岭）、赣水—鄱阳湖通道成为建康通往岭南最主要的道路，大庾山（岭）地位的上升，以及相应的九嶷山地位的下降，这可能是一个主要原因。

[2] 两者之间的差异也很明显。如十大洞天第二委羽山洞、第九林屋山洞，均不在江南道名山之列。三十六小洞天中，位列江南道名山的蒋山、天目山、缙云山（仙都山洞）排名均很靠后，金华山更为小洞天之末；而位居首位的霍桐山，以及南昌西山、小沩山、鬼谷山、玉笥山、九疑（嶷）山、盖竹山、华盖山、洞阳山、幕阜山、大酉山、麻姑山等多所洞天，亦未被列入江南道名山。

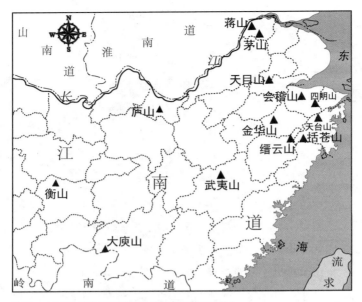

地图12 《唐六典》江南道名山示意图（葛少旗绘）

如果按照区域细分，又可分为三组：南岳衡山，在今湖南；庐山和大庾山，在今江西；其余十所，均位于今长江下游以南的江浙（吴越）地区。从数量上来看，吴越地区占有绝对优势。这种地理分布与六朝政治地理格局是一致的，显示出都城建康对于江南区域文化进展的巨大影响。❶

在道教、佛教两种因素中，道教的影响显然要更加突出。如前所述，山中修道起源很早，但永嘉之乱以后在江南地区得到新的发展。东晋中期，一个以江南山岳为主体的洞天体系逐渐形成，并影响到此后山中道馆的地理分布。山中道馆始建于刘宋后期，齐梁时期走向兴盛，茅山则是道馆最为集中的修道圣地。山中道馆多是敕建或得到士

---

❶ 参看何德章：《建康与六朝时代江南经济区域的变迁》，《魏晋南北朝史丛稿》，第125—136页。唐宋之间，吴越名山地位有所下降，禅宗重镇多分布于鄂湘赣地区，道教领域内衡山、麻姑山、阁皂山的兴起，均为其例。这种变化应当与政治地理格局的变化有关。

族官僚供养，与世俗权力世界形成相当密切的信仰关系和运作模式。

需要指出的是，这种新的山中修道形式在同一时期的北方地区非常少见。有记载的北方道馆，仅有可能建于北魏太和年间的楼观、北周后期的华山云台观等寥寥几所。❶ 十大洞天中位列第一的王屋山虽然在北方地区（太行山南段），❷ 但北朝时期未见与道馆相关的记载。这种南北差异令人很感兴趣。

相对于山林佛教而言，山中修道是在本土文化脉络中产生的宗教现象，属于汉晋文化传统的一部分。以往学界讨论汉晋传统，主要集中在国家制度和士族精英层面，实际上民间传统也是其中很重要的内容。上清系的新修道理念可能起源于魏晋时期的北方，性质上有些类似魏晋时期河南地区出现的玄学新风气。这种风气在永嘉之乱后移入江南，并在江南地区发展和成熟，受到江南风土很大的影响。洞天体系和山中道馆的兴起，都是这一脉络下的产物。与此同时，北方地区则延续旧有的山中修道方式，洞天说并不流行，道馆也极其少见。唐长孺指出，永嘉之乱后南北学术风气出现显著差异："南方重义理，上承魏晋玄学新风，北方继承汉代传统，经学重章句训诂，杂以谶纬。"❸ 山中修道在南北朝的发展脉络，与此颇为相似。只不过南方对魏晋新修道方式并不仅仅是承续，而是在江南新环境中又有进一步发展，形成融入江南地方特征的新传统。❹

---

❶ 参看孙齐：《唐前道观研究》"北朝道馆辑考"，第 207—221 页。
❷ 王屋山是清虚真人王褒的治处，而王褒是南岳夫人魏华存的仙师，王褒—魏华存—杨羲构成了早期上清系的关键谱系，王屋山的崇高地位或许与此有关。关于王屋山第一洞天，参看土屋昌明：《第一大洞天王屋山の成立》，土屋昌明、Vincent Goossaert 编：《道教の聖地と地方神》，第 133—159 页。
❸ 唐长孺：《魏晋南北朝隋唐史三论》，第 227 页。
❹ 参看刘屹：《南朝经教道教的形成及其对北方道教的影响》，《神格与地域：汉唐间道教信仰世界研究》，第 245—280 页。

从这种意义上来说，洞天、道馆及其运作模式，可以看作是六朝江南山岳特征性最强的历史遗产。陈朝灭亡之后，这一遗产一方面通过文献和知识传承影响隋唐及以后的知识阶层，一方面也通过茅山派道士的活动，在北方得到继承和发展。茅山道士王远知命弟子潘师正去嵩山之举，是一个很有代表性的事例，武周圣历二年（699）刻立的《潘尊师碣》说："王君以尊师名著紫简，业盛黄丘，指以所居，告归中岳，于是谒来上国，贲趾中经。"❶ 现存潘师正的各种传记资料中，对于其从茅山到嵩山的原因，记述均颇为隐晦。不过，从潘师正后来与唐高宗的密切关系可以看出，王远知很可能是观察到陈朝灭亡后茅山在政治地理上的边缘化，故而建议潘师正到嵩山。这一举措实际上是想利用"洛阳—嵩山"的地理格局，重建"建康—茅山"式的宗教关系。后来的发展也正如王远知所预期。

江南山林佛教的特征性显得不那么突出。江南最早的山寺，永嘉之乱后出现于剡县，僧人多以义解、清谈知名。❷ 此后，慧远和庐山佛教的兴起，从渊源来看更像是北方的道安流亡僧团在江南地区的延续。汤用彤说："南方偏重玄学义理，上承魏晋以来之系统。北方重在宗教行为，下接隋唐以后之宗派。"❸ 江南早期山中僧人的义解、讲述色彩，是一个较为显著的特点。不过，单纯从山林佛教景观来说，以禅修、石窟开凿为特色的北方山林，特征性显然更为突出。而且，北方山林佛教还有一个值得注意的现象，即五台山文殊道场的兴起。❹ 如前所述，江南山寺虽然分布广泛，但并未有意

---

❶《金石萃编》卷62，《石刻史料新编》第1辑第2册，第1062页。
❷ 塚本善隆：《中国仏教通史》（第一卷），東京：铃木学術財団，1968年，第328—355页。
❸ 汤用彤：《汉魏两晋南北朝佛教史》，第350页。
❹ 林韵柔：《五台山与文殊道场——中古佛教圣山信仰的形成与发展》，台湾大学历史系博士学位论文，2009年，第29—62页。

比附佛典，构建某所山岳的佛教神圣性。五台山文殊道场的比附和发展，是中国佛教史上具有特别意义的新现象。❶这一现象为何出现于北方而不是江南，耐人寻味。

江南山林佛教最值得关注的一点，仍然与山中修道有关。江南山寺出现和扩散的时间，正好也是道教洞天体系形成的时期。山中道馆兴起后，与山中寺院的信仰关系，以及二者在地理分布上的空间特征，更是一个颇具江南特色的景观现象。而道教对山岳神圣性的想象和构建，对江南山林佛教也产生了一定影响。从信仰接触和相互影响的角度来说，江南山林的信仰内涵，较之北方更为多元。换言之，如果想深入观察佛教传入中国后与本土信仰景观间的冲突、占据、同化、融合等现象，江南山林更有代表性。

六朝山岳文化景观从祭祀到寺馆的变化，是在佛教、道教影响下产生的一种新现象，换言之，寺馆化时期的六朝山林是一种新型的文化地点。阿兰·普雷德（Allan Pred）指出，地点是一种人工产物，"任何地点的历史偶然生成，也就是既定区域内所有作为场景的地点和所发生的一切，与该地点（以及其他任何在经济、政治等方面与其相互依赖的地点）上结构化过程在物质上的连续展开密不可分"。❷对于六朝山林的新样态形成而言，其"结构化过程"，就是这一时期佛教和道教的新进展及其对山林的景观塑造。其中，山

---

❶ 陈金华：《东亚佛教中的"边地情结"：论圣地及祖谱的建构》，《佛教与中外交流》，第1—26页。这种山岳菩萨道场，与神仙治下的洞府颇有相似性。联系到北朝文献中月光童子与天台山的关系，山岳菩萨道场的起源似乎与神仙洞府有某种内在的关联，有待于今后探讨。

❷ 阿兰·普雷德（Allan Pred）：《社会生成空间，空间生成社会：思科讷省中的圈地运动、社会变化和地点生成过程》，德雷克·格利高里（Derek Gregory）、约翰·厄里（John Urry）编：《社会关系与空间结构》，谢礼圣、吕增奎等译，北京师范大学出版社，2011年，第343—344页。

中修道的起源很早,但长期以来主要形态是岩穴或简单房舍,团体性、"寺院化"的修道形态——道馆,出现要远远晚于山中寺院。从文化起源的角度来说,这种新的历史现象,可以认为是佛教传入中国后,在早已存在的山中修道环境中生根、协调、同化的结果。

而正如阿兰·普雷德(Allan Pred)所说,地点"在一组既定的历史环境下生成"之后,"权力关系就成为社会结构的核心"。寺馆化时期的"山中",虽然具有一定的文化特殊性,但同样也不能置身于权力关系之外。❶ 除了内部的信仰和人际关系,由于供养和舒适化的内在需求,山中寺馆对于世俗政治、社会权力具有很强的依赖性和融入性,在某种程度上仍旧属于社会权力体制的一部分。如前所述,"名利之场"和"清旷之域"并非截然对立的两种场所,山林之中的"清旷之域",仍是与六朝政治历史关系密切的地点,其意义不只是简单的信仰生活,同时也是消弭身份阻隔、重组社会关系、重建社会流动的特殊场所。许里和(Erich Zürcher)和都筑晶子分别指出,寺院和道馆消泯了不同阶层的身份界限,创造了一个新的社会活动场所。❷ 南朝后期的宗教领域中,可以看到越来越多江南寒门、寒人的身影,宗教领域已经成为一种特殊的社会流动途径。"山中"的地理和文化特殊性,使其在这一过程中扮演了重要角色。从这种意义上理解,寺馆化时期的江南山林蕴含着理解六朝历史的诸多线索,值得学界给予更多关注。

---

❶ 如果借用艾瑞克·霍布斯鲍姆(Eric J. Hobsbawm)讨论黑手党时使用的"平行体系"(Parallel System)一词(《原始的叛乱》,杨德睿译,北京:社会科学文献出版社,2014年,第37—49页),带有一定逃离性的山中寺馆组织及其运作方式,某种意义上似乎也可以认为是一种游离于国家权力体系之外的文化性"平行体系",只是不能过高估计其独立性。

❷ 许里和(Erich Zürcher):《佛教征服中国》,李四龙、裴勇等译,第8—15页;都筑晶子:《六朝时代的江南社会与道教》,李济沧译,谷川道雄主编:《魏晋南北朝隋唐史学的基本问题》,北京:中华书局,2010年,第265—268页。

参考文献

一　史料部分

《史记》，北京：中华书局，1982年。
《汉书》，北京：中华书局，1962年。
《后汉书》，北京：中华书局，1965年。
《三国志》，北京：中华书局，1982年
《晋书》，北京：中华书局，1974年。
《宋书》，北京：中华书局，1974年。
《南齐书》，北京：中华书局，1972年。
《梁书》，北京：中华书局，1973年
《陈书》，北京：中华书局，1972年。
《南史》，北京：中华书局，1975年。
《魏书》，北京：中华书局，1974年。
《北齐书》，北京：中华书局，1972年。
《周书》，北京：中华书局，1971年。
《隋书》，北京：中华书局，1973年。
《北史》，北京：中华书局，1974年。

《宋史》，北京：中华书局，1985年。

《十三经注疏》，阮元校刻，北京：中华书局，1980年。
《说文解字注》，许慎撰，段玉裁注，上海古籍出版社，1988年。
《释名疏证补》，刘熙撰，毕沅疏证，王先谦补，祝敏徹、孙玉文点校，北
　　京：中华书局，2008年。
《吴越春秋辑校汇考》，周生春著，上海古籍出版社，1997年。
《越绝书校释》，李步嘉校释，武汉大学出版社，1992年。
《汉官六种》，孙星衍等辑，周天游点校，北京：中华书局，1990年。
《东观汉记校注》，刘珍等撰，吴树平校注，北京：中华书局，2008年。
《后汉纪》，袁宏撰，张烈点校，北京：中华书局，2002年。
《建康实录》，许嵩撰，张忱石点校，北京：中华书局，1986年。
《唐六典》，李林甫等撰，陈仲夫点校，北京：中华书局，1992年。

《山海经》，郭璞注，郝懿行笺疏，沈海波校点，上海古籍出版社，2015年。
《水经注疏》，郦道元注，杨守敬、熊会贞疏，段熙仲点校，陈桥驿复校，
　　南京：江苏古籍出版社，1989年。
《洛阳伽蓝记校注》，杨衒之撰，范祥雍校注，上海古籍出版社，1978年。
《元和郡县图志》，李吉甫撰，贺次君注解，北京：中华书局，1983年。
《太平寰宇记》，乐史撰，王文楚等点校，北京：中华书局，2007年。
《舆地纪胜》，王象之撰，北京：中华书局，1992年。
《方舆胜览》，祝穆、祝洙撰，施和金点校，北京：中华书局，2003年。
《宋元方志丛刊》，中华书局编辑部编，北京：中华书局，1990年。
　《琴川志》，孙应时纂修，鲍廉增补，卢镇续修，《宋元方志丛刊》第2册。
　《景定建康志》，马光祖修，周应合纂，《宋元方志丛刊》第2册。
　《至正金陵新志》，张铉纂修，《宋元方志丛刊》第6册。
　《嘉泰会稽志》，沈作宾修，施宿等纂，《宋元方志丛刊》第7册。
　《剡录》，史安之修，高似孙纂，《宋元方志丛刊》第7册。

《嘉定赤城志》，黄𡉏、齐硕修，陈耆卿纂，《宋元方志丛刊》第 7 册。

《六朝事迹编类》，周敦颐撰，张忱石点校，上海古籍出版社，1995 年。

《入蜀记》，陆游撰，《丛书集成新编》第 96 册，台北：新文丰出版公司，1985 年。

《徐霞客游记》，徐弘祖著，朱惠荣校注，昆明：云南人民出版社，1985 年。

《南岳总胜集》，陈田夫撰，《续修四库全书》第 725 册，上海古籍出版社，2002 年。

《金陵梵刹志》，葛寅亮撰，何孝荣点校，天津人民出版社，2007 年。

《读史方舆纪要》，顾祖禹撰，贺次君、施和金点校，北京：中华书局，2005 年。

《吴兴艺文补》，董斯张等编，《续修四库全书》第 1678 册。

嘉庆《增修宜兴县旧志》，李先荣原本，阮升基增修，宁楷等增纂，《中国地方志集成·江苏府县志辑》，南京：江苏古籍出版社，1991 年。

光绪《续纂句容县志》，张绍棠修，萧穆等纂，《中国地方志集成·江苏府县志辑》，南京：江苏古籍出版社，1991 年。

嘉庆《义乌县志》，诸自谷等修，程瑜等纂，台北：成文出版社，1970 年。

光绪《金华县志》，邓钟玉等纂修，台北：成文出版社，1970 年。

《北堂书钞》，虞世南编撰，孔广陶校注，台北：新兴书局，1971 年。

《艺文类聚》，欧阳询撰，汪绍楹校，上海古籍出版社，1999 年。

《初学记》，徐坚等著，北京：中华书局，2004 年。

《影弘仁本文馆词林》，東京：古典研究会，1969 年。

《太平御览》，李昉等编，北京：中华书局，1960 年。

《太平广记》，李昉等编，北京：中华书局，1961 年。

《文苑英华》，李昉等编，北京：中华书局，1966 年。

《白氏六帖事类集》，白居易撰，東京：汲古书院，2008 年。

《岁华纪丽》，《丛书集成新编》第 7 册。

《编珠》，杜公瞻撰，《影印文渊阁四库全书》第 887 册，台北：台湾商务印书馆，1986 年。

《世说新语笺疏》(修订本),刘义庆著,刘孝标注,余嘉锡笺疏,周祖谟、余淑宜、周士琦整理,上海古籍出版社,1993年。

《金楼子校笺》,萧绎撰,许逸民校笺,北京:中华书局,2011年。

《古小说钩沉》,鲁迅辑校,《鲁迅辑录古籍丛编》第1卷,北京:人民文学出版社,1999年。

《博物志校证》,范宁校证,北京:中华书局,1980年。

《拾遗记校注》,王嘉撰,萧绮录,齐治平校注,北京:中华书局,1981年。

《异苑》,刘敬叔撰,范宁点校,北京:中华书局,1996年。

《述异记》,任昉撰,《丛书集成新编》第82册。

《冤魂志校注》,颜之推撰,罗国威校注,成都:巴蜀书社,2001年。

《新辑搜神记 新辑搜神后记》,干宝撰,陶潜撰,李剑国辑,北京:中华书局,2007年。

《玄怪录》,牛僧孺编,程毅中点校,北京:中华书局,1982年。

《云麓漫钞》,赵彦卫撰,傅根清点校,北京:中华书局,1996年。

《管子校注》,黎翔凤撰,梁运华整理,北京:中华书局,2004年。

《列子集释》,杨伯峻集释,北京:中华书局,1979年。

《盐铁论校注》,王利器校注,北京:中华书局,1992年。

《白虎通疏证》,陈立撰,吴则虞点校,北京:中华书局,1994年。

《论衡》,王充著,上海人民出版社,1974年。

《风俗通义校注》,应劭撰,王利器校注,北京:中华书局,2010年。

《抱朴子外篇校笺(上、下)》,葛洪撰,杨明照校释,北京:中华书局,1991、1997年。

《颜氏家训集解(增补本)》,颜之推撰,王利器集解,北京:中华书局,1993年。

《历代名画记》,张彦远撰,俞剑华注释,上海人民美术出版社,1964年。

《鼎录》,虞荔撰,《影印文渊阁四库全书》第840册。

《法书要录》,张彦远撰,刘石点校,沈阳:辽宁教育出版社,1998年。

《古今刀剑录》，陶弘景撰，《影印文渊阁四库全书》第 840 册。
《古今注》，崔豹撰，焦杰点校，沈阳：辽宁教育出版社，1998 年。

《大正新修大藏经》，石家庄：河北省佛教协会影印本，2008 年。
　《弘明集》，僧祐撰，《大正藏》第 52 册，《史传部四》。
　《广弘明集》，道宣撰，《大正藏》第 52 册，《史传部四》。
　《国清百录》，灌顶撰，《大正藏》第 46 册，《诸宗部三》。
　《隋天台智者大师别传》，灌顶撰，《大正藏》第 50 册，《史传部二》。
　《历代三宝纪》，费长房撰，《大正藏》第 49 册，《史传部一》。
　《佛祖统纪》，志磐撰，《大正藏》第 49 册《史传部一》。
　《弘赞法华传》，慧详撰，《大正藏》第 51 册，《史传部三》。
　《辩正论》，法琳撰，《大正藏》第 52 册，《史传部四》。
　《南岳思大禅师立誓愿文》，慧思撰，《大正藏》第 46 册，《诸宗部三》。
　《景德传灯录》，道原撰，《大正藏》第 51 册，《史传部三》。
　《庐山记》，陈舜俞撰，《大正藏》第 51 册，《史传部三》。
　《天台山记》，徐灵府撰，《大正藏》第 51 册，《史传部三》。
　《南岳总胜集》，陈田夫撰，《大正藏》第 51 册，《史传部三》。
《卍续藏经》，台北：新文丰出版公司影印本，1994 年。
　《善慧大士录》，楼颖编、楼炤删定，《卍续藏经》第 120 册，《中国撰述·禅宗语录别集》。
　《释门正统》，宗鉴撰，《卍续藏经》第 130 册，《中国撰述·史传部》。
《出三藏记集》，僧祐撰，苏晋仁、萧炼子点校，北京：中华书局，1995 年。
《高僧传》，慧皎撰，汤用彤校注，汤一玄整理，北京：中华书局，1992 年。
《续高僧传》，道宣撰，郭绍林点校，北京：中华书局，2014 年。
《比丘尼传校注》，释宝唱撰，王孺童校注，北京：中华书局，2006 年。
《名僧传抄》，南京：金陵刻经处印本。
《弘明集 广弘明集》，僧祐、道宣撰，上海古籍出版社，1991 年。
《法苑珠林校注》，释道世著，周叔迦、苏晋仁校注，北京：中华书局，2003 年。

《双林善慧大士小录并心王论》，石印本。

《首罗比丘见五百仙人并见月光童子经》，白化文校注，《中国敦煌学百年文库·宗教卷（二）》，兰州：甘肃文化出版社，1999年。

《南朝佛寺志》，《中国佛寺史志汇刊》，杜洁祥主编，台北：明文书局，1980年。

《道藏》，文物出版社、上海书店出版社、天津古籍出版社，1988年。
  《陆先生道门科略》，陆修静撰，《道藏》第24册。
  《汉武帝内传》，《道藏》第5册。
  《紫阳真人内传》，《道藏》第5册。
  《华阳陶隐居内传》，贾嵩撰，《道藏》第5册。
  《上清侍帝晨桐柏真人真图赞》，司马承祯撰，《道藏》第11册。
  《上清道类事相》，王悬河撰，《道藏》第24册。
  《三洞珠囊》，王悬河撰，《道藏》第25册。
  《道教义枢》，孟安排集，《道藏》第24册。
  《洞玄灵宝真灵位业图》，陶弘景撰，《道藏》第3册。
  《十洲记》，题东方朔撰，《道藏》第11册。
  《茅山志》，刘大彬编，《道藏》第5册。
  《南岳小录》，李冲昭撰，《道藏》第6册。
  《南岳九真人传》，廖侁撰，《道藏》第6册。
  《南岳总胜集》，陈田夫撰，《道藏》第11册。
  《桓真人升仙记》，《道藏》第5册。
  《侍帝晨东华上佐司命杨君传记》，《道藏》第34册。
  《续仙传》，沈汾编，《道藏》第5册。
  《三洞群仙录》，陈葆光撰集，《道藏》第32册。
  《仙苑编珠》，王松年撰，《道藏》第11册。
  《历世真仙体道通鉴》，赵道一修撰，《道藏》第5册。
  《太极真人敷灵宝斋戒威仪诸经要诀》，《道藏》第9册。

《洞玄灵宝三洞奉道科戒营始》，金明七真撰，《道藏》第 24 册。

《洞玄灵宝道学科仪》，太极太虚真人撰，《道藏》第 24 册。

《要修科仪戒律钞》，朱法满撰，《道藏》第 6 册。

《上清灵宝大法》，金允中撰，《道藏》第 30 册。

《灵宝无量度人上经大法》，天真皇人撰，《道藏》第 3 册。

《洞玄灵宝五岳古本真形图》，题东方朔编，《道藏》第 6 册。

《五岳真形序论》，《道藏》第 32 册。

《列仙传校笺》，王叔岷校笺，北京：中华书局，2007 年。

《神仙传校释》，葛洪撰，胡守为校释，北京：中华书局，2010 年。

《太平经合校》，王明编，北京：中华书局，1960 年。

《抱朴子内篇校释》（增订本），葛洪撰，王明校释，北京：中华书局，1985 年。

《真诰校注》，吉川忠夫、麦谷邦夫编，朱越利译，北京：中国社会科学出版社，2006 年。

《眞誥研究（譯注篇）》，吉川忠夫、麥谷邦夫編，京都大學人文科學研究所，2000 年。

《〈周氏冥通記〉研究（译注篇）》，麦谷邦夫、吉川忠夫编，刘雄峰译，济南：齐鲁书社，2010 年。

《周氏冥通記研究（譯注篇）》，麥谷邦夫、吉川忠夫編，京都大學人文科學研究所，2003 年。

《登真隐诀辑校》，陶弘景撰，王家葵辑校，北京：中华书局，2011 年。

《杜光庭记传十种辑校》，杜光庭撰，罗争鸣辑校，北京：中华书局，2013 年。

《无上秘要》，周作明点校，北京：中华书局，2016 年。

《云笈七签》，张君房编，李永晟点校，北京：中华书局，2003 年。

《文选》，萧统编，李善注，北京：中华书局，1977 年。

《全上古三代秦汉三国六朝文》，严可均辑，北京：中华书局，1958 年。

《全唐文》，董浩等编，北京：中华书局，1983 年。

《会稽掇英总集》，孔延之编，《影印文渊阁四库全书》第 1345 册。
《陆机集》，陆机撰，金涛声点校，北京：中华书局，1982 年。
《谢宣城集校注》，谢朓著，曹融南校注，上海古籍出版社，1991 年。
《沈约集校笺》，沈约著，陈庆元校笺，杭州：浙江古籍出版社，1995 年。
《沈隐侯集》，《七十二家集》，张燮编，《续修四库全书》第 1586 册。
《梁沈约集》，《汉魏六朝百三家集》，张溥编，《影印文渊阁四库全书》第 1415 册。
《刘孝标集校注》，刘峻著，罗国威校注，上海古籍出版社，1988 年。
《陶弘景集校注》，陶弘景著，王京州校注，上海古籍出版社，2009 年。
《徐陵集校笺》，徐陵著，许逸民校笺，北京：中华书局，2008 年。
《颜鲁公集》，颜真卿撰，上海古籍出版社，1992 年。
《曾巩集》，曾巩撰，陈杏珍、晁继周点校，北京：中华书局，1984 年。
《龙川文集》，陈亮撰，《宋集珍本丛刊》，北京：线装书局，2004 年。
《楚辞今注》，汤炳正、李大明、李诚、熊良智注，上海古籍出版社，1996 年。
《乐府诗集》，郭茂倩编，北京：中华书局，1979 年。
《先秦汉魏晋南北朝诗》，逯钦立辑，北京：中华书局，1983 年。
《全唐诗》（增订本），中华书局编辑部点校，北京：中华书局，1999 年。

《石刻史料新编》第 1—3 辑，台北：新文丰出版公司，1977—1986 年。
《金石萃编》，王昶撰，《石刻史料新编》第 1 辑第 1—4 册。
《八琼室金石补正》，陆增祥撰，《石刻史料新编》第 1 辑第 6 册。
《宝刻丛编》，陈思编著，《石刻史料新编》第 1 辑第 24 册。
《宝刻类编》，《石刻史料新编》第 1 辑第 24 册。
《舆地碑记目》，王象之撰，《石刻史料新编》第 1 辑第 24 册。
《梁上清真人许长史旧馆坛碑》，顾沅钩本，《石刻史料新编》第 3 辑第 2 册。
《两汉金石记》，翁方纲撰，《石刻史料新编》第 1 辑第 10 册。
《隶释　隶续》，洪适撰，北京：中华书局，1985 年。
《金石录校证》，赵明诚撰，金文明校证，桂林：广西师范大学出版社，

2005年。

《北京图书馆藏中国历代石刻拓本汇编》，北京图书馆金石组编，郑州：中州古籍出版社，1989年。

《魏晉石刻資料選注》，三國時代の出土文字資料班編，京都：京都大學人文科學研究所，2005年。

《二十五史补编》，二十五史刊行委员会编，北京：中华书局，1955年。

《日知录集释》（全校本），顾炎武撰，黄汝成集释，栾保群、吕宗力校点，上海古籍出版社，2005年。

《十七史商榷》，王鸣盛撰，黄曙辉点校，上海书店出版社，2005年。

《陔余丛考》，赵翼撰，北京：中华书局，1963年。

二　论著部分

阿依达尔·米尔卡马力：《敦煌莫高窟北区石窟出土〈梁朝傅大士颂金刚经〉残叶研究》，《新疆大学学报》2006年第3期。

安田二郎：《六朝政治史の研究》，京都大学学術出版会，2003年。

艾瑞克·霍布斯鲍姆（Eric J. Hobsbawm）：《原始的叛乱》，杨德睿译，北京：社会科学文献出版社，2014年。

卞东波：《宫亭湖庙神及其在古典文学中的流变》，《古典文学知识》2008年第4期。

柏夷（Stephen R. Bokenkamp）：《道教研究论集》，孙齐等译，上海：中西书局，2015年。

Bokenkamp, Stephen R., "Sources of the Ling-pao Scriptures", in Michel Strickmann ed., *Tantric and Taoist Studies in Honour of R.A.Stein*, Brussels: Institute Belge des Hautes Études Chinoises, Vol.2, 1983.

倉本尚德：《北朝仏教造像銘研究》，京都：法藏館，2016年。

蔡宗宪：《中古摄山神信仰的变迁——兼论人鬼神祠的改祀与毁撤》，《唐研究》第十八卷，北京大学出版社，2012年。

——：《五至七世纪的摄山佛教与僧俗网络》，《台湾师大历史学报》第55期，2016年。

——：《佛教文献中的山神形象初探》，《张广达先生八十华诞祝寿论文集》，台北：新文丰出版公司，2010年。

曹洪亮：《麻姑考辨》，《宗教学研究》2006年第1期。

曹婉如、郑锡煌：《试论道教的五岳真形图》，《自然科学史研究》第6卷第1期，1987年。

曹文柱：《六朝时期江南社会风气的变迁》，《历史研究》1988年第2期。

陈刚：《六朝建康历史地理及信息化研究》，南京大学出版社，2012年。

陈国符：《道藏源流考》，北京：中华书局，1963年。

陈怀宇：《动物与中古政治宗教秩序》，上海古籍出版社，2012年。

陈健梅：《孙吴政区地理研究》，长沙：岳麓书社，2008年。

陈金华：《佛教与中外交流》，杨增等译，上海：中西书局，2016年。

——：《和禅师考》，佛光大学佛教研究中心编：《汉传佛教研究的过去与未来》，宜兰：佛光出版社，2015年。

陈金华、孙英刚编：《神圣空间：中古宗教中的空间因素》，上海：复旦大学出版社，2014年。

陈世华：《陶弘景书墓砖铭文发现及考证》，《东南文化》1987年第3期。

陈寅恪：《陈寅恪集》，北京：生活·读书·新知三联书店，2001年。

川勝義雄：《中国人の歴史意識》，東京：平凡社，1986年。

——：《六朝贵族制社会研究》，徐谷芃、李济沧译，上海古籍出版社，2007年。

川勝義雄、礪波護編：《中國貴族制社會の研究》，京都大學人文科學研究所，1987年。

村上嘉実：《六朝思想史研究》，京都：平樂寺書店，1974年。

村田哲也:《孫呉政権の軍事力形成と山越討伐の一考察》,《東洋史苑》47,1996年。

大川富士夫:《六朝江南の豪族社会》,東京:雄山閣,1987年。

大林太良:《山の民 水辺の神々——六朝小説にもとづく民族誌》,東京:大修館書店,2001年。

大形徹:《松喬考——赤松子と王子喬の伝説について》,《古代学研究》137,1997年。

德雷克・格利高里(Derek Gregory)、约翰・厄里(John Urry)编:《社会关系与空间结构》,谢礼圣、吕增奎等译,北京师范大学出版社,2011年。

冻国栋:《道科"命籍"、"宅录"与汉魏户籍制的一个侧面——读陆修静〈道门科略〉札记之一》,《魏晋南北朝隋唐史资料》第12期,1993年。

董莲池:《说文解字考正》,北京:作家出版社,2006年。

渡邉義浩:《孫呉の正統性と國山碑》,《三国志研究》第2号,2007年。

都築晶子:《南人寒門・寒人の宗教的想像力について》,《東洋史研究》47-2,1988年。

——:《六朝後半期における道館の成立——山中修道》,《小田義久博士還暦記念東洋史論集》,京都:龍谷大学東洋史学研究会,1995年。

段义孚:《空间与地方:经验的视角》,王志标译,北京:中国人民大学出版社,2017年。

范纯武:《双忠崇祀与中国民间信仰》,台湾师范大学历史研究所博士学位论文,2003年。

冯君实:《晋书孙恩卢循传笺证》,北京:中华书局,1963年。

傅飞岚(Franciscus Verellen):《超越的内在性:道教仪式与宇宙论中的洞天》,程薇译,《法国汉学》第2辑,北京:清华大学出版社,1997年。

——:《张陵与陵井之传说》,陈鼓应主编:《道家文化研究》第16辑,北京：生活·读书·新知三联书店，1999年。
傅飞岚（Franciscus Verellen）、林富士主编：《遗迹崇拜与圣者崇拜：中国圣者传记与地域史的材料》，台北：允晨文化公司，2000年。
福井康顺等监修：《道教》（第一卷），朱越利译，上海古籍出版社，1990年。
福永光司：《道教思想史研究》，東京：岩波書店，1987年。

甘怀真：《皇权、礼仪与经典诠释：中国古代政治史研究》，台北：喜马拉雅基金会，2003年。
葛剑雄主编：《中国移民史》，福州：福建人民出版社，1997年。
葛兰言（Marcel Granet）：《古代中国的节庆与歌谣》，赵丙祥、张宏明译，赵丙祥校，桂林：广西师范大学出版社，2005年。
宫川尚志：《六朝史研究·宗教篇》，京都：平樂寺書店，1964年。
——：《中國宗教史研究·第一》，京都：同朋舍，1983年。
宫家準：《靈山と日本人》，東京：日本放送出版協会，2004年。
谷川道雄主编：《魏晋南北朝隋唐史学的基本问题》，李凭等译，北京：中华书局，2010年。
郭黎安：《六朝建康》，香港：天马图书公司，2002年。
——：《六朝建都与军事重镇的分布》，《中国史研究》1999年第4期。

韩森（Valerie Hansen）：《变迁之神：南宋时期的民间信仰》，包伟民译，上海：中西书局，2016年。
何德章：《魏晋南北朝史丛稿》，北京：商务印书馆，2010年。
何剑平：《傅大士〈行路易十五首〉及〈颂〉的创作年代》，《宗教学研究》2005年第1期。
何强：《印证"舜葬九嶷"的考古发掘》，《人民日报海外版》2005年8月20日。
何星亮：《中国自然崇拜》，南京：江苏人民出版社，2008年。
贺云翱：《南京钟山二号寺遗址出土南朝瓦当及与南朝上定林寺关系研

究》,《考古与文物》2007年第1期。

侯旭东:《五、六世纪北方民众佛教信仰——以造像记为中心的考察》,北京:中国社会科学出版社,1998年。

——:《北朝村民的生活世界——朝廷、州县与村里》,北京:商务印书馆,2005年。

胡阿祥:《东晋南朝侨州郡县与侨流人口研究》,南京:江苏教育出版社,2008年。

胡宝国:《汉唐间史学的发展》,北京:商务印书馆,2003年。

——:《从会稽到建康——江左士人与皇权》,《文史》2013年第2期。

户川贵行:《東晉南朝における傳統の創造》,東京:汲古書院,2015年。

湖南省地方志编纂委员会编:《南岳志》,长沙:湖南出版社,1996年。

湖南省文物考古研究所、郴州市文物处:《湖南郴州苏仙桥遗址发掘简报》,《湖南考古辑刊》第8集,长沙:岳麓书社,2009年。

胡平生:《未央宫前殿遗址出土王莽简牍校释》,《出土文献研究》第六辑,上海古籍出版社,2004年。

吉川忠夫:《六朝精神史研究》,京都:同朋舍,1984年。

——:《古代中国人の不死幻想》,東京:東方書店,1995年。

——:《五、六世紀東方沿海地域と佛教——攝山棲霞寺の歴史によせて》,《東洋史研究》42-3,1983年。

——:《五岳と祭祀》,《ゼロ・ビットの世界》,東京:岩波書店,1991年。

——:《静室考》,许洋主译,《日本学者研究中国史论著选译》第7卷,北京:中华书局,1993年。

——:《一日不作一日不食——佛教与劳动的问题》,徐谷芃译,《日本中国史研究年刊》(2007年度),上海古籍出版社,2009年。

吉川忠夫编:《中國古道教史研究》,京都:同朋舍,1992年。

——:《六朝道教の研究》,東京:春秋社,1998年。

吉野裕子:《山の神——易・五行と日本の原始蛇信仰》,京都:人文書院,

1989年。

吉原浩人:《「天台山の王子信(晉)」考——「列仙傳」から「熊野権現御垂跡縁起」への架橋》,《東洋の思想と宗教》12,1995年。

加塔诺·莫斯卡(Gaetano Mosca):《统治阶级》,贾鹤鹏译,南京:译林出版社,2002年。

姜彬:《稻作生产与自然界崇拜》,《姜彬文集》第3卷,上海社会科学院出版社,2007年。

蒋炳钊:《东南民族研究》,厦门大学出版社,2002年。

姜波:《汉唐都城礼制建筑研究》,北京:文物出版社,2003年。

姜生:《论道教的洞穴信仰》,《文史哲》2003年第5期。

——:《东岳真形图的地图学研究》,《历史研究》2008年第6期。

——:《论马王堆出土〈地形图〉之九嶷山图及其技术传承》,《中国历史地理论丛》24卷3辑,2009年。

姜生、汤伟侠主编:《中国道教科学技术史·南北朝隋唐五代卷》,北京:科学出版社,2010年。

津田資久:《符瑞「張掖郡玄石図」の出現と司馬懿の政治的立場》,《九州大学東洋史論集》35,2007年。

金志玹:《内傳にみる道教修行の過程と世界の構造》,《종교와 문화》26,서울대학교 종교문제연구소,2014。

井上以智爲:《天台山に於ける道教と佛教》,《桑原博士还暦記念東洋史論叢》,京都:弘文堂書房,1931年。

——:《五嶽眞形圖に就いて》,《内藤博士還暦祝賀支那學論叢》,京都:弘文堂書房,1926年。

酒井忠夫編:《道教の総合的研究》,東京:国書刊行会,1977年。

Kleeman, Terry F.(祁泰履):《川主——正统的地方信仰(上、下)》,山田利明、遊佐昇訳,《東方宗教》80、81,1992、1993年。

Kleeman, Terry F., "Mountain Deities in China: The Domestication of the Mountain

God and the Subjugation of the Margins", *Journal of the American Oriental Society*, 114.2, 1994.

Lagerwey, John, and Lü Pengzhi eds., *Early Chinese Religion, Part Two: The Period of Division (220-589 AD)*, Leiden: Brill, 2010.

Lai Chi-Tim, "The Demon Statutes of Nüqing and the Problem of the Bureaucratization of the Netherworld in Early Heavenly Master Daoism", *T'oung Pao*, 88.4-5, 2002.

乐维（Jean Levi）：《官吏与神灵——六朝及唐代小说中官吏与神灵之争》，张立方译，《法国汉学》第3辑，北京：清华大学出版社，1998年。

雷闻：《郊庙之外——隋唐国家祭祀与宗教》，北京：生活·读书·新知三联书店，2009年。

——：《山林与宫廷之间：中晚唐道教史上的刘玄靖》，《历史研究》2013年第6期。

冷鹏飞：《释"东南有天子气"——秦汉区域社会文化研究》，《北大史学》4，北京大学出版社，1997年。

李丰楙：《仙境与游历：神仙世界的想象》，北京：中华书局，2010年。

——：《误入与谪降：六朝隋唐道教文学论集》，台北：学生书局，1996年。

——：《六朝隋唐仙道类小说研究》，台北：学生书局，1986年。

李静：《〈许长史旧馆坛碑〉略考》，《宗教学研究》2008年第3期。

李晟：《仙境信仰研究》，成都：巴蜀书社，2010年。

李四光：《庐山地质述略》，《区域地质的构造分析》，科学出版社，1974年。

李四龙：《天台智者研究——兼论宗派佛教的兴起》，北京大学出版社，2003年。

黎志添：《六朝天师道与民间宗教祭祀》，《道教与民间宗教研究论集》，香港：学峰文化事业公司，1999年。

梁满仓：《论六朝时期的民间祭祀》，《中国史研究》1991年第3期。

——：《论蒋神在六朝地位的巩固与提高》，《世界宗教研究》1991年第3期。

林昌丈:《汉魏六朝"郡记"考论——从"郡守问士"说起》,《厦门大学学报》2018年第1期。

林富士:《中国中古时期的宗教与医疗》,台北:联经出版公司,2008年。

——:《〈太平经〉的神仙观念》,《"中央研究院"历史语言研究所集刊》第80本第2分,2009年。

林富士主编:《台湾学者中国史研究论丛·礼俗与宗教》,北京:中国大百科全书出版社,2005年。

林家骊:《沈约研究》,杭州大学出版社,1999年。

林巳奈夫:《刻在石头上的世界》,唐利国译,北京:商务印书馆,2010年。

林韵柔:《五台山与文殊道场——中古佛教圣山信仰的形成与发展》,台湾大学历史系博士学位论文,2009年。

铃木虎雄:《宋沈休文先生约年谱》,马导源编译,台北:台湾商务印书馆,1980年。

刘安志:《从泰山到东海——中国中古时期民众冥世观念转变之一个侧面》,《唐研究》第十三卷,北京大学出版社,2007年。

——:《吐鲁番所出衣物疏研究二题》,《魏晋南北朝隋唐史资料》第22辑,2005年。

柳存仁:《汉张天师是不是历史人物?》,《道教史探源》,北京大学出版社,2000年。

刘乐贤:《"生死异路,各有城郭"——读骆驼城出土的一件冥婚文书》,《历史研究》2011年第6期。

刘琳:《论东晋南北朝道教的变革与发展》,《历史研究》1981年第5期。

刘龙初:《那马人的山灵崇拜及其演变》,《世界宗教研究》1996年第1期。

刘淑芬:《六朝的城市与社会》,台北:学生书局,1992年。

——:《五至六世纪华北乡村的佛教信仰》,《"中央研究院"历史语言研究所集刊》第63本第3分,1993年。

刘屹:《敬天与崇道——中古经教道教形成的思想史背景》,北京:中华书局,2005年。

——：《神格与地域：汉唐间道教信仰世界研究》，上海人民出版社，2011年。

刘苑如：《朝向生活世界的文学诠释——六朝宗教叙述的身体实践与空间书写》，台北：新文丰出版公司，2010年。

刘苑如主编：《游观：作为身体技艺的中古文学与宗教》，台北："中央研究"院中国文哲研究所，2009年。

刘震：《"菩萨苦行"文献与苦行观念在印度佛教史中的演变》，《历史研究》2012年第2期。

刘昭瑞：《考古发现与早期道教研究》，北京：文物出版社，2007年。

卢海鸣：《六朝都城》，南京出版社，2002年。

鲁西奇：《人群·聚落·地域社会：中古南方史地初探》，厦门大学出版社，2012年。

鲁迅：《会稽禹庙窆石考》，《鲁迅全集》第8卷《集外集拾遗补编》，北京：人民文学出版社，1981年。

卢云：《汉晋文化地理》，西安：陕西人民教育出版社，1991年。

吕敏（Marianne Bujard）：《地方祠祭的举行和升格——元氏县的六通东汉石碑》，许明龙译，《法国汉学》第7辑，北京：中华书局，2002年。

吕鹏志：《唐前道教仪式史纲》，北京：中华书局，2008年。

罗伯特·E.帕克（Robert E. Park）等：《城市：有关城市环境中人类行为研究的建议》，杭苏红译、张国旺校，北京：商务印书馆，2016年。

罗云丹：《仙人王乔传说考》，《新国学》第6卷，成都：巴蜀书社，2006年。

罗宗真：《探索历史的真相——江苏地区考古、历史研究文集》，南京：江苏古籍出版社，2002年。

罗宗真、王志高：《六朝文物》，南京出版社，2004年。

玛里琳·邓恩（Marilyn Dunn）：《修道主义的兴起：从沙漠教父到中世纪早期》，石敏敏译，北京：中国社会科学出版社，2010年。

麦谷邦夫：《梁天监十八年纪年有铭墓砖和天监年间的陶弘景》，《日本东方学》第 1 辑，北京：中华书局，2007 年。

滿田剛：《韋昭『吳書』について》，《創價大學人文論集》16，2004 年。

茂木直人：《祥瑞に関する制度の実態》，《駒沢史学》63，2004 年。

Maspero, Henri（马伯乐）：《道教》，川勝義雄訳，東京：平凡社，1972 年。

妹尾達彦：《江南文化の系譜——建康と洛陽（一）》，《六朝學術學會報》第十四集，2013 年。

——：《隋唐长安城と郊外の誕生》，橋本義則編：《東アジア都城の比較研究》，京都大学学術出版会，2011 年。

Michael, Thomas, "Mountains and Early Daoism in the Writings of Ge Hong", *History of Religions*, 56.1, 2016.

末木文美士：《日本佛教史——思想史的探索》，涂玉盏译，上海古籍出版社，2016 年。

木村英一：《慧遠研究（研究篇）》，東京：創文社，1981 年。

牧田諦亮：《六朝士人の觀音信仰——王玄謨の歸信》，《東方學報》41，1970 年。

牛敬飞：《论衡山南岳地位之成立》，《社会科学论坛》2014 年第 2 期。

Pettit, J. E. E., *Learning from Maoshan: Temple Construction in Early Medieval China*, Ph.D Thesis, Department of Religious Studies and Department of East Asian Languages and Cultures, Indiana University, 2013.

皮庆生：《宋代民众祠神信仰研究》，上海古籍出版社，2008 年。

《鄱阳湖研究》编委会：《鄱阳湖研究》，上海科学技术出版社，1988 年。

蒲慕州：《追寻一己之福：中国古代的信仰世界》，上海古籍出版社，2007 年。

——：《神仙与高僧——魏晋南北朝宗教心态试探》，《汉学研究》第 8 卷第 2 期，1990 年。

钱穆：《中国学术思想史论丛（一）》，合肥：安徽教育出版社，2004 年。

卿希泰主编:《中国道教史》(第一卷),成都:四川人民出版社,1996年。
秋月观暎:《中国近世道教的形成:净明道的基础研究》,丁培仁译,北京:中国社会科学出版社,2005年。

任继愈主编:《中国佛教史》(第一、二、三卷),北京:中国社会科学出版社,1981、1985、1988年。
任林豪、马曙明:《台州道教考》,北京:中国社会科学出版社,2009年。
任美锷:《庐山地形的初步研究》,《地理学报》第19卷第1期,1953年。
Robson, James, *Power of Place: The Religious Landscape of the Southern Sacred Peak (Nanyue 南嶽) in Medieval China*, Cambridge(Mass.): Harvard University Press, 2009.
芮沃寿(Arthur Wright):《中国历史中的佛教》,常蕾译,北京大学出版社,2009年。

三浦國雄:《中国人のトポス》,東京:平凡社,1988年。
Schafer, Edward H., "The Cranes of Mao Shan", in Michel Strickmann ed., *Tantric and Taoist Studies in Honour of R.A.Stein*, Brussels: Institute Belge des Hautes Études Chinoises, Vol.2, 1983.
Schafer, Edward H., *Mao Shan in T'ang Times*, 2nd ed., Society for the Study of Chinese Religions Monograph, no.1, Boulder, Co.: Society for the Study of Chinese Religions, 1989.
神塚淑子:《六朝道教思想の研究》,東京:創文社,1999年。
——:《六朝灵宝经中的葛仙公(上、下)》,钦伟刚译,《宗教学研究》2007年第3、4期。
施坚雅(G. William Skinner)主编:《中华帝国晚期的城市》,叶光庭等译,陈桥驿校,北京:中华书局,2000年。
史树青:《晋周芳命妻潘氏衣物券考释》,《考古通讯》1956年第2期。
石松日奈子:《北魏佛教造像史研究》,筱原典生译,北京:文物出版社,2012年。

石泰安(Rolf A. Stein):《二至七世纪的道教和民间宗教》,吕鹏志译,《法国汉学》第 7 辑,北京:中华书局,2002 年。

時枝務:《山岳考古学——山岳遺跡研究の動向と課題》,東京:New Science 社,2012 年。

施舟人(K. M. Schipper):《中国文化基因库》,北京大学出版社,2002 年。

——:《道教的清约》,《法国汉学》第 7 辑,北京:中华书局,2002 年。

守屋美都雄:《中國古歲時記の研究——資料復元を中心として》,東京:帝国書院,1963 年。

——:《周処風土記輯本》,《東洋學報》44-4,1962 年。

松本榮一:《燉煌本瑞應圖卷》,《美術研究》184,1956 年。

松崎清浩:《南朝仏教における一考察——特に傅大士を中心として》,《駒沢大学大学院仏教学研究会年報》16,1981 年。

——:《傅大士像の一展開》,《駒澤大學佛教學部論集》14,1983 年。

——:《傅大士の思想》,《駒沢大学大学院仏教学研究会年報》15,1980 年。

松田稔:《山海経の基礎的研究》,東京:笠間書院,1995 年。

松田智弘:《古代日本の道教受容と仙人》,東京:岩田書院,1999 年。

Strickmann, Michel, "The Mao Shan Revelations: Taoism and the Aristocracy", T'oung Pao, 63.1, 1977.

宿白:《南朝龛像遗迹初探》,《考古学报》1989 年第 4 期。

孙华:《阆中石室观〈隗先生石室记〉》,《文物》2014 年第 8 期。

孙齐:《唐前道观研究》,山东大学历史文化学院博士学位论文,2014 年。

——:《〈五岳真形图〉的成立——以南岳为中心的考察》,《燕园史学》第 20 期。

——:《南齐〈隗先生铭〉与南朝道馆的兴起》,《魏晋南北朝隋唐史资料》第 31 辑,2015 年。

——:《六朝荆襄道上的道教》,《隋唐辽宋金元史论丛》第 8 辑,上海古籍出版社,2018 年。

孙英刚《"太平天子"与"千年太子":6—7 世纪政治文化史的一种研究》,

《复旦学报》2010年第6期。

索安（Anna Seidel）：《西方道教研究编年史》，吕鹏志、陈平等译，北京：中华书局，2002年。

汤用彤：《汉魏两晋南北朝佛教史》，北京：中华书局，2016年。

太史文（Stephen F. Teiser）：《幽灵的节日：中国中世纪的信仰与生活》，侯旭东译，杭州：浙江人民出版社，1999年。

谭其骧：《长水集》《长水集（续编）》，北京：人民出版社，2009年。

谭伟伦主编：《民间佛教研究》，北京：中华书局，2007年。

唐长孺：《唐长孺文集》，北京：中华书局，2011年。

田天：《秦汉国家祭祀史稿》，北京：生活·读书·新知三联书店，2015年。

——：《东汉山川祭祀研究——以石刻史料为中心》，《中华文史论丛》2011年第1期。

田余庆：《东晋门阀政治》，北京大学出版社，1996年。

——：《秦汉魏晋史探微（重订本）》，北京：中华书局，2004年。

土屋昌明、Vincent Goossaert（高万桑）编：《道教の聖地と地方神》，東京：東方書店，2016年。

万绳楠整理：《陈寅恪魏晋南北朝史讲演录》，合肥：黄山书社，1987年。

王承文：《敦煌古灵宝经与晋唐道教》，北京：中华书局，2002年。

——：《东晋南朝之际道教对民间巫道的批判》，《中山大学学报》2001年第4期。

——：《汉晋道经所见"静室"各种名称及其与斋戒制度的关系》，《魏晋南北朝隋唐史资料》第34辑，2016年。

王重民等：《敦煌变文集》，北京：人民文学出版社，1957年。

王家葵：《陶弘景丛考》，济南：齐鲁书社，2003年。

王建光：《魏晋南北朝时期的头陀僧》，《华林》（第2卷），北京：中华书局，2002年。

王明珂:《华夏边缘:历史记忆与族群认同》,北京:社会科学文献出版社,2006年。

王青:《先唐神话、宗教与文学论考》,北京:中华书局,2007年。

王赛时:《山东海疆文化研究》,济南:齐鲁书社,2006年。

王素:《长沙吴简中的"月旦簿"与"四时簿"》,《文物》2010年第2期。

王小盾:《中国早期思想与符号研究——关于四神的起源及其体系形成》,上海人民出版社,2008年。

王晓葵、何彬主编:《现代日本民俗学的理论与方法》,北京:学苑出版社,2010年。

王瑶:《中古文学史论集》,上海古典文学出版社,1956年。

王永平:《孙吴政治与文化史论》,上海古籍出版社,2005年。

魏斌:《洞庭古祠考——中古湘水下游的祠庙景观》,《历史人类学学刊》第10卷第2期,2012年。

——:《五条诏书小史》,《魏晋南北朝隋唐史资料》第26辑,2010年。

——:《孙吴年号与符瑞问题》,《汉学研究》第27卷第1期,2009年。

——:《单名与双名:汉晋南方人名的变迁及其意义》,《历史研究》2012年第1期。

——:《安世高的江南行迹——早期神僧事迹的叙事与传承》,《武汉大学学报》2012年第4期。

——:《山中道館の興起》,《アジア遊学》213《魏晋南北朝史のいま》,田熊敬之訳,東京:勉誠出版,2017年。

闻一多:《神话与诗》,上海人民出版社,2006年。

巫鸿:《武梁祠——中国古代画像艺术的思想性》,柳扬、岑河译,北京:生活·读书·新知三联书店,2006年。

吴骞:《国山碑考》,上海:商务印书馆,1936年。

吴荣曾:《先秦两汉史研究》,北京:中华书局,1995年。

伍叔傥:《伍叔傥集》,方韶毅、沈迦编校,合肥:黄山书社,2011年。

武廷海:《六朝建康规画》,北京:清华大学出版社,2011年。

吴真:《从六朝故事看道教与佛教进入地方社会的不同策略》,《河南教育学院学报》2007 年第 3 期。

小林正美:《六朝道教史研究》,李庆译,成都:四川人民出版社,2001 年。
小南一郎:《中国的神话传说与古小说》,孙昌武译,北京:中华书局,2006 年。
——:《六朝隋唐小說史の展開と佛教信仰》,福永光司編:《中國中世の宗教と文化》,京都大學人文科學研究所,1982 年。
——:《桃の伝說》,《東方學報》72,2000 年。
小尾郊一:《中国文学中所表现的自然与自然观——以魏晋南北朝文学为中心》,邵毅平译,上海古籍出版社,2014 年。
小尾孝夫:《南朝宋齐时期の国軍体制と僑州南徐州》,《唐代史研究》13,2010 年。
谢重光:《中古佛教僧官制度和社会生活》,北京:商务印书馆,2009 年。
谢和耐(Jacques Gernet):《中国 5—10 世纪的寺院经济》,耿昇译,上海古籍出版社,2004 年。
辛德勇:《秦汉政区与边界地理研究》,北京:中华书局,2009 年。
——:《越王勾践徙都琅邪事析义》,《文史》2010 年第 1 期。
邢义田:《天下一家:皇帝、官僚与社会》,北京:中华书局,2011 年。
——:《地不爱宝:汉代的简牍》,北京:中华书局,2011 年。
熊炜、徐顺民、张国宏:《庐山》,北京:中国建筑工业出版社,1998 年。
徐德明:《绍兴禹庙窆石考》,《东南文化》1992 年 3—4 期。
许里和(Erich Zürcher):《佛教征服中国》,李四龙、裴勇等译,南京:江苏人民出版社,1998 年。
许列民:《沙漠教父的苦修主义:基督教隐修制度起源研究》,上海人民出版社,2009 年。

雅克·勒高夫(Jacques Le Goff):《历史与记忆》,方仁杰、倪复生译,北京:中国人民大学出版社,2010年。

严耕望:《魏晋南北朝佛教地理稿》,台北:"中央研究院"历史语言研究所,2003年。

颜尚文:《中国中古佛教史论》,北京:宗教文化出版社,2010年。

盐泽裕仁:《东汉魏晋南北朝都城境域研究》,洛阳博物馆,2009年。

杨国庆、王志高:《南京城墙志》,南京:凤凰出版社,2008年。

杨华:《古礼新研》,北京:商务印书馆,2012年。

——:《楚地山神研究》,《史林》2010年第5期。

杨宽:《中国古代都城制度史研究》,上海人民出版社,2003年。

杨善华主编:《当代西方社会学理论》,北京大学出版社,1999年。

姚公骞:《匡庐之得名与慧远〈庐山记〉辨》,《江西社会科学》1981年第1期。

野本寛一:《神と自然の景観論:信仰環境を読む》,東京:講談社,2006年。

伊藤清司:《〈山海经〉中的鬼神世界》,刘晔原译,北京:中国民间文艺出版社,1990年。

——:《中国古代文化与日本——伊藤清司学术论文自选集》,张正军译,昆明:云南大学出版社,1997年。

游琪、刘锡诚主编:《山岳与象征》,北京:商务印书馆,2004年。

宇都宫清吉:《〈管子·弟子职篇〉探研》,黄金山译,《日本学者研究中国史论著选译》第3卷,北京:中华书局,1993年。

余嘉锡:《余嘉锡论学杂著》,北京:中华书局,1963年。

于薇:《先秦两汉舜故事南方版本发展与潇水流域的政治进程——兼论零陵九疑舜陵舜庙的实体化》,《学术研究》2013年第7期。

余英时:《士与中国文化》,上海人民出版社,1987年。

——:《东汉生死观》,侯旭东等译,上海古籍出版社,2005年。

曾布川宽:《六朝帝陵》,傅江译,南京出版社,2004年。

曾维加:《"永嘉南渡"与天师道的南传——再论焦湾侯家店道教六面铜

印》,《世界宗教研究》2011年第3期。

张超然:《系谱、教法及其整合:东晋南朝道教上清经派的基础研究》,台湾政治大学中国文学系博士学位论文,2008年。

张广保:《唐以前道教洞天福地思想研究》,郭武主编:《道教教义与现代社会国际学术研讨会论文集》,上海古籍出版社,2003年。

张学锋:《论南京钟山南朝坛类建筑遗存的性质》,《文物》2006年第4期。

——:《六朝建康城的发掘与复原新思路》,《南京晓庄学院学报》2006年第2期。

张勋燎:《道教五岳真形图和有关两种古代铜镜材料的研究》,《南方民族考古》第3辑,成都:四川科学技术出版社,1991年。

张勋燎、白彬:《中国道教考古》,北京:线装书局,2009年。

张子开:《傅大士研究》(修订增补本),上海人民出版社,2012年。

赵福莲:《傅大士评传》,上海人民出版社,2012年。

赵益:《六朝南方神仙道教与文学》,上海古籍出版社,2006年。

——:《句曲洞天:公元四世纪上清道教的度灾之府》,《宗教学研究》2007年第3期。

——:《地下主者、冢讼、酆都六天宫及鬼官》,《古典文献研究》第11辑,南京:凤凰出版社,2008年。

镇江市博物馆:《刘岱墓志简述》,《文物》1977年第6期。

郑张尚芳:《古吴越地名中的侗台语成份》,《民族语文》1990年第6期。

塚本善隆:《中国仏教通史》(第一卷),東京:鈴木學術財団,1968年。

——:《支那仏教史研究·北魏篇》,東京:弘文堂書房,1942年。

——:《中国中世仏教史論攷》,東京:大東出版社,1975年。

中村圭爾:《六朝貴族制研究》,東京:風間書房,1987年。

——:《六朝江南地域史研究》,東京:汲古書院,2006年。

中国地理学会海洋专业委员会编:《中国海洋地理》,北京:科学出版社,1996年。

钟盛:《论三国后期吴、晋交州之争》,《魏晋南北朝隋唐史资料》第26辑,

2010年。

周鸾书:《庐山史话》,上海人民出版社,1981年。

周晓薇:《丰都与酆都的演变及其地理文化》,《中国历史地理论丛》第22卷第3辑,2007年。

周一良:《魏晋南北朝史论集》,北京大学出版社,1997年。

周振鹤、游汝杰:《古越语地名初探》,《复旦学报》1980年第4期。

周冶:《南岳夫人魏华存新考》,《世界宗教研究》2006年第2期。

朱封鳌:《天台宗史迹考察与典籍研究》,上海人民出版社,2000年。

——:《天台山佛教史》,北京:宗教文化出版社,2012年。

——:《天台山道教史》,北京:宗教文化出版社,2012年。

朱海滨:《祭祀政策与民间信仰变迁——近世浙江民间信仰研究》,上海:复旦大学出版社,2008年。

朱海虹、张本等著:《鄱阳湖——水文·生物·沉积·湿地·开发整治》,合肥:中国科学技术大学出版社,1997年。

朱偰:《金陵古迹图考》,北京:中华书局,2006年。

朱溢:《罗柏松〈权力之境:中古中国南岳的宗教景观〉》(书评),《中国学术》第33辑,北京:商务印书馆,2013年。

諏訪義純:《中国南朝仏教史の研究》,京都:法藏館,1997年。

佐川英治:《中国古代都城の設計と思想——円丘祭祀の歴史的展開》,東京:勉誠出版,2016年。

佐藤智水:《北朝造像銘考》,《史学雑誌》86-10,1977年。

——:《北魏仏教史論考》,岡山大学文学部,1998年。

本书各章原发表出处:

1.《国山禅礼前夜》,《文史》2013年第2期。

2.《宫亭庙传说:中古早期庐山的信仰空间》,《历史研究》2010年第2期。

3.《句容茅山的兴起与南朝社会》,《历史研究》2014年第3期。

4. "The Sacred Imagination of Mountains and Its Spatial Influence in Early Medieval China: A Focus on Mount Tiantai", Translated by Li Cunna, *Social Sciences in China*, 2018.1.
5. 《仙堂与长生：六朝会稽海岛的信仰意义》，《唐研究》第十八卷，北京大学出版社，2012年。
6. 《南朝佛教与乌伤地方——从四通梁陈碑刻谈起》，《文史》2015年第3期。
7. 《南朝建康的东郊》，《中国史研究》2016年第3期。
8. 《六朝名山の生活世界——『東陽金華山栖志』を手掛かりとして——》，《魏晋南北朝における貴族制の形成と三教・文学——歴史学・思想史・文学の連携による——》，冨田絵美訳，東京：汲古書院，2011年（中文稿载余欣主编：《中古时代的礼仪、宗教与制度》，上海古籍出版社，2012年）。
9. 《书写"南岳"——中古早期衡山的文献与景观》，《魏晋南北朝隋唐史资料》第31辑，2015年。
10. 《"山中"的六朝史》，《文史哲》2017年第4期。

出版后记

当前，在海内外华人学者当中，一个呼声正在兴起——它在诉说中华文明的光辉历程，它在争辩中国学术文化的独立地位，它在呼喊中国优秀知识传统的复兴与鼎盛，它在日益清晰而明确地向人类表明：我们不但要自立于世界民族之林，把中国建设成为经济大国和科技大国，我们还要群策群力，力争使中国在21世纪变成真正的文明大国、思想大国和学术大国。

在这种令人鼓舞的气氛中，三联书店荣幸地得到海内外关心中国学术文化的朋友们的帮助，编辑出版这套《三联·哈佛燕京学术丛书》，以为华人学者们上述强劲吁求的一种纪录，一个回应。

北京大学和中国社会科学院的一些著名专家、教授应本店之邀，组成学术委员会。学术委员会完全独立地运作，负责审定书稿，并指导本店编辑部进行必要的工作。每一本专著书尾，均刊印推荐此书的专家评语。此种学术质量责任制度，将尽可能保证本丛书的学术品格。对于以季羡林教授为首的本丛书学术委员会的辛勤工作和高度责任心，我们深为钦佩并表谢意。

推动中国学术进步，促进国内学术自由，鼓励学界进取探索，是为三联书店之一贯宗旨。希望在中国日益开放、进步、繁盛的氛围中，在海内外学术机构、热心人士、学界先进的支持帮助下，更多地出版学术和文化精品！

生活·读书·新知三联书店
一九九七年五月

三联·哈佛燕京学术丛书
[一至十七辑书目]

第一辑
01 中国小说源流论 / 石昌渝著
02 工业组织与经济增长
   的理论研究 / 杨宏儒著
03 罗素与中国 / 冯崇义著
   ——西方思想在中国的一次经历
04 《因明正理门论》研究 / 巫寿康著
05 论可能生活 / 赵汀阳著
06 法律的文化解释 / 梁治平编
07 台湾的忧郁 / 黎湘萍著
08 再登巴比伦塔 / 董小英著
   ——巴赫金与对话理论

第二辑
09 现象学及其效应 / 倪梁康著
   ——胡塞尔与当代德国哲学
10 海德格尔哲学概论 / 陈嘉映著
11 清末新知识界的社团与活动 / 桑兵著
12 天朝的崩溃 / 茅海建著
   ——鸦片战争再研究
13 境生象外 / 韩林德著
   ——华夏审美与艺术特征考察
14 代价论 / 郑也夫著
   ——一个社会学的新视角
15 走出男权传统的樊篱 / 刘慧英著
   ——文学中男权意识的批判
16 金元全真道内丹心性学 / 张广保著

第三辑
17 古代宗教与伦理 / 陈来著
   ——儒家思想的根源
18 世袭社会及其解体 / 何怀宏著
   ——中国历史上的春秋时代
19 语言与哲学 / 徐友渔 周国平 陈嘉映 尚杰 著
   ——当代英美与德法传统比较研究
20 爱默生和中国 / 钱满素著
   ——对个人主义的反思
21 门阀士族与永明文学 / 刘跃进著
22 明清徽商与淮扬社会变迁 / 王振忠著
23 海德格尔思想与中国天道 / 张祥龙著
   ——终极视域的开启与交融

第四辑
24 人文困惑与反思 / 盛宁著
   ——西方后现代主义思潮批判
25 社会人类学与中国研究 / 王铭铭著
26 儒学地域化的近代形态 / 杨念群著
   ——三大知识群体互动的比较研究

27 中国史前考古学史研究 / 陈星灿著
   (1895—1949)
28 心学之思 / 杨国荣著
   ——王阳明哲学的阐释
29 绵延之维 / 丁 宁著
   ——走向艺术史哲学
30 历史哲学的重建 / 张西平著
   ——卢卡奇与当代西方社会思潮

第五辑

31 京剧·跷和中国的性别关系 / 黄育馥著
   (1902—1937)
32 奎因哲学研究 / 陈 波著
   ——从逻辑和语言的观点看
33 选举社会及其终结 / 何怀宏著
   ——秦汉至晚清历史的一种社会学阐释
34 稷下学研究 / 白 奚著
   ——中国古代的思想自由与百家争鸣
35 传统与变迁 / 周晓虹著
   ——江浙农民的社会心理及其近代以来的嬗变
36 神秘主义诗学 / 毛 峰著

第六辑

37 人类的四分之一：马尔萨斯的神话与中国的现实 / 李中清 王 丰著
   (1700—2000)
38 古道西风 / 林梅村著
   ——考古新发现所见中西文化交流
39 汉帝国的建立与刘邦集团 / 李开元著
   ——军功受益阶层研究
40 走进分析哲学 / 王 路著

41 选择·接受与疏离 / 王攸欣著
   ——王国维接受叔本华 朱光潜接受克罗齐 美学比较研究
42 为了忘却的集体记忆 / 许子东著
   ——解读50篇"文革"小说
43 中国文论与西方诗学 / 余 虹著

第七辑

44 正义的两面 / 慈继伟著
45 无调式的辩证想象 / 张一兵著
   ——阿多诺《否定的辩证法》的文本学解读
46 20世纪上半期中国文学的现代意识 / 张新颖著
47 中古中国与外来文明 / 荣新江著
48 中国清真女寺史 / 水镜君 玛利亚·雅绍克著
49 法国戏剧百年 / 宫宝荣著
   (1880—1980)
50 大河移民上访的故事 / 应 星著

第八辑

51 多视角看江南经济史 / 李伯重著
   (1250—1850)
52 推敲"自我"：小说在18世纪的英国 / 黄梅著
53 小说香港 / 赵稀方著
54 政治儒学 / 蒋 庆著
   ——当代儒学的转向、特质与发展
55 在上帝与恺撒之间 / 丛日云著
   ——基督教二元政治观与近代自由主义
56 从自由主义到后自由主义 / 应奇著

第九辑

57 君子儒与诗教 / 俞志慧著
　　——先秦儒家文学思想考论

58 良知学的展开 / 彭国翔著
　　——王龙溪与中晚明的阳明学

59 国家与学术的地方互动 / 王东杰著
　　——四川大学国立化进程（1925—1939）

60 都市里的村庄 / 蓝宇蕴著
　　——一个"新村社共同体"的实地研究

61 "诺斯"与拯救 / 张新樟著
　　——古代诺斯替主义的神话、哲学与精神修炼

第十辑

62 祖宗之法 / 邓小南著
　　——北宋前期政治述略

63 草原与田园 / 韩茂莉著
　　——辽金时期西辽河流域农牧业与环境

64 社会变革与婚姻家庭变动 / 王跃生著
　　——20世纪30—90年代的冀南农村

65 禅史钩沉 / 龚　隽著
　　——以问题为中心的思想史论述

66 "国民作家"的立场 / 董炳月著
　　——中日现代文学关系研究

67 中产阶级的孩子们 / 程　巍著
　　——60年代与文化领导权

68 心智、知识与道德 / 马永翔著
　　——哈耶克的道德哲学及其基础研究

第十一辑

69 批判与实践 / 童世骏著
　　——论哈贝马斯的批判理论

70 语言·身体·他者 / 杨大春著
　　——当代法国哲学的三大主题

71 日本后现代与知识左翼 / 赵京华著

72 中庸的思想 / 陈　赟著

73 绝域与绝学 / 郭丽萍著
　　——清代中叶西北史地学研究

第十二辑

74 现代政治的正当性基础 / 周濂著

75 罗念庵的生命历程与思想世界 / 张卫红著

76 郊庙之外 / 雷　闻著
　　——隋唐国家祭祀与宗教

77 德礼之间 / 郑　开著
　　——前诸子时期的思想史

78 从"人文主义"到"保守主义" / 张　源著
　　——《学衡》中的白璧德

79 传统社会末期华北的生态与社会 / 王建革著

第十三辑

80 自由人的平等政治 / 周保松著

81 救赎与自救 / 杨天宏著
　　——中华基督教会边疆服务研究

82 中国晚明与欧洲文学 / 李奭学著
　　——明末耶稣会古典型证道故事考诠

83 茶叶与鸦片：19世纪经济全球化中的中国 / 仲伟民著

84 现代国家与民族建构 / 昝　涛著
　　——20世纪前期土耳其民族主义研究

第十四辑

85 自由与教育 / 渠敬东　王　楠著
　　——洛克与卢梭的教育哲学
86 列维纳斯与"书"的问题 / 刘文瑾著
　　——他人的面容与"歌中之歌"
87 治政与事君 / 解　扬著
　　——吕坤《实政录》及其经世思想研究
88 清代世家与文学传承 / 徐雁平著
89 隐秘的颠覆 / 唐文明著
　　——牟宗三、康德与原始儒家

第十五辑

90 中国"诗史"传统 / 张　晖著
91 民国北京城：历史与怀旧 / 董　玥著
92 柏拉图的本原学说 / 先　刚著
　　——基于未成文学说和对话录的研究
93 心理学与社会学之间的
　　诠释学进路 / 徐　冰著
94 公私辨：历史衍化与
　　现代诠释 / 陈乔见著
95 秦汉国家祭祀史稿 / 田　天著

第十六辑

96 辩护的政治 / 陈肖生著
　　——罗尔斯的公共辩护思想研究
97 慎独与诚意 / 高海波著
　　——刘蕺山哲学思想研究
98 汉藏之间的康定土司 / 郑少雄著
　　——清末民初末代明正土司人生史
99 中国近代外交官群体的
　　形成（1861—1911）/ 李文杰著
100 中国国家治理的制度逻辑 / 周雪光著
　　——一个组织学研究

第十七辑

101 新儒学义理要诠 / 方旭东著
102 南望：辽前期政治史 / 林　鹄著
103 追寻新共和 / 高　波著
　　——张东荪早期思想与活动研
　　究（1886—1932）

迈克尔·赫茨菲尔德：学术

传记 / 刘　珩著